一九三九年

新财政之诞生*

（一九三九年一月二日）

时节如流，岁序更新，万里崎岖，转瞬又值民国二十八年的开始。回顾民国二十六年七月七日抗战发动之日，如在目前，而百战艰难之工作，则已跨及三个年度。以吾国产业之落后，军备之不充，竟能苦撑如许之久，则将此后继续奋厉以竟长期抗战之全功，实乃全国各方亟应共勉之责任。"一年之计在于春"，值兹献岁之初，我们先从抗战所最需要的财政说起。

近代吾国财政之演变，至民国二十七年为一段落。自民国二十八年开始，则又步入一新阶段。此中有两重意义。先从形式上讲。吾国的会计年度，从前规定为自本年七月一日起至明年六月三十日止跨及两个历年。但自民国二十八年起，则改为历年制，自一月一日起至十二月三十一日止。此种改革之意义，不仅及于形式，乃所以表示：自今以后，吾国自有适合于自己之会计年度，不徒以模仿外邦见长。人民生活之习惯，贷借权益之往来，工商各业之结账，皆随历年为起讫。一入新岁，则咸予更新，时近岁阑，则概行结算，财政为集体生活之反映，自亦不能违此，而独为起讫。所以政府特予改定，自民国二十八年元旦起，我们得到合于本国需要的会计年度了。不仅个人生活，便是国家财政，都要切实实践"一年之计在于春"的格言，对于此后之财政，应有划期崭新的计划与施设。

再从实质上讲。一国财政制度的形成，是要受经济基础的支配。一定之经济形态，可以造成一定之财政形态。从道光二十二年（一八四二年）迄今，将及一世纪之久，我国之经济形态，是以接近海口的"条约商埠"为基点，为帝国主义国家之过剩商品，供给广大之消费市场。其趋向为自外向内，其分量为外重内轻，其形态为"次殖民地"。经济表现者如此，于是在财政上也不得不如此。历年吾国关税收入之丰亨豫大，在收税的意义上，当然可欣，但在国民经

---

* 此文系作者为重庆《时事新报》撰写的社评。——编者注

济的意义上,实乃舶来品充斥国内市场以榨取吾国资源之冷酷的反映!岁入制度建筑于此种经济基础之上,不可谓为健全。但在过去,因其收数之丰,国计所赖,势难遽予割弃;又因真正之关税自主,因国际之种种关系,亦难遽予实现。今则不然,因抗战之故,如许"条约商埠",概归沦陷。此后之吾国经济,应在深奥之内地,以自力创设其新基点。财政所以反映经济,自亦应另辟蹊径,而不可以固步自封。故自民国二十八年度起,吾国财政,因客观上不可避免之原因,在实质上,亦应有划时代的转向。

吾国抗战工作,至为艰巨,所需财力,仅凭国内收入,当然不足,不能不寻求友邦之财政援助。唯此项援助,无论为金钱,为信用,为物资,其惠然肯来,不徒乞灵于外交,凭藉乎感情,而须以吾国财政之自力更生为基础!国内财政,能自树立,能自改进,能自有所表现,而后可以赢得财政上之外援。此次英美借款成功,要亦吾国各方面自力奋斗之结果。故欲期得更多之国际借款,此后尤宜注重于国内财政之创设与革新。不仅战时财政恃此为基础,以期"本立而道生";即战后之财政整理与经济改造,尤以此时树立财政新基点为要着。决不可外重内轻,仅因国际借款之初步成功,遽尔放松当前自己之工作。此应努力者一。

战事破坏至今,国民富力大减,此时举办新税,收入自属有限。政府所以不避困难,对于遗产税及战时利得税仍行举办者,其目的固非斤斤于收入,乃于长期抗战中,藉此以平衡国民之负担,实现"有钱出钱"之原则。国民倘能了然于斯旨,助成新税之推行,即足以把握抗战之成功!同时在政府方面,亦应将财政政策的重心,放在公平与普遍,不徒以增收见长。古称聚敛,固贻民讥,今言国计,亦多着眼于税收以外。所以在税制上,在此抗战期内,既不能期收入之丰,即无妨放下收入第一主义,而置其重心于合理负担。此应努力者二。

国计枢轴,在于预算,而预算之含义,则今昔不同。从前所谓预算,只是"金钱预算",此后则应开始创设"物资预算"。换言之,即国家不仅应统制钱,且应进一步而统制物,尤以抗战期内为然,从物的生产以至物的消费;从物的内蕴以至物的外销,应归个人支配者几何,应归集体支配换言之即应归财政支配者几何,应有预算之机构,以为运用之枢纽。故在先进各国,于"金钱预算"外,极力推进"物资预算",在吾国抗战之今日,尤感此种需要。若是则此后财政之内容,即应变更重视金钱之积习,而树其基点于物资。能将物的条件,支配得最合理、最灵活，才能取得抗战的最后胜利。此应努力者三。

民国二十八年度开始后的财政政策，经纬万端，此处所陈，仅其二三大者。但能把握基点，而加以努力，必能左右逢源。不仅"一年之计"在于兹，此后新财政之诞生，将于是卜之矣。

我们所望于重庆市财政*

（一九三九年一月二十五日）

本市财政局隔昨正式成立，我们愿就市民的立场，对于本市的财政，略贡刍荛之见：

"财政不只是计算，不只是收支；财政实所以表现政府之大策"。英国学者巴什帖布在其名著《财政学》的首页，早为我们揭橥了。政府大策的表现，方面自然甚多，但是在政治重心的首都，如果表现不好，或是表现不到，可以令觇国者发生两种疑问：其一，如果在近处，精神都不能贯注，是否能贯注到远处？其二，近处表现不好，纵令远处表现好，是否要受不好的牵累？我们抗战进入第二期，对此问题愈要重视，因而对于政治重心的重庆，希望它能够表现一个战时首都的健全型；办事总得用钱，那便非先有一个健全的市财政不可。

重庆是战时首都，抗战既是长期，所以这个首都，也不应该是短期，因而关于重庆市的种种设施，既不能因袭故辙，更不可对付一时，而要在这座山城，试验一下新中国所应有的首都模拟！这个首都，决不要它富丽摩登，而要它从质朴中郁朝气，从严肃中透灵动，从整洁中育美感，这不是一朝一夕所能成功的，而要一个很远大的市政计划。所以重庆市财政，也应该有一个远大的计划，此应注意者一。

战时首都的财政，既是应该从大处着眼，所需要的财源，自不能仅限于原有的市收入。财政当局于可能范围尽量整顿市收入外，应提出具体支出计划，要求省政府与中央政府之补助，或是划拨财源。在这里，是要量出入的。我们要在这战时首都，表现出新中国应有的精神，不能因为原有市收入不够而不办。我们很盼望中央政府及省政府能重视此点，为重庆市政，筹划充足之财源，以便实现建设新首都的理想，此应注意者二。

按照上述理想，办理市财政，其直接受益的，当然是重庆市民。所以重庆

---

* 此文系作者为重庆《时事新报》撰写的社评。——编者注

市的市民，对于此后的市财政，也要从种种方面，加以督促与拥护。都市建设所需，无论如何，总要取之于市民。只要取之于市者即能用之于市，则政府有征取之权利，人民有输将之义务。英国市政研究名家罗布逊（W. A. Robson）曾有过这样的名句："因为伦敦的烟子多，有钱的人，也和穷人一般，当他弥留的时节，两肺一样的变成黑"。这就是说：公共卫生，唯有公家才能担得起，只靠着个人造个小花园，是不能在空气的浊流中，独存独荣的！因而罗氏极力倡导"集体的支出"，蔚成英国有力的财政主张，这是我们所亟应了解而急起拥护的，此应注意者三。

重庆市财政所负的使命，决不限于重庆市。所表现的成绩，要给全国看，使全国从风；要给前方看，使将士振奋；要给敌人看，使敌人慑服。天天拿几十架飞机炸我们，我们还是照着一定的计划在那里干，便是敌人，也要在心理中折服了，这便是"战胜于朝廷"！这种使命的完成，当然不能专靠着市财政当局，而要从中央、省、地方以至社会各界，都能认清此点而尽力蔚成之，影响所及，当不仅重庆数十万市民而已也。

亟待树立之新关税政策[*]

(一九三九年二月一日)

最近接触于吾人之视听,于人以深刻之感念,而不容吾辈之忽视者,有两件事,俱与战时及战后之关税政策有关。其一属于社会之日常生活,又其一则属于内地之经济建设。前者属于消费,后者属于生产;属于消费者,将如何使之合理?属于生产者,将如何造成体系?均将恃关税政策为最有效之杠杆。吾国经济之前途,能否打破百年来之次殖民地形态以趋于独立自由之境地,均将视新关税政策能否树立为指归。试申其义,以告国人。

渝市虽开埠有年,毕竟囿于内地之深奥,距海洋交通尚远,社会生活之形态,其保存自然传统者应多,而吸收于海外者应少。况在此长期抗战期间,交通梗阻,运费奇昂,舶来之品,甚难光顾。但吾人偶一蹩躠街头,徜徉道左,辄有尔种现象,刺人耳目。其一,则廛市之陈列,触目皆舶来品。五光十色,目不暇接,满坑满谷,源源不绝,使吾人惊异:交通如此困难,而舶来品仍能不胫而走,深入吾人堂奥。尽管千山万水,蜀道崎岖,而舶来品之阑入自若也!此令人惊心动魄者一。其二,则街头之过客,触目皆洋化人。吾人固非冬烘头脑藜藿自甘之流,固愿人类之欲望随文明以俱进,人生之享受随生产以俱高。但以时以地而论,仍在渝市街头,遇到如许洋化人,则不能不令人发生无限之感触!渝市何地?此日何时?而仍以住天津,住上海,舞卡尔登,跨百乐门之生活意识,安然坐享于艰难抗战之后方,无论如何,总觉说不下去!然则将如何矫正乎?新生活与节约两运动,固曾尝试之矣,而难坐收成效,此为众所共睹,当局提倡,且患术穷,吾人筹思之余,以为政府在关税政策上,似尚有致力之余地。关税之目的有三:一收入、二保护、三社会。所谓关税之社会目的,即藉关税之手段对于国民生活上不必要或有害之舶来品,利用高度课税,以节制消费,或竟禁止进口,以杜遏浪费,使社会上之消费,能适合此时此地之要求,而

---

[*] 此文系作者为重庆《时事新报》撰写的社评。——编者注

臻于合理，是即所谓关税之社会目的。今日何日？吾人尚不应以严格之关税政策，洗革以前次殖民地之生活形态乎？今日渝市街头所见如许洋化人，其所着、所饰、所熏、所沐使渝市外装改观为黄浦外滩者，即吾国关税政策未曾树立之反映！虽云有钱阶层，并不因关税提高而不置洋货，但是货价抬高，总可收抑制消费之效。况遇必要，尚可采禁止进口之法，以谋根本之解决乎！纳国民于轨物，免资金之外流，增外汇之来源，坚抗战之基础，从国民消费之前途着想，新关税政策，实有亟起实施之必要，此其一。

至言夫生产：内地经济建设之呼声，早已高唱入云，且已从实际着手。但是一般办理内地实业者，其内心常抱有许多不健全之感想。彼等以为沪杭粤汉等工业根据地，既经沦陷之后，不得已而求其次，内地之来，实非得已。将来果能收复失地，则汉帜朝立，工厂夕迁，回到"条约商埠"之老巢，藉圆往日之甜梦。且更为之辞曰：政府今日虽提倡内地经济建设，提倡乡村工业，使吾人奋起踔厉于一时，一旦和平恢复，国外贸易，仍入常轨，以吾国关税壁垒之低疏，保护力量之不足，则舶来制品，仍可冲破边围，横行内地，彼时内地新兴之各种企业，仍不足与舶来品相竞争，势必为所压倒，而破坏无余。此种心理，固含惰性，然其顾虑，不无理由。吾国之经济体系，既因此次抗战，创设其新基点于内地，则新兴企业，将如何始能发荣滋长，厚殖根基，以立于不败之地，实有赖于富有保护性之新关税政策之树立。欲期确行于战后，须先试办于战时，欲期国策之完成，须有缜密之计划。吾国此后之财政，其使命已不在收入，而在为吾国之经济体系，造成划期改造之条件。经济有办法，财政亦即有办法；不从收入着眼，而结果必能增收入。从国民生产之前途设想，新关税政策，更有急起实施之必要，此其二。

吾国之关税政策，其仅限于收入乎？吾信其必不然也！环境之相迫，民意之凝集，实令吾国此后之关税政策，不能不有划期的改革，从收入目的以进入于社会目的与保护目的，以与新时代的要求相适合。为经济改造，不能不如此，为财政改造，亦不能不如此也！

敌我财政的对比*

（一九三九年二月六日）

自抗战开始以来，关于吾国战时财政，我们总觉着有办法。这不是幻想的慰藉，而是根据种种客观条件所获得的自信。这种自信，随着抗战的持续，而日益坚强；随着日月的迈进，许多新发生的事实与论断，无一不足以证明：敌人的财政，是越打越没办法，而我们的财政，则是越打越有办法。本报的社评，曾迭次指出在中国的抗战财政上，充分表现"本立而道生"与"德不孤必有邻"的铁则。敌人的武装，尽管优越，而作战财源的耗竭，乃逐日加速；我们的资力，尽管不足，而友邦财政的协助，乃源源而来。这不是奇迹，不是幸获，乃是成千上万中华热血男儿在狂绝缪绝的侵略国家之前不惜断脰绝吭所换得！最近我们看到苏联著名经济学者瓦尔加批评日本财政的消息，又看到英国打算扩大对华信用借款的消息，而且这两个消息，同时到来，形成一个很尖锐的对比，这真叫我们感动了！我们感动的是：这些国殇，他们真没有白死，居然把中国从孤军奋斗中找出这些朋友来。我们感动的是：疯狂的暴日匪徒，也要有自食其果的今日。我们感动的是：贤明的友邦，毕竟能从黯淡的氛围中，看清楚中华民族所蕴积的复兴的曙光。这些消息，仅是一种象征，我们要从这些象征中，把握住最后胜利的信念！

指出日本经济财政的危机，如果出自我们中国人口中，尚不免有低估敌人夸大自己之嫌。但是瓦尔加，则是世界知名的经济学者，其取材之丰富，批判之锐敏，断制之精严，举世无间然。则其对于日本经济前途的预测，实足以引起世界之注意。他首先指出："日本惊人之战费，已使其经济上、政治上有崩溃之恐慌，而达到国家经济生命不能更担负战费之顶点"。所以至此之原因有三：第一，日本在资源上，本为穷国，尤以军用原料，更为缺乏。战前虽略有所储，今日则几以用罄，而购置补充之可能性，亦极属有限。第二，日本之同盟德意两

---

* 此文系作者为重庆《时事新报》撰写的社评。——编者注

国，其穷困景况，与彼相等，虚声起哄则有余，实力相帮则不足，而英、美等国，宁愿以款项借与中国人，亦不愿以日本为债务人。第三，此次战事，几将日本全国生产价值悉数消尽，使其国家之穷困日增，而人民全体之怨愤亦愈深，不免造成更严重之结局。这都是极透辟的观察，极正确的论断，不俟吾人之解释。

据一九三九年二月三日哈瓦斯社的伦敦电讯：英国厂商多家，在短时期内，即将与中国政府签订合同，以载重三吨至七吨之汽车三百辆，供给中国；此外中英双方，日前又有新接洽，拟由英国以数额更巨之信用放款，贷于中国，用以购买铁路与电报材料。英国对于我们为什么这样帮忙？电讯里说的很清楚，乃因吾人"虽在战事期间，仍能以艰苦卓绝之精神，重振其工业"。以此推测，此后吾人之努力愈扩大，则所能获得的友邦的协助亦愈多。

敌人是高度工业国家，而吾国则系工业落后国家，决胜疆场，胜算本在人而不在我。谁知继续抵抗至一年有半，而胜负之机，倒转若此，谅亦为敌人始料所不及。吾人于获诸友邦援助的消息之际，自不禁其距踊三百，鼓舞抗战之信念。同时即令人记起：今日之收获，乃前方后方若干躯体心力不断消耗所造成。则此后如何善用此成果，以更进于高度之建设，而竟抗战之全功，实乃吾人顷刻不容松懈之责任。倘以敌人之经济财政濒于崩溃而易之，以友邦之源源相助而竟忽视自己应有之修为，则祸福之机，又将倒转，胜算仍将舍我而去！所以吾人听到这些有利于我的消息，一方自觉欢欣，一方却应深自警惕！

财政游击与游击财政[*]

（一九三九年二月十四日）

抗战进入第二期，国家一切设施，都要有崭新整个之计划，当机立断，持全力以赴之，方能运用第一期努力之成果，予敌人以决定的打击。单从财政来讲，自入第二期抗战以来，我们若仍以从来策划战时财政之心理与作法以应付新环境，即感不足。事实上需要我们注意到各国战时财政所未有而为吾人所特有的新课题，那便是"财政游击与游击财政"。

我们提出这一课题，有两种意义：关于财政游击，是要它发挥消极的作用，关于游击财政，是要它发挥积极的作用。先从消极来讲。本月六日本报社评在《敌我财政的对比》一文中，曾经列举事实，证明敌人的财政是越打越没办法，而我们的财政则是越打越有办法。此种证明材料，与日俱积，不一而足，这当然足以坚定我们的信念，鼓舞我们的勇气。但是有一件要紧的事，我们不要忘掉。敌人在本国内，财政没办法，它不可以在我们的被占区域内想办法么？敌人本国内的资源，固然将近耗竭，它不可以从占领区内找资源么？战争所需要的第一个 M，可以在占领区内抓壮丁；所需要的第二个 M，可以从占领区收租税。即以中国深蓄的富源，来破坏中国长期的抗战，又何必一定要着它本国以内的财政呢？纵令它本国以内的财政，真没办法，又怎能断定敌人就不能侵略我们呢？以子之掌，扼子之吭，以子之刃，刺子之腹，敌人的毒计，可多着呢！我们第二期抗战，既以破坏敌人后方为目标，以游击作战为要务，那么我们就要郑重其事的，提出"财政游击"的课题来。我们以为游击战的主要使命，不在杀掉几个敌人，攻占几个城池，破坏一些防御，夺得一些军器而已足，而要特别注意到敌人对我之经济榨取与财政剥削！用种种方法以破坏之，阻挠之，使其不得安享坐收，以供侵略吾国之用。所以我们各方的游击部队，亟应配备明了经济财政之专门人才，挟有一定之资料与方案，藉供游击作战发号施令之

---

[*] 此文系作者为重庆《时事新报》撰写的社评。——编者注

用，必能收更大之功效，使敌人不得遂其险谋。如此，敌人的财政，才真没办法，而我们的游击作战，才真能尽到严肃之使命。这是就"财政游击"来讲，以下再说积极的方面——"游击财政"。

我们第二期抗战，既将重心放在敌人后方的游击战，则对于游击部队之军事的、政治的、人事的、组织的各方面，均应有崭新整个之计划，不容仍以过去看待义勇军之态度，看待游击部队。单从财政来讲，过去义勇军与游击队，所需之财物，或从地方摊派、征发，或由各方募捐筹款，不仅若断若续，而且流弊丛生。在摊派，则勒索敲诈者有之；在捐募，则招摇撞骗者有之，而真正实行游击之部队，以爱护民众不事招摇之故，反而冻馁于穷山，苦撑于风雪！以此游击，还不是自生自灭，安望其予敌人以若何之打击？迩来政府对于游击作战之财政，已有通盘计划，不俟吾人赘辞。惟社会各方，对此应有深澈之了解，而多方促成之，使游击所需之财政，能有确切之办法。依吾人管见，以为至少须树立下列七个原则。第一，政府应尽最大之努力，为各方游击部队，筹划相当的款，在第二期抗战上，其意义并不亚于供给阵地上之正规部队。第二，战区之破坏甚剧者，经确查后，所有人民之财政负担，应尽量豁免，更不许有摊派情事。第三，战区破坏甚轻而安定时间较久者，人民原纳各税，仍应尽可能范围，继续征收。盖以赋税形式征收，无论如何，总比摊派较为公平。惟征收手段，则应毅然改革，一洗从来之陋习，使之合理化、简单化，以维人心。第四，征收权之行使，无论为负责地方政治之部队本身，或为中央所派之财务人员，要须根据中央所特定之系统方案，不可凌乱分歧，使人民有负担失均之苦。第五，绝对禁止摊派，免为战区民众丛怨之府，而为经办者开上下其手之门。第六，对于没收汉奸财产，应调查清楚，慎重将事，不可轻于执行，以免挟嫌诬陷，致失战地人心。第七，应明定赏格，多方奖励夺取敌人之军火物资，以供我方破敌之用。敌人不是打算取资于我以供侵我之用么？我们曷尝不可取资于敌以供破敌之用！微闻现在北方游击区内，盛行"捡洋捞儿"之口语，有的捡洋面，有的捡饼干，有的捡盒子炮，实际早已为之。主事者更能明订奖章，详拟规划，大规模以行之，则所以补助我方之游击财政者，当不在小。以上七项，果能同时并进，相信游击财政，必可有办法，而第二期之游击作战，亦可收意外之效。我们提出"财政游击与游击财政"之课题，不是作文章，而是第二期抗战亟待实施之国家大策！暴日既终不觉悟，我们惟有再接再厉，与敌人在游击区内，争一日之长。必如是，敌人的财政才真没办法，而我们的财政才真有办法！

亟待研讨之地方财政[*]

（一九三九年二月二十七日）

自抗战开始以来，国内注意财政问题之人，因环境之关系，纷纷以战时财政、战费筹措、国际借款等课题，发挥种种不同之意见，此呼彼应，蔚为大观，对于抗战之遂行，不无贡献。惟依吾人管见，在此长期抗战中所应检讨之财政问题，不应限于上列数种，大家亟应转移目标，注意于平日不甚注意之课题。无论负责当局，或是各方学者，均应及时筹拟，热烈讨论，以为分别实施之准备。此问题为何？即地方财政是！

长期抗战进入第二期，关于财政问题须认清两个视野：第一属于前方之战区，第二属于后方之内地。必须此两方面，都有办法，而后第二期抗战，更能有胜利之把握。关于前方战区者，本报曾于本月十四日社评提出"财政游击与游击财政"之课题，为战区财政提出七项原则，以期各方之检讨与政府之施行。自广义来讲，此乃地方财政之关于前方者。但地方财政之关于后方者，对于第二期抗战，其重要性，并不亚于前方。盖必内地各省财政，俱能臻于健全合理，而后国力得以充实，内顾可以无忧，一切抗战所需之人力、财力、物力、智力俱得发荣滋长，为长期抗战，供给无限之力的源泉。此因当前抗战之必要，地方财政实有亟待商讨之必要，此其一。

再从战后改造工作着眼，吾国因抗战之故，已将政治经济之重心，由沿海而移于内地。此种转移，绝非偶然，实具有划时代的历史意义。吾人因长期抗战之故，并不幻想短期仍回旧都，纵令"两京收复"，能于短期完成，而复兴中国之新首都，是否即应离开内地仍返沿海之故巢？实大有考虑之余地。土耳其之崛起，舍君士坦丁堡沿海便利之地而弗居，乃深入较为荒凉之安卡拉。苏联之崛起，舍列宁格勒沿海便利之区而弗居，乃深入绾毂内地之莫斯科。即在日本明治维新之际，亦曾舍惰气浓郁之京都，而迁于富有朝气之江户。往事昭然，足

---

[*] 此文系作者为重庆《时事新报》撰写的社评。——编者注

资鉴省，则此后吾国政治重心，实有选居内地之必要！而况吾国经济之发展，因客观条件之形成，亦将创设其新基点与内地。（本报于去年十一月二十九日之社评中，曾有较具体之建议）依据英儒达尔顿之提示，"财政横在政治与经济之分界线"，一方反映政治之趋向，同时反映经济之活动。政治经济俱以内地为重心，则国家财政，势必重视内地各省之地方财政，将新中国应有之财政体系，建筑在合理的健全的地方财政基础之上，不徒以整理中央税收见长。同时关于地方政治之改革，地方自治之推行，教养卫之充分实施，在在均与地方财政发生不可分离之关系。将如何认清趋势，详拟计划，分别试行，以资准备，胥有待于朝野各方注意财政问题之人士，殚精竭思，发抒伟论，检讨商榷，以期至善。庶几时机一到，即刻实施，所谓"建国于作战的时候"，地方财政当亦主要项目之一。此因战后建国之必要，地方财政实有亟待商讨之必要，此其二。

关于前方战区之地方财政，将如何执简驭繁？关于后方内地之地方财政，将如何详拟擘划？关于当前即待推动者几何？关于根本大计一时未能即办而急待商讨者几何？均须分别着手，而不可或迟。所赖负责当局，各方学者，认识此种必要，而急起图之，实第二期抗战中重要之工作也。

教育的经济基础[*]

（一九三九年三月四日）

此次全国教育会议在渝举行，本报昨已贡献其一得之愚，兹复就教育的经济基础，有所申述。

《论语》中有这样的一段故事："子适卫，冉有仆，子曰，庶矣哉！冉有曰，既庶矣，又何加焉？曰，富之。既富矣，又何加焉？曰，教之"。孔子这段话的主要意思，以为人民是国家的根本，人多了，自然是很可称羡的事情。但是有人则有口，有口则要吃，经济问题不给它设法解决，则饥莩载道，鹑结盈衢，仅从表面说，似乎太不成样子，故曰富之。但是经济问题有了相当办法，而不继之以教育，则愚民百万，谓之无民，逸居无教，乃近禽兽，故曰教之。由此看来，经济问题实先于教育问题，教育问题的解决，实有其经济的基础，不能彻底认识经济问题的特质，而谈教育问题，不是架空谈玄，远非当务；便是无意中仅代表其所属经济阶层的利益与意图，而不能扩展其视野于最大多数的民众。吾人所以揭橥"教育的经济基础"之课题，实在具有时代的意义，特陈管见，以就正于全国教育家之前！

海通以还，吾国的经济体系，以沿江沿海的大都市为基点；吾国的教育体系，亦以沿江沿海的大都市为基点。抗战开始以后，经济重心不得不移于内地，而教育重心，支配于同一力量，亦不得不移于内地。许多办实业的，尽管迁到后方，未尝不在那里幻想：一旦失地收复，抗战有成，还是回到上海，回到天津，重圆抗战以前的好梦。因而在开发内地经济的口号之下，尽管此唱彼和，而个人的下意识中，还是深深地镂印着"条约商埠"的繁华与便利。至于办教育的呢，我们很知道、很认识，而且很佩服那些具有特识与特行的人！他们在抗战以前，早已认清中国教育的特点，应突破"条约商埠"的笼罩，以拓荒者的精神，踏入内地较为荒凉的区域，有的且已表现出若干成绩。但是这样的教育家，总还是

---

[*] 此文系作者为重庆《时事新报》撰写的社评。——编者注

少数，多数办学的人，还不免殷殷在念：将来如果有那么一天，回北平的，回北平；回上海的，回上海，便是偶然想到，也颇有"漫卷诗书喜欲狂"的样子。这种心情，如果用之于收复失地，是可以的；但是将来新中国的教育，如果基于这种心情，还是回到从前那么一套旧花样、旧环境，这个仗可要算白打了！吾国政治和经济的重心，不仅在抗战过程中，要放在内地，就是在将来的长期建设中，也不能离开内地！（本报于上月二十七日社评《亟待研讨之地方财政》一文中，曾经很郑重地解释过。）不仅办实业的，不要以开发内地经济为一时不得已而为之的勾当；便是办教育的，也不可视内地办学为传舍，以迁入内地为避兵，以对付一时为服务，而要认清了教育重心的内移，乃此次民族抗战最大收获之一！将来随着新经济基点之创设，将新教育之基点，永久建立于中国大陆的奥里，以蔚成由内向外、内重外轻的新动力，才是新中国教育家所应担起的使命。

以国民教育言之，将如何使广大之农村子弟，均有受最低限教育的设备；以义务教育言之，将如何使贫乏省区无数之贫穷子弟，均得有识字的机会；以人才教育言之，将如何使天才卓越而资力不足的学生，有深造的可能；以职业教育言之，将如何适应开发内地经济的要求，使千百万之内地居民，得以学习改良农业建立乡村工业所需要的知识与技能；更就特殊教育言之，学银行的，要先认识建设内地金融机构的重要性；学财政的，要先认识改进内地各省地方财政的重要性，如此之例，不胜枚举。经济基础既是有了划时代的变动，则教育方面的设计与推动，亦应与之相适应，方能使抗战建国的工作，切实建筑在充分的物力与智力的基础之上！

战时财政下的教育[*]

（一九三九年三月六日）

在此抗战期间，政府筹划抗战财政，业已千方百计，煞费苦心，在此军事第一和敌人作生死斗争的时期，似乎教育一事，可以从缓，政府所能筹得的款项，应尽量用之于军事。但是在政府方面，则不能这样想。国家财政在此抗战期间，无论如何困难，对此百年树人的大计，仍应尽可能范围，为之宽筹经费；不仅当前抗战所需之智力，需要教育为之瀹启，即抗战建国所需之健全国民，亦待教育为之储备。年来政府在战时财政极度艰难之中，对于教育经费，仍能尽其最大之努力，这不能不承认政治上确有极大的进步。

办教育需要钱，是不错的。但是要说：钱少了，就办不好教育，倒也不必尽然！依据过去的经验，我们虽然是穷国，而在办教育上，也不少浪费的地方。现在因为打仗，财力艰难，前方作战所需，尚虞不给，自不许我们在教育上更有所浪费。岂只不该浪费，还要改变作风，一洗从来承平意识，用很少的钱，作很多的事，依照最经济的支配，以发挥最大量的效能！我们从前的"学校财政"，确是距离理想太远。读书人以不治生产为高，以不会打算盘为长，以读书人主持"学校财政"，自不免名士挥霍的流弊。现在不容我们不改革了，再不改革，真要对不起我们前方的将士了。甚盼全国的教育家，都能把握此点，努力革进，在此抗战期间，甚而至于战后，能为"教育财政"，树立起新的规模！试举数事，以资商榷。

过去学校之建筑，受高度工业国家之暗示，动以堂皇富丽相夸示。一礼堂之建筑，动需数十万，浴室厕所之设备，一举手，一投足，都要和舶来品相接触。在此等环境所养成的生活习惯，很难担起艰难时代改造社会的重任！此在抗战之初，张菊生先生早已痛切指陈。现在移到后方的学校，对于建筑，业已改观。吾人试一涉足沙坪坝或南温泉，以至西南之昆明，西北之城固，业已印

---

[*] 此文系作者为重庆《时事新报》撰写的社评。——编者注

象一新。但是中国的教育家们，不要认此为缺料缺工一时应急不得不暂为将就的事情，而要切实认定一简单质朴之新理想，纵在战事平定以后，仍当本此进行，使学生之食息修为，在此新环境中，与大多数之民众生活，不甚相远，然后学成用世，方能与大多数之民众打成一片，为民众作种种之努力，此其一。过去办学，常苦人事费太多，而设备费太少。钟点密排，教师云集，学生有填鸭之苦，使不得充分自修，而设备则简陋不堪，不足供学生实习之用。自抗战以后，许多任教之士，或则从军，或则从政，或则参加民众运动与组织，正宜乘此时机，减少教员数量，减少上课钟点，学生既得充分自修，而学校经费，亦当省出许多，自可量为转移，以之充实设备，此其二。前清士风，以点会为荣，挽近则以镶镀为贵。无论实学有无，只要走过一趟外洋，便可睥睨一切。因此出洋之士，多于过江之鲫，无论私公，还不是消耗国家的金钱。兹值抗战严格管理外汇之际，正可彻底改革留学政策。严其限制，高其标准，缩其年限，课其进度，非必不得已，不使可以花在国内者随便花到国外！官费如此，自费亦然，如是则国家所费于留学者虽少，而所获于留学者必大，此其三。凡此三端，仅资示例，推而广之，实所望于全国热心改革之教育家！

勖二届地方金融会议[*]

（一九三九年三月八日）

　　战争需要钱，对钱负责的，一个是财政，再一个便是金融。财政与金融，从来就是很密切地结合着，二在战时为尤显。最近读到去年底新出版的一本名著《英国政府财政》[❶]，著者希克斯（U.K.Hicks）很郑重地指称："政府举债与金融政策，现在成为财政的主要部门，很难与收入政策及支出政策分离独立"。故于原书三一零页以下，特设专编，以讨论金融政策与公债问题，这种研究财政的新观点新态度，很足以强调吾人平日之认识与判断。岂只战时如此，便在战后财政与经济的建设中，金融部门都要形成极重要的一环。尤其是抗战进入第二期，所有前方的战区金融，将如何使之机动？后方的内地金融，将如何使之健全？均属当前急务。适于此时，财政部于本月六日召集各省地方银行负责人，到渝开会，计到有川、滇、粤、桂、闽、苏、浙、豫、湘、鄂、皖、赣、陕、甘等省地方银行十七个单位代表，共计四十余人，讨论改善调整地方金融机构各项问题，实具有时代的意义与深重之使命！吾人不敏，略抒管见，以就正于全国金融家之前。

　　吾国此次抗战，为历史所未有，支持之久，亦为敌人梦想所不到，此种力的源泉，无疑地，是建筑在多数的人与健全的钱的基础之上。敌人悚于吾国法币政策的成功，才对我们加紧侵略，正因法币基础已固，才使敌人到处碰壁，焦头烂额，而毫无所成。所以抗战进入第二期，敌人乃用其全力，以破坏我们法币的制度，此在接近战区之华北各地，尤为首当其冲。政府对于战区之金融政策，业已成竹在胸，问题只在如何推动，而推动之责，不能不属望于各地方之金融领袖。此次因会议而聚首一堂，相信在政府方面，可以因此而充分明了各地方之金融情形，在银行方面，亦可因此而彻底了解政府之金融政策。银行虽

---

[*] 此文系作者为重庆《时事新报》撰写的社评。——编者注

[❶] U.K.Hicks, *The Finance of British Government 1920—1936*, 1938.

属营业，而存亡休戚，与国相关，万无民族破灭而银行独荣之理。是以行政领袖于第一日训话中，首揭"负责任"之旨，与会金融巨子，皆深明大义之人，于此当不俟烦言而解。所望努力实行，于做生意以忠于股东之外，更能服劳务以忠于国家，则全国金融家助成抗战之功，必且不朽，此其一。

自抗战开始以来，吾国政治经济之重心，已渐移于内地，与从前以沿江沿海都市为基点者不同。各地金融机关，因业务之关系，虽不无回旋江海崎岖岭表等情事，但对此经济转变之大节目，则不容丝毫忽视！国家之经济命脉，在此抗战期间，既须托命于内地之开发，则此后之金融命脉，自当与整个经济之活动相适应，而建立其新基点于内地。吾国本富于宝藏，尤以内地为最，俯拾即是，别有洞天，问题只在机构之运用与资金之筹集。关于机构者，政府应负全责，而关于资金者，则舍银行家莫属。此次政府所以特为召集地方金融会议者，"地方"二字，实具有时代的意义！经济之命脉，在地方；银行之生意，亦在地方。本报历次社评，于讨论经济、财政、教育各问题时，无不高标重视地方之旨。诚以划期的工作，应先具有划期的认识，而后能发动划期的努力，则对于后方内地之经济开发生产建设等任务，实有待于各地金融家之攘臂争先，创成风气，为民族造新生命，亦即为银行造新生命！政府之计划已具，银行之认识已清，问题只在详商节目，举而措之而已。关于前方战区者，尚不少属于消极作用，而关于后方内地者，则多属积极作用。行见风声树立，企业影从，抗战资源，实有待于全国金融家之努力启发，此其二。

略陈大旨，以当芹献，至于详细办法，政府自有荩筹，而金融领袖，亦必罄陈伟见，吾人于此，惟有虔诚祷祝二届地方金融会议的成功！

英国贷款谈判成功[*]

（一九三九年三月十日）

最近英国上议院工党议员斯托拉波奇爵士为制日援华问题向政府提出强烈质问，昨日本报曾为文论及，认为斯氏所称"中国人民，正为吾人（指英国）作战"一语为最警辟，而盼望世界各友邦立即予我以更强大更有力的援助，使世界和平得树永远基础。据连日我们所得消息，已悉伦敦方面，援华情绪，日益高涨，两周以来，正拟于出口信用担保之外，更以其他方式予我国以经济助力。以尚未到公表，故未尝有所论述。兹据路透社伦敦电讯，此项消息，业经英国财政大臣西门爵士正式向下院报告，将以五百万镑之贷款，助我加强汇兑平准基金。据该国负责方面声称："此次贷款目的，无疑的系对日本提出警告"，并且"现时当局正考虑其他若干更为有效之措置"，我们行政当局对此亦有表示，谓："此项借款对于巩固中国币制，实增更大之便利，同时亦可证明英国对于中国财政及经济情况之关切。此次谈判成功，足以表示英政治家眼光之远大……"足见国际间援助我国抗战打击暴日野心建树世界和平的趋势，从此将愈积极，我们于欣喜之余，窃愿一陈所感。

我国自抗战迄今，已历二十余月，最后胜利，日近一日。此固由于全国上下一致努力与夫前方战士壮烈牺牲所获之代价，然战时金融基础之得以巩固，经济政治力量之得以强化，实归功于法币政策之策划施行，而法币政策的成功，英美两国所予吾人助力，自亦无待赘言。同时，我们尤应认清：英、美各国之所如此对我同情，一方面固由于我国为争取自由和平而牺牲到底之决心；他方面亦在于我国对外信用能始终良好；法币价格能始终维持，基础愈形巩固，凡其他国家在战时财政之变态行为，在我皆无迹象。论者谓英国此次对我有进一步的贷款，不但足以反映我国经济财政之愈稳定，亦且足以证明友邦对我抗战必胜之信念愈加坚强，我们此后自应益加奋勉，"不要因为国际借款成功，便觉欣

---

[*] 此文系作者为重庆《时事新报》撰写的社评。——编者注

然自得,放松当前的工作"!(去年本报论英美借款成功时语)。我们重新提出"财政纪律"的口号,期望政府彻底执行。我们仍然呼吁"在初步成功之际,需要吾人表现更大的努力"!(俱见本报去年十二月二十日社评)

去年英美借款成功时,我们还曾说过:"此次借款之足欣慰,犹不在此借款数目之本身,而在此项借款所含之意义"。我们当时认为"英美对华的借款,可谓系对日寇狂想之初步的具体答复"❶。此次英国借款成功,正如伦敦方面所称,在于"警告日本"。过去英、美、法诸国曾迭次为在华权益向日本提出抗议,均以暴日强辞狡辩,未获结果。所以英国人士,莫不深切感觉非彻底援华不足以遏阻暴日野心,维护在华权益。"即以前之对日主张采取妥协手段者",亦已"认为非报复不能获得满意的结果"❷。英国此次对我借款谈判成功,便是此种意义之进一步的表现,于此,我们愿向各国敬献一言:向来老成持重之英国,既已知暴日之非理可喻而采取实际行动加以报复,其他各友邦应即与英携手合作援华以制暴日,然后世界和平庶几可期。

---

❶ 见去年本报十二月十八日社评。

❷ 见今日本报路透社电。

法币在华北*

（一九三九年三月十一日）

昨天这个日子，是我们每一个中国人所不能忘掉的，尤其是注意财政金融的人，更不能忽略。因为从三月十日起，敌人打算在华北实行管理汇兑，伪临时政府即将宣布实行日圆本位制，伪联合准备银行所收入之外汇，均须存入横滨正金银行，原来流行之法币，自上月二十日起，已一律贬值四成，此后且将禁止通用。我们听到这些消息，不禁感触万端，特抒所见，以告国人。

从前铁血宰相俾斯麦，打算统一德意志，感于政治手段之不易奏功，乃创意实行"关税同盟"。各邦在政治上，尽管保持独立与自由，但在经济上，无形之中，业已结为一体，不可分离，这是说政治力量所不能达到的地方，经济力量自有方法可以达到。华北政权自"七七"事变之后，暂时和我们分手，但是我们经济的力量，仍然在那里支配着。敌人用种种方法在那里破坏，而法币的威信，仍自屹然，于政权脱节之余，仍能以法币为中心，加强亿万人内向之心力！此种铁般事实，即在苦心焦虑想尽方法以破坏我法币的敌人，也不得不率直承认，此征诸最近敌方所谓中国财政通的学者木村增太郎的论文，可以了然。至于敌人操纵之伪联合准备银行，自去年三月十一日成立，至今恰已一年，而伪币联银票，并不能损及法币信用的毫毛。所以木村氏的结论，以为"对于法币的对策，不但不应仅仅想着使法币破坏，今后应该在怎样去利用的方面想办法"，这在敌人方面，倒不失为机灵的见解。因此我们可以自信，就凭着法币这套法宝，不仅促成了统一的局面，而且奠定了抗战的基础，虽在沦陷区域，仍能运用发挥其权威，使敌人提刀四顾，而莫可如何，这确足以证明经济的办法，有时要超过政治的办法以上。因此，我们对于法币制度，应该更珍惜，更维护，此后将如何运用此成果，以发挥更大之效能，实乃朝野各方时刻不容忽略的一件事。

---

* 此文系作者为重庆《时事新报》撰写的社评。——编者注

但是在三月十日以后，华北方面果真要禁止法币的流通，又将发生如何的影响？我们又该想什么办法，以资应付？这自然是人人关心的事。起初一想，我们在华北因失地而丢掉政治权，不足深悲；但因禁币而再失掉经济权，乃真可痛惜；而且法币在华北一旦禁用，势将巨量运至沪港及内地，不免促成筹码过多现象，影响整个金融。实则此种顾虑，仍不免于皮相！伪政府之政令，所能达到的，仅仅少数的城市，对于广大的战区，还不是东风马耳！试问它配不配有这样力量，可以令行禁止。广大区域里的人民，愿意用法币，仍然是他们的自由，岂是伪政府所能禁止得住的。我们所顾虑的，无宁是战区以内，能以地方银行券代用法币最好，使敌人无法收集与套取，而以战区所能运用之法币，作为地方银行的发行准备，以供与内地结成联络。至于大量南来之说，更不足虑。我们法币的发行额本来不多，约在十八亿五六千万元之数，敌方学者如木村氏，都"觉得这个数目，大概可靠"。此数散布于全国各处，华北所占用的，至多不过五分之一，除了人民所能自由使用的、窖藏起来的、在银行中作准备的、行使于租界中的之外，因禁用之故，所能流出的，当极有限！又何忧虑之有？纵有少数自华北流出，而对于内地，仍然不至有筹码过多的影响。内地筹码，本来不够，加以开发内地经济，人口大量增加，法币之数，宁有短缺之感。最近政府召开地方金融会议，积极提倡内地投资，广设内地分行，则内地筹码，又将有新的需要，少数法币之来自华北启，吾人对之，将如欢迎熟练工人一般，同属开发内地经济所需，有何忧虑之可言！政府对于法币发行，向采紧缩政策，此在敌方学者，都已承认，此后更将谨慎将事，吾人对于法币前途，惟有益坚其信念！故就法币在华北之新事态，而述其感念如此。

献金与避税*

（一九三九年三月十五日）

　　近来献金运动，风起云涌，领袖倡导，社会景从，收集之数，蔚为大观，裨益军需，实非浅鲜。其中尤以妇女界，特别努力。收数远超预期之上，为一九三九年中国的妇女节镂刻光荣的记录。此外如各行各业，莫不踊跃输将，赴义恐后，足征民情腾郁，国运昌隆，抗战前途，愈增把握。"一年之计在于春"，就看开春这几天，社会上所表现的样子，起码在今年这一年，很足以证明我们是有办法的了。

　　献金一事，不仅是我们民族现在的荣誉，而且是历史的荣誉。早者如春秋时代楚国的令尹子文，以他的"毁家纾国"，树立最高的献金楷模。这是说，令尹子文的献金，所献出来的，不仅是给孩子们买糖买豆的钱，而是献出他家庭的生命线！但是他的家，毁了么？没有！国难得纾，国就是他的家。这真是我们民族足以自豪的献金好榜样。还有汉代的卜式。当时朝廷数使将击匈奴，卜式愿输家之半助边，其理由"以为贤者宜死节于边，有财者宜输委，如此而匈奴可灭也"。现代的朋友们要记着，这才是"有钱出钱，有力出力"一语的最初揭橥，而且是出自有钱者的口中，岂不更是难能可贵！我们民族历史上有这些好榜样，所以在今日能够不费力的又把它表现出来。相信献金之举，仍自源源不穷，不仅为抗战供给丰富之财源，且奠定了现代人民对于国家应有的认识。

　　但是人类社会，也常表现着矛盾的现象，一方觉着可歌可泣，另一方则又觉着未能恝然。可称赞的，无妨热烈称赞；但是可箴贬的，也应该率直箴贬；淬励与警惕，同是进步所需，我们不该默而不言。我们觉着一般社会，在尽情上，可以做到热烈献金；但是在守法上，尚未能作到赶快纳税。同是以金钱输之国家，但是讲面子么，万儿八千的，可以不在乎；而在依法纳税的时节，则又较及锱铢，想尽办法，轻者求缓求减，重者思避思逃，黠者以骫法为能，豪者以抗法为事，相

＊此文系作者为重庆《时事新报》撰写的社评。——编者注

沿成习，贤者不免，各国皆有，在我为甚！持与献金之热烈相对照，吾人自不免未能愤然之感。

社会上任何现象，都有其造因，持论者先不要任情抨击。避税之习，所以造成，主要原因有二：第一，吾国古代政治，以财政剥削为能事，国君畜聚敛之臣，人民有竭泽之苦，而锱铢所积，无非供少数统治阶级享乐之资，对于这样的政治，不仅人民的避税是应该的，就是抗税都是应该的。两千年的历史，治政时少，而乱政时多，于长期中养成人民避税心理，自有其历史的根据。但在今日则不然！自抗战开始以来，政府为全民族而作战，政治为全民众的结合，国家支出，系为全民族之生存而支出，则国家课税，亦为全民族之生存而课税。国家分文之收入，皆关系全民族之生存问题，岂容仍以旧时代之避税心理，应用于今日？如果在今日主持民族抗战的政府之下，仍不能踊跃守法，徒以时代错误对象错误的旧观念，而思所以避税，简直要成为民族的罪人，谅为识时之士所不取。

第二，吾国社会因为从来以农业经济为基础，一般风气，重情而不重法。感情逼着他，不好意思不拿，法律要求他，他倒要不拿了。实则税法纵有不良，总要比摊派认捐来得公平些、合理些，相当比照于个人的担税能力。况在新办各税，尽量采纳各国成法之合理精神，而税率则远不及各国之高。有收入的略拿些，没收入的根本不拿，收入少的，也不到拿的限度，对于此等新税，尚思避免，似乎太下不去！我们政治的前途，总是进步的，总要走到法治的理想，我们于重感情之余，还要重守法！我们于热烈献金之余，还要拿出新国民守法之精神，为民族抗战的大前提，而踊跃纳税！

再论法币在华北[*]

（一九三九年三月二十日）

本月十一日，敌伪在华北实行管理外汇，禁止法币流通，吾人曾就"法币在华北"一课题，有所申述。该题属稿，尚未接到中英信用贷款谈判成功之消息。且依吾人见解，以为一国之金融与财政，先要从自身确立根本，有了根本，而后可以赢得国际的同情与援助。所谓"本立而道生"，所谓"德不孤必有邻"，此乃逻辑的必然，历千百年而不容或爽。故吾人持论，亦应先从检讨自己树立自己做起，先看一看：自己是不是已经有了办法，自己是不是能够站得住，经过"慧镫内照"，再将眼光转移，以彻照大千，"有诸己，而后求诸人"，庶几不背"知所先后"之旨。吾人于本月十一日第一次标出此课题时，所以先从自身加以检讨者，意即在此。

在主要的几点，事实都从正面给我们证明了。吾人曾谓："伪政府之政令所能达到的，仅限于少数城市，对于广大的战区，还不是东风马耳？试问它配不配有这样力量可以令行禁止"？果然路透社十一日的电讯便告诉我们：伪政府的禁用法币令，仅能限于"准银区"（伪联合准备银行区）所属的十一个城市——北平、天津、青岛、烟台、济南、太原、石家庄、唐山、山海关、临汾、新乡——，除此十一个城市之外，法币"仍可通用"。本来"广大区域里的人民，愿意用法币，仍然是他们的自由，岂是伪政府所能禁止得住的"！我们这样主张，完全是从事实中所获得的自信，虽伪政府亦不得不承认，而以"仍可通用"一语遮羞。事实还不止此，据十一日的路透电，在十一个城市中的北平，法币仍得通用，即敌国商界，亦认为日方之原来计划，难于实现。又在天津租界内，法币依然照常使用，且行情反较前伸涨。荒绝谬绝的敌阀，这样铁般的事实，你能不承认么？你们所谓中国财政通的学者木村增太郎氏，早在那里主张：对于法币，只能利用，不能破坏了。惟有事实不让人，就在这狂风暴雨中最前线的华北，我们的法币么！的

---

[*] 此文系作者为重庆《时事新报》撰写的社评。——编者注

的确确是屹然毅然丝毫不显动摇地站在那里！

　　有什么奇怪呢？这当然要赢得国际间的同情了。中英信用贷款谈判的成功，只是事有必至的简单逻辑！什么同盟社的电讯，什么敌外务省的声明，什么敌众院的辩论，还在那里大惊小怪，张脉偾兴，未能很冷静地去正视事实，还要怨天尤人，硬说英国这次对华贷款，为"极其非友谊的行为"！敌阀要知道：英国这次贷款，对我们当然是很友谊。"多助之至，天下顺之"，谁叫你失道寡助呢！这样的国际酸素，适足以暴露敌阀之小气与丑态而已！

　　今日的国际，由三大力量在那里支配着。一个是自利排他的侵略力量，一个是抗敌图存的斗争力量，又一个则是己立立人的平衡力量。但是后二种力量，迟早要携手同行以与第一种的侵略力量相周旋。中英信用贷款成功，与敌伪统制华北外汇，不早不晚，同发表于一九三九年三月中的一天，即足以参透此中的消息了。

三论法币在华北*
——兼论国际贸易与国际金融

（一九三九年三月二十七日）

我们想到华北的法币，如同想到战场上的斗士一般，时时刻刻，都叫我们惦着他！华北是个什么地方？连我们的勇士们，都不得不作战略上的退却；但是法币，一直到今天，却依然不屈不挠地矗立在那里！无论敌方的暴力怎样摧残，怎样禁止，而法币的信用，并未损及分毫。据香港二十四日电讯："敌方虽用尽方法破坏法币，但依然不发生丝毫效果。华北同胞无不乐用法币，目前每千元国币行市，仍超过伪币三十元以上"。我们听到这样的消息，对于这位转战前方的经济斗士，实不禁其轸念钦迟之感，故复三为申论，以告国人。

一种货币的流行，有一个最基本的条件，便是一般社会对于这种交易媒介所能具有的"信认"。如果大家都认识它，都相信它，它便有充作货币的基本效能。信认的范围愈广，流通的力量愈强，有非局部的私意与一时的险谋所能破坏者。反之，如果某种交易媒介，缺乏此种条件，不为社会所信认，你便是利用多大的政治权力，强制地去推行，结果还是不成。不仅不能流行，信用反愈跌落，越需要政治的力量去保镖，越足以证明经济条件的不足，结果只有愈趋紊乱，不可收拾。大家还记得从前军阀时代所发的军用票，后面都有很厉害的枪杆帮着它去流行，结果却是"行不得也"，就是那些军阀自己所指挥的大兵，都要偷偷地去贬价。今日华北的法币，却和这宗史实，对映出同一的真理！荒绝谬绝的敌阀们，无视你们国里许多货币专家所早已阐明的理论，迳欲利用政治的权力，破坏信认十足的法币，这又怎能办得到呢？利令智昏，心劳日拙，害人不成，只有自食其果。

敌阀们要知道，我们的法币，不仅在中国人的心理中，早已取得充分的信认，在国际间，同样取得充足的信认。我们的法币，不仅具有一国的价值，实

---

* 此文系作者为重庆《时事新报》撰写的社评。——编者注

已取得世界的价值。这样宝贵的价值，不仅我们国家要誓死地维护它，就是世界上许多贤明的国家，也都要尽心尽力地维护它。正因为敌阀老是想法子去破坏，越足以激起友邦的义愤，而加强其援助。敌阀要知道，经济无国界，金融更无国界。一国的货币政策，只有朝着"国际金融"去发展。万没有私己排他，利己损人，而在金融上可以长期站得住的。敌阀稍有理智，急应改弦更张，木村增太郎所谓只能利用不能破坏，那是替你们自己的利害打算盘，怎么连这都不懂？

再进一步的分析，国际金融仅是国际贸易的工具。金融所以具有世界性，实因贸易具有世界性之故。国与国之间，大家需要彼此做买卖，"懋迁有无化居"，是具有交互性的，你又怎能和世界断绝往来？敌阀一定要禁止具有世界价值的法币，那便是杜绝在华北以至在远东的国际贸易。关系国家自然要抗议，要继续抗议，而且准备许多有效的办法去抵制，就是连你们日本自己，又怎能划在国际贸易的圈外呢？醒醒吧，赶快知趣吧，不要做这样的傻事了！

国际财政援助与债信*

（一九三九年四月三日）

关于国际财政援助问题，本报社评曾迭有论述。最初之认识与推测，大抵与以后实际发生之事态相应和。如去年九月十九日，我们就《国际风云与中国财政》之评题，即曾主张：国际情势，无论如何变化，只要我们真能努力，以贯彻长期抗战的使命，许多友邦，总要在财政上帮助我们的。因而吾人对于中国的战时财政，只有乐观，绝不悲观。并于十一月二十一日社评《国际财政协助之展望》一文中，因美国对暴日的照会，而推论国际对我的财政援助，总要源源而来。迨至十二月中旬，而英美借款成功之消息，复行发表。我们在十二月二十日社评《英美借款成功与中国战时财政》一文中，更于初步成功之余，谆告国人，勿以小成自足，而应加紧努力，以期赢得国际更大的援助。本年入春以来，适当敌伪统制华北外汇禁止法币流通之际，而有英国信用贷款以加强吾国外汇平准基金的消息。本报于三月十日之社评中，亦曾专题伸述，以见得道多助，苦心不负，证之史实，历历不爽。此后吾人果能不断的努力，则国际信用必能不断的加强，而各友邦对于吾国财政，亦将不断的援手，只从这一点看，我们抗战的前途都是很光明的。

事实犹不止此，关于国际财政援助的课题，要我们更进一步的认识与分析。我们还记得，去年一月十五日，财政当局曾发表以关税为担保之债务偿付办法。当时我们推测，此种措置，乃因暴日掠夺海关收入，无视各国利权之结果。各友邦一定要谅解我们的苦衷，深信我们的债信，不会对我们有所苛责，仍然要照旧的帮助我们。此种信念，有三月上旬英国信用贷款的事实，可作极有力的佐证。这是说：吾国债信，并未因改订关税担保债务偿付办法而减低，实际反而加强！关债如是，盐债亦然，我们相信从关系友邦，可以得到同样的谅解。仿佛我们朋友间的往来一般，分金多取知其贫，千里结言知其践，只要我

---

* 此文系作者为重庆《时事新报》撰写的社评。——编者注

们具备诚意与努力，那末我们在国际间的债信，惟有加强，惟有加高，将来总有一天，只要我们用钱，友邦随时可帮，什么担保不担保，算不了什么一回事。

　　于此还要我们再进一步的认识与推测。国际财政援助的方式，以所助的东西言之，有借金钱，赊军火，与设定信用之分；以所助的作用言之，又有在积极上以加强我们的运用与在消极上以减轻我们的负担之别。减轻了我们对外债务的负担，等于把金钱贷给我们，消极方面的援助，其意义、其效能，并不亚于积极方面的援助。我们一方面希望各友邦多助我们以金钱、以军火、以信用；同时我们尤盼各友邦再从债权方面，多方减轻或迟缓我们的担负。在我们，固然要撑起脊梁，力任重荷，无论如何艰难，总要尽最大的努力，以履行我们的债信。但是各友邦，也无妨自动地给我们以更大的帮忙，则我们全国人民，对此厚谊与隆情，亦将铭刻而不泯。我们相信经过这次抗战后的中国民族，是不会辜负了友邦的厚待的！

人事管理中树立客观标准刍议[*]
——一个新政治哲学的试拟

（一九三九年四月九日）

古来重人治者，以为徒法不足以自行；重法治者，又曰徒善不足以为政。吾国社会，既建立于农业经济基础之上，所有伦常、道德、从政、治事所根据之基本观念，无不受农业社会意识之影响。以尚书证之，则自克明俊德以亲九族作起；以三百篇证之，则自刑于寡妻至于兄弟作起；以孔门哲学证之，则自亲亲而仁民做起。是以数千年来之政治理论与实际，莫能脱人治之范畴，其谈法治与行法制者，仅成极少数之例外而已。

以偏重人治之故，在治平之世，则南阳子弟，丰沛故人，举尔所知，当然要从亲亲作起。此中岂是杰特奇出之士，但其登庸之路，毕竟以乡土关系或以戚族关系为主。无此关系者，虽贤莫知，虽知莫信，虽重莫用，虽用莫专；而怀才储能稍具风骨之士，感于疏不间亲，新不间旧，亦莫肯轻于自见。廊庙有乏贤之嗟，草野有不遇之慨，登庸以情谊为介，服务乏保障之条，五日京兆，认为当然，人亡政息，视等定理。所谓赵孟能贵，赵孟能贱，完全说明人才之进退，并不以客观制度为标准，而以主观的人情关系为标准。于是祁奚之内举不避亲，外举不避仇，能不拘于人情关系，而另宁一客观之标准者，乃播为千古之美谈！

如祁奚者，不仅能以客观标准，登用人才；且能以客观标准，保障人才。当时晋国贤臣叔向，因故误陷，祁奚时已告老，不惜远道入朝，为之昭雪。叔向既释，祁奚乃不见叔向而归，叔向亦不告免焉而朝。如此牢守公的标准——亦即客观标准——，丝毫不羼杂人的关系于其间，真乃吾国政治史上，极可宝贵的人事管理之典型，足资后人取法。

此后在历史上，惟有蜀之诸葛公，为能实践此种公的标准。据《蜀志·法

---

[*] 此文发表于重庆《大公报》。——编者注

正传》,公与法孝直,虽好尚不同,而以公义相取。公义者何?即客观标准也!南征之谋,马谡实主之,但于街亭之失,并未枉法以殉情,至于挥泪而斩之。故诸葛自许,亦曰:"我心如秤,不能为人作轻重"。秤者何,亦客观标准也。于此知蜀以蕞尔之士,而能抗中原之师,历久而不敝,实得力于此种大公无私崇奉客观标准之用人精神,故能集众思,广众益,蔚成一代之治。陈寿为武侯作赞,于此大书特书,推崇备至。所谓:开诚心,布公道,尽忠益时者虽仇必赏,犯法怠慢者虽亲必罚,服罪输情者虽重必释,游辞巧饰者虽轻必戮,善无微而不赏,恶无纤而不贬;庶事精练,物理其本,循名责实,虚伪不齿,终于邦域之内,咸畏而爱之,刑政虽峻而无怨者,以其用心平而劝戒明也。此种史迹,实乃人事管理之最高典型,并不因时代变迁而失其效用也。

由此观之,治人与治法,实应并重,缺一不可。倘能更进一步,虽在治人,亦使之治法化;纵令确属真才,亦必为之划出一客观标准,使其由考试训练之道而来。服务之后,所有考绩、黜陟、保障、抚恤,俱为之制定章则,使有客观标准,足资依据;相信在人事管理上,必能别开生面,为吾国政治造成划时代的进步与改革。古人有言:"本立而道生",倘能树立客观标准,使治人亦经过治法化之程序,则其余细目自能迎刃而解。故对于人事管理问题,特先标揭大旨,以就正于当世。

纳税的荣誉*
——一个新时代的财政哲学

（一九三九年四月十日）

经过这次的抗战，中国的一切，都改变了，都进步了，而且这些改变与进步，不仅属于量的，而是属于质的。从前所想不到的，今日可以找到；从前所认为当然的，今日却以为不然。只就财政来讲，即可找出许多例子。

国民有纳税的义务，本是古今中外的通则，不必等着宪法来规定。古来善良百姓的标准型，便是所谓"催科不上门"，不等官厅来催，早早的纳了粮，关上门过安定日子。从法律的观点来讲，事属当然，不待商榷。但是从古来政治的传统和社会的惯习来讲，则又有些不然。自政治的传统言之，在古代贵族政治之下，纳税一事，并不是国民一般的义务，而只是被统治者的义务。纳税并不是一种荣誉，简直是一种科罚。"治于人者食人，治人者食于人"，在中国如此，在西洋更是如此。历代开国之初，许多功臣宿将的食邑领土，固然不给国家纳税，就是私人所置有的庄园，也不给国家纳税。纳税的仅是一般良懦的小百姓。统治者也偶发慈悲，"省刑罚，薄税敛"，便已天恩浩荡，小百姓已感恩不浅，讴歌深仁厚泽。这样的纳税义务，能够说是神圣的国民义务么？凡事之不恰乎人心者，纵胁以一时的威权，使之慑服于一时，在另一方面，总要有所表现，于是形成一种病态的社会心理。在豪猾一流，以为有权有势者，应纳税而不纳税，我要是纳，岂不显着太难了？岂不太不名誉了？咱也要不纳税。在谨懦一流，只觉纳税之为负担，看不出是一种普遍而神圣的国民义务，于是行险侥幸之心生，作伪逃避之意起，对于纳税，也并不认为是一种荣誉的事。

在纳税者，既形成这样的心理与惯习，在课税者，也形成一种相对的心理与惯习，征之实际，一个是奖励告密，一个是增收酬庸。告密哲学，是把人看成贼，不惜明查暗访勾心斗角以揭发之，追侦愈严，趋避愈巧，岂无收获？其

---
* 此文系作者为重庆《时事新报》撰写的社评。——编者注

奈恶化国民道德何！至于奖收哲学，是说：只要增收，便受上赏，聚敛之术，缘之而兴，上焉者，"拔最多的鹅毛，听最少的鹅叫"（法国政治家科尔伯 Colbert 之名句），已经是很少见；下焉者，乃不惜杀鸡取卵，竭泽而渔，一摘再摘，藉以邀功。增课之荣誉，不在纳税者，而在课税者，这都是过去财政哲学的一套。

现在呢，已经是或应该是这些财政哲学结束的时候了！近年国家锐意改革税制，务使趋于公平合理，根据有钱出钱的原则，在纳税上，多有的多拿，少有的少拿，没有的不拿，有而不到一定标准的也不拿。法律既定，全国通行，今日而谈纳税，已经是普遍而神圣的国民义务。尤其在这长期抗战的时代，国家所最需要的，一个是人，一个是钱。在纳税上，能替主持全民抗战的政府，多拿一些钱的，等于健康的母亲，多给国家生育几个健实的小国民；等于贤明的父亲，多给国家教养几个勇智的小斗士，这是何等崇高而荣誉的事情呢！我们以为此后国家所要奖励的，不应该是收税的官吏，那是他们的天职，不待奖励而后尽；倒应该设法奖励那些给国家多纳税的人，以旌示其在事业上在努力上的勤劳与成功。此乃新时代所应有的健全而合理的财政哲学，在国家未曾具体实现以前，需要我们在学术上、在舆论上，揭橥宣传，为"纳税的荣誉"，建立社会的基础。

公债政策与长期抗战[*]

（一九三九年四月十七日）

这次抗战之为长期抗战，是人人所都知道的。但是其中涵义，则须加以分析。长期抗战的第一个目的，当然是针对着敌人的速战速决，利用我们的地理与储能，展开大规模的运动战，以达到消耗敌人的目的。然此外尚有第二个意义，就是说：我们这次抗战，是经过多年的忍耐而后发动的。一旦发动，就要打出一个结果来，而不是随便闹着玩。敌人是怎样的凶顽，我们是如何的积弱？能够希望它三天两早晌就能打出一个合理的结果来么？我们要师取意大利建国巨人玛志尼的遗志：己身不成，期诸吾子，吾子不成，期诸吾子之子，如是而子子孙孙，在所不计。我们不仅为中国，而且为东亚，准备打出一个长治久安，故不惜作长期的牺牲。倘能苦心不负，抗战有成，我们这辈子，不见得能够怎样享用，而是为我们的子孙，为我们国家的永久生命。长期抗战的涵义，如此丰富，如此悠久，所以我们国家的战时财政政策，自然也要和这种国策相配合，而有最近公布发行的十二亿元建设、军需两公债。

六亿元的建设公债，为的是生产；六亿元的军需公债，为的是打仗。我们是一面作战，一面建设，尤其是在这长期抗战的国策之下，我们不能等着打完了再去建设。而且长期抗战的资源，倘不取给予内地经济的开发与国营事业的扩展，又该靠什么呢？建设与抗战，几乎是一种工作的两面，绝对不可分离。所以我们政府，于本月十四日公布六亿元的建设公债条例，接着在次日又公布了六亿元的军需公债条例，这很足以说明抗战与建设之不可分。而且抗战进入第二期，一切的一切，更要从长远打算，不可以补苴一时自足。所以在财政政策中，又选定了公债政策，使当前十二亿元的财政需要，分配其负担于此后之二十五年中——两公债条例的第四条，均经规定"分二十五年还清"——比之增税，则气可拉长，比之发钞，则到期偿却。这次作战，既不仅是为这一辈，而

---

[*] 此文系作者为重庆《时事新报》撰写的社评。——编者注

是为此后之子子孙孙，别说二十五年，就是五十年，也该是应有之笔。"长期公债"用在"长期抗战"的题目上，是再确切没有的了！

我们这次打仗，因为"得道多助"的缘故，很蒙许多友邦帮忙，这是我们很感念不忘的。因为许多友邦帮忙，所以我们抗战，将近二年，并没有怎样多增租税，也没有怎样多发内债，但是聪智的国人们，要自觉：假若我们自己可以对付着有办法的话，我们不要随便向好朋友去借钱；假若我们在内债可以有办法的话，我们不要随便向友邦借外债；这是我们民族应有的自尊，而且也是应有的自爱。富有储蓄力的国人们！大家要完成民族的自尊与自爱，赶快把这十二亿的新公债销净了，再来一个十二亿！使敌人了然于我们民族就是这样的有办法！

国家支应抗战，如此之久，然而对于公债政策，仍然是郑重而确实的提供担保。两条例第五条，俱已分别规定，这真叫我们国民感动了。国家对于维持债信，是用了怎样的苦心！国人要自觉：今日的国家，已经成了我们生死不可分离的爱人，对于你的爱人，总得要时时刻刻把婚书扣在手里么？本报十日社评，讨论《国际财政援助与债信》时，曾谓"将来总有一天，只要我们用钱，友邦随时可帮，什么担保不担保，算不了一回事"，这是对友邦讲，对邦人更不用讲了。风雪满天的旅程，渐渐地过去，晨光曦微的景色，已经笼罩在我们的周遭，和我们的爱人——国家——携手努力前进吧！

所得税与商业[*]

（一九三九年四月二十三日）

一

所得税在中国，是一种新税，而且公认为一种良税。现在抗战进入第二期，国家建设工作，置重心于后方，于是新税的推行，亦应以后方各省为根据。惟后方各省的经济条件，在天然富源上，既有差别，在人力开发上，复有迟速，其能秉天赋之厚，挟人力之勤，卓然形成抗战与建设最后之根据地者，当推四川一省。吾人翻开古籍，所谓"天府"之区者，有二：一为关中，一为巴蜀。然而号称天府之关中，过去若干年中，饥饿流离，骇人闻听，最近始稍改观。而巴蜀则不然。自秦之始皇，开通巴蜀，地方即以为称。中经两汉，四百年间，生育长成，蔚为大观，诸葛之《隆中对》，所谓"益州险塞，沃野千里，天府之国，民殷国富，"在三国时如此，至今还是如此。关中之天府，因历史的转变，而渐失其旧观者，在四川则依旧保留；其他之帝都省会，因易代战乱而大遭破坏者，在蓉、渝则依旧保有千年以上之文物与繁盛；这是在全国各处所不易见到的。现在重庆又成为抗战的首都，各方文物，更复聚集于此。市与朝总是相连，朝之所居，亦即市之所聚，于是渝市商业，亦显示其空前的发展与繁荣。

美国财政学家康斯脱在其所著《现代国家之租税制度》一书中，曾称所得税为"产业税"，以所得税之基础，实有赖于商、工各业之繁荣。又称之为"都市税"，以所得税之来源，实有赖于都市之发展。康氏曾引一九二七年美国各州所收所得税之比率作例。美国联邦政府所得税收总额，仅纽约一州，即占百分之二十七，仅宾夕法尼亚一州，即占百分之九，仅此商、工繁荣之二州，即以所得税的形式，为国家提供百分之三十六的税源。可见所得税与商、工各业，实

---

[*] 此文发表于重庆《大公报》。——编者注

具有密切不可分离的关系。荣则共荣，枯则共枯。

二

国家创办新税，不仅为收钱，更要实现公平合理的理想。办理新税的人，不仅为国家服务，还要替国家爱护商民，培植税源，缔造未来的健全基础。不过所得税在我国的历史毕竟甚浅，以吾国社会条件与经济条件之不备，初行新税，自有许多理想，未能一时贯彻。即以会计一端而论，商界所用账簿，多属旧式，习之既久，改革为难，欲行新式，自非咄嗟立办。而所得税之税务员，虽自大学专科考试训练而来，尽管新式会计之技术甚熟，而对于旧式账簿之用法未谙，纵令商家开诚相与，和盘托出，而以初出茅庐涉世未久之税务员临之，亦不免有一部二十四史之断烂朝报无从读起之感。在我们固然要加紧训练查账人员，但在旧式账簿未经普遍改革以前，甚难做到查账之理想。又在本税服务之财务人员，卒属青年气盛之士，对人礼貌，或有未周，辞令之间，或有不逊，只凭个人主观，而不能站在纳税人之客观立场，此皆难免之事。所以我们办税，第一先要注意商民的疾苦与其所感到的困难。吾人未能周知，则希望商界领袖与产业重镇，时时刻刻告诉我们办税的人。禹闻善言则拜，子路人告知以有过则喜，惟善人能受尽言，身虽不敏，敢自外于善人之列？故个人于总处派员出外视察各地所得税情形之际，第一请其注意之事，即为留意商民疾苦及对本税之观感如何。嗣对财训同人讲话，又特别提出"宗教之风"，以相勖勉。以为本税既有其公平之理想，即要拿出宗教家传道的精神，不惜苦口婆心，以相晓闻。决不扳起衙门官僚的面孔。这一点是要请商、工各界惠予谅解与协助的。

三

国家抗战进入第二期，需要全体国民，各本所能，各就所业，为国家抗战，从人力上，从钱力上，造成强有力的基础。抗战将近两年之久，前线各省的人力财力物力，不知牺牲多少；吾辈身居后方，倘使还能有些利殖的话，都是受国家抗战之赐！

诸位都知道：国家对于战时财政的筹维，是费了许多的苦心。钞票未曾滥发，公债未曾多募，增税更可说是异常的少。我们翻开各国作战的经验，能够有几个国家,像我们这样的呢?然而长期抗战,毕竟是要多费钱的,其能专靠着友邦的援助的,不仅为前方的作战,还要为后方的建设,那一样能缺了钱呢?我们国民,只要还能够有生可谋、有业可营、有钱可赚的话,那么,给国家纳上一点税,当然是不待督促的。尤其是在内地首善的四川,以及跻为行都的重庆,那些成功立业的商、工领袖与银行领袖们,必能以身作则,声之风声,为各界作榜样,为全国作楷模。尤其是关于所得税,即承大家称许为较良之租税,则当此第一类营利事业所得税开征之际,相信商、工、金融各界,对于国家抗战财源之筹维,必能有惊人的表现。这是个人于谨致第一个期望之余,更不能不为国家谨致其第二个期望。

四

所得税虽说是良税,但是良的意义,却因时代的变迁,而转换其内容。昔日所认为公平的,今日或以为不公平;此邦认为合理的,彼邦或认为不合理。况在吾国,所得税制,本属初创,格于环境,不得不从简易作起。一切条规解释,概属粗枝大叶,当然有许多不合我们理想的地方。虽说限于社会条件,不能一蹴而几,但吾人于奉行条例之余,无时无刻不注意此后改革修正之工作。长官以此昭示,个人以此自勉,所有应兴应革之点,无不竭其所知,未雨绸缪,为将来之修正事业,准备其应有及可有的材料与拟议。惟课税主观之观察,或未能适应纳税客观之要求,而实际之经验与感触,亦有非我辈书生所能尽情了然者,是不得不恢弘智虑,广征善言,热诚盼望商、工、金融各界富有实际经验之人士,本于爱护新税之精神,为将来所得税之修正,提供宝贵之资料与意见。所得税暂行条例,自施行以来,已逾两年,政府曾数拟修正,其中有关于课税范围者,有关于税率者,有关于累进制度之扩充者,有关于征收手续之调整者。政府轸念民艰,关怀企业,未肯即行提出,一切仍按原定温和简单之税法,继续推行。一俟战事告一段落,社会得所从容,然而将已有及可得之资料与意见,斟酌折衷,以蕲至于新税法的改订。凡事豫则立,若待将来实行改正之时,始行搜集,未免临渴掘井,殊非慎重税法之道。故在近日,即须赶为准备,从征税经验上,从学术研究上,更从商工金融各界,实际所感、所触、所希望,具体提出于当局,相信:根据宝贵之经验,必能发为切实之主张,点滴之储,持以久长,江海之汇,要当不远。异日者,抗战有成,企业勃兴,崭新税法脱颖而出，所谓良税，庶能与吾人所期望者相吻合，这又是对于商、工各界不能不谨致其第三个期望。

五

今日的政府，非复古代之政府；今日的所得税，亦非从前所谓之苛捐杂税；今日主持税政之人，相信亦与从前办税的一套，根本殊科。吾人以此自矢，亦望社会以此相责！我们办税的财务员，是从考试训练而来，根本没有任用私人的机会；我们经征的钱，是由纳税人，直接缴纳于代理国库的金融机关，根本没有经手三分肥的机会。但是我们并不以此自足，尚有许多地方，应该随时改进，应该随事注意，自己所注意不到的，则盼社会各方面的贤达好友，不吝金玉的赐予不客气的指正！

四论法币在华北[*]
——友邦何时才取有效的步骤呢

（一九三九年四月二十四日）

据中央社洛阳十八日电：华北各县，经我军进攻后，敌方伪钞价格大跌，而我法币价格则高涨。天津每一百元可兑伪钞一百四十元，开封可兑一百四十元以上，彰德可兑一百二十元左右。又据中央社香港十九日电：平津一带，因伪钞充斥市面，兼因国际对我借款，陆续成立，故伪钞价格日益暴跌，而法币在敌占据区之信用，愈为巩固。十八日伪钞每千元值八百七十元，十九日每千元跌至七百四十元，只合七折许。我们听到这些消息，其欢欣鼓舞之情，并不亚于听到前方军事的胜利。对于这位转战前方愈战愈勇的金融斗士——法币——所要顶献的敬礼，并不亚于前方将士所应赢得的尊崇。我们的人，在前线作战，我们的钱，同样地，也在前线作战。我们的兵，是战区民众的好朋友，为民众所欢迎；我们的钱，同样地，也是民众的好朋友，也为民众所欢迎。因为法币有办法，所以助成华北前线的军事扩展；亦因为军事有进展，更提高华北法币的价值。我们的仗，是越打越有把握了，专就华北一方而论，已经是"人财两旺"，愈战愈强。这些赤裸裸的事实，当早为各友邦所鉴及。

因此，我们又想到一个问题。法币在华北，信用愈好，我们越觉着高兴；伪币的价值愈跌，我们当然是同样的高兴。但是我们还要深一步的想：用这些伪币的，是些什么人呢？因伪币跌值而受到损失与影响的，又是些什么人呢？华北上千上万的好百姓，没有力量与方便，跟着政府西迁，不得不羁留于生长工作的北土，那是他们的不得已。所以对于伪币，他们能够有什么力量，可以叫它不流通？因伪币跌值而受到的损失，他们又有什么法子可以避免？迢迢千里，北土栖迟，"风雨声声唤渡河"者，那一个不是我们的赤子？所以我们于听到上项消息欢欣鼓舞之余，又不禁其恻然歉怅之感！我们何日能够将这些成千

---

[*] 此文系作者为重庆《时事新报》撰写的社评。——编者注

成万的赤子，拯水火而登诸衽席呢？

于此，我们又有一个感想。因为伪币跌价，我们华北的民众，固然要吃亏。但是社会的购买力，亦必因此影响，而为之大减。各友邦在华北，还要继续做买卖，还要维持其多年保有的贸易，并不因日伪的统制华北外汇，而甘于屈伏，而甘于被逐！则对于华北民众的购买力，将如何维持其安定，使趋于合理，而有益于国际的懋迁？谅亦各友邦所极为关心的事！反正法币一物，已成为具有国际性质的交易媒介，任他怎样破坏，结果只是徒劳。就是敌人方面，稍微机警一点的，也该承认法币的存在，放弃取代的拙图，或者还可运用一时强占的虏获。而各友邦亦应运用此种心理，第一步，对敌人，晓之以利害；第二步，对敌伪，临之以强力；务使华北成为国际的市场，法币仍为国际的通货，各友邦固然得到了便利，就是敌人，曷尝因此而吃了亏？

友邦们！抗战以来，你们激于义愤，所帮助于我们的，已经很多了。现在对于华北币制问题，我们仍然盼望你们，更要帮忙。这不仅是帮我们的忙，实在是帮大家的忙；不只是维持了法币，实在是稳定了国际的通货。华北的购买力稳定了，岂不是大家都有益的事？

劳动与生产[*]

（一九三九年五月一日）

> 为生存，抗战第一；
> 为抗战，生产第一；
> 为生产，劳动第一！

　　战争需要钱；但是所需要的，不是钱的静态数额，而是钱的购买力。战争需要人；但是所需要的，也不是人的数额，而是人的劳动力！前方作战，不用说，是要无数的人去劳动；后方建设，同样需要无数的人去劳动。值此二期抗战以前方军事掩护后方建设，以后方建设加强前方军事之际，对于劳动，实应有划期的认识与表现。今天是五一节，又当生产会议的前夕，吾人特揭"劳动与生产"的课题，约抒所感，以勖国人：

　　我们以中国人的资格，纪念五一节，并不是东施效颦，人云亦云的去模仿。人家纪念五一，要讲什么阶级的立场；我们现在纪念五一，则应该本着国家至上，民族至上的原则。我们先民曾留下一句极可宝贵的遗训："民生在勤"。勤的要义有二，一个是劳，而不逸；一个是动，而不息。不逸与不息，是生的本态，也是生的长成。其不任劳与不能动者，必其生的本能，在传统上或是在环境上早已受到腐化与桎梏之故。受腐化者，必予以更新，受桎梏者，必予以解放，而后生的本能所能表现的不逸与不息，始克复其常态，能劳、能动，以善其生。

　　吾国社会，两千年来，未曾脱离封建与宗法的意识形态。因宗法支配之故，于是"有事弟子服其劳，有酒食先生馔"，年长的有权可以安坐享受，劳动的事，则委之于被支配的青年们。又因封建支配之故，于是"治于人者食人，治人者食于人"，耕种制造一类的劳动，最初责之俘虏，继则委之奴仆，劳动是一种责罚而不劳动则认为是一种荣誉。所谓"颐指气使"，乃是责人劳动而自己舍不得作

---

[*] 此文系作者为重庆《时事新报》撰写的社评。——编者注

些许劳动的最活现的形容。风行草偃，习与性成，因而造成普遍的社会意识，就是泗上亭长，都要以"不事家人生产"自豪。生产之被人忽略，劳动之被人鄙视，因为先天的传统与后天的环境，积之已非一朝，欲摧陷而廓清之，自非乞灵于大时代的力量不可。

现在大时代终于到来了。在这大时代的洪流中，无论在前方，在后方，充分是力的表现，尤其是劳动力的表现！其不能表现劳动力者，不要看他苟且偷安于一时，迟早要被时代的激流打下去，永远不会翻身。劳动决定了前方的作战，也决定了后方的生产，劳动决定了一切。我们光是尊重劳动不够，我们要为直接参加生产的劳动者，配备适于劳动的环境，灌溉适于劳动的技能，增益适于劳动的营养，以增进劳动的量与质，加强劳动的活跃与突击！这还不够，我们还要从直接参加生产以外的一切社会劳动与政治劳动，发动广大的劳动动员，打破数千年的传统与桎梏，使劳动的本能，有益有助于生产而不徒消耗于晏安！我们要树立起大时代的新信条：劳动是荣誉而不劳动是耻辱！

军事胜利是可以安坐而得到的么？不靠生产，凭什么去打仗？不靠劳动，又凭什么去生产？而劳动与生产，就是创造建设的泉源。我们希望全国的人们，在今天来纪念"五一"，更要加紧为人群社会的福利来劳动服务！

法币在江南[*]

（一九三九年五月十一日）

最近敌人对于渝市的平民区商业区，所以这样疯狂地、野蛮地、卑鄙地、惨无人道地滥施轰炸，并不是没有原因的。第一，敌人的军事侵略，在前线处处失利，无论在宣传上怎样隐匿伪造，毕竟遮掩不住，没法交代，所以不惜采取最卑劣的手段，滥炸我们的行都，藉以广播到它的国内和前线，加以渲染，硬说怎样的成功，以遮掩其陆地侵略的失败。这种原因，很显然大家都可以想到。

此外还有第二个原因。敌人侵略我们的方式，除了最野蛮的军事侵略之外，还要利用最愚蠢的金融侵略，破坏我们的法币，由军事战进而为货币战。自去年三月十一日伪联银成立以来，即已再接再厉地妄想成功，但是结果怎样呢？整个地惨败了，惨败得不成样子了！大家还可以追想，最近十日里的新闻消息，上月二十八日天津路透电，伪币价格大跌，市价每百元易法币需贴三十二元。四月二十九日天津路透电，伪币因连日惨跌，今日已无市价，《大美晚报》著论，至称"日本在华北所施行之币制政策已经失败"，本月一日伦敦路透电，转载《泰晤士报》当日社论，曾谓，"日本拟将中国法币由华北排除而代以日元之企图，已告失败"，同日天津路透电，至称伪币价格复行下跌，法币价格继续上涨，伪币百元须另贴水三十三元，始能兑换法币百元。这一串赤裸裸的事实，由信用久著的路透社，接二连三地昭告世人，并由欧西远东久负盛名的两大日刊郑重申论，这总不是我们自己自画自赞吧？然而局量褊浅、狡小而轻、心怀鬼胎、生怕出丑的日阀，却有些受不了，怎样也想不到，它所处心积虑，谋之经年，凭这货币战，打算对于吾国法币制度一举而颠覆之者，竟赢得如此惨败的结局。羞恼成怒的结果，于是对于我们的行都——我们执行法币政策的大本营——不惜采用这样卑鄙惨酷的破坏手段。

大家注意，就在滥炸我们行都的日子，敌阀又以在上海设立所谓"兴华银

---

[*] 此文发表于《重庆各报联合版》第六号。——编者注

行"发行伪币闻，试之于华北而失败者，试之于江南，你还想着成功么？伪联银行所遭遇的惨败，还打算叫伪兴华再来一次么，谬绝蠢绝的敌阀，要知道，对于法币的信用仰与拥护，在江南至少要和华北一样。江南的中国民众，在拥护法币拒用伪币的努力上，要和华北人民争先媲美。敌阀要知道，中国的钱是整个的，中国的人也是整个的，妄思割裂与拆散的结果只有枉费心机，自曝愚蠢，害人不成，反受其殃，为什么还是这样的执迷不悟，定要重走还要翻车的覆辙。

  法币已经取得世界通货的价值，不仅我们要誓死地拥护她，许多贤明的友邦，同样地要拥护她。友邦在华北要拥护她，在江南更要拥护她，她具有华北的雄奇和江南的明秀，她具有中华民族所应具有的悠久和伟大。只要有中华民族，就要有法币的存在，在华北是如此，在江南是如此，在岭表是如此，在山陬海隅，穷乡僻壤，无处不是如此。愚蠢荒谬的敌阀，你以为狂炸几次，就可以挽回你那不可挽救的危机么？那算是错到底了。中华民族要以更赤裸的事实，给你以决定的答复。

民国二十八年五月八日
于渝市狂炸之后

再论法币在江南*
——金融的集体安全与国际行动

（一九三九年五月十八日）

我们对于法币问题的意见，始终是站在"有诸己而后求诸人"的观点。从华北起，敌伪对于我们的法币，无论怎样压迫与破坏，我们并不开口就求助于友邦，光等着友邦来协助。我们总是责诸本国的民众，苦撑坚持；总是责诸我们的政府，忧深虑远，在我们自己的先做到了，再考虑到国际的援助。

便是考虑到国际的援助，我们也不是一味地告帮求友硬拉人家从井救人，我们既是遭遇历史上未有的苦难，如果有朋友来帮我们，自然是万分欢迎，感激不尽，但是我们有我们自己的身分，友邦也有他们各人的困难，时机未到的时节，我们不作无益的期待更不会有过分的责望；但是机会一旦成熟，友邦自然要惠然肯来地协助我们，不待我们去求。最近各友邦在华北对于法币的帮忙，便是很显著的例子。

华北的货币战，我们是相当的成功，而敌人则已显然的失败。但是敌人尚不自甘于失败，不能迷途知返，反而在上海又成立所谓华兴商业银行，打算在华中再试一试业经失败于华北的故技，古人有言："利令智昏"，敌人曷尝不聪明，但是把眼前的利太看重了，以至于不认识江南是个什么地方，不认识华中经济是什么性质。我们早经说过："国际金融仅是国际贸易的工具，金融所以具有世界性，实因贸易具有世界性之故，……敌阀一定要禁止要要破坏具有世界价值的法币，那便是杜绝在华北以至在远东的国际贸易"。远东的国际贸易，华北仅占一小部，大部分实在华中，尤其是在江南的上海，各国于此通商已久，英政府并早经宣布："中国之国币，为英人在华交易之唯一合法币制"。法币价值，其植根于江南者，远较华北为深；各友邦对于法币之维护，在江南亦远较华北为切。所以对于敌人的诡谋，各友邦所以抵制于华北者，必更抵制于江南，因而

---

* 此文发表于《重庆各报联合版》第十三号。——编者注

敌人对我们的货币战,其将失败与江南,必无异于过去失败于华北。

这并不是我们自画自赞,敌方的学者,不是没有见到的。最近四月号出版的《改造月刊》,载有东京商科大学教授山崎靖纯论吾国法币一文,对于吾国法币之所以成功,伪币之所以失败,敌方应有的对策,以及对策所以不易有效之原因,阐析甚详。稍能运用理智,岂有视而不见之理。昨天有人自天津来,谈及法币在华北的情形,更妙了,便是伪组织中最高的官员,都在那里纷纷搜集法币,用保险箱子藏起来。这样消息,真叫我们兴奋。法币能有多大魔力,居然叫这些伪组织的大官巨宦,不顾发纵指使者的意图,纷纷把法币藏起来,似乎有点奇迹,实则一点也不奇,本来是大家共信共守的东西,而且有了世界的价值,敌阀纵然倒行逆施,怎样也脱离不了国际的圈线。尤其是我们的江南,形成远东方面国际贸易的中心,历史将近百年,有多少商民、有多少买卖、有多少投资都聚集于江南一带,他们能够坐视敌伪之任意破坏妄图垄断而不思抵制么,能够叫敌伪顺顺当当地成功么?在江南不仅有极雄厚的中国民众的力量,更有极广大的国际贸易的力量,法币在华北是相当的成功了,在江南,我们相信是有更大的把握的。

集体安全的意义,没有在金融上表现得更清楚的了。法币的安危,岂止关系中国,真乃关系世界;贤明的友邦,所以对于法币百端维护,岂徒见好于中国,实欲策全于集体。惟有更进一步,助成法币在江南的成功,世界贸易与金融,才能得到集体的安定。

财政建设[*]
——政治建设之中心工作

（一九三九年六月一日）

一

英国财政学大师巴什帖布（C.F.Bastable）于其名著《财政学》的前页，曾标出这样的一句格言："没有健全的财政，不会有健全的政府；没有健全的政府，不会有健全的财政"（Without sound finance no sound government is possible; Without sound government no sound finance is possible）。揭橥这句格言的，是英国的一位名财政家威尔逊 James Wilson, 1805—1860）。后来薛赉时（G.F. Shirras）于其大著《财政学新论》[❶]的第一章中，亦曾特为引证。这句话的意思是说：财政与政治，是具有极密切的关系，谁也不能离开谁，好则都好，坏则都坏。从机构（structure）言之，没有好政府，会有好财政么？从功能（function）言之，没有好财政，会有好政府么？财政仅是政治的一部分，但是这一部分，按关系说、按功能说，实为政治的核心。如同心脏在人体中一般，血液之归而复出，出而复归，新陈代谢，循环无端，实要靠着心脏的作用。曾记得从前德国银行学大师李塞（Riesser）曾将经济体中的银行，比之于人体中的心脏。财政之对于政治，亦复如此。

英国社会主义者财政学家达尔顿（Hugh Dalton）于其名著《财政学原理》[❷]中，亦曾指出："财政学这种课题，适横在经济学与政治学的边界线"（Public Finance is one of those subjects which lie on the border line between economics and politics）。这是说：财政的实质，固然属于经济的范畴，但是财政的运用，却属

---

[*] 此文发表于《政治建设》杂志创刊号。——编者注

[❶] G.F. Shirras, *The Science of Public Finance*, 3rd ed.,1937.

[❷] Hugh Dalton, *The Principles of Public Finance*, 9th ed.,1936.

于政治的活动。在收入一方，固然被支配于经济，在支出一方，却被支配于政治。国家种种岁出，无非政治运用的反映，即在收入方面，如何征课？如何立法？亦有政治方针寓乎其中。所以财政之与政治，实具有不解的因缘，古来如此，现在如此，将来还是如此。

现在我们朝野各方，正注意于当前的政治建设，故先提出财政建设的课题，略贡刍荛，以就正于当世。

二

从前政治，最为国人所诟病者，莫过于贪污。财政一有贪污，政治即成黑暗。近年来，虽由执政者振刷激励，而贪污之风，似仍未能尽泯。因为贪污的存在，所以财政不能健全，政治亦因之不能作到理想。威尔逊所说的没有健全的财政不会有健全的政府，就是指着这类的事。

贪污的事，各国皆有，不独吾国为然。且贪污既是成为一种风气，不是一人的事，也不是一时的事，当然有其历史的和社会的基础。自历史的意义言之，古代帝王专制之世，公卿大夫，或有专封，或有采邑，生活所需自有收入，足供挥霍；而且帝皇睿赏，视等寻常，千金百镒，唾手可得。大官得大赏，小官得小赏，大官所得的，又可酌量给于小官。加以初民时代，产物丰饶，衣食所资，俯拾即是，所以在治平之世，开国之初，政治概属清明，贪污无从发展。但是一到叔季之世，杼轴既空，物力亦绌，赏赉之事，非复当年，而豪奢之偿习既成，物欲之进展无已，取之尽锱铢，用之如泥沙，仍不足以满足其无餍之求。于是从前所以仰恃于天子之赏赐者，乃不得不转移作风，倚赖于民众之剥削！从来政治的趋向，都是向着抵抗力薄弱的一方面走，于是财政的负担，自然要"落到弱者与无抵抗者的农民的肩上"。美国伊立老教授（Professor Ely）在其一千八百九十年代所写的《美国各州的财政》（*Public Finance of American Cities*）一书，亦曾概乎言之。吾国历史，治世常少，而乱世常多，于是在财政上，贪污所占的时期，亦较清明时代为久，寝假而养成作官者的习惯。社会视为当然，国家亦难禁止，既有历史的传统，则肃清工作，又岂一朝一夕所能为功？

更自社会的意义言之，吾国社会，既建立于农业经济基础之上，活动以家庭为本位，人事以情感为前提，晏子相齐，其家族亲戚朋仰而食之者，不下数百家，所以孟子也要致慨于"亲戚之得我"。于是"一人得地，九族升天"，家庭负担，集中能者。果使其家庭简单，戚族康阜，彼虽作官，何苦而必营私舞弊不可？盖必有迫之者、有胁之者，使其感觉解决个人衣食之事情未了，乃不得不为其家族谋、为其亲戚谋、为其友好谋。造端也简，将毕也巨，始之以不得已者，终乃悍然公行，莫知所届，此贪污之源于社会条件者一。

封建之世，阶级悬殊，社会上层，习为奢侈，"食前方丈，侍婢数百"的场面，这是很普通的，所以孟子才很慨叹地说："我得志弗为也"。总是有许多肯为的，所以才造成社会的风气。"城中好高髻，城外高一尺"，风行草偃，上行下效，于此之际，能有几人藜藿自甘？美国经济学大师韦布仑❶于其名著《有闲阶级的理论》(The Theory of Leisure Class) 一书中，曾讨论到"消费之自显的标准"(conspicuous standard of consumption)，就是说：人家住那么好，吃那么好，咱要是不这样，岂不太寒伧？太失身分？于是在谨饬者，咬牙典当，也得摆阔；而桀骜者，就要在职务上、在权力上找外快、走偏锋，因而造成贪污的普遍。此贪污之源于社会条件者二。

海通以还，工业进步国家，挟其奇技淫巧所造成的商品，冲入这次殖民地的市场，自然要刺激起社会上的新需要。东西好，又便宜，何以拒绝舶来品而一定要用土货呢？习之既久，嗜好愈高，五洲珍奇，皆可罗致。于是历史残存的封建享受，既未随旧时代而消逝；而海舶挟来的资本享受，又随新时代以俱来。二者交融，聚首一堂，遂形成一种"加速度的二重消费经济现象"。倘使生产发达，民富甚充，则水涨船高，消费原无不可。无如海通以后，民力正凋，过耗于上，必竭于下，此贪污之源于社会条件者三。

以上说了许多理由，这不是为贪污辩护，而是说明：我们对于一种社会现象，不要只凭感情的好恶去攻击，而要平心静气地分析其原因，考察其病源，认清其症结之所在，再求其治疗之方，方能对症下药，以期有效。吾常留心考察：进步各国，为什么贪污之事甚少，岂是他们作官的都是"臣门如市，臣心如水"一流的人物么？绝非如此！我以为他们的成绩，能有今日，实得力于"三不"。什么叫做三不？第一，不必 (need not)；第二，不敢 (dare not)；第三，不愿 (will not)。不必，是经济的条件；不敢，是法律的条件；不愿，是道德的条件。任官有轨，禄足养廉，养老抚恤，审确周至，在经济的条件上，不必贪污，此其一。法有常刑，虽贵必惩，美国财长，曾坐槛车，在法律的条件上，不敢贪污，此

---

❶ Veblen，今译为"凡勃立"。——编者注

其二。食足知辱,位定知动,细行不检,必毁终身,在道德的条件,不愿贪污,此其三。有不必,而后不敢才有效,有不必与不敢,而后不愿才通行,三者具备,自然铲除贪污之风,使财政日即于健全,政治日就于轨道,这那里是空口说空所能为功?

三

讨论财政建设与政治建设而先提出贪污问题者,吾人意见以为:旧染不去,新肌不生,肃清的工作未尽全功,则建设的设施不克完成。九重之台,假使有一角之基础,不坚不牢,减料偷工,则必贻将来无穷之悔。

贪污之病源,吾人既有所分析,肃清工作,须从树立制度作起。关于树立制度,吾人认为有两件大事需要提出:第一,要树立文官服务制度(civil service system);第二,要推动公库制度(independent treasury)。为财政建设应如此,为整个政治建设更应如此。因为用人之事,各部所同,用钱之事,各部皆有,过去所谓贪污,不仅属于财政的现象,实属于政治的现象。果能把握此点,认真彻底做起,财政的健全固能做到,整个政治的清明亦所仰赖。问题虽从财政说起,其效果实及于整个政治的前途。

文官任用制度的根本精神,在于人材的登庸。不以人情为出发,而以制度为出发;不恃主观的好恶,而依客观的标准。前者无论如何宅心公平,谁能说绝无偏私?后者不能即谓诠衡悉当,确可称与众共之。天下为公起点,要先从用人开其端,总理以此昭示,当局以此期许,吾人努力于政治之建设者,实应认此为开宗明义首须完成的中心工作。

公库制度的根本精神,是说收税的人不经手钱,应纳税款经稽征机关调查核定后,即由纳税人直接缴入国库。吾国有句成语:"经手三分肥",这是说:作官的人,只要经手钱财,从不贪污,也落得手头宽绰,周转灵活,弊端亦因之而起。今若厉行公库制度,收税的人根本不经手钱,压根儿即没有中饱肥润的机缘,何从造成贪污?我们不是说:光靠着"不经手钱"便可以作到肃清的理想,但是最少总可以大大地减少贪污中饱的机会。凡事要树立客观标准,只靠着"臣心如水"是不够的。我们能把公库制度推动起来,实在是为财政建设,树立起另一个坚强而有效的基础。

四

　　财政建设，方面甚多，而政治建设，更是千端万绪，吾人值此长期抗战时代从事于政治建设，要先把握基点，大处着眼，先从扼要处用功夫，则其余问题，自可迎刃而解。曾文正有言："赤地新立，尽丧所有，始别有一番文境"。文章之事，尚且如此，而况改造政治改造财政的大事业！尤其是旧日政治之所有，不见都是光明，总要脱去旧皮囊始有别开新生面，故先揭示大旨扼要陈言，为财政建设应如此，为政治建设更不得不如此，仅贡刍言，就正有识！

民国二十八年四月十四日于渝州

战时财政与法币*

（一九三九年七月十六日）

一、手段与目的

在平时，财政是施政的手段；在战时，财政是作战的工具；所谓"战争需要钱"，意思是说：有了钱，才能办军需、购军火、发兵饷、采军粮，以贯彻作战的目的。所以，财政在政治上，并不是目的，而是一种手段。

但是在这次的中日战争中，财政一事，不仅是手段，而且是目的了。不仅是战争的工具，而且是战争的本身。短兵相接杀人如草的军事战而外，更有深入敌区转战万里的货币战。而货币战的运用，则属于此次吾国战时财政的中心。以此为中心、为枢轴，而运用到恰好的地步，才把中国战时财政，作成很有力的手段，同时也作成极出色的目的。不仅支持了战争，而且实现了战争，间接或直接，都予敌人以致命的打击。

财政而成了战争的目的，成了作战的本身，这确乎是外国先例所少见，而为中国战时财政所特有。此中主角，无疑地当然是法币。

二、增税募债与发钞

从来讨论战时财政的，总不外这一套——增税、募债与发钞。以中国之经济落后，频年用兵，民力凋残，度支艰窘的景况，如果照着西洋各国筹划战时财政的经验以评判吾国，简直不够资格。要增税，我们的税源在那里？关、盐、统一类的间接税，在战前所恃以为岁入之大宗者，一经战事的破坏，早随着拉蒂摩（Owen Lattimore）所称"沿海的斜边地区"的退出，而大为减少。创办未久的直接税，又方在萌芽，在收入上，不克蔚为大宗。大家所喧称的战时利得

---

* 此文发表于《新经济》半月刊第二卷第三期。——编者注

税，在吾国又与西方各国迥乎不同。既无军事工业的私有，后遭战事空袭的破坏，有些过分利得，亦不过栈房、饭馆、胰子、手巾等属于消费享用的方面，油水就微乎其微。国家推行非常时期过分利得税，亦不过在精神上予前方战士及后方民众一种慰藉，打算从这里找到像英、美那么多的收入，未免失之早计。

再看募债。第一，要有国民储蓄，第二，要有金融市场。自津、沪、粤、汉相继退出之后，我们的金融市场，已经没有什么像样的了。历年积累的国民储蓄，不能说没有一些，但是也随着这些金融市场的隔缘，而不能自由运用了。勉强发过几次救国公债、国防公债以及最近的建设、军需两公债，大家看，在募集的时节，是怎样的费劲。这不是说我们国里的人民，不爱国，一定要比外国的人民差，凭着"从手到口"为生的大多数的人们，那里来的储蓄呢？仅靠着一两个毁家纾国令尹子文，毕竟不足以贯彻战时财政中的募债政策啊！

再谈到发钞。这在筹措战费的方式中，最方便，也最危险。欧战前的德国，经济是怎样的发展，承菲迭礼大王备战藏金的遗风，她的金准备，又是怎样的雄厚。但是一采发钞政策，仍不免战后马克暴落的惨剧。而况穷如我国，藏金藏银，能有多少？如果漫然采用发钞政策，不待这个仗打完了，早已紊乱崩溃，不可收拾，还谈什么长期抗战呢？

所以端出西方各国筹划战时财政的那么一套，在中国，都有点用不上。那么我们的仗，岂不是根本就打不起么？怎么开仗以后，还会支持到二年以上呢？

三、法币轴心

"水尽疑无路，花明又一村"，看着像是没办法，实在是很有办法。我们不要忘了先人留下的两句最精辟的格言：一是"本立而道生"，一是"德不孤必有邻"。

笔者于民国二十五年十二月十二日所写的《中国财政之划时代的展开》（见民国二十六年《国闻周报》新年号）一文中，即曾指出：中国近代两大进步之一的人的团结是从"双十二"事件开始。而"双十二事件"所以获得意外良好的结局，还是得力于民国二十五年十月十六日实施法币政策所造成的钱的统一；我们的人，从来就是散漫的，我们的钱，从来也是紊乱的，如果人的条件和钱的条件，没有划期的改进，我们压根儿就不配抗战，更没资格支持到二年之久！

但是法币政策，一经树立，我们的社会金融与国家财政，简直和从前大不相同了。由紊乱而进于统一，由脆弱而进于坚强，由到处碰壁而进于头头是道。有了法币的基础，于是在战争所最需要的钱的条件之上，瀹启无尽的源泉。不仅对内要靠它，对外也靠它；在后方要靠它，在前方甚至于在敌人的后方，都要靠它。有了法币的基础，仿佛刘玄德遇到法孝直，"翩然翱翔，不可复制"。敌人未曾看清了这一点，遽欲妄伸魔手，以为不只武器，就凭经济的优势，都可以把我们压倒，那简直算错了！自从有了法币，打上几年的仗，敢说毫无问题，此之谓"本立而道生"。

何言乎"德不孤必有邻"？我们知道：国际经济的发展，早已打破国家的界限，尤以在金融方面为然。法币政策的树立，仅限于国内的意义么？决不止！国内的意义之外，尚有国际的意义。所有世界上爱好和平互通贸易的国家，打算发展国际的贸易，必然需要和谐稳定的货币制度，彼取得合理而安定的联系，方能作到贸易的发展。就在这样的条件之下，我们的法币制度树立了。法币的出现，不仅为了本国，而且为了友邦，不仅我们要珍护它，友邦都要珍护它。因为珍护大家有关的法币，于是珍护到施行法币的政府，不惜予以种种方式的国际援助，此之谓"德不孤必有邻"。

我们战时财政的运用，就站在这样的法币基础之上。

四、没有膨胀

事情摆的很清楚。我们的战时财政，固然仰仗法币，但是与普通专靠发钞者不同，决无所谓恶性通货膨胀。这话不待我们自己讲，许多认识清楚的外国作家，早替我们讲过了。英国知名的金融评论家安其格（Paul F. Anzig）于一九三八年出版其新著《一九三八至一九三九年之世界金融》（World Finance, 1937—1938）一书时，在一八八页，讨论中国战时财政，特别标出"no inflation"指称我们的法币，不仅没有膨胀，而且到处受欢迎。

《密勒氏评论报》于一九三八年七月二日出版其抗战周年纪念号时，在《中国战时财政》（China's War Finance）的标题之下，很郑重地指称："一直到现在，还没有证明，中国政府确已走上这样的膨胀之路"（There is no evidence up till now that Chinese government has actually embarked on such a course inflation）（见该报一六七至一六八页）。政府的法币政策，是极其谨慎的，并没有随便加快我们的印刷机。而且国内原有的筹码,因为币制统一之故,到处需要法币。随着抗战的进展,中央政府对于内地的关系日益加密。内地所需筹码,既是需要法币来补充,在法币的发行上,就是增发一些,也不会引起通货的膨胀。又因内地经济的开发,需要大量的交易媒介和支付手段,在此新经济政策之下,反需要多量法币的供给。所以一直到今日,抗战将及二年,法币的信用,愈来愈强,法币的基础,愈打愈坚,不仅在内地,就是在华北、在江南,都被亿万的民众所拥护、所保持,以与敌人作空前的货币战。这样的法币,真成了"法宝"了!这件法宝,替我们中国,在世界财政史上,展开无限的辉光!

五、货币战的成功

法币支持了抗战,这是敌人所料不到的事;法币参加了抗战,更是敌人所料不到的事。我们的军队,因为种种关系,不得不退出平津和京沪;但是法币在华北、在江南,仍然是不屈不挠地屹立在最前线。敌人百端压迫,而法币信用愈高,伪币妄思取代,而结果一败涂地。华北的伪联银是如此,江南的伪华兴仍是如此。不仅伪币的失败,一塌糊涂,即与伪币为缘的日圆,也因此而价值惨跌。华北的货币战,法币已收得胜利,江南的货币战,法币又高奏凯歌。杀人如草的炮弹战,只凝结了中国亿兆的人心,杀人不见血的货币战,又证实了法币价值的神圣。敌阀们,算了吧,两大方式的战争,都已判明之后,还打个什么呢?

笔者于本年三月八日《时事新报》社评中,曾以"勖二届地方金融会议"的标题,发表过这样的意见:"战争需要钱,对钱负责的,一个是财政,再一个便是金融。财政与金融,从来就是很密切地结合着,而在战时为尤显"。嗣即引证去年年底出版的一部名著——《英国政府财政》[1],著者希克斯(U.K.Hicks)曾经郑重指称:"政府举债与金融政策,现在成为财政的主要部门,很难和收入政策及支出政策,分离独立"。故于原书三百一十页以下,特设专栏,以讨论币制政策与公债问题(monetary policy & the Debt)。这种研究财政的新观点新态度,很足以强调吾人平日之认识。"岂止战时如此,便在战后之财政与经济的建设中,货币部门,都要形成极重要的一环"。此种见解,随日月之经过与事态之演进,而愈益加强。吾人以国民资格,不仅希望政府审慎将事,并盼社会方面,亦

---

[1] U.K.Hicks, *The Finance of British Government* 1920—1936, 1938.

能蔚成健全正确之舆论,以为政府施政的后盾。

一九三九年六月四日于渝州

中日货币战的现阶段[*]

(一九三九年七月三十一日)

一

自上月二十日起，几乎每日都有日元跌价的消息。据上海路透电，五月二十二日下午，日元价格仅折合法币九角二分三厘；廿三日仅合法币八角九分五厘；暗盘最低竟有八角八分之市价。敌驻沪当局，亟谋补救，乃令华兴伪行大事购进，将日元对法币汇率提高，遂由八角八进至九角三而达九角七分之高率。但伪行旋停止购进，至廿六日午，每百元又回跌至九十四元二角。嗣据中央社香港六月二日电，沪讯日元经日商银行竭力支持，一度回涨，但近三日来，又连续惨跌。二日午市，日元每百元仅合法币九十二元四角。最近据上海五日路透电，日元市价，又跌至每元合法币九角二分半。

同时伪华兴银行纸币，在虹口通用市价，当五月下旬，每元尚不足法币六角。并闻华中敌方占领区内之钱店，对于伪华兴券，已拟有黑市价格，在五月廿三日以后，每一百五十元"虹口纸币"(指伪华兴券因该行设于虹口故称)合中国法币一百元。又据中央社香港廿六日电，伪华兴币又跌至一百五十五元始能兑换法币百元。

这些赤裸裸的事实所昭示于我们的意义，都是些什么呢？

二

敌人对于吾国的侵略，最初仅靠着军事战。自卢沟桥肇衅，以至徐州撤守，在此段落，敌阀心理以为仅凭军事战，即可奏功，关于金融，尽可不必措意，只要打下京沪，法币还不立刻崩溃么？在这时期，敌人对于我们的法币，采取放

---

[*] 此文发表于《经济动员》杂志第三卷第四期。——编者注

任态度，任其照旧行使，毫未加以干涉与破坏，这不是敌人的大方，而是敌人的大意。

那知道：我们的国民军在战略上尽管退守，尽管暂时离开上海和南京，然而法币的价格，决未曾如敌人所预期的跌落崩溃。无论在江南、在华北，信用仍自屹然，丝毫不显动摇，叫那些以为法币必随京沪撤退而崩溃的敌阀们，不觉错愕相视，想不到法币竟有这样大的力量。因此又意识到只是军事侵略，仍感不足，必须继之以金融侵略；军事战而外，还须辅之以货币战，始足逞其大欲。于是中日战争，自去年三月十一日起，又转入第二个方式。什么伪联银的设立，伪钞票的发行，日元集团的企图，法币流通的禁止，花样翻新，纷至沓来；自以为军事固然优越，金融亦觉高明，轰炸屠杀而外，加之以巧取豪夺，消耗你的人不算，还要套取你的钱，双管齐下，不怕你不屈服。你耐得住军事战，你还擎得住货币战么？在这一击再击之下，看你的法币力量，究竟如何？屠户而兼市侩的敌阀们，倨坐掀髯，静待捷报的传呼，打算以献俘的方式，将我们的金融斗士——法币——牵到斜阳落日的旗下。

岂知事实大谬不然！再度出乎敌人意想之外！我们的法币么？就在华北最前线，仍自屹然毅然，丝毫不显动摇地站在那里，这真叫敌阀惊倒了。法币价值益稳，伪币价值益跌。最后至于无行市，不得不出于贬值，仍无补于惨败的运命。（参阅拙著《法币在华北》《再论法币在华北》《三论法币在华北》《四论法币在华北》，俱见《时事新报》社评，分载三月十一日，三月二十日，三月二十七日及四月二十四日）

经过这次经验，敌阀该明白了吧。但是它还是迷途忘返，一误再误，惨败于华北之后，尚不甘心，仍欲求逞于江南，而有五月十六日伪华兴商业银行的设立。那知这次的惨败更快了！伪华兴成立不到浃旬，伪钞便已大跌特跌，拐带着日元本身都跌价了。倾人不成，赔了老本，惨败更进一层。笔者于五月十一日重庆各报联合版《法币在江南》一题中曾称"中华民族要以更赤裸的事实，予敌人以决定的答覆"，不想在金融上来得这么快！

三

究竟日元为什么这样惨跌呢？据外商银行界表示，其原因：一、为滥发纸币，形成恶性通货膨胀；二、因施行总动员法令，剥夺其国民财产，故其国人亦不愿储藏日元而囤藏货物，致日元跌落，物价飞涨；三、华北联银伪钞狂跌，影响日元；四、对华战事不利与国际形势恶化。（据中央社香港五月廿三日电）复称五月三十一日上海路透电。转载《金融商业报》(*Finance and Commerce*)的论评，以为日元跌价的近因，系因沪市供给远过于需要之故。此外尚有根本原因，其中最主要者之一，即与日本之经济现状有密切之关系。又据六月三日伦敦哈瓦斯电，转述伦敦《泰晤士报》的意见，曾谓"以货币战争而论，中国法币可用以购进外汇，日元则否，此乃法币优点所在。日元若欲将其打倒，必须任使购进外汇而后可。所惜现金准备，日见短少，出口贸易，日见萎缩，终必无所作为耳"。这些论断，都很扼要，这是说：日元惨跌，不仅是对华货币战的失败，不仅是在华北和江南的失败，而是在其本国内本身的失败。失败在军事，尚可挽救，失败在经济命脉的金融，将致命而不可收拾。

又据五月九日东京路透电，东京市场，颇有人搜集外国货币以及支票之属，携到上海或天津兑成日元，较在日本国内之法定兑价，可得加倍之利。然后再以日元掉换中国法币，日阀咒之为"汇兑捣乱"❶。这又是日元跌价的一个原因。

四

但是最主要的原因，还有三个。古人有言："薰莸不同器"，如果把坏的拉到好的一起，好的也要变坏了。抗战以来，日元价值本较法币为高，但是因为妄欲扶持伪币的结果，随着伪币的跌落，于是把日元的价值，也拐带地降落了。敌人这种金融上的失策，和在军事上的失策如出一辙。它在军事上，曾利用什么特务机关与人员，勾结收买我们中国的败类。败类固然是利用了，但是它的固有纪律，从骨子里，也就发生腐烂作用，以败坏其多年驰名的军纪。金融方面亦然，南北两伪币，既是大跌特跌，与之狼狈为奸的日元，自然要连带受累。种豆得豆，夫复谁尤？教坏他人的孩子，而妄想自家养成贤子孙，天下那有这样便宜的事！此其一。

上海是个什么地方？敌阀还记得"一二·八"的教训吗？住在上海的中国人，在抵抗暴敌的历史中，早有过辉曜的光荣。在许多政学耆宿公益领袖之指

---

❶ 载五月十三日《密勒氏评论报》。

导下，为祖国、为荣誉矢死奋斗，久著声光。这些人对于伪华兴票，能给他流通的机会么？以准备毫无的华兴伪票，不待推行，即可断定其在短期内必将惨跌。据五月十三日《密勒氏评论报》，自伪华兴成立后，大量中国法币，自敌人占领的江苏、浙江一带纷纷流入上海公共租界和法租界。吾人听到这样的消息，不禁以手加额，江南的老百姓，真是好样的，这样爱护我们的法币！国人在江南的忠恳，助成法币在江南的稳定，直接促使伪币的低落，间接即促成日元的跌价，其功当与前线上的杀敌效果同，此其二。

最后而且最重要的一个原因，便是上海的外商银行，无一肯收纳伪币。据中央社香港五月廿五日电，沪讯：敌发言人日前曾对外国记者谈称，租界内外商银行，已有使用华兴伪币者。顷据外商银行当局表示，此说绝对不确。并称工部局对于伪币是否能收作巡捕捐之用，从未加以考虑。江南是个什么地方？国际贸易所集，国际金融所系，失败于华北的一套，而欲求逞于江南，太不认识江南的经济特质了！敌阀之求逞益亟，友邦之义愤益浓，而况义愤之外，又有切身利害存乎其间呢！以百年来西方各国在远东投资贸易的关切，必不许敌伪在江南一带横施破毁，以摇撼我法币的信用。这是对中国讲交情，也是对他们自己讲生意经。有了这样的国际关系，伪币和日元不失败等什么？此其三。

可见日元跌价，事非偶然，蠢尔敌阀，奈何弗思？

五

我们憎恨万恶的敌阀，但是却很同情于大多数的日本民众。因为你们国内军阀倒行逆施的结果，以致你们多年具有信用的日元，不得不为之惨跌，叫你们深尝物价腾贵生活困难之苦，也许要引到经济的崩溃之途，你们不乏明达绩学之士，就任着那些军阀倒行逆施，而不思所以矫正么？中日间的货币战，不仅在我们是利害所关，在西方各国以至于东邻民众，都有切肤的利害关系。我们不仅要诉诸贤明的友邦，而且要借此以觇能有觉悟的日本民众。

一九三九年六月七日写于渝州

外汇波动中之法币问题*

（一九三九年八月十五日）

我们每一个人，都关心法币问题，此中有两大原因：其一，每人口袋里总要有几张法币，和我们的切身生活有关；其二，法币是这次抗战最有力的支柱，法币的前途，也就是抗战的前途，关心抗战的人，没有不关心法币的。自从最近外汇发生波动以来，每个人都在想：口袋里这几张法币，将来价值如何？其影响于抗战之前途者又如何？这很需要我们加以正确的认识与分析。

我们敢郑重的说：只要我们决心抗战到底，法币绝对没问题！敌方学者早经宣称，法币助成了中国的长期抗战，反过来讲，长期抗战，也奠定了法币的永久价值。大家要知道：法币的价值，仅仅建筑在那死板板的六成现金准备么？决不是！它是建筑在主持长期抗战的政府的信用上面。而这个信用的内涵，既不是幻想，也不是迷信，而是代表了全民族的坚强意志和无尽藏的广大富源。法币就是这些条件的象征，这些条件也就构成了法币价格的基础。只要颠仆不了这些条件，就颠仆不了中国的法币；只要相信这些条件，便能相信法币。货币功能所最需要的"社会信任"，在吾国货币史上，以这次抗战，为能达到最高潮。期间虽不免小有波澜，那是货币流通上一般所免不掉的事情，先进各国，正多此等经验。所以我们对于法币，关心自关心，但是毫不怀疑，如同不怀疑抗战一般；对法币的信念不动摇，如同对抗战的信念不动摇一般；而这种信念的坚定，更可展开法币的前途！所以说，只要决心长期抗战到底，法币是绝对没问题的。

国人要认清：因为这次外汇管理的变态，所引起的法币对外价值的波动，乃是中日货币战进程中最紧张而有力的一幕。敌人对我的货币战，自华北而江南，自伪联银而伪华兴，自套取外汇而禁用法币，狡计层出不穷，失败不惮重叠。我们要知道，在黑市场挟其大宗法币以套取我们外汇基金的，第一个是我

---

* 此文系作者为重庆《时事新报》撰写的社评。——编者注

们的敌人，第二个是为虎作伥的汉奸，第三个是投机捣乱的奸商，第四个是缺乏国家观念手里有几个糟钱的游惰分子。这四种，同是抗战的敌人，对于这些敌人，还不该在黑市场停止结售外汇么？对于这些敌人手里所挟持的法币，还要照旧按着八便士结售外汇么？叫他们手里的法币，连六个便士都买不到，还不是应该的么？须知：对于敌人的忠实，便是对于民族的罪恶！那么六月七日管理会的临机处置在货币战的进程中，是具有很大的意义的。

自然我们公私各方，对于外汇也颇有很正当的需要，外汇跌价，购进困难亦属不容漠视。于此则又有说，在此抗战期间所最需要购进的，应以军需品为第一，此外进口，应该省之又省，以至于无。"此等大部军火以及作战物资的需要，可由各友邦提供，或依信用基础，或竟全不索价"，于此自不发生购买外汇问题。❶而且我们也有许多土产，施行以货易货；最近厉行进口禁止，亦可减轻外欠；此外尚有大宗之华侨汇款与捐输，可供平衡国际收支之用。仅去年一年（一九三八年）华侨对于本国之汇款，即达六亿元，捐输达七千万元，（参看上月二十二日《密勒氏评论报》第二三三页）此于吾国战时财政之补助，决不在小。最后则各友邦对于我们的信用贷款，仍自源源而来，我们的法币，既具有世界性，友邦自要始终维护，虽以敌人最近之毒辣凶狠，包围租界，强索存银，而英、美、法各友邦所表示的态度，仍自镇定有力，不改故常。此后国际关系的演变，虽未可知，但在我者，自应继续努力，争取主动，以吾人对于法币之坚持，加强国际对于法币的维护，所谓"得道多助"，要先看我们自己，不必计及他人之意向如何。

至于外汇波动，直接间接地，自然也可以影响到国内的物价。但因此即以为吾国已走上通货膨胀之路，亦属错觉。诚如英作家安其格所说："中国的通货政策，在实际上，宁有些偏于紧缩；""国民政府并未乞灵于无止境的通货膨胀，而能支应战争"，因而对于我们政府的力拒膨胀（government's resistance to inflation），盛为称道。这都是异邦学者的旁观之言，尚非吾人自夸自赞。运输这样困难，外货还有不越来越贵之理？但是贵了，可以不用，正可减少一些外汇的需要。我们看：我们敌人对于进口禁止，又是怎样的严厉啊！❷我们自有更加努力的必要。至于土货的价格，因为都市之迭遭空袭，加以商人之变态心理，亦

---

❶ 参看最近出版之 Paul F.Anzig, *World Finance 1938—1939*, 1939, p.157.

❷ 参看 Paul F.Anzig, *Economic Problems of the Next War*, 1939, pp.139-140.

不免于腾贵。但以本年内地的丰收，再加以政府的统制与交通的改善，是不难于平抑的。在此抗战时代，只要"足食足兵"，这个仗就可以打，打完了再想舒服，那么我们的生活，也就不成问题。中国只有这一个法币，不会有第二个，如同只有一个抗战的政府一般！虽经风涛险阻，仍自屹立不挠，只要我们自己把住了舵，它自会载着我们，朝着光明的途径以迈进！

西南经济建设与抗战*

（一九三九年八月二十一日）

关于西南经济建设，倡导经年；以当局者的提倡，民间的协力，虽在发轫期间，已有成效可睹，如兴创国营企业，协助工厂内迁。据我们所知，其能为当局力之所及者，靡不竭全力以赴，这种现象，真是值得我们的称述。虽然，在整个西南经济建设过程之中，对于若干先决的前提，我们深深的感觉仍有重新阐扬的必要：

自鸦片战争以来，我们被迫而采用新的生产方法，在一般国民经济生活中，渗入了新的因素；即是在外铄的刺激之下，使我们的民族工业萌芽。它一方面打破了安逸自足与保守静止之手工业以满足需要为原则的限制，一方面又将人们驱入营利经济的漩涡之中，使我们的经济生活，发生了很大的变化。可是从李鸿章的讲洋务，一直到张之洞的办实业，中国民族工业之所以不能形成强大的力量，一则由于满清政府的孱弱，一则由于外来压力的加深，而并不是民族工业本身之不适于中国。试看科学的阐扬，技术的发明，都与民族工业的发展为缘，而新的道德之勤勉节制和俭约，更随民族工业的兴起而俱来。它是构成现代国家主要的条件，如果没有它，便不会有现代化的国家。良以没有熔铁炉的技术，便不会有大炮的制造，没有钢铁的供给，又怎能组成现代的军队？敌人过去藉口于所谓"经济提携"，而喊出什么"工日本农中国"的口号，其主要的作用，就是要我们解除工业上的武装，把我们束缚在靠天吃饭的农业基础之上，要我们子子孙孙做他经济榨取的奴隶！

我们为了要完成现代国家的建设，不能不争取民族工业的发展，我们为了要支持长期的抗战，更要特别注意于工业；所以我们要求主持的当局，在建设西南声中，首先要侧重于工业，尤其是要设法开采沿铁道公路航路一带的矿藏，乘这次的抗战，在西南打下重工业的基础，这是第一点。由于沿江沿海各

---

* 此文系作者为重庆《时事新报》撰写的社评。——编者注

地的沦为战区，东南的资本与技术，随着民族人口的移动而内迁，我们固然要完成国营的企业，同时更应该设法奖励民间的投资，务使东南一带的资本与技术，与西南诸省的产业资源，发生密切的联系，提高社会的生产，充实我们的国力，这是第二点。海外的侨胞，不乏爱国的志士，更多热心于实业的人们；我们应该设法奖励华侨对西南建设的投资，冀以吸收大量的外汇，而充实我们外汇的基金，这是第三点。运用外交的力量，欢迎友邦工商业者对我的投资，从而藉友邦的协力，建设崭新的西南，这是第四点。经济建设的迈进，是政治统一加强的前提，我们殷愿国人注意及此，多多努力！

法币与国际*

（一九三九年八月二十三日）

法币问题是我们国家的事，但是最近远东国际动态，却处处与法币有关。维持法币的安定，是中国国民自己的责任，不愿责望于人，但是友邦人士与政府，正在主张中与进行中对于法币的维护，却又令人感念。最近法币价值的波动，对于吾国长期抗战和内地开发，并没有什么不得了的影响，但是友邦人士着眼于国际资金与国际货物的流动，因而对于法币的现状深致其忧虑，以促其政府之积极行动，亦属应有之笔。我们对于法币问题的态度，不应期待于国际者过奢，而忽略了自己应有的努力，但亦不忽视国际关系的演变，期使国内施为能与国际协助相呼应。"水尽疑无路，花明又一村"，最近两个多月，远东国际关系的演变所及于法币的影响颇多；但是我们总怀抱着一种自信——三年来对于法币的自信——不曾动摇，而事实上这种自信，经过若干迂回，终于赢得国际的主张与实证。

国际对于法币的维护，自最初实施，以致历经演变，各民主国——尤其是英国——总是对我们帮忙。这不仅支配于国际的友谊，且支配于远东的国际经济关系。我们早就相信：英国对于远东问题，有的可以放松，有的可以让步，其让步与放松的程度，有时且足以引起吾人的怀疑。但是一触到根本问题，他便要认真起来，丝毫不容假借，最近东京谈判因牵涉远东经济而停顿，便是有力的佐证。本来民主国家对于此次中日战事，始终是站在我们这一边，因为种种牵制，不能即以兵力助我。但是经由财政援助——尤其是援助法币——的形式，给予我们的助力，已不在少，给予日阀的打击，更不在小。以信用借款，供给军火，加强我们的兵力战；以外汇协助，维护法币，加强我们的货币战；双管齐下，支撑到两年以上。敌阀不肯承认这是我们得道多助的结果，反而迁怒

---

* 此文系作者为重庆《时事新报》撰写的社评。——编者注

到各友邦，不惜施予种种打击与无理以恫吓之，延至最近，不觉图穷匕见，索兴将问题从正面揭开，直截了当地，和英国开谈判，要求其承认伪币，禁用法币，交出存银，这样的货币战，不仅施行于我与敌之间，居然扩大到敌与英法美之间，而增加其国际的意义。

各民主国家对于远东经济问题，有时也打算对日"用钱置服"，只要日本肯答应不妨碍各国的远东利益，不惜予以借款，以安抚稳定于一时（参阅本月十二日《密勒氏评论报》第三二一页 John Ablorn 之论文）。甚至六月开始的外汇波动，依照国际人士的评论，且谓日本收集掠夺大宗法币，利用几家外商银行，以盗取外汇基金，用于购买棉花、汽油军需资料，来屠杀中国民众，事态弄得这样凶，以致激起英国国会的严厉批评，深责其金融首脑的行动，违反了英国的国策（参阅同报第三二四页）。本来问题是复杂的，我们对于这些酝酿与波折，并不感觉诧异。但是远识的友邦政治家，终能认清日阀的意图，和远东问题演变的究极，先后由美、法、英各国，表示其斩钉截铁的严正态度，这不是偶然，而是事实的无可避免。诚如《曼彻斯特导报》十九日论评所说："英国'以及美、法、苏各民主国家'在远东，将以中国为主要同盟国；当目前时机，英宜添拨款项，充实法币平准基金；此种政策与英国的利益及其所负担之义务，均相适应；且当将此立场，明白昭示日本"。这真是国际舆论极正确的反映，不久当有事实来证明。

再论法币与国际*
——万一欧战发生与我法币之关系如何

（一九三九年八月二十九日）

我们对于法币，始终是站在"有诸己而后求诸人"的观点。不能说不求友，但是不靠人；不能说与国际隔缘，但是可戒外重内轻的错觉。最近国际风云变化莫测，和战悲喜，隔宿异情，许多国人不免在那里想：万一欧战发生，与我法币之关系如何？故就上周"法币与国际"之课题，再试申论，以就正于当世。

去年九月十九日，因当时捷克问题紧张，本报社评曾在《国际风云与中国财政》论题之下，指称："……友邦的财政援助，自然是很可欢迎的事情；但是不要把它算在自己的账上。得到时，是意外；得不到，靠自己，是本分。假使因为得不到许多的国际援助，反而促成我们的自力启发，那更是民族更生所最需要的。所以认为欧战一启，立刻于我们不利，也不尽然"。又谓："我们要先树立起自力的战时财政，使抗战得以长期进行，以最后的胜利，求得国际间和平正义的申张。同时我们更要以最大的耐心与勇气，去接受国际对我财政的援助"。事隔一年，国际风云复起，而吾人之信念，不改从前，对于战时财政之信念如是，对法币之信念亦如是。

假使欧战爆发，对于我们法币，将发生如何之影响？所关系之方面甚多。第一，过去友邦，尤其是英国。对于外汇平准基金之协助，因为欧战发生之故，恐难源源而来。日前英相张伯伦曾严厉警告其国人，不要购买外汇。一朝作战，更将保持其资金于国内，不再贷款于他人，其结果对于吾国外汇基金之协助，必将减少，以致影响法币的信用。惟依吾人所见，法币价格之能否稳定，不在外汇基金之多寡，而在结售外汇之是否得宜！假使统制外汇，不能合理，不能严密，以艰难获得之外汇基金，盲目供给敌伪奸商以及惰富之予取予求，纵令友邦大量供给，亦将永远不足，所谓欲壑难填，赍粮资盗，曷尝有益于我？所以

---

* 此文系作者为重庆《时事新报》撰写的社评。——编者注

因欧战而影响于基金之协助,对我法币之根本问题,似尚无关。倘使需要正当,因应得宜,则以第一次大战之经验,英美各邦,照旧以资金帮助协约各国,则我法币之外汇基金,仍可源源增益,似无庸忧虑过甚。

第二,法币对外价值,系于国际收支。欧战一起,一方面国际交通困难,许多不必要之商品进口,必为之大减;同时各友邦所需要之军需原料,必且大量增加,设法采运,则对于吾国之国际收支,俱属有利。再能因利乘便,办理得法,则转入超为出超,亦非不可能之事,法币之对外价值,只有因而加强,不会因而减弱。且欧战万一发生,因我之法币与英镑保持密切之联系,在英国不维持英镑外汇平准基金的情形之下,英镑之跌弱,即我法币之提高,此又其大较也。

第三,如果欧战发生,则民主国家与侵略国家之战线,截然分清,彼此说真话,办真事。过去各民主国对侵略国之敷衍委蛇,可以不必;各民主国之商家,对于敌方之军火供给,可以停止。敌人经济财政所受之打击,必且甚大。反之在吾国,因与和平阵线站在一边,则英、美各国必将于战争开始之后,大量扩展军需工业。于是军火出品,突飞猛进,自用而外,尚有许多余品,以供给同一战线之与国。那时我们可以不费若何外汇,即可得到大量军火,对于法币之对外价值,并无妨碍。

第四,万一欧战发生,敌人所受苏联之威胁,暂且不谈,对我自要加紧进攻,同时对平、津、沪、港各使馆界,亦将加紧压迫,或即强力夺取,藉此以攘夺我们的存银,根本推翻占领区域内的法币。但是这也不要紧。这次我们对日抗战,早立下焦土之决心,我们要是怕牺牲,早已屈膝求和;惟其不怕,所以才能抗战至二年之久。现在就拿最坏的例子来说,敌人把我们的天津存银抢去了,在我们的抗战损失中,又值得几何?我们还在乎这些么?抗战二年,毁坏了我们这些财产,而我们人民对于政府的信用,日益加深,难道说,抢去几千万存银,会怎样影响到我们政府的法币么?如果有那么一天,津、沪被敌人占取,对于我们自然是不幸。然而未尝不可因此严密我们的金融国防,加强我们的经济壁垒,就凭我们大后方的自然富源作为法币的准备,就可与敌人再拼个一、二年!那时再看:是我们怕,还是敌人怕!

欧战爆发,毕竟是一个假设,而这个假设,按照近日事态的演变,越来越觉着未必实现。敌人之趁火打劫,以破坏我法币之毒谋,更无所施其技;而各友邦之对我财政的协助，仍可源源而来。我们是不怎样指望着国际的协助的；但是"得道多助"，友邦总要帮我们；所以我们更要加强我们自己对法币的坚定信仰，以赢得国际对于吾国法币的维护！

如何增进运输效能*

（一九三九年八月三十一日）

运输之为用，在于流动物资。就对外言，输出愈多，愈可增加我外汇基金，从而大量输入我战时之必需品物，藉以加强我抗战之力量；就对内言，使甲地与乙地互通有无，不独收调盈济虚之功，并见平准物价之效，有关于我建国及民生者至大。当前著例，如物价之高涨，洋货由于外汇之比率尚有可说，至于内地货物之高涨，多由于运输之不畅，奸商之囤积居奇由之而生，而物价之高涨遂不可免。甚矣运输与我抗战建国关系之既重要又密切也！

最近我行政最高当局于本月二十九日召集有关交通运输各长官，商讨增进运输之具体办法，诚为我抗战建国的要务之一。爰就吾人观感所及，贡献一得之见，以备我政府之采择焉。

（甲） 治本

运输之效能，公路不如铁路，殆为一定不移之原则。在我抗战之现阶段，运输之不畅，由于铁路交通之未能发达，又为一无可讳言之事实。今日而欲增进运输，治本之法当无过于积极建设西南及西北之铁路网，奠定增进运输之坚强基础。惟兹事体大，我虽已尽极大之努力，而各友邦亦皆予我以相当之便利，然尚非短期所可完成。为今之计，似不能不同时兼顾治标之方法。

（乙） 治标

建设公路。公路运输仅次于铁路，尤其是我西南、西北之公路交通业已粗具规模，增进公路运输之效能，除竭力设法增加车辆外，要在就现有交通运输

---

* 此文系作者为重庆《时事新报》撰写的社评。——编者注

工具为极大限度之利用，对于公私车辆必须悉行登记，由主管机关为合理的调整与分配，尤其是要竭尽可能的利用回空，务使所有吨位均能充分利用，不至半点虚縻。

其次，目前公路运输之缺点，在于交通设备之未能完善。（一）静的方面，为路基之不固。尤其是西南一带多崇山峻岭，地面之狭窄无论已，而地面之倾斜更处处影响运输之效能。不久以前我行政最高当局将所有公路之管理与运输截为两事，分工合作，以专责成。吾人认为公路管理之重要绝不亚于运输，两者有密切不可分之关系，尤其西南公路路线之培养，路基之修固，更为迫不及待之事。（二）动的方面，为技术人才之缺乏。关于开车修车技术人才之培养，现已由交通部设立专所从事训练，惟规模狭小尚嫌不足以应需求，似有扩大之必要。此外，装卸工人亦为运输方面技术人才之一种，装卸之迟速无疑地要影响到运输之效能，目前对装卸工人之训练与组织均尚付阙如，似有分路组织之必要。

再次，目前公路运输积弊多端，尤以私运客货，为阻碍运输发展之一因。关于私运客货，私车如此，公车亦多如此，甚至军车亦不能免，言之至为痛心。为今之计，似须于公路警卫以外，增设秘密运输检察以济其穷，尤其是严禁中途装卸更属必要。

其他方面，在公路以外，吾人认为更须提倡驮运以便质大价贱之货运；扩充水运以补公路、驮运之不足；建立水陆联运，藉以增加运输效能之效率；开发航运以供质小价昂之货运。

最后，今日而言增进运输效能，无疑地必须迎合我抗战建国之需求。于此，吾人认为一切货运，无论为出口，或为入口，必须完全适应我财政部历次所颁布之一切法令规章，规定货运之程序类别与数量，严格货运之登记与配运，实施货运之检查，以及严格交通运输人员之进退与奖惩，凡此则又为迫不容缓者矣！

税人与税政[*]

(一九三九年九月)

一、税政与国策

　　增税、募债与发钞,为筹措战时财政最主要之方法,但此三种方法中,以实行增税为最难,而在吾国为尤难。关、盐、统三大间接税随战事之发生而锐减者无论矣,其属于直接税系统中之所得税、遗产税与战时利得税,或则开征未久,根蒂未深,或则草创规模,尚待实验。加以军兴以来,"国民所得"(national income)之来源,大见减削,"国民资本"(national capital)之蓄积,备受破坏,于此欲推进直接税以应战时财政之要求,亦觉心余力绌,大效难期。因此,增税一途在吾国之战时财政中,不甚为多数人所重视。

　　吾人之见解则不然。据英儒达尔顿氏(Hugh Dalton)之主张,"课税只为收入"(taxation for revenue only)之十九世纪之见解,早已为识者所唾弃,国家课税,实有其远大之政策,不徒为国库增收见长。换言之,施行赋税政策之结果,纵不为国库增加若何收入,而能为国家贯彻某种政策,亦当赢得吾人之重视。考之先进国家的经验,有所谓"格莱斯顿的财政"(Gladstonian finance),即指国家之特别支出,能以课税应付,最为健全,而不可轻易乞灵于募债与发钞。纵令课税所收不多,亦当努力为之,以树立"健全财政"(sound finance)之基础。

　　况在吾国,因历史之传统,国家财政需要彻底之改革。平时因种种关系,改革大业,莫由自举,偶有兴作,亦多阻滞。但在抗战局面之下,迫于争取民族生存之要求,凡百政治,不能不从新作起。赋税政策,亦莫能外。因税政改革之故,纵不能为国库增加若何收入,而能乘此大时代,将从前之传统,予以彻底之刷新,为此后之建设,树立合理之规模,则其裨益于战后之改革者,必且

---

[*] 此文发表于《财政评论》杂志第二卷第三期。——编者注

甚大！所谓"健全财政"之建树，应以此为重心。

去年九月二十五日，当财政部成立财务人员训练所以前，不佞曾于《重庆时事新报》，发表一文，题曰《税法与税人》，郑重说明财务人员考试训练之必要，以为"在税制改革的工作中，树立税法，故属重要，树立税人，更属重要"。现在复从财务行政之观点，根据健全之理论，参以切身之经验，提出税人与税政的论题，一为申论，以就正于国人！

二、税人与历史传统

关于人与政，吾国有句成语，说是"人存政举，人亡政息"。一切事业，都要人来作，人若是不得力，事业自然作不好。但此语亦有流弊。即是：偏重个人，而轻视制度，偏重主观，而忽略客观，诉诸伦理，而漠视法治。言授官，则曰"清白乃心"，言服务，则曰"臣心如水"，不从制度方面，使之不能不清不白，而曰清白乃心，专靠个人主观之心理作用，此所以"臣门如市臣心如水"者，百不得一，而臣门如市"贿赂公行"者，比比皆是，何也？恃人而不恃法，言心而不言制，心者不可捉摸，势必有此结果也。吾人见各处税收衙门，所揭标语，常有"涓滴归公"字样。但一按诸实际，则私橐累累者，仍不少见，而归公反成涓滴！又见长官之告诫僚属，辄曰：勿贪污，勿中饱，努力实现廉洁政治。假使主观所想到者，即可见之于实际，又何待三令五申喋喋而不惮烦也！是可知：一种现象，必有其经济的基础与其历史的渊源，不揣其本，而齐其末，纵可收效于一时，终不足以树立"健全财政"之基础。

自历史的意义言之，古代帝王专制之世，公卿大夫，或有专封，或受采邑，自有收入，足资享用。且帝皇赍赏，视等寻常，千金巨镒，垂手可得，而大官所得，又可酌给予小官，佐贰部曲，咸蒙沾润。加以中古之世，产物丰饶，衣食所资，俯拾皆是，是以治平之世，开国之初，政治概属清明，贪污无从发展。惟一至叔季之世，杼轴既空，物力亦绌，赏赍之事，非复当年，而豪奢之惯习已成，物欲之进展无已，取之尽锱铢，用之如泥沙，仍不足满其无餍之求，于是从前所以仰赖于天子之赏赐者，乃不得不转移方向，倚赖于民众之剥削。政治之趋向，总是选择抵抗力薄弱方面而进行，于是课税负担，自然落到"弱者与无抵抗者的农民肩上"。美国伊立老教授（Professor Ely）于其一八九零年代所写之《美国各州之财政》（*Public Finance of American Cities*）一书，亦曾慨乎其言之。吾国历史，治世常少，而乱世常多，于是在财政上，贪污所占之时期，亦远较清明为久，浸假而养成作官者之习惯。所谓"三年清知府，十万雪花银"，社会视为当然，国家从而默认，既有如此悠久之历史传统，则肃清工作，又岂一朝一夕所能为功？

三、税人与社会条件

再从社会经济的意义言之，吾国社会，既建立于农业经济基础之上，活动以家庭为本位，人事以情感为前提，晏子相齐，其家族戚友待以举火者不下数十家，所以孟子也要致慨于"亲戚之得我"。果使其家庭分子，各有职业，亲族关系，不尚依赖，彼虽居官，何苦而必营私舞弊不可？盖必有迫之者，有胁之者，使其感觉只能解决个人生计之事尚未了，仍须为其家族谋，为其亲戚谋，造端也简，将毕也巨，始之以不得已者，终乃悍然公行，而贪污之风，遂靡然不知所止！

封建之世，阶级悬殊，社会上层，习为豪侈，上行下效，风行草偃，于此之际，能有几人，衣敝缊而不耻，尝藜藿而自甘？美经济学大师韦布仑氏，于其名著《有闲阶级的理论》(*The Theory of Leisure Class*) 一书中曾论及"消费之自显的标准"(conspicuous standard of consumption)。乘坚策肥，履丝曳缟，斗富竞侈，莫肯相下，俸入不足，自然要在职务上、在权力上，找外快，走偏锋，促成贪污之要求与普遍。

海通以还，工业进步国家，挟其奇技淫巧所制成之商品以冲入远东之最大市场，自然刺激社会上之新需要。消费之事，本于自利，便利当前，谁能坚拒舶来而定用土货？习之既久，嗜之愈深，五洲珍奇，可罗堂上。历史残存的封建享受既未随旧时代以俱去，而海舶运到之资本商品又随新时代以俱来，二者交融，荟萃一堂，遂形成东方所特有的"加速度的二重消费现象"。倘使生产发达，民富甚充，则水涨船高，消费原无不可。无如海通以后，民力凋残，过耗于上，必竭于下，旧人舞弊而新人亦不免于贪污者，其原在此。

此非为贪污辩护也。一种社会现象，俱有其环境的条件与其历史的因缘，不能只凭感情立论，而要平心静气，分析其原因，考察其病源，认清其症结之所在，以求其治疗之方，方能对症下药，期其有效。吾尝留意：进步国家何以贪污甚少，岂其服官者俱系"臣门如市臣心如水"之流？考其所以作到清明，实得力于三不！不必（need not）一也；不敢（dare not）二也；不愿（will not）三也。不必，系经济的条件；不敢，系法律的条件；不愿，系道德的条件。任官有轨，禄足养廉，养老抚恤，明确周至，在经济的条件上，不必贪污，此其一。法有常刑，虽贵必惩，美国财长曾入槛车，在法律的条件上，不敢贪污，此其二。食足知辱，位定知勤，细行不检，必毁终身，在道德的条件上，不愿贪污，此其三。有不必，而不敢始有效；有不必与不敢，而不愿始通行；三者俱备，自足肃清贪污之风，使财政日即于健全，政治日就于轨道。夫岂只凭主观，喋喋于"清白乃心"者所能奏效？

四、公开考训与实施公库

吾人论及税政改革，特先提出贪污问题者，以为旧染不去，新机不生，肃清之工作未竟全功，则建设之举措不克完成，乘此长期抗战彻底刷新之际，亟宜集中全力，在此点痛下功夫，转移历史之车轮，洗涤千年之旧染，为财政策安全，即为整个政治造基础，失此不图，则一旦战事结束，举国复返于故常，虽欲为之，亦无及已。

贪污之源，吾人既略有分析，则肃清工作，不可专靠个人之心理作用，而要从树立制度作起！关于树立制度，吾人认为有两件大事，即须彻底举办。第一，为树立文官服务制度（civil service system），第二，为推行公库制度（independent treasury system），为财政改造应如此，为政治改造更应如此。盖用人之事，各部所同，用钱之事，各部皆有，过去所谓贪污，实属于政治全般现象，并不限于财政。果能把握此点，认真作起，则财政的健全，固能做到，政治的清明，亦所不难，问题从财政说起，其效果实及于整个政治的前途！

吾人所以特别提出制度者，并非忽视人的条件。治人与治法，实应并重，缺一不可。不过现代政治所指之人，迥非过去英雄主义以个人为本位的人，而要更进一步,纵属治人亦必使之治法化，纵令确属真才，亦必为之划出客观标准，使其由考试训练之道而来。服务之后，所有考绩、黜陟、保障、抚恤，俱为之制定章则，使有客观标准，足资依据。所有人材之登庸，不以人情为出发，而以制度为出发，不恃主观的好恶，而依客观的标准，天下为公的理想，即从用人开其端，（孙中山）总理以此昭示，当局以此倡导，吾人致力于财政之建设者，实应以此为开宗明义首须完成之基本工作！

公库制度之根本精神，即在收税之人，不经手钱，应纳税款，经稽征机关调查核定之后，即由纳税人直接缴入国库。吾国有一成句，"经手三分肥"，其意以为，一行作吏，只要经手银钱，纵不贪污，也落得手头宽绰，沾些油水。今若厉行公库制度，征税之吏，即不经手银钱，根本即无中饱肥润的机会，何从演成贪污。吾人非谓只靠不经手钱，即能作到肃清贪污的理想。惟公库制度，若得普遍推行，相信总可杜绝贪污之最大机会。凡事要树立客观标准，"臣心如水"之主观理想，终不足凭，甚盼从速推行公库制度，为廉洁政治树起坚强有效的客观机构。

关于税务人员之考训，在民国二十五年冬季中央筹办所得税之初，对于税务人员之任用，即决意施行考试训练制度。第一期考取中外各大学经济、财政、会计、统计各系毕业生六十八名，设立中央直接税税务人员训练班，授以专门之技术知识与精神身体之锻炼。第二、三两期受训者共八十九名，先后分发各省、市办事处，试用三个月，经考核及格后，分别正式委任。复于民国二十六年八月，商由考试院考选委员会，举行中央直接税税务人员特种考试。适战事爆发，遂致中辍。民国二十七年三月，因第一类营利事业所得税实际开征，审核调查，事务增繁，先后考取学员二十一名，加以训练，分发任用。至民国二十七年十月，财政部为遵照抗战建国纲领内改革财务行政之规定，并筹划财务人员之任用起见，设置财务人员训练所，招收高级班及初级班，施以技术上及体格精神上之训练。高级班名额暂定为六百名，初级班名额暂定为八百名，依照需要及设备情形，分期考选训练。计第一期于民国二十七年十一月举办，高级及格者七十三名，初级及格者七十二名；第二期于民国二十八年四月举办，高级及格者二十四名，初级及格者十七名，均经分发财政部所属各机关，实习任用。

关于公库制度，亦以所得税所施行者较为完备。为便利纳税人直接纳入国库起见，将所得税款全部，委托中央银行办理经收。除中央银行分支行处外，并由该行委托中国、交通或其指定银行之总分支行及三等邮局以上之邮务机关代收。各经收机关收到税款后，于每旬末日，系数解交国库，列收库帐。全国经收机关，分布殆遍，计中央银行五十三处，由中央银行委托收者，计中国银行一百九十六处，交通银行一百一十八处，其他银行八十九处，三等邮局以上之邮务机关二千三百七十九处，共计二千八百余处。即宁夏、青海、新疆、西康等边远省份，亦均有委托之经收机关。

有文官服务制度，以确立人的制度化，有独立金库制度，以确立钱的制度化，人与钱皆有一定客观的轨道可循，而不随个人主观的意思为转移。则人非私人，钱尽公开，营私舞弊之风，定能大减，国家税政，自可日即于清明之境。

五、税收管理三要

由人治进于法治，固属政治现代化应有之过程，但亦连带发生流弊，不可不预为筹维，知所警戒。因趋重法治之故，于是法令如毛，重床叠屋，举足罣碍，反难遵守。盖行法制令，贵体物情，在客观上有实行的可能，然后令出可以必行，守法不外情理。倘不察现实的社会条件，而推想太玄，悬格过高，必致"其道大觳，使人不堪"，强行威施，亦不能久，浸假而转入虚伪与蒙蔽，大违立法原意！故吾人于税务行政法治化之过程中，须先认清现实，把握纲领，六辔在手，执简驭繁，特举三事，以资提挈。

国人习惯，因历史之传统，养成一种放漫不守纪律之情性。亚夫介胄，惊为天人，蓬瑗下车，叹为君子，因为少所见，所以多所怪。甚至站在领导地位之士大夫，公然以放诞为高，以不守纪律自喜，流弊所及，诚有如诸葛公所谓："宠之以位，位极则残，顺之以恩，恩竭则慢，所以致弊，实由于此"。欲矫此弊，不佞以为：认识要清，而纲目要简，情属可通而事在必行者，无妨即以严格之纪律推行之。自上澈下，自始澈终，虽微必赏，虽亲必罚。子产之相郑，诸葛之治蜀，能以蕞尔之邦，屹然不屈者，实源于此。吾国自抗战以来，纪律精神，在军事中，业已树立，故能以积弱之国，抗凶顽之恶，至于二年之久而不敝。但在军事以外之政治社会各方面，尚未能尽受纪律之洗礼，感此必要，于是财政部首有财政人员训练所之设立，期使军队所已发挥之纪律，得以纳入财务行政之中，以树立"财政纪律"(financial discipline)与"预算纪律"(budget discipline)之基础。盖自民国二十五年初办所得税之时，对于考取合格之税务员，必使经受军训，接受纪律，然后使之办税。吾人试观欧战之后，德、俄瓦解，赖有纪律，转弱为强，并世前车，足资鉴省。吾人今日负办理新税之责者，实应以纪律为生命，竭诚遵守，而后有成功可言，此其一。

兵凶战危，决机贵速，交绥陷阵，行动贵敏，军事如是，税政亦然。吾人在后方负政治财政之责者，仅能尽职，仍感不足，纪律之外，效率为重，战时税政，缺此不可。惟吾人所谓效率，亦非草率从事急切邀功之谓。效率前提，实为稳健，所谓"守如处女，出如脱兔"者是也。从前诸葛公之称董幼宰，有曰："幼宰参署七年，事有不至，至于十反，来相启告"。以为"违覆而得中，犹弃敝䇶，而获珠玉"。有此稳健周至之始基，而后可以言效率。故武侯于李严之"部分如流，趋舍罔滞"，复备致其崇奖之意。此次抗战，吾人负后方政治之责者，为与前方军事相配合，固须剑及屦及，使前方无供应迟滞之虞，即为避免后方空袭之厄，亦须事无积压，案无留牍，免致事后之悔。即以税收一端而论，军事所需，急于星火，倘有所收，以速为尚。况有空袭之虑，更应提前起办，使应纳之款，早入国库。盖战时办税，有如抢险。绸缪及雨，毋待放晴，效率之需，于斯为著，此其二。

昔人所称"知之非艰，行之维艰"，系在静态社会事物单简之时代为然。若在现代，科学日进知识日纷动态变化瞬息万方之日，苟不求知，瞬即落伍。且行政人员，以能作事为基本条件，以能行为起码要求，不能行者，自始即非现代的行政人员。是以能行之后，必继以求知，始能扩大知的分野，增进行的能力，而提高行的价值。（孙中山）总理所称"知难行易"，在行政人员的管理上，更觉适切而富有意义。尤以办理新税之人，更不能以今日之新自足，将如何日新，又新，以求得永远之新，实有赖于不断的求知精神，以为之前导。求知之后，即使措诸实行，使行政之机构，具有学府之作风，则办税之人，与所行之政，必能与时代共进而莫能自止。倘使仅恃纪律，而不养成其求知向上之精神，则纪律仅等于刻板，而不能收"范我驰驱"日进不已之效。此其三。

税务行政，首忌放慢，故吾人重纪律；再忌迟滞，故又重效率；再忌固蔽，故又重求知。倘能把握三要，洁领提纲，其余细目自能顺理成章，有条不紊，完成"理"财使命。

六、融合税政与纳税人之关系

最后在税务行政中，税务人员尚有应行注意者一事，即国家对于纳税人之关系是也。纳税为国民义务，载在宪法，本无问题；但在实际"课税而能取悦，仿佛讲爱而能凭理智，并未赋于人类"（To tax and to please no more than to love and to be wise is not given to men ——Edmund Burke）。所以纳税人，对于国家，总是设法抗避。轻者求缓求减，重者思避思逃，黠者以欺法为能，豪者以抗法为尚。此种恶习，各国皆然。最近英人安其格（Paul F.Anzig）出版其《下次大战之经济问题》❶一书，对于"纳税人之抗拒"（taxpayers'resistance）"向逃税开战"（fight against tax evasion）各问题，不惮反复申论，可以想见问题之重要。同时课税机关，对于纳税人民，亦形成一种相对的心理。征之实际，一是奖励告密，一是征收酬庸。告密哲学，是把人看成贼，不惜明查暗访，勾心斗角以摘发之，追侦愈严，趋避愈巧，岂无所获，其奈恶化国民道德何！至于奖收哲学，是说只要增收，便受上赏，聚敛之术，缘之而兴，上焉者，"拔最多之鹅毛，听最少之鹅叫"（法十七世纪政治家科尔伯 Colbert 之名句），业已难能可贵。下焉者，乃不惜杀鸡求卵，竭泽而渔，一摘再摘，藉以邀功。增课之荣誉，不在纳税者，而在课税者，又安怪人民之视税吏如寇仇，指税政如猛虎哉。

近年国家，锐意改革税制，务使趋于公平合理，根据"应能负担"之原则，与"有钱出钱"之要求，推行所得税、遗产税与非常时期过分利得税，法律既定，全国通行，今日而言纳税，已属普遍而神圣的国民义务。尤以在此长期抗战之际，国家所最需要者，人力而外，便是钱力。在纳税上，能为主持全民抗战之政府，多纳一文钱，等于健康之母亲，为国家多生育几个健实之小国民，等于贤明之父亲，为国家多教养几个智勇的小斗士，此是何等崇高而荣誉的事！吾人以为此后国家所应奖励者，不应是税吏，收税系彼等之天职，不待奖励而后尽；似应设法奖励为国家纳税甚多之人，以旌示其在事业上之勤劳与成功！此乃新时代所应具有的健全而合理之财政哲学，需要今日之税人，能认识，能主张；需要今日之税政，能施行，能贯彻；必能为中国之抗战财政，发挥无上之光荣。

更自纳税人言之，自抗战开始以来，政府为全民族而作战，政治为全民众的结合，国家支出，系为全民族之生存而支出，则国家课税，亦为全民族之生存而课税。国家从纳税中所得到的分文收入，皆与全民族之生存有关，岂容仍以旧时代之避税心理，应用于全民抗战之今日？倘在今日主持全民抗战的政府之下，仍不能谨恪守法，踊跃输将，徒以时代错误对象错误的旧观念，而思所以避税，真是全民族的罪人，当为民族所共弃！

且自战时财政之经济的影响言之，因大量军费支出之结果，多少总要引起膨胀的作用，促成一般购买力的增加。国家于此，要能毅然提高直接税之税率，使社会上一时增涨之购买力，借直接税之形式，仍被国家所吸收，使社会上货币之流通，得以保持合理的平衡，不徒有裨国计，实亦有益民生，对于纳税人所

---

❶ 参看 Paul F.Anzig, *Economic Problems of the Next War*, 1939.

持有之购买力，发生极良好之经济作用。英国于过去欧战之际，国内社会，并不感觉若何膨胀之影响，实得力于所得税率之急激提高，与战时利得税之严厉推行，使社会上业经膨胀之购买力，得被吸收之所致。安其格于所著《下次大战之经济问题》一书中，更剀切言之，以为在战时财政之处理中，英国所以超过他国之处在此。此在吾国，故未可一蹴而几，然而战时增课直接税，对于纳税人，在经济的意义上，实有大益存焉，则系不可否认之事实！

总之，在此抗战期间，国家推行税收，一方固盼纳税人，明大义，识大体，洞悉真切之利害，为国家尽输将之诚，同时亦赖办税人员，具有现代的知识，恢弘的视野，肫恳的热情，与机敏的行动，使国家税政方针，得以贯彻融汇于民间，作到精诚团结之良果，此则今日之税人，对于今日之税政，所应力行之最高任务也！

一九三九年七月十四日于重庆

欧战中的几个经济问题*

（一九三九年九月五日）

第二次的世界大战，早在人们意料之中，迁延复迁延，绥靖复绥靖，爱好和平的人们，还以为可以长此延宕下去。但是在一九三九年的九月初头，终于无可避免，重演二十五年前的旧梦，是战神的支配呢？还是人类的愚蠢呢？总之，"不吉之终局"（catastrophe）算是临到人类的头上了！

这样可以毁灭人类文明的世界大战，为什么非打不可呢？原因当然多得很。英儒罗素近著《权力》一书，对于"权力"一物，足以支配人类之行动与国际的变化，甚至足以支配战争的动向，曾有极明澈的解释。即金融论者安其格（Paul F.Anzig）于其近著《一九三八年至一九三九年之世界金融》一书，对于年来国际金融之邅变，亦颇着重政治的条件。此次大战，如果就此爆发，则吾人于分析战争起因之际，所应属意之点，当远较前次大战为复杂而广泛，然而诱起战争与决定战争之主要因素，终究要求之于经济方面。试举数项，以见一斑。

这次德国所以敢于发难，不惜单独作战，以一国之力敌数强之师，其军事力量，诚足超越一切。但是德国的军事力量，不仅靠它的民族，而是靠它的经济组织。希特勒揭橥纳粹主义，实行集权政治，以德国民族所特有的纪律性，运用之于经济机构，再以此经济机构为手段，完全用之于作战之目的。深谋远虑，勇断独裁，其成功之迅速，在民主国家，真有望尘莫及之感。去年十一月英作家安其格，在《下次大战的经济问题》一书中，首先提出此点。彼以为："德意志天天在那里转换其经济，以适应战争的需要"。彼以为："大不列颠及其他民主国家，在发展其国民经济之一点，较之集权国家，太觉落后"。于是推测：在大战爆发的初期，德国总要占些便宜。因而力主：民治国家在这一点必须跟着德国学，以弥补其经济上的缺憾。

---

* 此文系作者为重庆《时事新报》撰写的社评。——编者注

但是关于经济资源，德国毕竟是个先天不足的国家，彼所以力图膨胀，无非藉军事为手段，以掠取更大之经济利益。于是它的国策，先把已有的经济力量，充分用之于军事，以造成超越的兵力。更利用速战速决的策略，取得军事的成功，则英法的丰腴领地不难一变而为德国之所有。初看似以经济为手段，而以军事为目的；一究其实，则系以军事为手段，而以经济为目的。

德国的如意算盘，果能如愿以偿么？胜利的果实，果能落到希特勒的掌握中么？恐怕没有那么容易。各民治国家的经济组织，在平时固然比不上德国之强韧有力，整肃矫健，但是在英、法方面，果能把战期拉长，不难调整其经济组织，以运用其广大资源。不及德国之处，可以弥补，而强于德国之处，则非德国之所能及。所以在战略之经济的意义上，德国有似日本，而英、法则有似于吾国。只要能把作战的时间延长，在经济的意义上，德国是愈战愈窄，而英、法则愈战愈宽。以今日列强军备之地丑德齐，德国欲以一击之威，摧毁英、法实力，恐不可能。则此次大战，不免演成较长期的战争。期间愈长，则经济条件之发挥愈显。不要说英、法，即在吾国，还不是因为长期抗战，才发展出我们的经济力量么？而况英、法背后，还有美国，以先天不足的德国，与之做经济的对耗，又怎能耗得过呢！上次大战，德国所以打败仗，主要原因，即为经济资源的耗竭。这次仍然看不出他有怎样较好的机缘。所以说：决定战争，恐怕还要看经济的条件。

至于战争进行中，国际关系之离合悲欢，亦将以经济条件作为转移。意大利之离德中立，甚至加入英、法，必以自英、法取得经济利益之故。英国之对日委蛇，未能即取断然处置，亦以远东经济权益，有所瞻顾之故。美国之始则中立，继则不免加入英、法一方，亦以其经济利益，初则不感威胁继则不免波及之故。苏联所以西对德而不惜妥协于一时，东对日而不忘战备于朝夕，亦以在西方不愿为人而消耗自己的经济力量，在东方亦不愿纵敌而威胁远东的经济前途之故。（参看八月十九日《密勒氏评论报》"论斯大林之远东经济政策"一文）此次大战之起因、演变与终局，皆将以经济为主要决定之因素，此所揭示，仅其荦荦大者耳。

我战时财政的前途*

（一九三九年九月十日）

一

欲明了吾国战时财政之特质，须先分析战争之类型。战争之类型有四：第一，为帝国主义者之间的战争；第二，为资本主义国与社会主义国之间的战争；第三，为经济落后国家之内部战争；第四，为被侵略国对侵略国之战争。"战争为政治之延续"，而政治又为经济的上层，战争所以有不同的类型，即因经济机构具有不同的类型之故。在第一类型之下，因为争取资本商品之海外市场与夺取资本生产之海外原料，彼此之间，天然具有排他性，随时有诉诸战争之可能，纵能以外交手段延缓绥靖于一时，终不免决裂爆发于他日，国际秩序所以一治一乱若具有周期性者，实源于此。此种战争一旦爆发，因彼此俱系高度工业国家，势均力敌，不相上下，而以"力的平衡"，决定胜负的攸归，其结果虽能造成一种新的平衡，而在经济的意义上，不会有多大的变质。第二类型的战争则不然。在生产技术上，双方虽同属高度工业国家，但在生产组织与目的上则根本不同，因而在作战的性质上，一方具有侵略的必然性，他方则具有自卫的必然性。其胜负的判定，在技术上，固可以双方的经济实力相颉颃，但在作战的意志与其所代表权益阶层之广狭，则不可同日而语。其战争之结果，对于世界经济秩序，不仅变量，且将变质。至于第三类型的战争，既属经济落后国家之内部冲突，同在一个经济基础之上，关于作战工具与作战资源，亦可说是地丑德齐，同以"瓦注"，同以"钩注"，双方相差无多，其能取得高度工业国家之外援较多者，为能猎取一时的胜利。最后分析到第四类型，一方系高度工业国家，挟其帝国主义的威力，向外膨胀，向外夺取；一方系经济落后的国家，凭着天然富源的优

---

* 此文发表于《时代精神》杂志第一卷第二期。——编者注

厚，迫于自卫，迫于图存。倘有一日双方不免于一战，则前者是必然的侵略，而后者是必然的自卫。在作战工具与技术方面，后者远不如前，自无待论；但在作战的意志与战争所代表的阶层利益的广狭，以及因作战所促成的富源开发的可能，则前者或远不如后者。所以在战略上，前者利速决，而后者利持久；前者利于正规战，而后者利于游击战，战略之所以殊途，即因经济条件异致之故。战争之结果，即无第三国之参加，胜利未必属于侵略国，历史上不乏此种先例，而此例之最显著，将在此后之历史镂刻极辉曜之记录者，即吾国今日之对日抗战。

此次吾国之对日抗战，在战争类型中，既属于第四种，则其所形成之战时财政，自与其他类型所具有者不同。倘以他种类型所已有或所应有之战时财政的理论与经验，衡之吾国，因而引起种种怀疑与忧虑，亦将于抗战有害，而有肃清的必要。我们此次应战，实属迫于自卫图存的不得已，以吾国之穷乏，在财政的条件上，如何能对高度工业国家作战？但是我们要晓得：纵令我们不从事于第四类型的战争，我们能够不再重复第三类型的战争么？我们的财政，纵不消耗于前者，能不消耗于后者么？同是消耗，是消耗于内战好呢？还是消耗于抗战好呢？以消耗于前者之财政，转移为消耗于后者的财政，后者既是早晚所不可免，而能因此将消耗于后者省下了，这在我们的财政账本上，已经是划时代的很大的收获。以第四类型的战时财政，来代替第三类型的战时财政，这在文化发展的过程中，已经是了不起的进步，此应注意者一。其次帝国主义者之间既是时时酝酿有战争的因素，而又莫敢先发，则其勇于侵略者，必成众矢之的。其相与颉颃者，一时虽不欲以兵戎相见，亦必因势乘便，用间接的方法，予侵略者以打击。于是在第四类型的战争中，透入第一类型的战斗，结果于被侵略方面总是有利，此应注意者二。复次，在第二类型之战争，因为双方同属高度工业国家，在侵略者有所忌讳，在自卫者"磨厉以须"，于此盘马弯弓之际，各欲以巧胜人，于是在自卫者一方，亦将透过第四类型的战争，以间接的方式予侵略者以打击。第四类型之应战者，本出于自卫，凭自己的力量，打自己的仗，但因此亦能赢得更多的国际援助，此应注意者三。第四类型的战争，既涵郁着这么许多的作用，则其所形成所需要的战时财政，及其所能发生的影响，自与先进各国所称之战时财政不同，以欧战时各国战时财政之标准，以衡量吾国，固属时代错误；以类型不同之先例，衡量吾国，亦属立场错误。真由错误意识所引起的错误论断，必且违反"时代精神"，有负历史之使命！用特不惮直质，缕为分析，以谂国人。

二

先进国家筹措战费的主要方法有三：一为增税，一为募债，又其一则为增发纸币。这些国家讨论到战时财政，总要将这些方法作一番比较，而选择其流弊较少者，吾人已耳熟能详。但在吾国，则须另作一番观察。我们是经济落后的国家，与高度工业国家不同，在高度工业国家，募债有办法，增税也有办法，债与税都可想办法，才发生"募债乎？增税乎？"（loan or tax？）的选择。在税务行政强一些的国家，自然可以多靠增税；弱一些的，只好多靠募债。但是无论增税与募债，都要靠着高度工业的基础。先看增税。欧战中增税成绩最好的，当推英国。斯丹浦（Sir Joseph Stamp）在《大战中的税政》[1]一书，言之甚详。吾人一考其内容，则其所增之税，第一为所得税，第二为战时利得税，而遗产税尚不算数。自一九一四到一九一九，所得税收入的增加倍数为七百六十，战时利得税在一九一八年收入达三亿镑以上，与所得税收不相上下。英国增税政策所以有如此结果，第一、英国的产业最为发达；第二、作战于国境以外；第三、英国的直接税行政经验，已积有百年以上之历史，是以揭橥增税，能有如此之收获。若在吾国，从来所恃之关、盐、统三大间接税，既因战区扩大而一落千丈，而新兴之所得税，则因实施之历史甚浅，产业之破坏太大，尚难蔚为收入大宗，所得税之长处在能适应税率之增减，而伸缩其税收（responsiveness to rate），但必有现代化之产业基础而后可。若在吾国，少数现代化之产业，均随沿海沿江之沦陷以俱逝，而内地孑遗之产业，又方在挣扎，国家保护奖励之不遑，又焉能再作增收之想。至于战时利得税，吾国固亦有非常时期过分利得税条例之公布，对于营利事业其利得合资本额超过百分之二十者，财产租赁之利得超过其财产价额百分之十五者，均分别课以百分之十以至百分之五十的过分利得税。但是立法主旨，系在长期抗战中平衡国民之负担，予国人以精神上之安慰。倘以为一朝实行，即可如欧美先例，为国库增加若干收入，未免失之早计。盖在吾国，既无西洋各国现代化产业之基础，而又作战于国境以内，所受战事之破坏极大。纵有少数商店，因利乘便，攫取意外利得，不知负冒几多风险，一遇空袭破坏，且将一扫而空。如近来各大都市之房产业者，曷尝不坐取

---

[1] Joseph Stamp, *Taxation during the War*, 1932.

厚利，招人唾骂，而转瞬之间，即其藉以牟利之房产，化为灰烬者，比比皆是，则战时利得税之收入，自难望其若何丰富。此外如转口税、如印花税，增税之后税收亦自有限，较之关、盐、统减收之数，相差奚止倍蓰。例如所得税在后方各省努力稽征之结果，每年收数尚未能超过二千五百万。而关税一项，自民国二十七年六月一日至民国二十八年五月三十一日被敌人所攫取所把持所非法利用之税款，即达二亿元以上（参阅本年六月十日《密勒氏评论报》第三十七页）。则所得税收入，尚未能抵关税所失的十分之一，欲靠增税收入以支应战争，奚啻沧海一粟！本来增税一道，不要说在我经济落后的国家，难以应付战争，而在经济发达的国家，亦只能以增税为理想，而国家全部岁收，租税仍占少数，大部仍为募债。

惟募债亦有条件。第一要有资本蓄积（accumulation of capital），第二要有金融市场（money market）。吾国既缺乏现代化之产业基础，自难形成巨额之国民储备（national savings）。随战争之破坏，平日节衣缩食所蔚成之原始蓄积，亦不免化为灰烬，何能为国家募债政策蔚成主流？至于金融市场，则自津、沪、汉、粤沦陷以后，募债方便，业已与我分手，社会纵有游资，而无金融市场以为之枢轴，亦难与国家募债政策发生因缘，非必吾国国民之爱国心，即有逊于他国。自前年抗战开始以来，中央所发行之内债，仅有救国公债、国防公债、赈灾公债、金公债、建设公债、军需公债数种。实际所收，未足票面之数，以之支应战争，自难与先进各邦同日而语。此中尚有历史的原因，从来吾国募债，必有担保，还本付息，均须指定特种税收，以为抵押。抵押之对象，无论为关税、为盐税、为统税、为烟酒印花，皆先有担保之对象，而后有国债之发行。债信所寄，皆有实物可指，此在平时尚且如此，战时岂能骤行改变。古人有言：为富不仁，倘必责以爱国，在彼宁可献金，不愿出以贷借之形式，公债政策之未能畅行，实原于此。以去年之国防公债而论，犹规定以所得税为担保；以今年之建设、军需两公债而论，亦规定以统税及公营事业之收入为担保。其关税盐税担保之外债部分，因敌伪攫取关、盐税款之结果，政府初犹努力挣扎，力维债信。自开战以后二十一个月之间，政府为内外债所付之款曾达五亿三千万元；自民国二十六年七月以至民国二十七年十二月，政府为支付关税担保之债务，曾自他种税收，拨补一亿七千伍佰万元。此类债务，既以关税为担保，置信在物，则物在当还，物去不还，也该是天公地道的事。各国对于日人之篡取关税税款，既已莫可如何，而犹责我以照旧履行偿债义务，当亦道义上所不肯。所以本年一月十五日改订关税担保外债偿还办法，三月二十六日改订盐税担保外债偿还办法，在我既出于不得已，各国亦相当谅解，不仅不责我赖信，且从而贷予新债。则此后之募债担保问题，或可因抗战而划一新时代，惟内债部分所能支应战争者，则终属有限。

再看发钞。普通人之见解，以为吾国既不能藉助于增税与募债以支应战争，必将乞灵于"无止境的通货膨胀"（non-stop inflation），尤以最近外汇之降跌与物价之腾贵，更令人联想及此。实则吾国抗战已及两年，始终未走上膨胀之路。据上海《金融商业报》（Finance and Commerce）主编耿爱德估计，截至去年九月，法币发行额仅达十七亿元，敌方学者木村增太郎之估计，亦近此数。最近发行之确数，虽未能臆测，但未能超过二十亿元之数，则可断言。所以英作家安其格（Paul F.Anzig）于其近著《一九三八至一九三九年之世界金融》❶一书中，讨论到中国战时财政时，首先揭橥我政府之力拒膨胀（government resistance to inflation）。❷安氏书成于本年三月，据称我政府"所采行的通货政策，在实际上有些还偏于紧缩"。我们法币，既以增发，为什么还偏于紧缩呢？此种原因正多。据耿爱德氏之估计，截至去年八月二十六日，华北流通之法币，曾达三亿三千五百九十万元以上。此外藏于各银行以作准备，经战争破坏而被焚毁者，尚不知多少，加以法币的流通范围，初仅限于沿海沿江各大都会，其后随战事之演变与内地各省之开发，法币流通日广，所增不及所需之巨，自无所谓膨胀。至于最近，外汇之波动与内地物价之腾贵，自有其多方面之原因，而非通货膨胀之故。所以安其格很肯定地说，"国民政府居然能支应战争，而不靠着无止境的通货膨胀，确是值得称道"。此与去年九月耿爱德氏在上海扶轮会所发表的意见，适相一致。

我们增税既属有限，募债亦复无多，又未施行通货膨胀，然则我们支持偌大战争至于二年之久，又靠着什么呢？

---

❶ 参看 Paul F.Anzig, *Economic Problems of the Next War*, 1937-1938, pp.139-140.

❷ Paul F.Anzig, *World Finance*, 1938—1939, pp.150-154.

三

战时财政是对着平时财政而言，此在先进各国，是分别得很清楚的。即以英国而论，平时军事费在岁出中所占的百分数，仅为八分之一，亦即百分之十二。近年虽因扩军之故，军费增加，然而平时自平时，毕竟与战时不同。故在先进各邦一遇战时财政，即须特别筹维，其分量之加重，较之平时不知超过若干倍。若在吾国则不然，在抗战开始以前，吾国常备兵之多与军务费支出之巨，早为有目共睹之事。军务费在岁出总数所占的成数，多者如民国二十一年度的百分之四十九点七，少者亦不下民国二十五年度的三十二点五；以绝对数而论，在民国二十六年度十亿元的总岁出中，军务费即达三亿九千二百万元，占百分之三十九点二，这在平时应该是如何重大的数额！故在吾国，早已过着战时财政的生活。平日过惯了，所以一旦对日抗战，也不觉着怎样不得了的沉重！这是中国战时财政所具有的第一个特质。

对于一个作战的士兵所需要的财政供给，在中国和在外国，简直不成比例。所吃、所穿、所供应，可以降至最低度。不仅为外人所想像不到，且亦为后方之国人所想像不到。吾国人民生活程度之低，本已惊人，且在多年患难饥馑中生长出来，其吃苦之精神，本自先天，所需要于国家财政之供应者，至为有限。此固吾民之不幸，然因此而解消此次抗战财政之大部困难，则又是民族之福！吾人偶一想到此点，辄不禁对于前线千百万之士兵，立刻涌起无限之崇敬！以财政供应如此之缺乏，而吾忠勇之将士，犹能支持抗战至二年之久。尤以在敌人后方展开广大运动战之游击部队，或则冻馁于穷山，或则苦撑于风雪，国家财政之供应，至为有限，而所加于敌人之打击，有时且过于正规军。此等战时财政，又岂一般国家所能比拟，这是第二个特质。

战时财政支出最多的，当然是军火，国家财政之消耗，当以此为大宗。但是军火之取得，可用种种方式，不必立刻支出。第一，可利用易货制度，以出口之土货抵价；第二，可利用赊卖制度，延缓偿还的年限；第三，"简直全不索价"❶，迳以军火供给吾人。此非故作乐观，吾人倘能认清战争类型，明了中国抗战所涵郁之种种作用，则军火之大量供给，自属应有之笔。所谓"得道多助"，是

---

❶ 参阅安其格新著一五一页。

说这个仗并不仅为我们自家打,且为大家打;并不仅为自己除害,且为大家除害;我们打好了,大家都好。我们豁出去人,大家还不豁出一些军火么?这是真理的自然成行,足可以赢得国际的财政援助!所以军火的供给,亦自不成问题,这是第三个特质。

而况我们也不是真拿不出钱来的。自从民国二十五年施行法币政策以来,已经奠定了抗战的最有力的基础。对社会流通的筹码,得以划一;在国家,集中的现银得以运用。只要运用得宜,总可以支持好几年,以贯彻抗战的神圣使命。耿爱德说得好:"以法币交与人民而集中现银,乃是此次抗战支应手段中之脊骨"[1]。有这脊骨,我们才能挺起腰板,支持二年以上之长期抗战。至于我们的海外存银,花了多少?现在还有多少?曾经补充多少?似乎也用不着忧虑。只看去年一年,华侨对于国内汇款,即有六亿元,捐输就有七千万元,相信我们的存银以及海外债权,总是有办法的,这是第四个特质。

战争所需要的三个"M",中国还有第四个,便是"大地"(main-land)。这是敌人所无有,且为多数国家所欠缺者。"大地"在战略上,固然最有助于被侵略者,即在战时财政的意义上,还要具有两种重要的功用。敌人是高度工业国家,产业早已开发,所以开战之始,实力过人,令人应接不暇。但是一经持久,在彼只有加速度地消耗,而难以补充。我们是经济未开发的国家,拥有广大的内地,蕴蓄丰富的资源,因战争的迫促,始得着手开发。不言工业,即以足食足兵所需要的农产品而论,我们是愈广内地,供给愈丰,加以本年内地各省的丰收,不啻对于吾国战时财政,打上若干强心针,以此支持长期抗战,更有绝对把握。我们既有这些天然富源足资开发,即不难增加出口,以充实外汇的实力,换回许多的军火。一方严厉管理进口,以减少对外的债务;同时尽量增加出口,以增加对外的债权。国家收支,得所调整,岂止保障法币,且为国家建设内地经济的新基础。时人有言:以空间换取时间,空间所指之"大地",不是任何国家都具有的。这是第五个特质。

我们的战时财政,既具有这五个特质,所以和外国相较,有比她们差的地方,也有比她们强的地方。尤其是和我们敌人相比,我之所长,都是她之所短,在此长期抗战中,只有于她不利,于我有利。我们要把握住这些特质而尽量发挥之,则胜算必然在我。我战时财政的前途是万分的乐观。

---

[1] 参阅去年九月二十四日《密勒氏评论报》第一百十二页。

四

有了客观的条件,还要有主观的努力,对于所长的要发挥,对于所短的还要弥补,方能克尽时代所赋予的战时财政的使命。

第一,要赶紧以全力,健全我们的税制。依前所述,在吾国战时财政上,增税所入固然有限,但可乘此时机,将过去以间接税为主干的税制,改成以直接税为主干的税制。并对于从前所仰赖之三大间接税,彻底改造其存在之意义。就关税讲,以收入为目的的时代,算是过去了。我们虽丢了两亿以上的关税收入,但是我们也因此而解脱了这些税收所从出的巨额入超!在收入上虽是负号,在贸易上却成了正号。我们并不可惜失掉这些收入,如果因此而树立新的关税政策,反是国民经济之福。盐、统二税更可因减收而加以彻底的考虑了。我们将来还要从这些菽粟水火之生活必需品取得财政的收入么?我想打完了仗,决不该再走旧路。直接税中之所得税,已有两年以上之实施经验,虽经战争之破坏,而收数仍自可观,在目前虽不足济国家之穷,在将来却能为国家税制树立新生命。宜乘此抗战时期,多方试验,多方研讨,以便于战后提出崭新之所得税法,以适应战后产业突飞猛进之新环境。至于遗产税,虽不能期望其有若何之收入,但藉此税制,可使吾国人口与财产之关系,得有明确之记载与统计,以为各种施政之参考;又可藉此以实现遗教中节制资本之作用,其间接之功效,实合于现代国家之要求。此外,财务人员之制度化,公库法之普遍化,使财政中之人与钱,皆能走入轨道,以根绝贪污之风,即此肃清化之工作,即可为国家增加巨额收入。

第二,要设法以募债动员我们的资金。我们的国民储蓄虽远逊于各国,但自抗战以来,募债如是之少,毕竟不是具有储蓄力量之人的荣誉。内地建设如是之急切,所需资金当不在少,最近只发行六亿元之建设公债,仍有继续发行的必要。尤以国人在沪、港存款之多,在黑市场购买外汇之涌,以及私人海外存款之巨,令人想到国人还未十分忠于抗战,政府还未充分设法搜集。谓宜大量发行金公债以吸收海外之存金,扩大发行建设公债,以展开内地之生产建设,"建国于作战的时候",不宜再事延缓。

第三,要慎重于发行,保障我们的法币。保障法币信用之法固属多端,如加强准备、管理外汇、取得海外借款、扩大内地流通、积极发达生产,皆足以提高法币之价值,使在抗战中,始终尽其脊骨之功能。但是最根本的办法,还是慎重发行，使勿超过货币与货物的正常比例。而且对于资金之逃避——即以法币换取外汇——更要严厉管理，无论其为敌人、为汉奸、为投机倒把之奸商、为缺乏国家观念之惰富，均应以雷霆万钧之力，制止资金之外逃与外汇基金之套取。须知对敌人之忠实，即为对民族之罪恶，我们要以全民族的力量，保障法币的安全，以竟抗战之全功，我战时财政的前途是万分的乐观，故我政府与人民必须协力以赴，务达抗战胜利建国成功之目的。

一九三九年八月十六日于重庆

法币在"孤岛"*
——以坚毅创造国际的信用

(一九三九年九月二十日)

这几天的国际关系,变幻得太急遽了,太复杂了,"翻手为云覆手雨",不知一觉醒来,明朝更作何状?在此目迷五色耳乱鹅鸭之中,最令我们一般人关心的,还是法币的前途。我们固然不一定指望国际对于法币能有若何的援助,但是也不愿意国际关系变得更复杂更纷歧,以减少国际对我援助的可能性。自从法币对外价值发生波动以来,为时已逾两月,而传说中的友邦协助,尚未具体化、实际化;倘若国际关系如此突变不已,岂不越来越远,实现更难,不知不觉之中,在人们的心中,投下一层暗影,这当然是无可避免的事。惟其如此,所以要我们更加冷静地想,站稳了看,从迷雾中,把握冲风破浪的指针。

这种指针,领袖早给我们指示的很明白,——"以不变应万变"!就在法币关系方面,已经得到若干新的事实来证明。无论国际关系如何变幻,但是我们自己所应做的,所能做的,其权毕竟操之在我。我不自馁,谁能馁我?我不自弃,谁能弃我?就在这国际援助若远若近之际,我皆有以自立,而不必即求于人。谓予不信,请看法币在"孤岛"!

号称"孤岛"的上海,早为吾国行政权支配所不及,友邦论者,至以"自由市场"称之,来此市场,悉无等差,无论在贸易、在金融,对任何人皆无任何限制。此种状态,尤以抗战后之两年来为然。我们的法币,在这样一个地方,既无政府,以为之维护,复有敌伪,迭予以压迫,而投机倒把之流,又利用其逐日逐时之涨落,以为"善贾"(good for business)之资,可谓四顾苍茫,腹背皆敌,很难有偷安幸存的机会。

结果怎样呢?在上海以及在其他通商口岸,不要忘掉,只有这一种单位,才

---

* 此文系作者为重庆《时事新报》撰写的社评。——编者注

具有真实的兑换价值，这就是我们的法币。对此问题，诚如《金融商业报》[1]编者所说："假使日本人能在市场中推行一种健全的通货制度，它早该把握住一定领域而莫之与争。无如它所恃以竞争者，仅仅靠着一些纸片，除了纸片，还是纸片，结果，则日本的圆，纵令官价定为一先令二便士，但是在公开市场中，并不比中国的法币强"！国人注意，这是最近的事实，而且出自友邦论坛旁观者之口，很足以描画法币在孤岛的雄姿，想见"血流朱殷，鼓声未绝"屹立不挠的远态！我们可以明了：就在这国际援应尚无新的开展之际，我们的法币，在那"没遮拦"的上海，都不比日圆弱！正金银行用尽种种方法和我们法币捣乱，环境是那样的利于彼而不利于我，结果并不能奈我何。是可知：我们的法币，固然是巨战之后，未免疮痍，但是代表高度工业国家的日圆，在公开市场终不能强于我们，这还不够我们骄傲的么？

货币的对外价值，代表一国已有的或可有的资源与储能。日本的工业，是怎样的发达？然而经过两年战争之后，其表现于货币的对外价值，业已疲弱不可复振。而我们的法币，就在这举目凄凉的"孤岛"，仍可与日圆相颉顽。如果在我们一方，未能骤持乐观以自慰；则在敌方，岂不更要悲观？凡事都是比较的，我们看到法币在孤岛的近况，不禁给我们增加无限的勇气。就凭这份气力，可以耐过我们的敌人，可以耐出友邦们更多的援助。国际情势无论如何变化，在我仍要固守立场，不稍变更。国际援助能来固好，不来也没什么，反正敌人在币制上，没有资格可以比我们强；凭这一套我们就可以对付它，就可以继续我们的长期抗战。

---

[1] *Finance and Commerce*, August 23, 1939.

欧战与中国经济[*]

（一九三九年十月十八日）

> 假使欧战这样延长下去，
> 其影响于我经济者如何？

据最近消息，欧洲的和平酝酿，显然消沉下去，同时西线的战氛正浓，预兆一时微敛的火焰，仍将以燎原之势，显其暴威，此在隔岸观火者，都不免刮目相待，而况崎岖烽火中的吾人！如果欧战就这样地延长而扩大，其对于吾国经济的影响，又将怎样呢？

我们对于抗战的信念，到了今天，又增加了许多新的意义。两年以来，领袖的主张，不仅颠扑不破，而且愈来愈有光彩，证明正义所在，无往而不头头是道。现在专就经济来讲，我们便找出两个新的意义。其一，"以不变应万变"，是说只要我们坚守持久抗战的信条，无论处境如何变化，我们都无所畏惧。其初步的意义，着重在"应付"，是意志的表现。现在呢，国际的关系愈变化，对敌人的打击愈大。而对于我们则没有什么大不了；不仅没有什么大不了，还造成了吾人运用的机会，此中所含的意义，着重在"因应"，是智慧的发挥。其二，"建国于作战的时候"，是说因为抗战，才促成我们的决心，着手于根本的建设——尤其是内地的经济建设。抗战既不可免，正好利用前方的持久战，使后方的经济建设，就在这作战的时候，打下强韧的基础，其初步的意义，本是指着内在的时间性。现在呢，不仅在我们是长期战，在欧洲也是要长期战，人们不要光在那里想，抗战延长了，于我们如何不利，而要看清楚：就在欧洲作战的时候，能有许多条件和机会，助成我们的经济建设，我们要赶快把握住这机会，不可轻易放过。此中所含的意义，是指着外在的时间性。"建国于作战的时候"一语，以前昭示我们以内在，现在又昭示我们以外在，意义岂不更丰富了么？

---

[*] 此文系作者为重庆《时事新报》撰写的社评。——编者注

欧战及于远东经济的影响，现在已经显著的，当然是继续进口的困难和增加出口的有望。以进口言之，无论敌我，此后德货进口，当然锐减，甚至绝迹。英、法封锁德国西部海岸，使德籍商轮无法在海上航行，纵令可以假道于北欧诸中立国及瑞士、意大利、巴尔干各国，但英、法对于此方，亦必设法封锁，此后唯一出路，只有通过意国海口，利用意、日船只，但亦不见有若何把握。这些进口货中，如机械、金属器、钢铁与若干化学制品，其输入我国者，固亦不少，但敌方仰赖之程度，实较我为甚，尤其是所谓"满洲的工业化计划"，主要是靠德国的机器与材料，一旦德国货不来，岂不徒成画饼！

中立国家如美国在欧洲交战国中，寻到更有利的军火市场，不免影响到对远东的出口。现在美国许多重工业，因自欧洲接受大批军火的订货，立刻开始其"战争繁荣"（warboom），势将予日本以严重的影响，因为日本军火进口的百分之五十七，即系来自美国，不待美国之禁止出口，因为做买卖的关系，亦将舍旧而图新。

至于增加出口的希望，我们也较敌人为优。许多原料，如铁、铝、锡、锰、桐油、植物油、皮革、生丝之属，均因欧战而大增其需要。但是敌人原料所能出口的只有生丝，其他原料，仅能供给自己，以为在中国作战之用，除非战争结束，是不会有出口的希望的。敌人原想在我们的华北，榨取大宗物品出口，但是因为今年华北的大水灾和蝗灾，使敌人的幻想，归于泡影。现在它又在长江下游，拼命地用胁迫与掠夺的手段，搜集出口的物品，这确实值得我们的注意，希望政府能在临近战区各地方，严厉禁绝这些出口物品的资敌！

谈到出口，国内运输，固然是一种困难，海上运输，更是一种困难。在这一点，敌人的海运，比我们发达，似乎要比我们占便宜，其实不然。日本的商轮四分之一，被征到中国的内河，以供军运；百分之六十，只能在东亚港口回旋，堆积于大阪、横滨、神户、大连的货品，尚苦无法输送；其能用之于国际运输者，尚不足全数量的五分之一。打算继续造船，则又缺乏造船材料。所以敌人在海运上，虽然比我们强，但因侵略战争的延长，在运输出口上，乃遭遇极大的不幸。眼看着欧战中许多好买卖，不可到手，而诱和速决，又毫无以成，敌人真觉着着急。

所以欧战真要是这样地延长下去，同时我们的抗战则坚持到底，远东经济所发生的影响，在我们不能说没害处，但总比敌人小。而在利益方面，则敌人没有办法可以比我们强。尤其在进口方面，纵令我们和敌人所遭遇的困难相等，"但当敌人外来军火供给断绝之时，中国至少尚可得到苏联的援助，结果则日本的武器优势必减，而中国最后胜利的展望必增！"❶此真"以不变应万变"的新的佐证。

而且我们的经济建设，于增加出口充实外汇之外，尚有其根本目的，即是——完成抗战期间足食足兵的使命，与抗战结束后经济复兴的基础。吾人尝主张：现阶段的中国经济，如同中国军事一般，第一步为战略的稳退，第二步为后方的稳扎，第三步为自内向外的稳打。湘北大捷为军事自内向外稳打的开头，则在经济方面，亦应有此觉悟和努力——我们因为抗战的赐予，才把经济的重心，建设在后方的内地，再从内地向外发展到海口。在此发展过程中，设遇世界和平无事之日，我们能否即与舶来品竞胜，参考第一次欧战之经验，殊无把握。但是今日的欧洲，是要长期的战下去了，其对外贸易的力量，在此后数年中，自无暇顾及远东，这岂不是吾人振兴工商建立独立经济的良好机会？语有之："时乎时乎不再来"，真要我们急起直追，不可轻易错过！

本报去年九月十九日社评，在捷克问题初次紧张之际，即曾以《国际风云与中国财政》一题，揭橥"本立道生"之义。今忽忽已逾一年，国际关系，无论如何演变，都足以加强吾人之自信。亦正因国际演变之突兀与多方，乃为民族解放之前途，增加其保证，是在吾人之百尺竿头继续努力耳！

---

❶ 参阅九月十六日《密勒氏评论报》阿勒斯 John Ahlors 之论文。

论日元改系[*]

（一九三九年十月二十七日）

据前日中央社电称：敌阁会议决将日元与英镑脱离关系。其所持之理由为：自欧战爆发以来，英国政府对于外汇之统制日益加强，日本政府为便利日本国外资金之流动起见，决定将日元改与美元连系，并将日元汇价定为每百元合美金二十三元又十六分之七。

日元连系政策之改变，虽三尺童子亦知其为一种外交上之策略，目的在和缓美日外交关系。自今夏美国政府宣布废止美日商约以来，日本与美国之外交关系即已次渐进入紧张阶段。盖美国为日本主要军需原料之供给国，两国商约一经废止，美国政府即可随时停止对日之军需原料输出，继断绝其军火供给。故在过去数月中，日本政府时向美国献媚，企图破镜重圆，重订新约，藉以维持军需原料之供给。不料事与愿违，日本政府对美献媚之结果，不独美日商约迄无续订之可能，且美国对远东之态度益趋强硬。日前驻日美大使格鲁之演说固已明白昭示吾人：除非日本改变其侵略政策，美日外交关系似无改善之希望。日本遭此打击后，不能不另谋其他较为具体之方法，取悦美国，藉以和缓两国间之外交关系，此所以日前敌阁有改系日元之决定。此次日元连系政策之改变在外交上是否足以达到和缓对美关系之目的固属一大疑问，然在经济上日元对美汇率之不能维持则为一自明之事实。

一国通货对外汇价之能否维持，恒视其对外贸易状况以为定断。对外贸易处于平衡或出超地位，则通货对外汇价可以维持；对外贸易失去平衡或处于入超地位，则除非政府当局拥有雄厚之外汇资金以资随时输出，则通货之对外汇价迟早必趋跌落。此为经济学原理之 ABC，无论何人亦不能加以否认。吾人只须一考过去两年日元对英汇价跌落之经过与现时日本对外贸易之困难状况即可知其经济能力已不足以维持对美金之新汇率。

---

[*] 此文系作者为重庆《时事新报》撰写的社评。——编者注

论日元改系

近年来积极备战之结果,日本之正常生产日趋紧缩,出口能力日见减少,中日战争爆发时,日元对英一先令两便士之汇价,已有动摇之势。嗣后因战事延长,军需工业继续扩大,出口贸易继续减退,输入益见增加,日元对英汇价遂逐渐跌落,所谓一先令两便士之估价,于战事初期即已打破。自华北中日通货战争中我国胜利后,日元汇价之跌落,更形加剧。本年三月以前,日元之暗市汇价,每百元仅值我法币九十余元。其后虽经日本政府加强外汇统制与贸易统制,然因入超过巨现金流出太多,日元跌落之趋势,亦未稍减。迄至目前为止,日元对英汇价完全与我法币相同,亦仅四便士强,对美汇价,仅在八元左右,与所订美金二十三元又十六分之七之新订汇价相差几达百分之七十。日元对美汇价实际上既已跌至每百元日元合美金八元上下,二十三元又十六分之七之新订法价之不能维持,自不待智者而后知!

抑更有进者:前此日元所连系者为英镑,而过去两年在国际汇兑方面,实为英镑之继续跌落时期,截至此次欧战爆发前夕为止,两年中英镑对美之汇价已由五元跌至四元六角八分。对疲弱之英镑,日元尚不能维持其汇价,遑论对坚挺之美金!且最近欧战爆发,日本在国际贸易方面又遭一次新的打击。盖近年来日本之出口货物主要者为"满洲国"之杂粮。欧战爆发以来,杂粮市场中主要部分——大豆市场——据最近美国际新闻社远东经理杨格日前发表之谈话,已顿减一半,加以英法海军对德封锁之结果,日"满"之其他种种出口货物之数量,亦已一般的减少。诚如杨格所言:"本年冬季在日本可谓黑暗之冬季,盖日本缺少原料,对外贸易损失不赀,原盼自德国方面取得之机器及其他必需之进口货,今则不得不转求之于美国以及其他各国矣"。两年侵略战争之结果日本之出口能力本已大为减退,今又遭此新的打击,致原有之出口贸易亦不能继续维持。在此种状况之下谓其能维持新订之对美汇率,其谁信之!

国防公债第一次还本付息与所得税*

（一九三九年十月三十日）

国防公债系在民国二十七年五月一日发行，其发行总额为国币五亿元，指定以所得税全部收入为担保应还本息基金，并规定本日开始第一次还本付息，已于本月二十六日在上海市银行业同业公会执行还本抽签，计中签号码有零六三、三一二、四八零及五四六，共四号，各债票号数之最后三位，与此项号码相同者，均属还本债票，共计还本数额二百万元；又应付到期息票，共一千五百万元，两共一千七百万元。已由财政部公告于本日起，由中央银行及其所委托之银行，开始付款。此为国防公债发行与第一次还本付息之大概情形；至于指定为担保基金之所得税，在本年度之全部税收，截至九月三十日止，已经解缴国库总库者，肆应前项还本付息之数额，绰有余裕。此乃债信巩固之明征，新税之光辉，且亦纳税义务人之荣誉，自然值得大书特书，试藉此一抒吾人之所感。

在以往，我国国债之发行，多以间接税为担保。所得税实施不满两年，即指定为发行国防公债担保基金，此为改革税制之发轫，亦即为更易国债发行担保基金之新动向。所得税虽系新税，但此次还本付息之事实，一方面证明国防公债债信之巩固；同时证明所得税之实施，业已奠定其基础，故能负荷其健全财政之使命。抑有进者，三年来所得税之税务，日在长足进展之程途中；全国经济亦一致显呈进步之姿态。税源扩展，税收自裕。对于国防公债之债信，更将增加其巩固性与确实性。感想所及者，此其一。

所得税创办之初，社会舆论多许为准备非常时期财政之初步设施。在当时，总感以草创伊始之新税，此种期望，未免过殷。不料在此三年来之短短期间中，竟能不负社会各方殷切之期望。国防公债系因筹措抗战军需而募集，而其募集，则以所得税充作还本付息之担保基金。在此第一次还本付息之期，所得税之税收，非仅足以偿付，且属有盈无绌。抗战建国既为光荣之事业，初创

---

* 此文系作者为重庆《时事新报》撰写的社评。——编者注

之所得税居然能负此筹措抗战军需之大任，自属税政之光荣。感想所及者，此其二。

所得税之光辉，自然是纳税人之荣誉。自新税施行以来，社会各方一致公认为最公平之良税，热诚拥护，踊跃报缴，良有足多，较之毁家纾难之精神，亦无多让。尤其各地之商人，虽遭敌机滥事轰炸，蒙受惨痛之余，对于应纳之税款，仍自争先恐后，及时报缴，奋力争取纳税之荣誉。此种荣誉之取得，是爱护国家、爱护民族之具体表现，亦足以表示抗战建国之坚决民意，而寒敌寇之心胆。感想所及者，此其三。

最后，希望所得税当局保持此种光辉，更希望纳税人励进不已，争取此种荣誉，则对于抗战建国之前途，定可操必胜之左券。

远东经济与美国[*]

（一九三九年十一月一日）

本届太平洋学会，定于十一月二十二日在美国弗吉尼亚开会，我国已选派代表，准备参加。国民外交协会特拟就致太平洋学会中国代表团意见书一份，提供对中日问题之意见。吾人亦愿本经济之观点，一抒所见，藉供世人参考。

远东的过去、现在与将来，所需要的纠纷解决力与和平安定力，胥有赖于美国之急起直追，尤以最近欧洲二次大战开始后为然。我们所需要于美国的协助，以及对于日本的制裁，不仅中国人主张之，美国人亦主张之。最低限度，敌阀所仰赖于美国的军火与军需材料，盼望美国能够立刻停止其供给。救了中国，便是救了远东和平，使东方惨无伦比的屠杀行为，断绝其物资的供给。但是这些论点，仍系站在中国人立场说话，人家做的是买卖，原未计及"函人唯恐伤人"与"矢人唯恐不伤"之区别。我们只能诉诸伦理与人道，而不能禁止人家做买卖。现在我们就从经济的观点，站在美国人的立场，讲一讲生意经，则美国亦有投袂而起，剑及履及，保障远东经济之安定，严格制裁日本的必要！

美国对于远东，尤其是对于中国的商业、投资与海运，均占有极重要的地位，这是美国人自己知道的。中日开战两年，起初对于西方各国的贸易运输，尚无若何限制，是以西方各国尚可以隔岸观火的态度暂时袖手。以后敌人对于吾国海岸之封锁逐渐蔓延，对于友邦之贸易多方阻碍；对于汇兑与资金之流转横加限制，于是各友邦尤其是美国，对于日本的态度转趋于积极与严厉。本年七月二十六日美日商约之废止，即其显例。其有效实行期间，自本月二十六日算起，不过三个月，期限之延长与新约之缔结，可以说是希望极少。最近同盟社虽于本月十六日传出敌阀阿部首相相信一种临时协定可以实现之消息，但是实际交涉并未进行，且尚未准备，则美国当局态度之坚定，亦可推知。

惟吾人所希望于美国者，对于敌人的毒计与暴行，尚须有进一步的认识与

---

[*] 此文系作者为重庆《时事新报》撰写的社评。——编者注

对付，方足以保持美国在远东的利益。最近数周，敌阀与傀儡之间正在磋商，准备于占领区域内施行对西方各国贸易统制与汇兑统制之一元化。最近天津水落，敌人在该地之经济封锁又复加紧。而对于上海方面之西人利益，亦复如法炮制。最近数星期间，凡自华中内地运至上海西人管理区之原料与食料，在二年战争中尚得自由运入者，今则为敌方所控制，以供自己之用。其种类不仅丝茧棉花与植物油，且及于大米鸡蛋之属。敌人之狡计，实欲断绝上海之出口工业。此类工业以美国投资为最多，且其最重要之大主顾，亦惟美国是赖。

最近敌人又封锁浙闽之间的港口，迤南各口则施以飞机的轰炸，使西方船舶，不得接近。香港对华南的通路，只有集中于葡属澳门与法属广州湾。但自敌军占领珠江下游之石岐，因而切断澳门经拱北以通内地之路，所余仅有广州湾。在香港，只有美国之贸易，足与中国相颉颃。而对于香港之商业，美国且握有绝对的优势。乃因日阀之暴行，遂使远东号称自由港之香港，亦失去其自由的特质，则美国所受之影响可知。现在暴日的魔手，又将侵入较能保持自由的上海，如果一旦实现，不仅深深地伤害美国在远东的经济利益，而且直截了当地侵犯美国的特权。所以美国对于敌阀之进一步的暴行，为她自己着想，实有进一步地加以制裁的必要！（参阅十月二十一日《密勒氏评论报》）

目光远大的美国政治家，是不会忽略这些诡计与事实的。接着废止美日商约的断然行动之后，盼望能有更断然、更有效，不仅于中国有益，实所以保护美国之远东经济利益的对日经济制裁！

脱轨的钱和力*

（一九三九年十一月二日）

中国平常就有很多脱轨的资本和人力，尤其是依存于帝国主义下的买办资本和买办阶级，是和整个国家民族利益表现着脱轨的形迹。而深埋在地下的窖银和寄放在外国银行的金条，是同样的生锈而不生产和生息。乡老儿对于积存金钱的愚蠢和少爷们对于储存遗产的过虑，是同样的愚昧可怜。其次，和有钱关联在一起的就是有闲。"有闲阶级"四字，把中国富有阶级之力的荒废，描写得何等深刻。

中国有多少低息乃至无息的存款存在外国银行里，至今是一个谜。而近年来各地乡村的富有阶级都一致向都市迁移，以趋就近代化的物质生活，更是一种不可否认的事实。"七七事变"以来，向着津、沪租界和港、越逃避的资本和人民，更极一时之盛。同时各游击区域的都市，尤其是北平、青岛，所集聚的钱和力也较平时为多。这种现象便是说在现实抗战期中，我们更有大量的钱和力在抗战建国的大业上脱了轨。

"有钱出钱，有力出力"是四万万同胞对于抗战建国一致的口号，而竟有不少有钱的人不但不出力反并把钱带走了，这不能不说是民族之羞，国家之耻。

而在实际上，像此类脱轨的钱和力，又岂仅是脱轨而已！在一转移之间，复不免成为国家民族的祸患。因为不投之于正当生产事业的资本，即不免为投机取巧之用，例如外汇市场之扰乱、公债价格之操纵、进出口货物之居奇囤积，甚至如谣传和战以便投机渔利之类，都是这种脱轨的钱在那里作祟，证之于沪，证之于港，莫不皆然。同时以避难为名的人，实际上都过着骄奢淫逸的生活，本来这些都市和租界的生活都已经够高贵了，而现时各处以人口骤增之故，反而形成反常的繁荣，物价高涨，淫乐百出，而此类难民乃忝居外人庇护之下不以为羞，出入于敌人之前鞠躬叩首不以为耻，依然听戏跳舞，豪赌狂饮。若非有

---

* 此文系作者为重庆《时事新报》撰写的社评。——编者注

我前方将士之壮烈抗战，后方同胞之艰苦支撑，在外人和敌人眼目中之中华民族，不知已被蔑视致何等地位了！

复次，就战事言，在游击区域所寄托的钱和力，并不较在津、沪租界及港、越者为更可忽视。现在敌我的战事是军事、政治、经济综合的战争，现在敌人依据着城市为乡村政治经济中心的理论，占据着各地的重要城市，希图利用政治经济的力量，顺着历史的自然的法则以统制广大的乡村，所谓以点制面、以线联点，而坐收以华制华、以战养战之利。因此不但聚集于城市的资本是可供它利用的利器，即寓居城市之乡村富有阶级，事实上就是乡村的豪绅，乡村政治的把持者，也正是敌人所要利用的人物。敌人阴险的怀柔政策，正是为着此点而来，正是对着他们而发。

我们的对策，应该分别来讲。关于租界和港、越的资本原可吸收来作生产事业用的，但只是生产事业的吸引与政府的嘉奖都还不够，最好是社会领袖身为倡导，同时在各地由一种社会舆论造成一种社会风气，则力量自大。此外，各国家银行与公务员除极少数之必需人员外，一律内迁，社会名流及中坚分子相率迁居内地亦可发生极大影响。同时政府对于内迁人民之交通工具、居住地点以及人才之安插与事业之协助等也应预有相当的措施。

至于游击区域各都市的钱和力，就目前说已难为我用，但在消极方面，我仍应予以侧面打击使其自散。因为敌我在游击区域所进行着战事，可称为点和面的斗争，敌图以点制面，我则谋以面困点；敌图以城市之政治经济力量统制农村，我则根本想断绝城乡交通，陷城市于死地，不但不能发展，抑且不能自存。目前在全国战时物价一致的高涨之中，前后方有一值得可述的异点，即平、津、京、沪，粮食、菜蔬物价之高涨与后方各都市成为一相反的现象，这便是我们游击工作的成绩。把这种工作紧张起来，扩大起来，使游击区域的都市食粮、菜蔬俱告断绝，其中的钱和力自然会想脱逃，最低限度也不会增加了。其实，如果我们能做到这一点，便是敌人以华制华、以战养战企图整个被我们粉碎了，我们的游击战便完全胜利了！

与国家民族利益脱了轨的人和把持着脱了轨的钱的人，及早觉悟吧！回到祖国怀抱里来共同完成抗战建国的大业，才对得起我们过去的祖宗和将来的子孙！

直接税制度之树立[*]

（一九三九年十一月三日）

抗战爆发迄已二十七月；在此两年有余之抗战期中，政府在战时经济方面之种种设施，虽有时因战时环境之特殊未能尽满人意，然战时财政建设之迈进，则为吾人所不能否认之事实。综观两年来财政当局之设施除公库法之施行与内地金融网之树立外，成绩方面之具有划时代性者厥为直接税制度之树立。

欧美各国之国家财政，除社会主义之苏俄，因经济制度之不同，系以国营企业之收入为主体外，其他各先进国家之收入，几一律以直接税为其主体。直接税之所以形成各国国家财政之主要税收，以其不独合乎公平原则，且极富于伸缩性。经济繁荣或财政需要增加时，税率可随时增高；经济不景或财政需要减少时，税率可随时减低。直接税之税源既为富有阶级之所得，故税率之增减，不致影响一般平民之生活。战前我国国家之财政则不然。因政治的与经济的原因，国家收入之结构向以间接税为其主体。每年之收入，几全部来自关、盐、统三税。以抗战前一年之一九三六年之预算而论，关税收入列为三亿六千九百一十六万七千五百二十二元，约占税收总额百分之四十三强；盐税收入列为二亿二千八百六十二万五千五百五十三元，约占税收总额百分之二十七强；统税收入列为一亿七千五百六十一万七千六百五十元，约占税收总额百分之二十强。三种税收总计为七亿七千三百六十一万零七百二十五元，计占税收总额百分之九十以上。此种租税制度为战前我国财政上之最大缺点与现代财政学上之最大利益或最小牺牲原则背道而驰，因其不独为一种累退之租税（收入少者税率高，收入多者税率低），且极缺少现代租税所应具之伸缩性！税率之增减，每直接影响一般平民之生活。论者病之！

财政当局有鉴于此，于抗战开始时即努力于租税制度之改革与直接税制度之树立。现代各国之直接税，主要者为所得税与遗产税两种。我国之所得税于

---

[*] 此文系作者为重庆《时事新报》撰写的社评。——编者注

抗战前即已开办，唯当时之征收范围仅限于公务人员薪给报酬所得、公债利息所得、公司债利息所得与股票利息所得四种。民国二十六年一月，始加征自由职业报酬所得与存款利息所得。抗战爆发后，政府为逐渐完成所得税制度，又加征公司商号行栈工厂营利所得与官商合办事业之营利所得，初期之所得税系统于焉完成。最令人欣慰者，所得税开办伊始，税收实数即超出原有预算数字以上。如民国二十五年度之预算数字为五百万元，而实际税收竟达六百四十余万元，几超出预算一百五十万元。民国二十六年度预算为二千五百万元，虽主要税源之民族工业区相继沦陷，而年度告终时税收已达二千万元，较之上年度增加三倍有余。同时以所得税为担保之国防公债之第一次还本付息亦已于本月二十六日实行。是主要之直接税，在我国财政上已树立一健全之基础。其次为战时过分利得税之征收。过分利得税条例系于民国二十七年十月公布，复于本年七月加以修正。此种租税亦为所得税之一种，以战时之过分利得为课税本体，征收范围包括私营与官商合营之营利事业及财产租赁之过分利得，目的在限制战时企业之非法营利。此税将来之成效如何，虽因开办伊始，一时未能逆料，然其为加强直接税营垒之一种工具，则为显然之事实。最后为遗产税。遗产税为直接税系统之第二磐石，其重要性仅次于所得税。我国之遗产税条例亦已于民国二十七年十月公布，短期中即可施行。俟此税开征后，直接税系统即可完成。划时代之财政建设于焉开始，经济建设有利赖焉！

  抗战期中之财政建设门类繁多，租税制度之改革仅荦荦大者之一。两年苦战，事实已昭示吾人：我国之财政制度不独未因战区之扩大而动摇，且因财政当局之努力，基础愈趋稳固。平时之所不能建树者，战时反能建树之。是我国财政之建设能力已超过敌人之所希冀者矣！

以财政加强法币*

（一九三九年十一月八日）

我们的战时财政很得力于法币的支持，这是经过两年多抗战的经验所已经证明的。最近法币的对外汇价，天天看长，《金融商业报》于上月四日所指称"市场中的坚定趋势"，只有加强，并未减弱。回首六、七月之交，因为外汇波动所引起的若干人对于法币前途的疑虑，到今天可谓烟消云散。所以致此之原因，固然不止一端，但是政府政策的确定不移与人民信仰的始终一致，确为其主因所在。此后抗战的期间正长，来日之事变方殷，吾人不能狃于过去之成功，遽谓此后可以无虞，则当此币价日趋稳定之际，即须详筹妥施进一步的办法，一方预救其膨胀的可能，同时扩大其内地的行使，同时并进，范策兼施，绾抒之机，实在财政！

自预救膨胀之点言之，政府过去对于法币的发行，已尽谨慎之能事，英国金融论者包尔·安其格且指为"偏于紧缩"。即按官方所发表的数字观之，抗战前一个月，即民国二十六年六月末，四行发行总额为十四亿零七百二十万零二千三百三十四元，去年六月末为十七亿二千六百九十九万七千八百三十五元，本年六月末为二十六亿二千六百九十二万九千三百元。最近据阿勒斯的估计（见十月二十八日《密勒氏评论报》），截至十月一日，四行纸币流通额亦仅在二十七亿元之数。较之抗战开始时，仅增十三亿元，现金准备且在百分之四十以上，以视先进各国之准备比例在百分之三十五以至百分之四十者，有过之无不及。再看暴日方面，据彼方《朝日新闻》的统计，日本银行发行额在一九三七年底为二十三亿九千九百万圆，一九三八年底为二十八亿五千三百万圆，今年年底，将达三十五亿圆。其现金准备，仅在百分之二十。从任何观点言之，我们都够不上膨胀。

---

* 此文系作者为重庆《时事新报》撰写的社评。——编者注

但是抗战期间一长，金融流通所需要的筹码总要有增无减，我们政府就该想种种办法，减少筹码增加的数量。本来货币的效能，主要的只是交易的媒介与支付的手段，如果把货物交换的过程简单化，或是把支付的手段支票化，必可大量减少法币增发的需要。在财政机构中所能做到的，就有两桩事：

第一，对于公务人员之生活待遇，应积极采用实物给酬制，以代替从来的货币给酬制。同时采用消费合作制，以代替从来的个别购买制。现在因为物价的腾贵，定额薪给生活者，业已感觉极大的痛苦，各机关虽努力设法，或加薪、或津贴，但是所增之数，总有望尘莫及之势。政府对于战时消费，本有通盘统制之权，即无妨对于公务人员日常生活所需之衣食住用之类，由政府统筹直接供给的办法。同时再尽量推广机关里的消费合作组织，由生产者经行政机关，直接供给于消费者，既可解除中间商人居奇操纵的痛苦，又可节省个别购买需要货币的发行，在国家的岁出政策中，即可实现预救膨胀的功效，此其一。

第二，应普设金融网，充实各地之金融机构，以厉行公库制度。公库制度的主要精神，即在行政各机关，无论收款付款，尽量采用直接缴纳制与支票代用制。直接缴纳，如果亦用支票，则商民所纳税款，即可在银行的会计上转一笔账；若用国币交纳，则在社会上流通的货币，即刻回到发行的银行，自然要大量减少货币的使用量。更如政府正在推行的非常时期过分利得税，其主要功用，即在物价飞涨中商民意外获得的大量货币，用课税的方式，使复返于国库，亦能有减消通货膨胀的作用。此在赋税政策与财务管理政策上，皆可实现消救膨胀的功效，此其二。

对于货币的数量，政府既可运用财政的方式，以消救其膨胀，同时在积极方面，又可用财政政策以扩大其流通。流通既广，需要既多，数量纵有增发，价值反能坚定，决不会有膨胀的恶果。既在内地经济亟待开发，政府亟宜利用建设性的公债政策，大规模运用民间的资金，同时奖励华侨汇款本国，及下游汇款内地，使法币在抗战的大后方，开拓其无限的领土。据九月下旬消息，内地汇申汇费空前大跌，港、沪居民常有巨款汇渝。又据最近《密勒氏评论报》的报道，广州、厦门、汕头等处，现虽被敌阀控制，而华侨之大宗汇款，因政府银行与侨方商会的有效处置，竟未落入敌人之手。倘能籍此机会扩大金融网，运用建设性的公债政策，供给巨额资金于内地的开发，则法币的正当需要必且日增，因而法币的价值必且日进于巩固。甚愿政府与社会各方努力图之！

论物价问题*

（一九三九年十一月九日）

月来渝市一般物价上涨之风日甚一日。不仅舶来之外货如此，即纯粹之土产亦莫不如是。以日常生活需要之燃料与食粮而论，价格上涨之速即已达到惊人之程度。此种物价狂涨之趋势，如不加以阻止，后方社会与经济短期中必发生严重问题。

洋货方面价格高涨之原因，论者每谓为外汇与运输二事。因当局统制外汇之结果，法币黑市已逐渐跌至五便士上下；加以战时运输之困难，各种货物之运费均较前高涨，故由香港、河内等处运往内地之货物成本大增，价格自昂。此为一显著之事实，吾人自不能加以否认。唯如吾人一查近来洋货上涨之实况，则可知洋货价格上涨之程度，绝非外汇与运输二者所能解释。例如瓦特门墨水一物，渝市价格，以目前外汇价伸算，竟高出香港价格三倍之多，运输一项，决不能解释此种巨大之差异。对于此种超出原价三倍之差额，除商人操纵外，吾人实想不到任何其他解释！

洋货如此，土货价格上涨之原因则更为神秘。需用外来原料之货物，价格上涨，在某种限度之内，自有其上涨之原因。唯一般纯粹土货价格之狂涨——如柴、米、油、煤等物——则令人百思而莫得其解。此种货物之成本既与外汇之涨跌无关（因其不受经济学上替用法则之统制）且在运输方面短期中亦无增加困难之可能，而一月之内价格竟可涨高百分之十至百分之五十！此种现象之产生，除商人故意操纵外，更无在经济学理上寻觅解释之可能矣！

洋货价格之上涨，影响所及，除某几种必需之原料外，与我国战时经济尚无重大关系。因此种货物之消费者大都为富有阶级，价格之涨落并不能影响一般民众。如前者之消费因物价上涨而减少，则社会中之无益消费不独可因之而稍事节约，且财政当局亦可省节一部分之外汇资源。故在某种意义之下，洋货

---

* 此文系作者为重庆《时事新报》撰写的社评。——编者注

价格之上涨，除一部分必须利用外来原料之工业感受相当之困难外，对于我国战时经济似不无相当裨益。

土货价格上涨之影响则迥然不同。近来价格暴涨之土货中包括日常生活之必需品，即一般平民日常消费之货物。在英、美等经济先进国家，人民之生活程度已达到相当水准，日常消费品价格之上涨，其影响所及，仅为生活水准的相对的降低，不致进一步的影响国民经济。我国之情形则稍有不同。生产落后之结果，一般平民之生活战前即在所谓文明人之生活水准以下，日常消费为一种最低限度之消费。物价之上涨，其直接影响为减低一般平民之最低生活水准，影响民族健康；间接影响为减低彼等之工作效率，影响战时生产。抑有进者，土货价格之上涨，其影响并不限于一般平民之生活水准与战时生产效率，即外汇主要来源出口贸易亦将遭受严重之影响。一年以来，因法币汇价跌落与当局加强贸易统制之结果，我国出口贸易已渐趋繁荣。根据上海金融商业周报最近发表之数字，本年八个月之出口贸易总值较之去年同期增加一亿一千七百八十万元。虽因沦陷区域入口贸易之骤增，致我国对外贸易仍处于入超地位，然过去一年中出口贸易之好转则为一显明之事实。如土货价格继续上涨，则影响所及，一年来已渐趋繁荣之出口贸易必受打击，汇价跌落与贸易统制之效力亦将一笔勾销。物价上涨问题之最重有如此者！

近来渝市方面已有物价评定委员会之组织，且经济部亦已开始调查物价。昨日最高当局且亲下手谕平抑物价。愿我朝野人士协力同心，解决此严重之物价问题，抗战前途有利赖焉！

物价与生活*

（一九三九年十一月十五日）

本来在长期战争之下，物价必然高涨，生活必然困难，在先进各国的经验中，均所不免，况在经济落后的吾国？我们经过两年多的抗战，到现在才普遍感觉生活之难，已足以表示天赋产物之丰饶与政府处理之得法，足资吾人安慰。但是生活难的现象，迟早总要到来，我们就该想出种种方法，以应付之。不侥幸于不来，不惊惶于已至，然后生活难的现象，始不足为抗战之累。

谈到生活困难，自然也有许多不同的解释。何曾"日食万钱，曾无下箸处"，此公心目中，曷尝不也有生活难的问题。我们在后方的人们，大家以为生活难么？则请看看前方上千上万缺衣少食，而犹在寒风苦雨中执干戈以卫社稷的英勇将士！他们又该怎样活着呢？所以在意志坚强之人的心目中，根本即无难之一字。但是此系就个人自律说法，若在国家立场，即应就一般着想，在可能范围内，设法减少生活难之物质的与心理的酝酿与普遍。

一般所谓生活困难，多从时间着眼。从前定额收入，足赡八口之家，现在不成了。米要涨价，布要涨价，开门七件事，对于个人的负担，举非从前可比，于是感到生活难了。此外又有空间的关系，东西贵了，一些有钱的人，或是不靠着定额薪水生活的人，并不因为物价高而感到痛苦，反而物价之飞涨，为一些多财善贾的人们，造出许多发财的机会。赚钱既多，挥霍更甚，越发促成物价之腾贵。于是在一般定额薪给生活者的心理中，发生悬陷愈远之感。回头再看一般卖力气的朋友，无论拉车子、当泥水匠，因为有苦力可卖，需要一多，自可对劳力的代价提高要索。于是苦了一般定额薪给生活者。每月领到的薪水还是那么多，但是用起来，则餐馆、房东、成衣以致引车卖浆之流，都要和你搬出一副可怕的面孔。加以奉令而不得不疏迁，遭空袭而不得不损失，于是一般定额薪给生活者，真乃有说不出的苦。

---

* 此文系作者为重庆《时事新报》撰写的社评。——编者注

政府对此现象，于平抑物价之外，亦颇能汲汲设法，或加薪，或津贴，但仍不免于枝节。因枝节应付之故，于是就现有财力，稍为点缀，使小额薪给生活者，有加薪之名，而不获加薪之实。物价高涨，如骏足之绝尘，而薪给之提高，乃如牛步之款段，于是生活之困难，仍未解除。又因各自为政之故，有收入的机关，加薪比较容易，无收入或收入不经手的机关，加薪比较困难。难易既分，厚薄自见，以同等资格，因服务机关之不同，所获待遇，乃有上下床之别，自不免引起工作之不宁与人事管理的困窘。谓宜由公私各机关，彼此关照，使定额薪给者之待遇，设法取得均平。然后将本报八日社评所主张之"实物给酬制"与"消费合作制"，广为推施，逐渐遍及于公私各机关之中，为定额薪给生活者，根本减消物价飞涨之苦，此亦平抑物价之外，所应努力之工作也！

教育与财政*
——抗战建国中一个最根本的问题

（一九三九年十一月二十二日）

今天仅以至诚，很郑重地，为将来新中国上千上万的小主人公，从财政的观点，提出一个最根本的教育问题。

上周星期三本报社评，曾在《物价与生活》的标题中，讨论到物价高涨之社会的影响。在战争进行中，感觉生活困难，我们认为是当然，并且感觉着愉快！如果在这样的大时代中，而不感觉生活困难，这个人必是个特殊阶级。特殊的来源有好有坏，好的是凭藉过去努力的积蓄，但是总占少数；坏的例子则甚多。最显著的，便是一般发国难财的人们，凭藉特殊因缘与背景，以大众的牺牲，谋得个人的意外利得。美国财政学家蒲徕恩（C.C.Plehn）所谓"靠着世界受罪作生意"的一群，就是指的这般人。这般人之受人指摘而且应该由国家严格地加以制裁，本已无待申说。最大多数的人们，都在那里受苦，独有这些特殊阶级，还在一旁纳福，还说得过去么？所以特殊的原因，尽管是好，只要是不感觉生活困难，心里头总该觉着不愉快吧。所以我们要讲：抗战中感到生活困难，应该认为是当然而且愉快的事！

不过在这里，叫我们想到一件事。我们一般成年的人，因抗战而受苦，是应该的，但是想到我们的孩子们——将来新中国的主人公——因为我们受苦而影响到他们体质的营养和智慧的发育，简单的讲，影响到他们的教育，真的叫我们午夜惊心，难安寝馈！我们还不是出于舐犊之私，疼爱我们的孩子们，而是为国家民族整个的前途着想。我们的抗战，最需要的还不是人力么？我们的建国，最需要的还不是人力么？不仅要靠着现有的人力，还要靠着生生不已层出不穷一辈比一辈强的人力！对于这样人力的培养长成，不靠着教育，靠什么？然而在现在生活难的情形之下，开门七件事都有些支应不开，还有什么能

---

* 此文系作者为重庆《时事新报》撰写的社评。——编者注

力顾到子女的教育呢？古人讲："富而后教"，现在的学校，又岂是没有钱的人所能上得起的？我们这一辈人可以受苦，但不能叫方在发育中的儿童们和我们一样的受苦。我们对生活难，应该感觉愉快，但是因为生活难，而使我们的孩子们被剥夺受教育的可能与充分，我们不能不发愁！不是愁自己，而是为整个的民族。因为这种例子太多了，放眼就"大数观察"，谁能否认这个问题的普遍性？

  现代的教育，本带着一些资产性。有钱的孩子们，命定是应该上中学，上大学，而且应该出洋留学。而没有钱的孩子们，纵令赋质聪颖，而仍不免于贩夫走卒，与草木同朽，此中不知埋没多少天才，减损多少国力！这次仗打下来，一般中产之家，一方鼓舞于抗战牺牲，同时支配于物价腾贵，收的方面少，而支的方面多，日子一长，纵在一般少有积蓄的人们，都不免渐消渐尽。在争取民族生存的大时代中，这本算不了一回事，"求仁得仁"，心安理得，我们毫不抱怨，只要取得民族胜利，个人的生活，还愁没有办法么？我们所以提到这一点，仍然是本于教育的观点。为无尽数的儿童着想，对于这些儿童教育所需要的财政条件，究竟该怎样解决。

  "养不教，父之过"，从来教育的责任，是属于个人。现代国家虽有教育行政，由政府办理，但是教育所需要的财政条件，主要的还是由个人负担。以个人而应付教育的财政问题，这在平时，还引不起许多人的注意，但在长期抗战的今日，一定把供应教育的责任，委之个人，则凡有子女的人们，不为自己弄钱，也得为子女的教育弄几个钱。谁能忍视自己的孩子们蠢如鹿豕而不受教育呢？这样弄钱的动机不能说是坏，但是结果则不免引出许多悲剧。最近我们听到一件故事：一个公务员，因为查出贪污，而枪决了。原因是为自己的孩子入一个有名的学校而交学费！古人讲："观过知仁"，现在我们要讲："观罪知仁"，在现在普遍的生活难的大浪中，教育的财政问题，而仍责之于个人，已经不是时代所容许的了！

  社会各方，果真认清这个问题的重要么？则请进而研究解决教育之财政条件的办法。

再论教育与财政[*]
——从个人供应到集体供应

（一九三九年十一月三十日）

凡是多数人所感到的问题，早晚要成为社会问题，而不是个人问题。既非个人之力所能解决，纵令少数的个人，有方法能解决，而问题仍自存在。不仅存在，而且加重其程度。为什么少数个人有法解决，而多数则不能？所以在社会舆论方面，应该时时刻刻潜心默察社会中业已嘶动的潜流，知道它在不远的将来，一定要成为很严重的问题。于是因势利导，很正确地，很审慎地，提供出来，以与世人相见，再由社会各方，把它仔细检讨一番，蔚成健全的公共意见，以为国家施政参考之资——这便是本社评在上星期三提出"教育与财政"而称为关系抗战建国最根本的问题的本意。

我们因为抗战，在很短的期间里，把一个组织散漫的国家，变成一个组织相当坚强的国家。而此后建国的最高目标，也是把这个国家，造成一个更坚强的有机体的组织。在有机体的组织中，各个细胞绝不是个别活动，而是集体活动；不是个人解决，而是集体解决。用集体的力量和方法，应付共同的需要。本社评于本月八日在《以财政加强法币》的课题之下，提出"实物给酬制"的主张，主旨是"养"；现在更提出以"集体供应"为我们的孩子们打算，主旨是"教"。假若有机体中的各个细胞，都能以集体的力量，得所养，得所教，我们敢十二分的相信，抗战建国，一定没问题！

所谓国家财政，其特质是什么呢？简单的讲，就是在一个社会中以最高的集体力量和方法，供应大众的需要。每个人不能自佣镖师，以策安全，于是由国家办军队、办警察；每个人不能自建津梁，以利涉陟，于是由国家办交通；每个人不能自聘医师、自辟庭园，于是由国家办公共卫生。推而广之，国家愈进步，则集体供应的方面亦愈多，以集体供应之广狭，判断一国财政社会化的进

---

[*] 此文系作者为重庆《时事新报》撰写的社评。——编者注

程。英国著名公法学者罗布逊（Robson）在他所著的《财富对厚生的关系》（*The Relation of Wealth to Welfare*）一书中，曾有过这样的警句："因为伦敦多烟，有钱的人，当他弥留的时节，两肺要和穷人一样地变成黑"。这是说：财富不一定有助于厚生，单把个人的庭园，弄得很讲究，周遭仍然是弥漫着恶浊的气流，仍不足达到卫生的目的。所以罗氏主张：唯有集体支出，才能得到集体解决。

有人要讲，这种主张，当然是对的，不待说，但是国家财政的供应力，总是有限制的。而况我们中国，当这抗战的时节，财政的艰难支柱，大家总该是晓得的，此时而提出教育财政的集体供应，一何与事实相远？说到远么，当然是不近。但是我们要认识：这个路，业已摆在面前，非走不可，回避是无可回避的。而且很远的路，只要肯走，自然是越走越近。我们所以在这抗战紧张的时节，提出这个问题来，仍然是根据"建国于作战的时候"的原则。"国者人之积"，建国就得"建人"，这条路非走不可！"有意志，就有办法"，拿翁的话，毕竟是不错的。

就整个国家着眼，集体支出要比个人支出省得多，而且效率大。一个人要靠自己卖苦力赚钱供给子弟读书，不知要费多大气力。如果由国家统筹集体供应，个人的开支一少，就是少给一些薪酬，都是可以的，举一个例子，假使国家对于公务人员，管住、管吃、管穿而且管对子女的教育，真要做到这样，岂止不用加薪，大大地减薪都可以。以集体供应代替个人供应，增于此者减于彼，不一定就加重财政的负担。

许多学生分别由自己做衣服，较之集体供应极简单极质朴的制服，那个省？许多学生分别由自己跑街头置书籍，较之大量集体的供应，那个经济？许多学生要从自己家庭里拿钱吃小馆办厨房，较之集体供应的学校食堂，那个来得合算？国家以薪俸的方式，交与多数的公务员，由他们分别交与每一个学生去消费，较之由国家担起教育的集体供应，那个来得合理？藉着教育的集体供应，从儿童的入学之日起，灌输集体生活的精神，在这事件的本身，便是一种新时代所最需要的最好的教育。不管他们的出身是贫是富，一入学校，在每日的生活供应中，悉无等差，利害与共，这是不是有组织的有机体的现代国家所最需要的条件？

社会各方，果真认识教育财政的集体供应的必要么？则请进而研究怎样实施的办法！

三论教育与财政*
——普遍提倡奖学金与讲座制度

（一九三九年十二月十四日）

上月三十日本报社评曾于《再论教育与财政》课题之下，主张以集体供应，救个人供应之穷，自为一般所想望，其具体实现，虽未能一蹴而几，然而中心藏之，何日忘之，不远的将来，总要有实现之一日。在集体供应未能十分具体化以前，吾人以为应先提倡一种制度，其精神亦与集体供应相暗合，即普遍设置奖学金与讲座制度。

尝考各国先例，最成功之企业家与接受巨额遗产之富有者，常能捐其所有于教育文化等机关，以供专门科学讲座及奖学金之用。吾人所熟闻之罗氏基金，其资金之用诸教育与文化，不仅及于国内，且及于国外；不仅嘉惠于本国子弟与学者，且能嘉惠于外国，这是何等的气魄与襟怀！古人讲：为富不仁，我想未必尽然。在致富的过程中，纵有不仁，而在致富以后，尽可为仁！固无人能予以限制。吾人试看欧美各国各大学中，其由私人捐款所设之专科讲座，真是星罗棋布，到处皆有；而因私人所捐奖学金藉以成学的知名之士，更如过江之鲫，接踵而来。学术之深造，人才之蔚起，大有赖于奖学金与讲座制度之普遍。国家对于教育财政，固应负责，国家若不负责，而徒责之于社会，自为情理所不许。但社会上有资力者，应视普及奖学金与讲座制度为最高尚、最有意义的使命。有资力者以此自负，舆论以此相期，必能演成风气，为教育财政之集体供应，开其先河。

财富价值之发挥，不在乎占有，而在乎运用；不在于窖藏，而在于投资，投资于货殖，又不如投资于社会。而投资社会之最高形式，即为设置奖学金与学术讲座。其投资的收获，不是金钱的利息，不是一般的利润，而是科学水准的提高与专门人才的辈出，集体的为社会增殖更多的财富！企业家最后之光荣，富

---

* 此文系作者为重庆《时事新报》撰写的社评。——编者注

有者最高之安慰，实在此而不在彼，征之先例，非不可能，风气一开，确能普及。

此中确有一哲理，高明之企业家，类能见到。推求企业之所以成功与财富之所以积累，依赖于个人之天才者，不过一小部分，而大部分，则赖于社会的辅翼与环境的凑泊而成。企业家知其然也，故于成功之余，不敢贪天之功，以为己有，于是即以其凭籍社会所积累的财富，仍以还之社会。而其所还付于社会者，毕竟属于一小部分，大部分仍可供自己长袖善舞之资。此种行动，固非克己难能，毫不违反现代社会的人类本性。

因此想到吾国今日，亦实有极力提倡奖学金与讲座制度之必要。现在的时代，诚所谓大劫之年，不受战争的牺牲者，其数甚少。但于此大时代中，亦不乏因利乘便博致巨富之徒，与拥有巨资并未受损之例。所以至此，还不是社会条件，有以成之？曷尝即与个人之才智与努力有关？因社会条件而聚集之财富，最好仍然还之社会。况在此大时代中，而乃贪天之功，以为己力，攘人之财，以为己有，尚可以为安乎？故为今日中国之企业家及富有者着想，最好匀出资财之一部，投资于奖学金与专门科学讲座之设置。

难之者曰：凡人之情，善财难舍，非用强迫的方法加以法律的制裁，甚难返诸社会。倘待其自动输财，成此制度，何异与虎谋皮，岂非望梅止渴？此话亦自有理，吾人固有同感。惟人类总是进步的，理智进步，则对于将来的趋势，应该看得很清楚。有资力者，果能彻识迈进，自动拿出一些用之于社会上最有益的方面，尚可消弭许多社会危机，必待强迫而不得不出，那就太晚了！

"财政与金融"周刊发刊辞*

（一九三九年十二月十六日）

理想与现实，学术与政治，中间总有些距离；昨日的理想，纵可成为今日的现实，而今日现实之前，复有其更新的理想。现实前进，理想亦因而前进，所以距离的存在，无宁认为当然，不必强其相同，亦不必怪其相距，只要同时并进，总不会隔离太远。但昨日的理想，怎样才可以成为今日的现实，以追踪更高的理想呢？此中需要一个很有力的杠杆，便是舆论。

舆论有两种功用：一方以浅出的技术，使相当深邃的理论，接近现实；同时以迈往的精神，使具有惰性的现实，追踪理想。在理想与现实之间，舆论恰为一桥梁。同人等创此周刊，即思于财政与金融的理想与现实之间，尽一些桥梁的作用。

吾人对于国家社会的责任，有两个方面：一方以从事者的资格，对职务负责；同时以研学者的资格，对学术负责，两者要相辅而行。既不能以学术之故有碍工作；亦不能以工作之故牺牲学术。要在以学术的立场，阐扬理论，印证事实，使二者之间，得所沟通，距离不至甚远。今日举办财政与金融周刊，一方要忠于现实，使可能发表之事实资料，得以提供于社会；同时要忠于理想，使正待阐发的理论观点，得以交换于同研。园地虽小，功用自宏，滋长繁荣，一方要看本刊同人之努力，同时有赖社会各方之惠助。

财政为国家之血液，金融为社会之脉络，此在平时，已感觉其重要，况在此空前未有之战时？需要则日增紧迫，问题则层出不穷，同人等倘有所见，自当绸缪商讨，为社会蔚成健全之舆论，以为国家施政参考之资。同时，欧战正在进行，他山之石可以攻玉，西方各国所以应付战时财政金融之设施，亦正待吾人之认识研求，以为国家从事改革之借镜。至对于社会民众，将如何使有用之事实资料与改革理论，得以共喻而共鸣，尤为本周刊所应努力之方向。

---

* 此文系作者为重庆《时事新报·财政与金融》周刊创刊号撰写的发刊辞。——编者注

同人等学识浅陋，体验未周，持论之际，当有许多未能确切之处。是赖社会各方，不吝指示，同好之士，肯赐宏议，嘤鸣之求，蔚为巨响，涓滴之集，郁为主流，以丰学术，以策现实，执鞭而前，跂祝无既。

四论教育与财政*
——灌输集体训练的精神于整个教育

（一九三九年十二月二十日）

十七世纪英国一位有名的财政家詹姆士·威尔逊（James Wilson）曾留下这样的名句"财政不只是计算，财政是国家的大策"，这句话，巴什帖布（C.F.Bastable）曾标在所著《财政学》的首帧。即以吾国而论，从来社会观念，以为财政一事，不过是筹款、管账、打算盘，与国家大策又有什么关系。社会如此着想，税吏以此自待，无形中将财政的水准放低，焉有不日趋堕落之理。若在进步的社会则不然。对于财政，不只要它筹款，还要它能够实现国家的大策。将财政的水准提高，将财政的责任加重，办理财政的人，不只是能筹款，而要在财政设施的本身，即成为国家大策的一部。

我们所以主张教育财政的集体供应，主要意思也就在这里。一提到集体供应，国家的负担岂不要加重了么？正因为加重负担，所以国家有权加强教育的管理！一提到集体供应，人民的负担岂不太减轻了么？正因为减轻负担，所以个人理应接受教育的纪律！我们可以从教育财政的集体供应，对于整个教育，灌输集体训练的精神。

从庐山集训起，一直到今日，集体训练的收效，可谓彰彰在人耳目，不俟烦言而解。最初仅及于军人，陆续而及于政治人员与教育方面。最初仅由中央举办，近来乃遍及地方政府。以集训的方式，凝结多数人的意志力量与精神，为民族抗战，树立其最坚强之基础。苦战三年，而仍在一个目标一个领导之下，迈进不渝，何莫非集训之力，有以促成之？集训之有功于抗战与建国，当无人能加以否认。

吾人亦知，过去国力所以减削，过去政治所以失败的原因么？其主要病态为无组织，其主要病原为无纪律。吾人亦知第一次欧战之后，苏德二国以崩溃

---
* 此文系作者为重庆《时事新报》撰写的社评。——编者注

之余，竟能造成今日的国力，其原因又在那里呢？其主要的表现为有组织，其主要的力量为有纪律。吾国因抗战之故，渐渐变成有组织有纪律的国家了。此后欲从事于划时代的建国大业，更非借助于组织与纪律不可。组织与纪律，为中国再生最主要之生命线，当亦无人能加以否认。

于是教我们想到教育了。老一辈的不说，即以中年一辈而论，所受旧社会之熏染既久，生活习于放漫，加以从来之名士流风，与近代之自由思想，一般以不受羁束为高，以违反纪律自喜。大家试看：抗战后教育界所表现的现象，一何与军队之指臂相应、步调齐一的作风相反！纵令偶然加入受训，吃苦一时，而受训完毕，能否即可一洗昔日之积习，仍无把握。所以集体训练之精神，非从入学开始后之幼年做起不可。前车已覆，来轸方遒，我们还不该赶快从整个教育实施集体的训练么？

而且过去的教育，偏重知识教育，缺乏作人教育，学校只是把知识灌输给学生就算了事，至于学生之生活如何，从起居动作，穿衣吃饭以至于整个作人，究应如何方为合理，很少放入教育行政之内。在幼年，在学校，既未受过集体生活的熏陶，到壮年，到政治，安能表现集体行动的纪律？以缺乏纪律之人事，又安能表现富有组织之政治？集体生活之有待于集体训练，尤以在教育时期为然。

吾人所以主张教育财政之集体供应，主旨所在，即在灌注集体训练之精神，以养成集体生活之习惯，为国家加强组织，为政治加强纪律，所谓财政为国家之大策，其最确切而扼要之事例，当无有过于此者。

新岁前抗战财政之展望*

（一九三九年十二月二十八日）

昔人有言："当局者迷，旁观者清"，我们的敌人和我们打了两年半的仗，究竟是谁占了便宜呢？我们是被侵略，打算占便宜的，自然是我们的敌人日本。但是敌人在这次战争里，是不是占了便宜？这不必我们来答复，旁观者清的友邦论者，早已经答复得很清楚。据十二月九日上海《密勒氏评论报》所载约翰·阿勒斯（John Ahlors）的论文，他问："日本在中国的战争是不是够了本？"（Does Japan's war in China pay for itself? ）他的答案很简单，很清楚，只是一个字："否"！他说："日本对华战争，有赔有赚。从表面看，如果按照社会经济的阶层去分析，则在日本人民之间，很平均地划作两个分野；但是从实际去看，替日本的侵略算算账，除了少数因战争而获利者外，战费之主要部分，则为一般民众所负担。战费由多数负担，而利益则为少数享有。享有者少数而当权，出钱者多数而被治，日本之对华侵略，所以继续不已者，其故在此"。

敌人凭这一套的财政基础，当然不能持久，说不定什么时候塌了台。但是在我们的财政，打了两年半的今日，究竟怎样回顾既往，展望将来，当这岁阑密迩百举更新之际，需要我们重加检讨。吾人于此，谨以十二分的自信，提出一些最清楚最确切的把握。

我们是经济落后的国家，同时又是财政困难的国家，一朝迫不获已，对于敌人的侵略，不得不以军事相周旋，则在开战之初，即以抱定决心，动员我们整个的金力、人力和物力，以争取民族的生存。拿破仑曾经讲过："有意志便有出路"。起初看着像是没办法，但是决心的干起来，便觉我们战时财政的运用，真是左右逢源，头头是道，越来越有办法。我们并不自夸后方资源的丰富，也不侥幸于近年各地的丰收，我们对于改革税制、广募公债、慎重发钞以及动员无

---

* 此文系作者为重庆《时事新报》撰写的社评。——编者注

限的物质资源，亦尚有更加努力的必要。但是我们已经站在最正义的立场，得到最贤明的领导，运用最适宜的战略，获得各友邦的协助，我们战时财政的前途，是绝对的光明而有把握！只要我们决心抗战到底，没办法都可以教他有办法，而况办法的过去成绩，已经摆的很清楚，支持了两年多，仍自应付裕如，就凭这一套，和我们的敌人相较，究竟是谁有把握呢？

　　战争本是力的表现。而力的来源则有三：一是金力，一是人力，一是物力。一般观念，以为筹措战时财政要靠着金力，要靠着货币，以换取所需的人力和物力。但在实际，也不尽然，不一定专靠着增税、募债与发钞，筹足了钱才能打仗。纵令增税有限，募债无多，发钞谨慎，而对于人力和物力的运用，仍自有许多办法。即以物力的运用而论，我们不仅能运用自己的物力，还可以运用外国的物力；不仅能运用过去生产成果所造成的物力，而且能运用大后方正待开发的潜蓄物力。所以在增税、募债、发钞的方法上，虽不能和先进各国并驾齐驱，但是在人力和物力的运用上，敢说内外逢源头头是道，经过两年半的长期抗战，并不感觉怎样为难。不用说打上两年，就是再拼个三年五载，我们敢相信，首先求饶的绝不是中国，而是我们的敌人日本。我们坚定了这样的自信，才有资格继续走上胜利的征途。

一九四零年

我国战时财政之检讨[*]

（一九四零年一月）

一、金力人力与物力

溯自抗战开始以来，以财政年度言之，已跨越三个年度。现在民国二十九年度即将开始。岁序更新，时节如流，回首前尘，感慰交集，以我国经济基础之薄弱，而能支持抗战至三个年度之久，大出一般意想之外。"一年之计在于春"，值兹岁首，欲测将来，则对于过去三年来之财政设施，实有加以检讨之必要。古哲有言："前事不忘，后事之师"，又曰："不知来者，视诸往"。倘对于我国战时财政，加以深刻之认识，复证以历年之实际设施，则对于抗战前途之把握，即可不俟烦言而解。试申鄙见，以谂国人。

战争乃是力的表现。力之来源有二：一为人力，一为物力。在现行政治制度与经济组织之下，国家应用人力与物力，其间需要一种媒介，即是货币；换言之，即是钱。有钱，始能取得人的服务与物的使用，以达作战之目的。战争既属国家最紧张的活动,费钱最多,而用钱亦最紧。对此多而且紧之钱的需要,其最主要之筹措方法，不外三种：其一，将人民之每年所得或历年积储，以强制分担的方式，征为国用，是即所谓课税。其二，将人民多年之储蓄，或将银行一时吸收之存款，用权义借贷之方式，借供国用，是即所谓募债。其三，直接运用政府所具有之特权，将印刷局之轮机，加紧转动，以制造筹码，是即所谓发钞。三种方式，纵有不同，而其主要作用，无非集中货币的购买力于政府之手，运用全国之人力与物力，以达作战之目的。

于此又须注意。政府为作战而运用人力与物力，有时亦可不需要钱之媒介。换言之，不必专恃增税、募债与发钞，取得货币，始能作战。纵令增税有

---

[*] 此文发表于《财政评论》杂志第三卷第一期。——编者注

限，募债无多，发钞慎重，而对于人力物力之运用，仍自有办法可想，不必专靠货币以为媒介。即以物力之运用而论，我们不仅能运用自己之物力，仍可运用他国之物力；不仅能运用已有成果之过去生产，仍可运用潜蓄无限之未来生产。我们在增税、募债与发钞之方法上，虽不克与先进各国并驾齐驱，但在人力物力的运用上，仍自头头是道，左右逢源，虽经三年来之长期抗战，而在战时财政上，并不感觉如何艰窘。纵会再战几年，我们仍比日人具有把握，中国战时财政之特质，有如是者。

二、以战争改造赋税体系

应付战时财政，按照先进各国之经验，自以增税最为稳健。当时忍痛牺牲，战后不留隐患，果能作到，自属理想。但在我国，则有两种困难：其一，我国乃经济落后之国家，每年之国民所得与储蓄之国民财产，远不能与英美各国相比。英美可借增税，增加大宗收入，在我则有所不能。其二，此次抗战，完全作战于国境之内，工商各业，破坏极大。而后方之经济建设，方在开始，不能立刻蔚为大宗税源，则增税之难，可以想见。但我政府即在此艰难局面之下，对于税政之设施，仍自积极进行。

（一）关于关税。当前中央税收，关税占第一位，在民国二十六年度预算中，占岁入总额之百分之三十六点九。据海关统计，民国二十六年度之关税收入仍达三亿四千二百八十九万九千七百三十九元；其下半年之收入，已较上半年为少。至民国二十七年全年收入，则减为二亿五千四百五十六万五千四百六十九元，与民国二十六年相较，减收八千八百三十三万四千二百七十元。盖自抗战开始以来，沿海沿江各区，相继撤守，战区海关税收，如江海、津海、胶海、粤海、江汉等关，被日人暴力窃持之数，约在法币一亿五千万元以上。在去年二月初，英国复与日方举行谈判，成立协定，凡在日军占领区内各口岸海关所收税款，均由汇丰银行移存于横滨正金银行，不仅窃持税收，且妨碍我国外债之偿付。政府预料此种损失，自民国二十六年十月一日起，即施行出口及转口税则暂行章程七条。以转口税一项而论，民国二十六年份收入为二千余万元，民国二十七年份则增为五千五百余万元。

（二）关于盐、统各税。产盐主要区域均在沿海，因抗战而减少收入，自在意中。政府为顾及民食起见，先后将前方存盐，移运后方安全地带存储。复于内地各区，设法增产，是以盐税收入，虽大为减少，而民食问题可以无忧。统税收入，亦以沿海沿江区域之新式工业为主要税源。抗战以后，政府即奖励工厂移设内地，在沦陷区域暂时取消就厂征税办法，改由入境第一道主管统税机关查验补征。并推广统税区域于内地各省。此外如印花税，则于民国二十六年十月十一日，公布非常时期征收印花税暂行办法九条，对于原税法税率表第一目至一百三十五目所定税率，一律加倍征收。复于民国二十六年十月十三日公布土酒加征与举办土烟丝税办法五条，既以增加税收，且以励行节约。

（三）关于直接税。我国税制，从来以间接税为主干。所有关、盐、统三大货物税，在民国二十六年度预算中，合计占岁入总额之百分之八十七点三。此本不合理的现象，政府早思改革。自民国二十五年十月一日开征所得税以来，于是在我国税制系统中，展开一新局面。抗战开始后，工商各业破坏甚大，营业所得横遭打击。而公务人员之薪酬所得，又因机关裁并，人员疏散，薪俸折扣之故，税源亦颇受影响。但因政府对于新税，认真办理，人民对此良税，热诚拥护，故在民国二十六年度实际收入，仍达二千零二十三万八千三百六十一元，较之二千五百万元的预算，竟收到八成以上。民国二十七年度仅有六个月，所得税岁入预算为一千二百五十万元，年底结算后所收亦达一千万元以上。至民国二十八年度，现在正在进行征收，即以川康一区而论，截至十一月底，征课数已达八百三十余万元，预计年度结了，全部收入可达三千五百万元，并不因日机的轰炸破坏而如何减少。一方面固因稽征机关努力推施；同时亦因一般商民，激于爱国热忱，莫不踊跃输将，及时报缴。将来战争结束，企业飞跃进展，则所得税之前途，实有无限之希望。

与所得税并称之遗产税，亦于去年十月经政府公布条例，并由财政部拟订施行条例草案，送立法院参考。一俟完成立法程序，即行开征。此外又因战时物价飞涨，一般商人，常有意外收获，为平衡负担、节约通货膨胀起见，政府于民国二十七年十月二十八日，公布非常时期过分利得税条例。复于本年六月七日，颁布修正条例，对于营利事业之利得超过资本额百分之二十者，以及财产租赁利得超过其财产价额百分之十五者，均按其超过额，课以累进税。由各地所得税稽征机关兼办，税款亦由各地国家银行经收。

总之战时税制之整理，其目的固不仅为收入，其效果亦不求之现在，要在树立健全机构，开辟合理税源，为战时财政树立一崭新之基础。端绪已开，尚待赓续努力。

三、应用既往储蓄酌令后代分担

按照第一次欧战之经验,应付战时财政,取自增税之部分较少,而取自募债之部分较多。且因抗战之故,争取民族生存,受其惠者,当不限于现一辈,而及于后代之子孙。则藉募债方式,将战费一部分负担,分配到将来,亦属合理之举。我国自开战以来,先后发行民国二十六年救国公债五亿元,民国二十七年金公债内计关金一亿金单位,英金一千万镑,美金五千万元,按照政府所定价格折合,约等于法币五亿八千二百零二万六千一百三十四元。民国二十七年国防公债五亿元,民国二十七年振济公债一亿元(第一期发行三千万元),民国二十八年建设公债六亿元,民国二十八年军需公债六亿元,合计共二十八点八余亿元。此中有许多部分,尚未实际发行。以数量言之,较之日本公债二百亿,固极轻微,但自国民对抗战的义务与后方经济开发的必要言之,一般国民,尚有踊跃认购的必要。凡是手中略有储蓄之人民,与其窖藏,不如投资;而个人对于货殖之投资,风险甚多,又不如多认购公债,助成国家之抗战与建设。只要国家有前途,个人前途,不成问题。是以眼光远大之国民要捧出自己储蓄的力量,相信政府,投资政府,一方面助成前方之抗战,同时助成后方之建设,与国同庥,方是神圣而光荣的事业!

四、财政手段中法币之雄姿

筹措战费之方法,增税、募债而外,便属发钞。用增发钞票之形式,以制造购买力,最方便,亦最危险。所谓恶性通货膨胀,在第一次大战之德俄等国,均曾尝过痛苦之经验。因此我政府自抗战开始以来,对于法币之发行,即采慎重态度,不仅未曾膨胀,有时还偏于紧缩。此系许多友邦金融论者如耿爱德(Edward Kann)、安其格(Paul F.Anzig)、阿勒斯(John Ahlors)所一致承认之事实。在抗战开始前一个月(民国二十六年六月底),中、中、交、农四大银行发行之法币总额为十四亿零七百二十万二千三百三十四元,当时之现金准备为九亿一千六百五十一万八千三百五十三元,比例为百分之六十五强。至民国二十七年六月底,发行总额为十七亿二千六百九十九万七千八百三十五元,现金准备为十一亿三千二百八十一万一千零六十七元,比例仍为百分之六十五强。至今年六月底，发行总额为二十六亿二千六百九十二万九千三百元，现金准备为十一亿五千六百零八万八千九百七十四元，比例为百分之四十四。按照先进各国之经验，凡发行纸币采用比例准备制度者，其现金准备之百分数，大抵为百分之三十五至百分之四十。我国最初定为百分之六十，本有过高之嫌，现在经过两年余之大战，现金准备仍在百分之四十四，较之先进各国，有过之无不及。较之日本现金准备仅达百分之二十者，多且逾倍，只此一点，即可与日人角胜于长期抗战之中，而无所疑虑。本来钱之为物，其最大功用，并不在其数量之多，而在其价值之稳。币值稳定，始能发挥其作用，以运用人力与物力。我政府对于法币价值之稳定，规划既极周详，而人民对于法币之信仰，又复始终坚定。当本年六七月之间，因日方盗取外汇基金，加以投机商人捣乱之故，法币之对外价值，显受波动，于是认识不清之徒，遂不免对法币怀疑。然而今日则何如，我国法币之价值，无论对英对美，每日看长，出乎常人意想之外，此真我政府运用法币政策最主要之成功。

五、内外逢源之财政三宝

我们应付战时财政，除上述三种方法外，尚有三个主要方法，而非日人所能几及者，试述如次：

第一，国际财政援助。语有云："德不孤，必有邻。"又曰："得道者多助。"我国此次抗战，不仅为自己作战，且为友邦作战。许多英美人士，如此坦白承认者，所在多有。各国对我抗战，既抱同情，于是各种形式之财政援助，亦遂接踵而至。其方式亦有三：一是直接以借款供给我国。如民国二十七年中美信用借款二千五百万金元，中英信用借款三百五十万镑，民国二十八年中英金融借款设置汇兑平准基金五百万镑。其业经成立未经官方发表者，为数尚多。二是用易货方式，供给我国以军火和军需材料。如苏联易货借款一亿美元之类是。三是以信用贩卖之方式，供给我国以军火，不必动用现款，即可获得大量的军火供给。凡此种种，并不因欧战发生，而稍受影响。得道多助之征，于斯益证。

第二，华侨国内汇款。仅民国二十七年华侨对于本国的汇款，即达六亿元。捐输达七千万元。又据上海《密勒氏评论报》十月间之估计，最近三个月之华侨汇款，每月平均竟达一亿元之数。从前汇款之进口门户，首推广州、汕头、厦门三埠，现在都不免为日方所控制。但因国家银行与华侨商会之密切协作，此等国内汇款,均未落入日人之手。因有此等汇款,是以我国对外之贸易平衡,纵令小有入超,亦足相偿。此于我国战时财政之运用,帮助甚大。

第三,内地经济开发。如前所述,战时财政最主要之功用,不仅筹足款项即为尽职,要能设法运用广大之物质资源。关于此点,日人远不及我国之丰富。日方固属高度工业化国家,但其产业资源之开发,已达到饱和点;如能应用速战速决之战略,自非我所几及。但在我长期抗战之前,日人最初之梦想,业已粉碎无余。设彼亦不得不走长期战争之路,则其物质资源,无论如何榨取,已有莫能供应之势。我国之经济开发,虽觉落后,但在大后方所储蓄之物质资源,方在瀹启,真有取之不尽用之不竭之资格。一方面以前方作战,掩护后方建设;同时即以后方建设,供应前方作战。此种战时财政之特质,殊为日人所望尘莫及。

六、走上胜利之征途

我国系经济落后之国家,同时亦系财政困难之国家。一朝迫不获已,对于日人之压迫,不得不以军事相周旋。则在开战之初,即已抱定决心,动员我国之整个人力物力,以争取民族之解放。拿翁有句:"有意志之处,即有办法。"最初浅见者流,以为中国战时财政,似无许多办法,但是"一念精刚,如弛忽张,风飞雷动,奋迅激昂",一朝决心作起,便觉我国战时财政之运用,真是左右逢源,头头是道。我们并不自诩后方资源之优厚,亦不侥幸于近年内地之丰收。我们对于改革税制、广募公债、运用发钞以及动员开发无限制之资源,自尚有更加努力的必要。但是我民族业已站在最正义的立场,得到最贤明的领导,应用最适宜的战略,获得各友邦的援助。则此后战时财政之前途,自系绝对光明而有把握。只要我们决心抗战到底,无办法俱可令其有办法,而况办法之过去成绩,业已彰明较著,支应将及三载,仍自应付裕如。如此空前之建国大业,自非一朝一夕所能幸成。我们惟有乘此新年开始之际,加倍向前努力!迈进!

新年与新税[*]
——以所得税加强抗战财政之资源以遗产税促成现代政治的进展

(一九四零年一月三日)

同是一个新年,现在和往时不同。往时的年,好过,现在的年,不好过,平时的年好过,战时的年不好过。一面打仗,一面过年,过了一个不算,还要过上第二个、第三个,这个年太值钱了,太有意义了。我们不仅要欢祝,而且要反省,切实地想一想:我们凭什么力量,居然很安稳地度过三个新年?这不能不归功于蕴蓄深厚取用不竭的人力、物力与财力!

就在这新岁的前夕,财政上有两件事,颇值得吾人的注意:一个是财政部所得税处所召集的业务会议,一个是立法院所通过经国府公布的遗产税施行条例。我们在抗战中过新年,不免要想到:战事进行得这么久,财力消耗得这么大,一年、两年、三年,凭我们这财政贫乏的国家,还有什么新方法,支应这长期的战争?一般人偶然想到,不免要为之担心,这当然不是一件容易的事。但是我们敢说:我们的战时财政,是很有把握的,最低要比敌人强得多,要比它撑得久。诸位试一翻阅上月二十三日上海《密勒氏评论报》的报道,其中有一个题目,很引人注目,即《日本行将到临的后台预算战》,以旁观者的眼光,所叙述的日本财政的危机,是如何的严重!但是在我们的战时财政,则有很多可欢欣鼓舞的事实,增强我们财政前途的把握。

所得税全部开征,自民国二十六年一月一日开始,屈指至今,已届三年。财政部所得税处爰于上月二十七日正式举行业务会议,召集各省地方负责人员,聚首一堂,藉以检讨过去,策划将来,一方为战时财政需要的国防公债基金,筹集其充足之资源;同时为战后财政所需要的健全税制基础,准备其应有的条件。所有与会人员,大部富有学术的基础,曾经集体的训练,于创办新税之初,即

---

[*] 此文系作者为重庆《时事新报》撰写的社评。——编者注

曾分别襄橐新精神，分赴全国各方，努力三年，于抗战艰难山河破碎之中，将所得税的收入，由六百余万，提高到三千万，使今年国防公债的还本付息，可以无虞。充此精神而继续迈往，相信所得税在中国，必能树立坚强的基础，随抗战之进展，日益发皇。各地与会人员，经此集体研讨之后，接受新的指示，领取新的战略，重新返到曾经努力的原防，必更能发挥新税之精神，使民国二十九年度之战时财政，增加一种新力。

至于遗产税，在吾国本属初创，于此军事倥偬之际，试此百年大计之举，吾人自不能存若何奢望。但征诸各国前例，税制的改革，多在国家多事之秋。"需要为发明之母"，设无此次抗战，则吾国之所得税，未必即能作到今日之顺利。遗产税之推行，亦复如是。根据抗战中有钱出钱之原则，施行遗产税已成为全国一致之要求，暂行条例公布之后，复继之以施行条例，法律程序完成，即可见诸实施。新年与新税，同时莅临，在民国二十九年度的战时财政中，复添此一支生力军。推行伊始，吾人固不敢期其收入之多，而因此新税之推行，可使吾国人口的登记与财产的记载，日趋于翔实而有系统，实属现代政治必要不可缺的条件。现代政治，首重组织，岂有人口之异动不知，财产之基数不明，而可称为现代国家乎？则遗产税之实施，实不仅为财政目的而已也！

以新年迎新税，以新税纪新年，民国二十九年度，将为一切更新之年，甚愿负责之财政当局与爱国之纳税人士，努力推行，以完成税制改造之大业！

遗产税与战时财政*

（一九四零年一月十日）

吾国战时财政，跨入民国二十九年度，将次展开之新设施第一当属遗产税之推行。国人对此新税，盼之已久，直到今年，始在国家之赋税体系中，睹此新姿，自不免有"望子久矣，来何暮也"之感。同时，战事之破坏正剧，财产之厄运方深，于此艰难撑拒之中，试此现代税制之推行，材料缺乏，条件不具，移转迁动，日异月殊，实际推施，其将遭遇之困难，必有出人意外者。因之，对此新税之前途，不敢存若何之奢望与热望，此皆人情所不能免者。

又在纳税人之心理中，以为抗战延续如此之久，破坏如此之重，中华民族之最大损失，生命而外，其次当属财产。财产之所有者，幸而保存若干，以延续其先人之遗绩，盖不知经过几许风险，突过若干袭击，始有此今日之孑遗。政府当保护之不暇，何能再以租税之担负，加诸其身？虽云国家政策，势在必行，而在吾辈之心理中，总以为今日而行此新税，不免负荷加重之感。

于此，吾人敢以确信与热望，为社会各方以及行政当局进一言。一九四零年乃是全世界人类最难过之年。上海《密勒氏评论报》，在其十二月三十日一期中，曾发表《一九四零年之展望》一文，言之颇为详尽。但对于吾国抗战之前途，则以旁观者清之眼光，表示其同情的确信。彼以为"自经济条件观察，在此后十二个月中，尚不足以阻碍中国继续抵抗日本之侵略。而日本之经济状况，确已困窘不堪，每况愈下。倘日本而仍好战不已，则其经济之崩溃与国内之革命，尚能延缓几时，吾人固无从知，即日人亦不知其命在何时也。"此等见解，不期与吾人同感。吾国抗战，为日固已甚久，但亦因抗战之久，方能使战前久未实现之新政，得以见诸实施。遗产税之举办，即其一例。数年前美籍顾问甘末尔在其《税制改革意见书》中，曾谓吾国尚不能施行所得税及遗产税。今抗战未及三年，所得税则有长足之进展，遗产税又复脱颖而出，使非抗战之力，恐

---
* 此文系作者为重庆《时事新报》撰写的社评。——编者注

不克有此把握。遗产税在收入上，对于战时财政，固不能有若何裨助，但能以新税表现抗战之精神，以抗战促成新税之树立，此种时代之意义，实吾人所应镂刻不忘而不可加以忽视者。

此次抗战之目的：第一保存民族之生命，第二保存民族之财产，第三保存寄托于生命与财产之上的民族文化。为保存民族生命之故，则个人生命，有时不得不牺牲。不牺牲于前方作战，亦须牺牲于后方服务。财产亦然。为保存民族财产之故，则个人财产，有时亦不得不牺牲。不牺牲于前方抗战，亦须牺牲于后方纳税！而况以财产之一小部分，依赋税形式而纳之国家，不啻由国家为之保管运用，以蔚成伟大之民族财产，用以延续民族之生命。倘使民族生命，因此而延续、而发荣，则个人将来之财产，尚忧无积累之机会乎？不此之图，而只知虏守，则"皮之不存，毛将焉附"？试看被占区域内之个人财产，尚有保持享用之余地乎？宝黛青珊，王孙泣路，亦惟有困乞为奴而已，遗产于彼何有哉！于以知：遗产税际此抗战持久中，涌现于国家财政之前幕，实足以表现国民之至高意志与精神，使个人之生命与财产，整个与民族抗战相抱合，实不仅在财政上为国家增益若干税收而已也。

财政与金融之分野与联系*

（一九四零年一月十三日）

　　财政与金融的关系，很密切，很微妙，很错综；若即若离，若隐若现，时而分道扬镳，则不相为谋；时而辅车相依，则互为臂助；时而打成一片，则不可划分，相成则朝野并荣，相妨则公私交困，征诸往迹，变幻多方，平时已然，战时尤甚。举凡国家与社会之种种活动，几以此二者为中心。法儒让·布丹（Jean Bodin）所称"国家的神经"——指财政，德儒李塞（Riesser）所称"经济体的心脏"——指银行，所占地位之重要与所结关系之复杂，实随时代以俱进。吾人不敏，试加分析，并述所见，以谂国人。

　　先就术语观察。在吾国习惯，财政与金融分明是两个名词，但在英语，其源同出"finance"。远者不具论，即在今日，"finance"一字，有时作财政解，有时作金融解，有时包括财政与金融。从前英国作家吉芬氏（Sir. Robert Giffen）所遗名著 *Essays in Finance*（出版于一千八百七十年代），其内容实包括财政与金融两方面；东邻初期作者田尻氏之名著《财政与金融》，大体脱胎于吉芬之作法。以后至一八九八年，美国财政学者亚当氏（H.C.Adams）出版其大著《财政学》（*Science of Finance*）即专以此词用之于财政。但在出版界言论界，仍无定轨，专指兼指，莫衷一是，于是英儒巴什帖布，（C.F.Bastable）乃于此词之前，加一"公共"之状词，而成为"public finance"，遂为"财政"之专用语。单用"finance"一字时，大抵指金融而言，如耿爱德氏主编之 *Finance and Commerce* 即译为"金融与商业"。但在实际，仍不免于互用，于是美国塞利格曼（E.R.A Seligman）老教授，特于《社会科学全书》中，主张以"Fiscal Science"为财政学之专用语。观此可知：财政与金融，即在名词上，已极错综微妙之致。

　　西洋各国，当自由主义经济时代，主张将财政与金融二者，极端划清，务

＊ 此文发表于重庆《时事新报·财政与金融》周刊第五期。——编者注

使不相关涉，以免相妨。以财政属诸国家经济，以金融属诸社会经济，不使金融阑入财政，亦不使财政干涉金融。英国传统尊重之"格莱斯顿财政"（Gladstonian Finance），其政策之内容，即主张以增税应付财政之非常要求，而不可仰赖借债，更不可乞灵发钞。同时在金融方面，直至今日，执行国家银行职务之英格兰银行仍系商营，政府不得任意干涉。其发钞政策与贴现政策，完全站在社会经济的立场，不受财政的影响。盖在自由主义经济时代，经济理论完全从个人主义出发，惩于过去王权政治与贵族政治之痛苦经验，务使金融与财政分离独立，以免社会经济做国家财政之牺牲，此实有其时代的意义。

即在吾国之过去史实，以财政累及金融或以金融恶化财政之经验，亦不在少，远者不具论，在北政府时代，因政治之黑暗与财政之艰窘，致使最富信用之中交钞票，为之停兑，其余滥发公债，强金融界以承销；滥发钞票，致币制于紊乱，更属指不胜屈。此系以财政累及金融。反之，在当时之银行界方面，亦表现一种病态现象。长袖善舞之徒，见财政之困难，非借债无以续命，乃不惜明钓暗诱，争相承销，攫取担保，层层剥削，使财政陷于无可挽救之境地。甚至有专为承销政府公债，而新设银行，政权更迭，银行随倒，财政金融，两承其敝。此则以金融累及财政。

外国之经验亦然，以财政累及金融之事例，当无过于通货之恶性膨胀。往日之德、俄，今日之日本，殷鉴不远，可资借镜。至以金融宰制财政因而恶化一国之政治者，则西方之近代学者，亦多论及。所谓金融寡头政治（financial oligarchy），即指金融资本之代表者，凭借其雄厚之金融势力，左右一国之财政与政治，以谋少数人之利益，而不能为大多数之民众谋幸福。英国著名文豪萧伯纳（G. Bernard Shaw）对此曾有极透辟之指斥。则以金融累及财政之事例，西方国家，亦所不免。

以上系就病态之关系言之。即就正常状态之关系。加以分析，往日亦与现在不同。在第一次欧战以前，各国之货币政策，尚建筑在金币本位制度之上。依此本位，金融活动可以自行调整，不必政府操心。换言之，财政政策不必阑入金融政策之范畴，此其一。又在公债政策方面，因战前各国之国债，远较战后为小，财政所仰赖于金融市场者，尚不如何之迫切，则二者间之关系，自觉淡漠，此其二。但是一到战后则不然，国债之数额激增，币制之本位突变，于是公开市场政策与管理货币制度，乃应运而兴，使财政与金融之正常关系，骤然加密。加以扩军财政之要求与统制经济之蔓衍，遂使财政与金融，结成不可分离之关系。最近英国财政作家希克斯（U.K.Hicks）于所著《英国政府财政》（*Finance of British Government*）一书中，特别强调此点。学术研究之新问题，即所以反映财政与金融之新姿态，金融政策即纳入财政政策之中。

此种新动向，尤以第二次大战爆发后尤为显著。外国且不讲，即以吾国而论，此次对日抗战，财政政策中法币制度之确立所发挥之效能，实无人能加以否认。换言之，吾国战时财政，设无法币制度为其主干，而徒恃增税与募债，其能支持几时？实无人能加以保证。以金融加强财政，而财政则能不恶化金融！抗战三年，吾国财政并未借助于恶性膨胀。友邦论者如耿爱德（Edward Kann）、安其格（Paul F.Anzig）、阿勒斯（John Ahlors）皆曾以旁观者清的资格，加以肯定。最近上月三十日出版之《密勒氏评论报》，犹载阿氏一文，论及"自由中国之新年展望"（*Free China's Outlook for the New Year*），即称"在此纸币发行之背后，仍然有充分之兑换准备，其数远较日圆流通所准备之数为高。至于毫无价值之傀儡钞票流通于日人统治下之侵占区域者，更不足数"❶。因而推论：吾国之社会金融与国家财政，"在此后尚不足以妨碍中国继续抵抗日本之侵略，反之而日本之经济状况则已困窘不堪，每况愈下"。吾人不必自己表白，即藉友邦论者之口，已足见今日财政与金融，其依存之关系是何等之重要！而健全之财政政策，实以健全之货币制度及金融政策为中心。

健全之金融，能加强财政；合理之财政，亦能稳固金融。笔者尝主张"以财政加强法币"，以为国人不可以过去未曾采用通货膨胀自满，此后尤应从种种方面，预弭过度膨胀的可能。如改善外汇政策、厉行公库制度、试行实物给酬制、推广法币流通于内地之大后方，等等。一方更加节约于发行，同时多方推广其行使，健全金融，即寓于健全财政之中！如此交相辅翼，必可收相得益彰之效。谨述涯略，以当权舆，缕析敷陈，请俟异日。

---

❶ 参阅原刊一六二页。

遗产税与现代政治[*]

（一九四零年一月十七日）

现代政治之最大特征，为有组织。政治愈进步，则组织愈严密，愈合理。所有人的条件与物的条件，皆不许其散漫无纪，而要求其整然有序，厘然不紊，形成一富有机动性之单元。吾国政治自抗战以来，渐进而为有组织，走入现代化的过程，尤以军事方面之表现为最显著。但在其他方面尚未能作到军事之理想。即如与抗战最有关系之人口与财产，其静态与动态之调查与记载，果曾作得几何？尚未能令吾人满意，而有更加努力之必要。最近政府锐意举办遗产税，即与本问题有关。

一般观念，以为政府推行遗产税，无非为取得收入，以加强抗战财政的力量。实则推行遗产税之意义，决不止此。遗产税之构成有两大要素：一为人口之异动，一为财产之转移。因人口异动而转移财产，始发生遗产课税问题。是可知：遗产课税之前提，第一要明了人口之动态，第二要明了财产之动态，缺此二者，遗产税即无从推行。但在吾国，所谓"人口普查"欲行未果，而财产登记又复片断不全，静态尚不可知，焉能识其动态，此诚吾国政治之缺憾而亟须改正者。

试观进步国家，其人口之出生死亡移住往来，固已调查周确记载详明；而财产之种类形态增减移动，亦复登记有方历历在目。在学术方面，一方有人口调查之研究，同时有财产调查之研究。英美若干统计学家，如斯丹浦（Sir Joseph Stamp）、包雷（Arther Bowley）、克拉克（Colin Clark）、铿氏（King）每年所发表之"国民所得"、"国民资本"、"国民财产"之研究，一方固表示其学术探讨之精详，同时亦反映其政治组织之严密。英国有名之经济季刊，每年必有一篇论文，分析其"海外投资"之最近状况，其所以能支配领地而发挥其帝国之威力者，亦自有因。

---

[*] 此文系作者为重庆《时事新报》撰写的社评。——编者注

吾国正值抗战，欲从事于人口普查与财产总调查等基本工作，自为人力财力所不许。然而过去缺憾，又不可不设法弥补，所谓"简练军实"，在此长期抗战时代，尤感觉其重要。七年之病，求三年之艾，犹将为之，况值此推行遗产税之机会，正好局部的进行人口动态之调查与财产移转之登记，使从来缺乏记载缺乏统计之国家，因遗产税之推行而开其端绪，以植其始基，则其有裨于政治之现代化至重且大，固不仅为推行遗产税而已也。

难者又曰：因推行遗产税，而举行人口异动之报告与财产移转之登记，必不为人民所欢迎。非怠于报告，即故为隐匿，或巧为移转，不然则为虚伪不尽之登记，仍不能反映财产移转之真象。此等问题西洋各国亦所不免。应付之道，固须加强政治力量，严密稽征方法，但有一根本问题愿吾国民详加考虑者，即现代化之政治必以现代化之人民为前提！未有人民故步自封而政治能长足进展者。从来国人对于财产之观念，似有不可告人之隐，腰缠累累仍称两袖清风，好货性成尚自饰言阿堵，财产多少人皆不肯明言，于是财产之数量遂坠入五里雾中，而莫名其究竟。考其原因，综括有二：其一，属于好的方面。自从"子罕言利"，于是士大夫以言利为耻，而豪杰之士亦以"不事家人生产"为高。杨震所以遗其子孙者，只是"清白吏"三字。此种思想，中于人心者甚久，于是无者不言有者亦不言矣。其二，属于坏的方面。过去封建政治，关于财产之聚集，多自剥削民众而来，或藉军权，或假政柄，行其苛政，以益私囊，来路不明，自不肯将财产实数公诸社会，集此二因，于是国民财产之数量愈晦，无缘与社会相见。

今则抗战三载，民族再生，过去积累之财产无论来路如何，只要据实报告依法纳税，国家即予以保证。而因勤俭储蓄奋发企业所积累之财产，来路光明，亦再无讳言之必要，一改过去"士耻言利"之错误观念，一一报明于国家，以纳税表示个人之成功，以急公记录国民之荣誉，不仅遗产税藉以推行，而现代化政治之促成即将于此卜之！

再论财政与金融之分野与联系[*]

（一九四零年一月二十日）

财政与金融之关系，在今日计划经济时代，较之在从前自由主义经济时代，发生显著之变化，已为世人所熟知。其前途之发展，将使二者之间愈趋密切，驯致不可分离。换言之，健全之金融，必以健全之财政为前提；而健全之财政，亦必以健全之金融为不可缺之条件。此种情形，尤以战时最为显著。盖战争本为力的表现，所有人力的运用与物力的调达，必以金力——即货币的购买力——为枢纽。金力运用得宜，对内可以瀹启无尽藏之广大资源，对外可以获得无限制之友邦协助。战时财政政策，应以金融政策为最主要之齿轮，此轮运转得宜，则机构之全面皆灵动矣。

于此有应注意者二事。其一，以执行之主体言之，须以金融归属财政；但以运用之方法言之，则须以财政归属金融。此二事，形似相反，实则相成，乃管理战时财政与金融不可须臾或忘之原则。自第一点言之，战时之最高口号为"国家至上，民族至上"。金融一物，若在平时，大体尚属私经济之范畴，无论为银行业之经营，为国民资金之移动，为国外汇兑之买卖，甚至于纸币之发行与消长，皆须以社会经济为主眼，而不应受财政之干涉。但在战时则不然。一切私人利益，皆以民族利益、国家利益为前提，与此前提相合者，始得存在，否则绝对不许。此时金融政策之执行，遂完全脱离私经济之范畴，而以公经济为指归。此时之金融政策，仅为财政政策之一部，对于金力之支配，国家应有绝对之权能，而后能运用广大之人力与物力，以达作战之目的。

但自第二点言之，则不能以公经济之处理方法用之于金融，而须完全遵守健全金融应有之原则。依此程序，以其获得之结果，裨助财政则可，而不能迳以金融为财政之附庸或外府，直接供应其取求。先进各国经营公共企业，有所

---

[*] 此文发表于重庆《时事新报·财政与金融》周刊第六期。——编者注

谓"商业基础"（commercial basis）之原则。盖谓公营企业应注意于民众之福利，不能以赚钱为职志。但在经济方法上，则须注意"商业基础"，不能以公营企业之故，即可随便令其赔钱。自制造成本，以至贩运开支，均须牢守经济原则，不使有丝毫之浪费。其运营之方法，与私经济之商业，初无二致，战时金融亦然。在执行主体，虽由财政操其柄，在运营方法，则以金融妙其用。所谓财政与金融，即在战时，仍应保持其应有之分野，方能造成有效之联系。

因币制健全而有助于财政，或因恶性膨胀而有害于金融，其直接之影响，人皆见之。此外尚有若干间接之联系，而为一般所不甚注意者，试举数例，以资说明。各国在战时，多举办战时利得税，吾国有非常时期过分利得税条例之颁布，关于营利事业之课税，即将于本年度开始后实行。此项课税，无论从社会道德着眼，或从平衡负担着眼，或从增益税收着眼，无非属于财政之范畴。此外犹有一重要之点而应特别指出者，即此税果能实行，实有节制通货膨胀提高货币购买力以保障金融之效。盖通货膨胀，不必专指发行数量之多，而应注意于社会分配是否有壅于一隅集于少数之畸形状态！苟有此等现象，纵令在政府方面，发行不多，亦因壅于一隅集于少数不得匀配于社会各方之故，减低通货之价值，促成膨胀之恶果。依"边际效用"之原则，巨额货币集于一手，势必随数量之多，而递减其价值。政府极力避免膨胀，而由社会上少数个人造成膨胀，岂不与健全之金融政策相反，且大量货币聚集于少数个人之手，一方递减其价值，同时因易于挥霍之故，抬高物价，更促成货币之跌落。先进各国征收战时利得税，其收入目的尚居其次，主旨所在，系将战时偶然集于个人之大量货币，以课税之方式，仍收还于国家，藉以减消通货之壅滞，以保持其价值。在纳税者方面，与其多藏厚亡，反之如以租税之形式，纳还国家若干，藉以保持其手中所余之货币价值，实于个人合算。故过分利得税之征课，对国家、对社会、对个人三方有益，善无有逾于此者。所谓以财政加强金融，以课税保障通货，此当为最重要之一例。

复次，各国因战时募债甚多之故，不免促成纸币之增发，酿致膨胀之恶果。但在吾国，开发内地经济，为抗战财政主要来源之一，而开发所需之资金，一方仰赖于存款之内移，同时有待于建设性内债之募集。政府曾发行民国二十八年建设公债六亿元，此实抗战财政中最有意义之举。既可实现"建国于作战时候"之纲领，又可推广法币于大后方之内地，使筹码缺短之地方得所挹注，岂不胜于麇集都会，而有跌价之危险。谓宜多方设法，对此建设性之公债，广为发行，同时加强内地之金融网，使通货之社会分配得所调匀，则于币值之维持，必能发挥甚大之效果，此又以公债政策加强货币之一例。

复次，财政之涵义，因时代之递遭亦有广狭之不同。古时所谓财政，仅指皇室开支，德国财政学派中所谓官房学派（Kameralist）即保留此种遗意。以后范围渐次扩大，财政一事，不仅要经理政府经济，浸假而囊括社会经济，其所调达之对象，不限于货币，而及于物资，其预算亦由"金钱预算"，而及于"物资预算"。吾国因抗战之要求，财政涵义亦渐有此种趋势。现行财政部组织中，有贸易委员会，有物资处，亦即此新趋势之明白表示。国家财政既可直接支配物资，自可减少对于货币之依赖性。换言之，即战费之筹措，不必以取得货币为必须条件。运用物资之范围愈扩大，则依赖货币之程度愈减少。试看现代国家，对于国际贸易与国际收支，盛采易货制度，则对于外汇之需要，必为之大减，其结果足以减少通货膨胀之可能，而维持其价值，此又可以财政维护金融之一例。

复次，以国家力量运用物资，不仅及于交易过程，且及于生产过程。国家财政不复以"租税国家"自足，浸假而成为"企业国家"。国家收入，不复以租税为中心，而以生产之成果为中心。如是则货币之功用必更为减少。所有通货问题、外汇问题，在此等国家，必减少其重要性，而不复为人们所注意。货币制度与金融机构，纵令存在，亦将完全置诸政府直接支配之下，而不复以私经济之资格自为运行。自经此次战争，各国均将向此趋势次第转变。

新的财政与新的金融，均将在战争中长成。政治家应看清此新动向，善为运用，既以应付战争，争取胜利，且为战后之改造大业，预植其合理之基础。

再论以财政加强法币*
——保障法币与征课过分利得税

（一九四零年一月二十七日）

课税一事，在一般人的想像，无非为政府增收入，为人民增负担；政府总期其推行，人民总期其避免；欲其推行，于是说出许多优点加以宣传，欲其避免，于是举出许多不便加以呼吁；政府与人民似乎站在两个角度，一若利害相对立者。此种皮相之见虽属错误，但因积之甚久，一时未能清除，殊有阐释廓清之必要。

在抗战之今日，政府与人民一体，政府的收入也就是全体人民的收入，个人由分户帐支出来，收到总账里边去。应该由个人经手支出的，经政府之手而以集体形式支出之，以谋得个人支出所不能得到的集体利益，这能说是牺牲么？从前有许多财政学家，提出牺牲说的租税理论，我觉着在今日中国，实有大加修正的必要。纵以收入眼光看租税，也决不是人民的牺牲。

而况国家的赋税政策，其中包含着许多道理，运用着许多作用"财政是国家的大策"，岂如往日帝王政治以万姓脂膏充一己享乐，只顾皇室收入不顾人民疾苦之可比？即在西洋，当十九世纪，固亦有纯收入说的租税理论，以为"课税仅为收入耳"（taxation for revenue only），不可夹杂着其他作用。但也只是自由贸易论者抵制保护关税论者的一种武器。其后自一八九四年英国名财政家自由党人哈科特（Sir William Harcourt）提出其遗产税改革案时，已将此种主张推翻，以为善良之赋税制度，必于收入之外更能表现于社会福利有益之善良作用。财政不仅是打算盘、为收入，财政家不是聚敛之臣，此在新中国政治之前途，更有认清把定的必要。

自从抗战开始以来，社会各方纷纷主张开征战时利得税，于此有两个错误观念：其一，以为开征战时利得税足以增加国家收入，一若此税一征即可获得

---

* 此文系作者为重庆《时事新报》撰写的社评。——编者注

大宗收入也者。此完全忽视吾国经济之特质，与作战之类型，与税政应有之目的。其二，以为发国难财者，街谈巷议，国家应有以惩罚之，也叫这些人吃点苦，平平大家的忿气。于是以督促利得税的开征为息忿之工具，而不知国家政策自有其大者远者，绝不是这样小家子气。获取过分利得者，还不一样是国家的人民么？纵有畸形发展有妨整个社会福利之处，国家自可以政策矫正之，不容有意气存乎其间。所以过分利得税之征收，自有其深远严正之理由，而不同于斯二者之论调。

吾人以为过分利得税之征收，其最大理由之一，实所以保障法币，加强整个金融机构，俾社会得以安定，使抗战得以遂行，以贯澈最高之国策。法币为此次抗战之脊骨，为安定社会之支柱，爱护国家，未有不爱护法币者。除非我们的敌人以及敌人御用下的傀儡才去拼命的破坏法币。但是抗战一久，法币数量无论如何谨慎，总要增发若干，欲防膨胀，实有于发行后运用种种方策，随时使其回归，藉以节宣法币流通之容量。譬如湖水，一方有源头活水，一方有宣泄尾闾。方不致漫溢为患；同时使湖水之流如血液之周旋于心脏与四肢，归而复出，出而复归，浩淼奔流，始克有气吞云梦、波撼岳阳之概。而对此法币之湖水，克尽其节宣之作用者，实以战时之赋税政策为最有效。

所谓过分利得，系指非常时期，假借特殊便利，于经常营业所能获得之利润外所积聚之超额利润。换言之，即巨额法币，以过分利得的形式积聚于个人之手。依"边际效用"之法则，一种财货积聚于一手者过多，则必随数量之增加而递减其效用与价值。同时因支付手段充斥于少数人之手，最易促成挥霍助长社会之浪费，因而抬高物价，使货币价值更趋于低贬。各国征收战时利得税，主旨所在，系将战时偶然积于个人之大量货币，以课税之方式仍吸还于国家，藉以减消其数量而保持其价值。第一次欧战，英国亦曾发行巨额纸币，所以未曾酿成恶性膨胀者，实得利于课税政策之故。

即在纳税者方面，与其保有巨额货币，坐视其酿致贬值，何如踊跃履行纳税义务，使国家得以节宣法币之流通，以保障其价值，则在拥有巨资者所获之利益，当远过于所纳税额之上。而因此使社会经济得所安定，一般购买力得所保障，益将促成工商各业之繁荣，岂非于国有益于己无损，岂止无损而且有益的事。以课税保障通货，以财政加强法币，正待我们的政府和国民努力去做！

侨汇与战时财政*

（一九四零年一月三十一日）

战时财政之来源，有属于一般性者，有属于特殊性者。增税、募债与发钞属于前者，为各国所同然；内地经济开发与华侨国内汇款，属于后者，则为吾国所特有。吾国对敌抗战所以能支持如是之久，其财政的来源，宁属于后者，而不专恃增税与募债，此乃吾国战时财政表现独特之处。

在全体国民中，华侨为最爱国者。近代中国政治改革大业，亦以华侨之功为最多。而其功绩之最显著者则为财源之供济。吾人试想，辛亥革命之卒底于成，岂非得力于华侨之不断的接济？今吾民族又从事于民族解放抵抗侵略之大业，艰苦撑持将及三年，在此斗争之过程中，吾华侨以弦高犒师卜氏输边之精神，所以裨助吾战时财政者，其功至伟！此后抗战方殷，需财孔急，将如何保护团结散在各方艰苦奋斗之华侨，以蔚成抗战财政之不断的资源，岂非政府今日最迫切之任务乎？

华侨所以助成吾国抗战资源，其方式有四：第一，当为巨额捐输。仅一九三八年即达数千万元之数。第二，为集资企业，助成内地之经济开发。第三，为慨捐巨款，助成医药、救济、保育等公益事业之成立。第四，则为每年之国内汇款。华侨在全体国民中，最富于冒险进取之精神，但亦最富于乡土观念。其冲风破浪、筚路蓝缕、辛勤艰苦所获得之收入，必以大部汇回故乡，其数量之巨，至足惊人，在一九四零年，更有继长增高之势。

自欧战爆发，参战国家自南洋各属购买植物产品如橡皮之类，金属产品如锡之类，为量甚多，于是南洋各属之华侨，从事于种植，制造，商贩各业者，莫不利市十倍。欧战了结既尚无期，此种趋势当亦有加无已，形成一"有利的长期因素"❶。且因南洋各属抵制日货之故，于是华侨经营之制造事业，亦见长足

---

* 此文系作者为重庆《时事新报》撰写的社评。——编者注

❶ 参阅太平洋学会出版之 Far Eastern Survey 在去年十一月初 Mr.Kurt Bloch 所写之论文。

之进展。其结果足以扩大侨汇之来源，充实吾国之抗战财政，且足以平衡吾国之国际收支，而加强法币之力量（在去年十二月二十七日出版之《金融商业报》与本月十三日出版之《密勒氏评论报》，均有此种论断，足资参证）。

过去财政之管理，以"平衡预算"（balancing the budget）为目标，只要预算平衡，则财政之任务已了。而今不然，财政运用之目标须着眼于"国际收支之平衡"（international balance of payments），只要国际收支足以相抵，则政府预算之收支是否符合，反居次要。因此，对于华侨汇款所及于财政上之影响，实有特殊注意的必要！

历年侨汇入国，首推厦门、汕头、广州三处，自经暴敌破坏，不免增加多少困难。但因国家银行与华侨商会巧为联络之故，暴敌对此汇款丝毫不能控制。即傀儡方面如汪精卫之辈，曷尝不设法离间吾华侨之向心力，以攫取侨汇之广大资源？但在敌阀方面，既属心劳日拙，破坏不得；在傀儡方面，亦属倍遭唾弃，离间无从；吾华侨爱护祖国之精神与支持抗战之实力，真值得吾人之讴歌与崇敬。

华侨之爱国情绪所以如此热烈者，实因身处异域，努力成果无所保障，是以深切跂盼民族抗战之成功，因而以种种方式蔚成民族之抗战资源，虽经多少之离间破坏而始终一致。谓宜由政府详细计划，指派妥员，一方与华侨取得密切不断之联络，同时对于华侨所遭遇之困难，尽量设法为之解决。过去吾国之外交活动，在欧美在苏联均有显著之成绩，但对于亚洲东南方面之外交工作，似尚有更加充实更加积极之必要。既所以助我侨民解决若干当前之难题，亦所以保障抗战财政之丰富供给，于持久抗战，实有重大之关系！

遗产税实施之商榷*

（一九四零年二月）

自去年七月七日发动全面抗战以来，瞬将十六阅月。在战时财政上，虽有不少重要之设施，而中以积极筹办遗产税为最有意义之举。遗产税原为优良之税制，与所得税同为构成直接税体系之两大柱石。学者之间，早有定论。我国赋税制度，向以间接税居绝对重要之地位，自所得税创办以后，始变易税制演进之趋势，故论者认此为我国财政史上划时代之举措，原非过论。今也，遗产税又将实施，直接税体系之基础，已告奠定。继续迈进，使我国税制逐渐跻于近代税制之林。是我国赋税制度之改革，以实施所得税开其端，以创办遗产税厚其力。对于一国财政之献替，固无分轩轾也。其实，目前实施遗产税之意义，决非改革固有税制一语所能尽之；除此以外，尚有更大之意义在。盖战费之筹措，要不外三端：一，为增加税收；二，为募集公债；三，为增发纸币。三者之中，以增发纸币，酿成通货膨胀，为最危险之举；而募集公债，亦有间接助成通货膨胀之危机。故健全合理之战时财政政策，当以增加税收，肆应战费为主。虽增加税收政策之实施，不易迅集的款，以赴事功；亦不易骤得巨额，以应急需。但主持财政者决宜运用增加税收，以为中心之政策。庶使募集公债及增发纸币二者之运用，虽迫于事实之需要，无法避免，亦不致流于过滥。举办遗产税则为增加税收政策之表现，其裨益抗战财源之筹措者，固属非鲜，而为实施健全合理之战时财政政策，其意义更重而且大也。尚有进者，战时战费之筹措，固有三种不同之方法；但在战后财政之整理，只有增加税收一途。以我国往日之税制，偏重于间接税，极度缺乏税收之伸缩性，使任战后财政整理之使命，自难胜任愉快。遗产税举办以后，直接税体系粗告完成。奠此基础，如更能积极推进，则战后财政整理政策之运用，实肇端于此。未雨绸缪，其意义更深而且远

---

* 此文系本书作者与杜岩双联合署名，收录于中国经济学社第十四届年会论文集，该论文集由商务印书馆出版发行，定名为《战时经济问题》。——编者注

也。综上所论，目前实施遗产税之意义，其重要者，计有三端：一、改革赋税制度，以完成直接税之体系；二、实施健全合理之战时财政政策，以利抗战财源之筹划；三、奠定战后财政整理之基础，俾战后财政得迅复常轨。具此重大之意义。故不揣浅陋，草就此文，以与国人共商榷之。而因此文之抛砖引玉，得国人之伟论荩言，以供当轴者实施之参考，尤不胜欣幸之至。

一、我国筹办遗产税之史的探讨与最近公布遗产税暂行条例之比较

我国筹办遗产税之议，其较具体化者，当溯自民国四年之《遗产税条例草案》。其时，财政支绌，库藏空虚，创办新税以资挹注之论，甚嚣朝野。我国首见之所得税条例，及所得税第一期施行细则固于是时颁布，准备实施。故创办遗产税之筹议，遂亦因趋于具体。惟此次条例草案，规定至为简陋。语其要点，可有三项：一，只课无子之继承，而不税天然之遗传，征课未免过隘。二，税率累进，只分百分之五及百分之十两级，分级过简，不能发挥累进税之精义。三，其规定征课者，悉称财产。揆其原意，似以不动产为限，所有动产及有财产价值之权利，均属不予课税之列，未免失当。故当时参议厅核议时，将此三点分别修正。嗣将原案交由前财政部核办，终以事时多故，议暂缓行。其后，国事蜩螗，内战无已，更无暇及此矣。民国十七年第一次全国财政会议开幕，财政部曾拟遗产税暂行条例草案，提会讨论，议决举办。翌年财政部又将原草案修正，以期完善。惜此两次之筹议，均以拟定条例草案为止境，未尝见诸施行，民国二十三年第二次全国财政会议集会，又重拟遗产税法草案，提出讨论，由大会议决通过，送由财政部依照立法程序办理。综上各次草案，其规定虽逐渐进于周密，但均有共通之缺点。如与最近国府所公布之遗产税暂行条例相比较，则此项缺点之暴露，尤为显然。兹先述此次条例公布之经过，而再比较各次条例之得失，以见近年来我国立法技术之进步焉。

第二次全国财政会议之议决案，虽多至一百余件，而论其要点，不外四项：一，废除苛捐杂税，减轻田赋附加，以解除人民之，痛苦。二，确定省、县、市地方预算，俾地方财政纳于规范，而易于整理。三，整理旧税，如田赋、营业税及契、牙各税等，以充裕地方之财源，而促进地方政治之发展。四、创办新税，以改革我国赋税制度。故在会后，财政部对于新税之创办，则引为己

任,而不待社会舆论之鼓励。所得税自民国二十五年十月一日实行开征后,财政部又进一步,努力于遗产税之筹划。经拟定遗产税原则及暂行条例草案,由行政院会议通过,转呈中政会核定。嗣由中政会核定遗产税原则十项,并将原草案发交立法院拟制条例。其时立法委员中,有主张遗产税与继承税同时并征者;而财政部原草案及中政会之原则,均只课遗产税,而不课继承税。此项争议,尚未获有定论,适卢沟桥事变突起,遂至遗产税之立法工作,因以搁置。本年秋召集第一次国民参政会,对于遗产税议决从速完成立法程序。立法院乃重行集议,始制定《遗产税暂行条例》,于本年十月六日,由国民政府明令公布。此项条例,全文不过二十四条,深得肯綮扼要之旨。与以往各次草案相比,尤其进步之象征。其进步之点可分下列数项述之:

（一）课税范围之规定 此节所称为课税范围者系指遗产税之征课标准,系采属地主义乎?属人主义乎?抑兼采属地及属人主义乎?关于此一点,在以前各次之草案,均作概括之规定。只规定凡人死亡后,或继承遗产者,均须缴纳遗产税;而不明白表现其所采之主义。此种概括之规定,固可视实际之需要,作各种不同之解释。但课税范围为税制根本之所系,实宜明白规定,以为政府与人民共同遵守之标准,而利税制之实施。或有诘者,以我国深受领事裁判权、租界制度等各种不平等条约之束缚,征收外侨之赋税,万分困难,成例累累,足资佐证。因此关系,在条例上为概括之规定,实为得计。揆其原因,以为如能收到外侨之赋税,则引申前项概括之规定,已有法律之依据;如不能收,则可缩小其含义,不致影响其尊严。其实,遗产税条例为征收遗产税之基本法,对于课税范围务必确定,以为共守之标准,不致贻人以口实。如因外侨纳税问题之困难,则规定征课以国人为限可也;决不可概括规定,含糊其辞。抑有进者,外侨之拒绝纳税,并无条约之根据;在我国税法上尤应规定外侨纳税之明文,以为外交折冲之张本。积极交涉,促其就范,对此问题,方有解决之一日;如避难就易,欲求解决,诚戛乎难矣。且外侨之拒绝纳税,系外人之强词夺理,不能即认为影响税法之尊严。以往各次草案采概括之规定,实为缺点之所在;最近公布之《遗产税暂行条例》,采明确之规定,则为进步之象征。在暂行条例第一条规定:"凡人于死亡时在中华民国领域内,遗有财产者,依本条例征收遗产税。中华民国人民在本国领域内有住所,而在国外有遗产者,亦应征税"。是其课税范围以属地主义为原则;以属人主义补充之。近年来国际间税制演进之趋势，属地主义之征课制度渐见普遍。我国《遗产税暂行条例》采属地主义之原则，正与此潮流相符合。惟属地主义，对于国境以外之遗产，不予课税，深恐国人利用为逃税之途径；流弊所及，足以引起一国资本之逃亡，国家经济深受其影响。故《遗产税暂行条例》除规定属地主义以外，又以属人主义补充之，即所以弥补此缺陷。此种周密明确之规定，在以前各次草案实不能望其项背。

（二）遗产界说之周密　前述民四草案中所称者，均为财产。遗产税之征课，似以不动产为限，而不及于动产。此种规定，其征课未免过于狭隘；而对于动产及不动产，有征税免税之别，使投资者有所趋避，势必造成畸形之状况，更非所宜。其后民国十七年、民国十八年及民国二十三年之三次草案，在条例中虽均未明白规定遗产之界限，但在施行细则中，均规定有无论动产及不动产一律征税之文句。较之民国四年法案，周密已多。惟此种遗产之界说，亦为税制之主要部分，非规定于条例中，不足以示慎重，其规定于施行细则内，尚有失当之感。且以动产及不动产两者阐释遗产，亦嫌罅漏。自文明进步、经济发达以后，其财产决非动产及不动产两者所能限，各种无形权利均具有财产之价值，浸假而占据财产中之重要部分。为周密计，自不能不明白规定在内。最近公布之《遗产税暂行条例》，其第二条规定："本条例所称遗产，为被继承人之动产、不动产及其他一切有财产价值之权利"。较诸为前各次草案之规定，周密已多；而规定于暂行条例以内，尤足以见重视。此亦未始不为进步之象征也。

（三）总遗产税制之采用　关于遗产税制，粗分之，可有三种：一为总遗产税制，系对总遗产额征收之。二为分遗产税制，亦可称为继承税，系对各继承人之应继分征收之。三为总遗产税与分遗产税并课制，亦可称为遗产税与继承税并课制，系对总遗产额征税以后，复对各继承人之应继分课税。以往各次草案，均采分遗产税制。立法院前审议《遗产税暂行条例草案》时，又有少数委员主张采用总遗产税与分遗产税并征制。但最近公布之《遗产税暂行条例》，依其第三条之规定："遗产税按遗产总额计算征收之"，是采用总遗产税制，殆无疑问。此三种税制之优劣，如就理论言，以分遗产税及总分遗产税并课制为佳。诚以此项税制系对继承人之应继分征收，既能顾及继承人之亲疏，亦能顾及应继分之大小，分级征税，可得其平。而并课制除此优点外，尚有税收丰富之长处，尤推良制。惟以我国现状，财产登记既未办理完备，而遗嘱制度亦未普遍推行，欲实施此种制度，殊难推行顺利。前述各优点，固为总遗产税制之所不及，但征收便利，征费节示，税制简单，税收确实各点，则为总遗产税制优点之所在。新税之创办，固不能求税制之合理化；而将来实施能顺利与否，亦须预为计及。事豫则立，古训昭然。与其骤采合理之税制，致实施阻碍之丛生；不如先采简单之税制，以图创行伊始之顺利。俟将来办理有成效以后，再行改善，反可乐观厥成。故对于《遗产税暂行条例》规定采用总遗产税制，就目前之实际环境及为实施顺利方面着想，似无可非议。而此种虑始乐成之立法精神，认为进步之一种象征，似亦未为不可。

（四）减免标准之详尽　遗产税条例中，对于减免标准须有相当之规定。其用意不仅在求遗产额计算之正确，而亦为一国赋税政策之实现。以前各次草案关于此项规定，均病于简略，不及此次暂行条例之详尽。兹分六点，略述大要：一、以往各次条例草案，均有免税额之规定。所谓免税额者，则遗产在此额以内，不予课税。其目的在维护微产者之生计，亦所以培植其资力。民国四年之草案以不逾一千元为免税额，自嫌过低，民国十七年、民国十八年及民国二十三年之草案，均以不满五千元为免税额则感宽大。此次暂行条例规定，亦以未满五千元者为免税标准。惟以前各次草案均采分遗产税制；此次条例则采用总遗产税制。税制不同，自难衡较。在目前社会经济情形及人民生计状况，有遗产在五千元以上者，已属小康之家，使负担轻微之税额，尚不足言苛。二、对于捐赠公益事业遗产之免税；被继承人生前债务及死后丧葬费用，以及继承人教育费等，得在遗产额内减除，在以前各次草案或在施行细则中，类有相似之规定。此次暂行条例亦有规定，惟有两点似有差异，即被继承人丧葬费用及继承人教育费两项，未有减免之规定。因所采税制之不同，对于继承人教育费不予减免，似尚适宜。但被继承人之丧葬费用，按照一般心理，似应予以减除。此点在暂行条例时，则未有规定。三、民国十八年及民国二十三年之草案，在施行细则中，对于三年内发生再继承事实之遗产，均有减半征收之规定。其用意系避免遗产税之陆续征收，致没收遗产。此种规定，在战事期内，或瘟疫流行，死亡枕籍之时尤为必需。民国四年及民国十七年之草案，不加规定，是为缺点。而此次暂行条例规定，较民国十八年及民国二十三年之草案尤属周密而宽大。依暂行条例第八条："已纳遗产税之遗产，于三年内再有继承开始情事者，其已纳遗产税之遗产价额免再征税。其在三年以上五年以内者，减半征税"。是较以往各次草案之规定，宽大许多，而同条第二项更益以"遗产总额在一百万元以上者，不适用前项之规定"之制度，尤寓有节制资本之旨。以上三点，在以往各次草案及此次暂行条例，均有类似之规定，不必强分短长，而以后所述各点，为以往各次草案之所无，自可认为暂行条例进步之现象。四、藉此全面抗战，争取国家民族存亡之最后关键之时，对于执戈卫国之将士，固不胜敬佩其牺牲之精神；但亦宜妥谋恤生慰死之道，恤生慰死，既为目前之急务，且足以激励来兹。此次暂行条例第九条第二款规定，陆海空军官佐士兵及公务员，战时死亡，或因战地服务受伤致死者之遗产，免纳遗产税，此即为恤生慰死之规定，在此抗战正烈之际，诚有重要之意义，为以前各次草案所不及也。五、我国以农立国，而土地为农民生产之工具。故求社会之安定及农村经济之改善，对于自耕农实应加以奖励。此次暂行条例第九条，对于遗产中之土地，为继承人继续自耕者，其土地部分所应负担之遗产税，得有减半征收之优惠。为此奖励自耕农政策之实施，亦为以往各次草案所不及之点。六、森林之功用，可以调节水量，防止旱涝，此为习林学者所公认。近年我国水旱之频乘，未始不由于滥事戕伐，以致牛山濯濯，无法调节。此次条例第十条第五款之规定，依法不得采伐或未达采伐年龄之树木，得扣除之，再计算其遗产总额。此种规定，在直接方面固在保护森林；在间接方面则在防范水旱，其用意亦深切也。除上述外，尚有各种比较次要之规定，均为以往各次草案之所未及。大体而论，其为立法技术之进步，似无疑问。

（五）税率制度之合理　各国遗产税之税率，大多均采累进制度。以前各次草案，虽采累进制，与世界潮流相符合，但未能合理。税率之累进制，大别为两种：一为全额累进制，系就其全额课以累进税率。二为超额累进制，则仅就其超过部分课以累进税率。此两制间，以超额累进制为合理。因全额累进制在替换税级之阶段，常有不合理现象之发生。兹假设遗产一千元以下者课税百分之一，遗产在一千零一元以上者课税百分之二。又设某甲继承遗产一千元；某乙继承遗产一千零一元。如采全额累进制，某甲应纳税十元，某乙应纳税二十元零二角。以一元遗产之差，而税额须多十元零二角，此则为不合理所在。如为超额累进制则可免此种现象。依次计算，某甲仍纳十元，而某乙只纳十元零二角，其相差仅为二角，自属合理。民国十七年及民国十八年之两次草案，均采全额累进制，自难免不合理之讥评。民四草案亦为全额累进制；且分级过简，实与比例税率无殊，失累进税率之精义，更不值论。民国二十三年之草案，改采超额累进税制，自为合理之现象；但其间亦有足资讨论者，即累进速度之过缓。规定继承人为两等，税率各分为二十三级。第一等之税率，系从百分之一起课，自第一级至第十九级，均以百分之零点五累进；自第十九级至第二十二级，以百分之一累进；自第二十二级至最后一级，系以百分之二累进。第二等之税率从百分之二起课，自第一级至第二十二级，均以百分之一累进，自第二十二级至最后一级，以百分之二累进。其规定、分级虽详，而累进缓，不足充分发挥累进税制之精神，未足语达最完善之域。最近公布之《遗产税暂行条例》，其税率之规定，对于前述之缺陷，均有补救。如采超额累进制，以期合理；累进速度又相当加速，以符合其精义。其尚有值得一述者，则冶比例税率与累进税率于一炉。规定遗产五千元以上者，一律课以百分之一比例税。其超过五万元以上者，方课以累进税率，其累进分为十六级，系从百分之一起累进。其第一级至第五级，以百分之一累进；自第五级至第七级，以百分之二累进；自第七级至第九级，以百分之三累进；自第九级至第最后一级，均以百分之五累进。逐级累进，而累进亦加速，深得累进制之原理；而最高税率达百分之五十，尤符合节制资本主义之精义焉。

（六）评价决定之机关　遗产税之征收问题，亦即为遗产评价问题。如评价问题解决，则征收已无难题。以往各次草案，除民四草案过于简陋，不值置论外，评价决定之权均属于征收机关。其外设有调查遗产委员会，负有初步调查之责；但由征收机关核定，是其制度，对于遗产之评价，系先由委员会调查，再由征收机关核定。最近公布之《遗产税暂行条例》，其规定恰与此相反。其第十六条后段规定："其价额（指遗产价额）由遗产税征收机关调查估计，经遗产评价委员会决定之"。是其决定之权，不在征收机关，而在遗产评价委员会。此两种制度，究以何者为合理，固不易有所定论；但从纳税义务人之利益及调查征收之效率上着想，似以此次条例所规定者为优。按调查遗产委员会或遗产评价委员会设置之作用，均不外以其委员熟悉当地之实际情形，以保护纳税义务人之利益，而免除或补救征收机关之武断。果如此，则仅先行调查以供征收机关之核定者，自不若依征收机关之调查估计，再为决定者保护之巩固。此就纳税义务人利益方面，以判别两者优劣之结论也。所谓委员会，其委员向社会各方聘请，而非征收机关之职员。使其司调查之繁重事务，恐多遗误。征收机关则为职责所在，调查估计等事自应悉心，且应迅速办理。其间效率之相差，恐非道里所能计。此在征收效率上着想，似亦此胜于彼。就此立论，则此次《遗产税暂行条例》对于此点之规定，似又有进步矣。

关于遗产税征收方面，尚有一点值得注意者，即《遗产税暂行条例》第二十条之规定："遗产税应一次缴纳，但有正当理由经遗产税征收机关核准者，得分期缴纳之"。此种分期缴纳办法，对于纳税义务人实增若干之便利，而间接亦在维护其利益，以前各次草案均未有规定，自足为进步之现象。

二、遗产税暂行条例实施时应补充各点之我见

本文之讨论，系限于实施遗产税之商榷。故对于《遗产税暂行条例》立法政策之当否不在论述之列；但条例规定未能详尽之处，则愿提供私见，以便补充，而利实施，分段论述于次：

（一）如何避免国际间之复税　近年来，国联赋税委员会，对于避免国际间复税之工作，多所努力。曾历次征询各国之意见及税制；亦时常宣布各国间相互订定之避免复税条约，以供各国之参考；甚曾拟定避免国际复税公约草案，征求各国政府参加。足见避免国际复税一项，为近年国际上所注意之问题。至于国联赋税委员会所拟议之避免办法，大抵以各国税制严格采用属地主义为主。我国之遗产税，依前述系以属地主义为原则，自不致背道而驰。惟因求完备计，兼采属人主义以补充，对于国外遗产之征税，与其所在国之征课，难免发生复税问题，自应设法避免。避免之道，可采取退税之办法，仿照现行统税退税之一意，对于国外遗产所纳外国政府之遗产税，准其退还；或在应纳本国遗产税额中减除。惟此项退还与减除，应有相当之限制，即以国内遗产依本国条例应课之税额，为退还与减除之限度，以免受外国遗产税高税率之影响，致损害本国之税收。此种制度之理论，可分两方面言之：第一，设国外遗产所纳外国之税额，较本国所纳者为少，则对所纳外国税额应全部退还或减除。其理论则为国外遗产因退税关系，已等于外国政府不课遗产税；只课本国之遗产税，自不为复税。第二，设外国所课税额与本国之税额相等或超过，则其退还或减除，应以本国税额为限。其理论则为国外遗产因本国税额全部退税关系，无异不课其本国之遗产税，所纳者仅为外国之遗产税，故亦不发生复税之现象。此种避免国际间复税之办法，在《遗产税暂行条例》中未有规定，似应予以补充也。

惟实施此种办法，尚有一点值得考虑者，即国外遗产部分所应纳本国之税

额，应如何计算。依条例规定各区域之遗产应合并计算，而税率又采用累进税制，欲正确计得国外遗产应负之全部税额，在事实上或理论上，均有困难。为谋简单计，可以国外遗产部分单独依条例所规定之税率，计算其应负税额，以为标准。此法虽不能语于正确，但计算简易，利于实施。又有进者，采用此计算方法，其国外遗产不满五千元者，应否予以退税？为公允计，似亦应准予退税；惟所退者以所课比例税率部分百分之一之税额为限。此两点在补充规定时，均应予以考虑。

（二）如何实施减税之规定　《遗产税暂行条例》第八条及第九条，对于已纳遗产税之遗产，在三年以上五年以内，再有继承开始情事者及遗产中之土地部分为继承人继续自耕者，均有减半征税之规定。其遗产纯为上述之性质，实施减税自无困难。否则，如遗产中有已课遗产税者，有未课者；或土地部分有自耕者，有不自耕者或自耕土地以外尚有其他财产者，因合并计算累进课税之关系，对于减税规定之实施，均将发生困难问题。解决方法本非一端，但依暂行条例第八条前段规定，"已纳遗产税之遗产，于三年内再有继承开始情事者，其已纳遗产税之遗产价额，免再征税"之法意，似可将前述减半征税之遗产，先减半计算其价额再行依率课税，以实施减税之规定。此项解决方法，计算简易，固为所长；而因减半计算价额之关系，所适用之累进税率，亦将降低，是纳税义务人于享受减税之惠外，且享有降低税率之利，似觉未妥。此点亦为《遗产税暂行条例》规定之所未及，应予以补充规定也。

惟采用上述办法以实施减税时，又有一点足资考虑者，即暂行条例第八条最后一项"遗产总额在一百万元以上者，不适用前项之规定（减税规定）"，其"遗产总额"一词应如何解释？解释之法，可有三种：甲、遗产总额系单指已纳遗产税之遗产额，其未纳者不计在内。乙、遗产总额系指已纳遗产税之减半价额，与未纳税之遗产额合计而言。以上甲、乙两项解释，均属宽大。丙、遗产总额指已纳遗产税之全额，即非减半之价额，与未纳税之遗产额合计而言，自较严格。三者之中，就目前之社会经济状况而论，宜采丙说，盖遗产在百万元以上者，已属罕见之富翁，殊不必赋予减税之优惠；如予减税，反有悖于节制资本之义也。

（三）如何处理减除之有数额限制者　《遗产税暂行条例》第七条所规定各款，系免纳遗产税之项目；但其中第五款，则附有数额之限制，规定"捐赠教育文化或慈善公益事业之财产，未超过五十万元者"。又暂行条例第十条规定之各款，为计算遗产总额时，得扣除之项目，其第四款亦有数额之限制，即"农业用具，或从事其他各业者工作之用具，价值不超过五百元者"。依此规定，其不及此限制数额者，准予免税或扣除，固无问题。其超过此数额者不准予免税或扣除，亦不成问题，惟有一点成为问题，即为其超过限制数额者，应不准其全部免税或扣除；抑不准其超过部分之免税或扣除。此在条例中并未规定，将为实施困难之所在，自应补充规定，以求解决。如就暂行条例条文之文义，加以寻释，则此种超过限制数额之财产，应全部不准其免税与扣除。依此解释似与立法原意相距过远。兹以捐赠慈善公益事业之财产为例，其规定免税者，自在奖励此种急公好义之善举。捐赠愈多者，自然愈值奖励。但捐赠超过五十万元者，则全部不予免税，亦即不予奖励。故谓此种解释与立法原意相距过远。比较合理近情者，其不予免税或扣减者，以其超过额为限。例如某甲捐赠五十三万元，其超过额三万元不予免税，余五十万元则予免税。此种解释，对于原条文之规定，不有抵触；而与立法原意亦不致相距过远也。

（四）如何组织遗产评价委员会　以前各次草案所规定者，为调查遗产委员会，而非遗产评价委员会，其组织标准系就地方殷实公正人士选派委员，殊嫌简陋，不足为法。管见所及，遗产评价委员会之组织，务必具备三项标准。一、其委员人选务必网罗各界公正人士。不能囿于一业，有如中央银行董事会之组织。诚以所谓遗产，如以种类分固为动产、不动产及权利。如以业别分，曷尝不可厘为农业、工业及商业等项。业别之不同，评价之方法与标准自亦有异。如农业上遗产使工界人士评之，直是粟谷不知，从何评起。中央银行为银行之银行，其措施与各界利益均有密切之联系，故其董事人选应平均分配于各界，以便各自代表各界之利益。此种组织标准明定于法令，吾以为遗产评价委员会之组织，亦应效法之。依此组织，网罗各界之公正人士，则任何遗产均有评定之人，非仅可求评价之公允，且增评价之便利，标准一也。二、遗产评价委员会之委员人选，须有工程、法律、会计专门人才参加，以期评价之顺利。各界人士对于各业之财产情形，固极熟悉；但有若干法律上、会计上、工程上之法理或技术问题，则不容易解决。例如某商号之营业权，究值几何？普通商界人士势必瞠目无以对；如有会计师，则可参照各项因素以计算其现值。故为求遗产评价工作之顺利起见，委员人选除网罗各界人士外，又须有各种专门人才参加。且遗产评价委员之职权，不仅为评价之决定；尚进一步，须负鉴估之责。其进行鉴估工作，尤非有各种专门人才参与不可，故遗产评价委员会之委员人选，须有法律、会计、工程等专门人才参加，标准二也。三、各地主管征收机关长官应为遗产评价委员会之当然委员，其理由有三：一为征收机关，熟悉遗产税法令，可提供法令之规定，以免决定与法令相抵触。二为征收机关系负初步调查估计之责，可申述其所得之资料或理由，以利决定。最要者为第三项，即委员系向各方选聘，而非政府之征收官吏，深恐其决定示惠纳税义务人，损害国库之税收，故须有征收机关长官参加，以资监督。各地主管征收机关长官，不仅为当然委员；且责成其处理会中日常事务。因委员均属聘请，自不便劳以日常事务，如会议之召集、议案之排列及决议之移送等，均应责成征收机关办理，以资顺利。征收机关长官应参加遗产评价委员会之组织，标准三也。以上所述，均为组织标准。至于议事程序等如何，此为手续问题，不再具论。惟如何评价，关系重要，特于次节详述所见。

（五）如何核定税款之分期缴纳　《遗产税暂行条例》第二十条规定："遗产税应一次缴纳，但有正当理由经遗产税征收机关核准者，得分期缴纳之"。征收机关对于此项分期缴纳税款之核准，不应以喜恶感情为断，而应有一定之标准。惟定此标准，必须与此但书之立法原意相符。遗产税系对全部遗产征课而又适用累进税率，故所课税额常有相当巨额。又遗产不限于现金，甚或大部或全部为财产。但缴纳遗产税须以现金缴纳，而不能以财产抵纳。因此纳税义务人势必出售财产，取得现金以纳税。而缴纳税款又有一定期限，为不逾缴纳期限计，其出售财产势必贬价求售；或买方贬值以要挟。其对于纳税义务人利益之损害，何可胜言。故但书规定之立法原义，厥在顾及此种情形，以维护纳税义务人之利益。立意既在于斯，则核准分期缴纳税款之标准，至少可有下列五项：一，遗产中之现金足敷缴纳税款者，不准分期缴纳；其无现金者，可准分期缴纳。二，遗产中虽无现金，而因继承人死亡之关系，可立得现金，如人寿保险金、恤金等，足敷缴纳遗产税者，不得分期缴纳；否则，可准分期缴纳。三，遗产虽全部为财产，但其一部或全部可在公开市场，按公平市场，不致贬价出售，如公债等，而其售得现金又足敷缴纳遗产税者，自不准分期缴纳；否则，可准其分期缴纳。四，继承人经济状况良好，自能筹措缴纳税款之现金，而不必贬价出售遗产者，可不准其分期缴纳；否则，可分期缴纳。五，上述四项筹得现金之方法，因二种以上之联合运用，能筹得缴纳遗产税之金额者，自不准其分期缴纳。否则，自可照准。核准分期缴纳遗产税，既有前述各项之标准；而分期期数之多寡及自开始分期缴纳至缴纳清楚时间之久暂，亦均须以纳税义务人之筹措现金能力及遗产中财产变成现金之活泼性而决定，庶不致有悖立法之原意。

以上各点，系个人感想所及，且为荦荦大者。如能加以补充规定，则《遗产税暂行条例》之实施，谅可臻于完满顺利之境。

三、遗产评价原则之建议

依《遗产税暂行条例》第十六条之规定："遗产非经评价不得征税"，是遗产评价一项为征收程序中最初步之工作，亦为最繁重之工作。以前各次草案，如民国十七年、民国十八年及民国二十三年之草案，在施行细则中均规定各种财产估价折算之法，由主管官署及调查遗产委员会会同商议，依各地习惯酌定之。无一定之评价标准，徒启纳税义务人与主管征收机关争议之渐。虽然各地习惯不同，规定评价标准固不容易，但亦有若干评价原则，足资规定，以为办理之遵循者。本节拟对此加以论列，贡献私见；但为篇幅所限，亦仅能提及其主要者而已。

（一）遗产评价之一般原则　遗产之评价方法，除现金无庸评价外，厥有两端：一可称为估价；一可称为折算。此两法各有其用途，而不能有所偏废。兹先述估价原则之大要：依《遗产税暂行条例》第五条之规定："遗产价值之数额以继承开始之日为准"，故遗产之估价，自应以继承开始日之市价为标准，本无疑义。惟市价应释为公平价格，此种价格不是买卖一方所控制决定之价格；而是卖者愿卖、买者愿买之价格，此为遗产估价时所应遵守之原则也。但为体恤纳税义务人之利益，以期易于实施起见，依此原则所规定之价格，可稍予回旋之余地。如某一财产系甲乙两人共有，甲欲出售必须乙之同意；乙不同意，其承买者必有所踌躇，致减贬其买价。除此以外，只有出卖与乙之一途，亦必受其箝制。如共有人数更多，则此种影响更大。故于估价时，自不能不稍予回旋之余地，使所估定之价格，接近于公允也。

遗产之评价，决不能以估价一法所尽能解决，必须有折算法以补充，庶进行评价不致有所困难。折算法中之主要者，可有三种：一为资本还原法，例如土地，以其收益按某种利率，以计算其价值是。二为求终值法，例如银行中之零存整付存款，被继承人于死亡时尚未存满原定期限者，即须用此法，以求得其死亡时之现值，以为遗产之价额。三为求现值法，例如年金及银行整存零付存款未付款额等财产，则应用此种折算方法，以求其死亡时之现值。此三种方法，计算手续固有不同，适用性质亦有分别；但亦有一共通之点，即均须有一定之利率，以为计算之标准。故规定评价之原则时，应规定固定利率，以利折算法之实施，亦为要图。此种应适用折算法以求价额之财产，其原定有利率者，如银行存款等，应仍依此利率折算，自无问题。但亦有若干财产利用折算法评价，而无原定利率以资依据者，如土地、年金等，则非规定有利率，无从折算。欧、美各国经济发达，利率至低，我国不及远甚，其成例自不足为法。我国《民法》第二零三条至第二零五条，规定有利率之标准。揆其文义以年利五厘为法定利率，年利二分为最高限度，年利一分二厘亦为法律之所许。年利二分失之过高，自不便采用。年利五厘虽为法定利率，但觉过低，对于纳税义务人有不利。因前述三项折算法中，其用最广者为资本还原及求现值两法，此两法之计算，利率愈低，价额愈高，恰成反比例。故规定年利五厘失之过低，非纳税义务人之利也。至于求终值法虽属相反，纳税义务人虽以低利率为利，但此种财产类附有原约定利率，如银行零存整付存款，仍不能享受其利。故在《民法》规定中，以规定利率标准，似以年利一分二厘为宜。规定标准利率，除可保法律之规定外，亦可参照金融市场上之实际情形，其法可搜集各地银行钱庄，对于各种放款及存款之利率，汇纳研究，以决定合理之利率标准，较诸依《民法》所规定者，甚或更进于公允。如何规定标准利率，即前述两者之取舍如何，有待于当轴者之芟筹也。

以上为遗产评价之一般原则，以次拟就重要财产（但其重要与否以我国目前实际情形为断）略为贡献评价之意见。

（二）土地评价之意见 我国工商业尚未十分发达，购买土地为重要之投资途径，自成为重要之遗产。土地之评价，固可适用估价法；同时亦可适用折算法中之资本还原法。依笔者之见解，在城市土地之评价，可以估价法为主。其理由可得而述者有四：城市土地大多供商业用，因地位之繁僻，地价之高下不同，故宜用估价法，以期公允。一也。为求土地估价公允起见，土地与建筑物分别估价，而城市土地之房租收益，与建筑物颇有关系，如适用资本还原法，必失其平。二也。城市土地因土地投机关系，任其荒芜，既无收益，自难适用资本还原法。又有租地造屋而不取租金，只约定若干年后，收回土地及无偿取得建筑物，是其在未收回前，亦无租金收益，自亦不能用资本还原法。三也。城市土地之交易，比较频繁，估价标准不虞无据，是适用估价法以评价，并无困难。四也。以上所论，城市土地之评价，自应以估价法为主。

至于乡村之土地，其情形恰与城市土地相反；如不采资本还原法，势将无法以评价。尤自近年以来，农村经济之破产，农业金融之呆滞，一般富裕者视投资土地为畏途，故乡村土地之交易，成为绝无仅见之现象。如采用估价法，必不易找出公平之市价，以为标准。事实如此，自不能不采资本还原法，以利实施。乡村土地之评价，固可采资本还原法为主；亦可兼采估价法以为辅。诚以资本还原法所求得者，究为理论上之价格，而非实际之市价。如当地农村经济情形，尚属良好，土地尚有相当交易之事实者，自可用估价法以评价；亦可以估价法所得以校正资本还原法之评定价值，俾更接近于正确。惟乡村土地同许其采用资本还原法及估价法，方法既不同，结果自有异。此二者之取舍，为宽大计，似可以低者为准。盖乡村土地多为农业用地；虽不为农地，亦即为农民之宅地。我国素称以农立国，在目前农业又极度衰落之时，两法中之低者，以为课税标准，实为奖励农业之道，亦不失为正当而合理之措施也。

（三）证券评价之意见　自工商业发达以后，有价证券在财产中地位之重要，势必与日俱增。如何评价？自亦为切要之问题。有价证券之评价，应以估价法为主，可无疑问。惟其估价应以交易所之市价为依据。此为各国共采之制度。交易所之市价如何利用？市价遇有剧烈变动时，如何取舍？各国制度中均不乏成例可援，加以规定，自不感困难。所感困难者，即有若干有价证券在交易所中，并不开拍；而无市价足为估价之依据者，如地方政府所发行之公债，则为显例。解决之法，可有两途：一为采用当地市场上交易之价格，以为估价之标准。如浙江省之地方公债，在交易所中虽不开拍，但以前杭州银钱业间常有此种公债之交易。自可采其交易价格，以为估价之遵循。此为正当之解决办法，无可非议。二为比照交易所开拍之有价证券，就其性质相近者，以其市价为估价标准。例如甲种公债交易所中有市价可查，而乙种则无市价；但乙种公债之性质，如还清之限期、还本之次数、利率之高下等，与甲种公债相类似，自可采甲种公债市价以为乙种公债估价之标准。两种公债之性质容或不尽相同，亦可体察其不同之关系，于估价时予以伸缩，其结果虽不中亦不远矣。此二种解决办法，应以前者为主；其真无市价可寻者，自应采用后者以资救济。

有价证券中之股票及公司债，在我国交易所中均不易找出市价。其估价除公司债可尽量利用前述解决方法外，股票之估价，自可斟酌原发行公司之资产负债及营业之近状，以决定适当之价格，亦不致十分困难也。

（四）营业权评价之意见　营业权亦称商誉，亦称牌号。此项评价之研究，在我国至为重要。诚以我国营利事业之组织，以合伙及独资经营者，占最大多数；公司经营并不发达。且工商业财产之估价，均有相当市价以为标准，且亦有历年折旧情形，以资参证，故不感困难，本文亦不拟加以论列。惟营业权之评价，不能用估价法，只能用折算法，故略贡所见。营业权之折算法，在美国系采年买法。其法即依其营业平均纯益减除投入资本依普通利率之利息及资本主之相当报酬，以其余额为一年之购买价。再以一年之购买价乘继续营业之年数，则得营业权之价值。此法计算简单，似可采用。其中有四要件，除营业平均纯益，可依实际情形求得，但亦应规定平均之年数，大抵三年至五年，已足应付；其余三者，均不能不定相当标准，以利计算。其计算资本利息之利率标准，可适用前述之标准利率，对于纳税义务人之利益，亦以愈高而愈有利。至于资本主之报酬，颇不易规定。最近公布非常时期《过分利得税条例》，规定营利事业纯益超过资本百分之十五部分，为过分利得。准此而论，可以此资本百分之十五之标准，视为年买法中之资本利息及资本主报酬之数额，以计算其一年购买价。于理论上，似亦可自圆其说。因此，所未解决者只有一继续营业年数问题。在美国对此问题，系以各业为标准，酌定一年至十年以上之年数。依笔者所见，其营业期间有一定者，如矿权依矿业法以二十年为限，自可以其未经过之营业年数，以为计算之标准。如无规定者可斟酌各国之成例及国内之情形，量为规定。

惟有一点，营利事业获有超额过分之利润，其原因甚多，并不限于营业权。故依年买法计得之营业权价值，亦须给纳税义务人以回旋之余地。例如，某良医开设药房，其药房营业收入较人隆盛。隆盛之原因，自不以营业权为限；恐纯由其为良医，就医者众，致营业隆盛也。良医死亡后，对于此药房营业权之计算评价，自不能不予以相当减低，以期合理。此于规定遗产评价方法时，务须顾及。

权利原为遗产之一种，亦应征收遗产税，明定于条例。惟依条例之规定，权利中之著作权、专利权已不予课税，自不必再论评价方法。至于地上权、永佃权,其性质与年金相同,只论述年金评价方法,已足概括。故本节仅论营业权之评价,用意则在于此。

(五)年金评价之意见　年金可分为三种:一为定期年金;二为无定期年金;三为终身年金。其评价适用求现值法;在各国税制中类皆依此办理。定期年金之领受,系有一定之期限,按标准利率,用求现值法,以计算其价值,毫无困难。无定期年金虽无领受之期限,且为永续之性质;但可利用数学之理论,以计得其现值,亦无困难。惟困难者,即为终身年金。其计算在美国,类以死亡表为依据,故于理论上,至为妥善。惟我国统计事业甚不发达,既无正确之死亡表;且罕有从事此项事业研究之人士,欲正确计算终身年金之现值,自多不便。我国人寿保险业中,其所适用之死亡表,类以美国之统计为依据,虽不失为补救之办法,惟我国社会卫生事业既不发达,个人卫生又不讲求,故在理论上,甚或在事实上,均可证明我国人民之死亡率,较美国为高。如利用美国死亡表以为计算终身年金之标准,而不加以修正,自属有失公允,且有损及纳税义务人之利益。据国内会计学者之经验,我国死亡率较美国死亡率之所载,大约提高八年。例如我国三十岁之死亡率,与美国死亡表所载三十八岁之死亡率,大体相当。果真如此,是计算终身年金可以用美国死亡表为依据,而加以提高八年之修正。其所得现值之数额自比较近于公允。

日本遗产之税制,系采倍数法。其法则以一年年金之几倍,以为全体年金之价值。规定定期年金就其原定或未领受期限为倍数,但不得超过二十倍;无定期年金为二十倍;终身年金即依受领者年龄之大小分别定明倍数,此法简易明了,纳税义务人亦能自行计算,似可采用。但采用必须加以修正。庶足以适合国情,而免社会人士之非议。其修正之标准,依笔者所见,可有三点:其定期年金之计算,系以原定或未领受期限为倍数,不扣除未领到年金之利息,故其评价较求现值法所得者为高,自不公允,应加以修正,以期合理。一也。其无定期年金规定为二十倍,并非无据,因其结果恰与年利五厘之求现值法结果相同。我国利率除银行活期存款外鲜有低至五厘者,前述利率愈高,纳税义务人愈有利。因此,计算之利率应加提高;即所定之倍数,应加缩少,方为公允。二也。其终身年金在各年龄上所定之倍数,原为参酌其本国实情而决定。我国情形与日本究难尽同,自应酌加修正。并应依前述之求现值法,即以美国死亡表提高八年为计算标准之法,以校对之,使所定之倍数,更臻于合理。三也。综上所论，我国年金之评价，可采日本之倍数法，但所定之倍数应符合本国之实际情形，利用求现值法之结果以资参证决定。则所规定者，非仅获施行之顺利，且有健全理论之根据。

以上所商榷者，均偏重于遗产税之技术问题，实施时皆应预为计及。至于行政上之问题，限于篇幅，拟不再加论述。论者，每以我国实际情形之特殊，目前实施遗产税，恐多困难，言之似颇成理，持之亦非无故。惟吾人忆及民国十八年甘末尔设计委员会之《税收政策意见书》中，曾谓："本委员会曾于民国十八年九月四日提出之所得税说帖内建议，中国现在不可采行一般所得税；其后就特殊或部分所得税为进一步之研究，亦不能证明此种有限制之所得税，适于采用"。又谓："本委员会并根据相似之理由，认中国现在不宜采行遗产税"。但所得税自民国二十五年十月实施以来，为时不过二年，已获初步之成功，为国人一致公认之事实。以此例彼，则遗产税实施以后，未尝不可在我国税制上放一异彩，难于更始，可与乐成，是在吾人之努力而已。

财话·"纳了税还透着高兴"*

（一九四零年二月十七日）

英国人自称是"古怪的民族"，我们看着，也有点古怪。这次欧战爆发，各国政府都忙着筹款，英国亦莫能外，于是在去年的九月二十七日，财相西门在国会中，提出他的战时预算案。英国人的脾气，总是找稳道走，支应战费的手段，既不乞灵发钞，也不专靠借债，主要的是靠增税，这是从格莱斯顿以来行之已久的财政政策。此次西门提出预算，英国人都很耐心地注视着，看他有什么新花样。当时西门不慌不忙地告诉大家，战时的所得税，每镑要抽到七先令六便士！当时听众，都有点震惊，愣了愣，喘口气，彼此一顾，不由得哄堂大笑起来，很高兴地继续听他的重如鞭笞的增税案。这叫我们看来，确乎有点古怪。

英国有句老话，说是：牛奶洒了，叫喊无用，这和"甑已破矣，顾之何益"是出自同样的聪明。如果困难的工作，临到头上，最好是很欣快地担起来，边走边笑。"纵令胜利的代价是高的，也是值得支付的"！西门这句话，在我们更要感觉其确切！

----

* 此文发表于重庆《时事新报·财政与金融》周刊第十期。——编者注

暴敌通货膨胀的窘态*

（一九四零年三月六日）

据上月二十四日上海《密勒氏评论报》所载的一段消息，根据二月十日东京方面报道，敌国大藏大臣樱内在国会中报告所谓"日元集团"各银行发行纸币之数量，颇足惊人。在一九四零年，纸币发行之数较之前年增加百分之四十，而其金准备的数量根据专家意见，"实际已降到零点"。

这里边发行最多的，当然是日本银行，数额达到三十六亿七千九百零三万七千元；台湾银行达到一亿七千一百一十六万九千元；朝鲜银行达到四亿四千三百九十八万七千元；"满洲国"的伪中央银行发行数约合日币六亿二千三百六十二万一千元；内蒙古之蒙疆银行所发纸币约合日币六千零七万九千元；所谓华北联合准备银行之发行额约合日币二亿六千四百一十五万九千元；伪华兴银行落草未久也发行到五百零五万八千元；合计五十二亿日元！

这是敌国财政当局负责报告的数字，事已隐无可隐。但是尚有未经报告的，即敌国军队所到之处常滥发军用票，强制行使于被占区域之农村铁路沿线电报、邮政及其他机关。此项军用票不能与其他纸币相兑换，战区人民劫于暴威，有时不得不行使。但是过手不存，避之惟恐不及。战区人民有因拒收这种"热钱"，而受到严厉惩处以致枪决者，比比皆是。

万恶的暴敌，向来自诩为经济组织完整的国家，其货币信用制度之完成亦颇有多年的历史。这自当年明治维新以来，经过许多名财政家如松方正义之流不断的努力，始克造成一时的金融基础。一朝误于军阀侵略的野心，害人自害，遂致危害多年苦心经营的金融机构走到恶性膨胀的穷途。日本人民中总还有许多明白人，冷静的想一想，还是谁吃亏呢！

一国的社会组织，以金融部分为最微妙、最复杂，建立甚难而破毁甚易！侵略的魔手，最初专以毒素害人，而其结果，常常是传染毒素于自身。敌人的最

---

* 此文系作者为重庆《时事新报》撰写的社评。——编者注

初欲望,曷尝不是想着以军力占领而以经济开发,使被占区域之经济体系和自身结成一体。但是对于经济体系中最微妙之金融组织,顾乃一反健全原则,遍布膨胀毒素,而仍任其与日元发生紧密之联系,还有不把自己同样恶化的么?财政金融之先知,努力数十年而不足,妄思侵略的军阀,一朝破坏而有余,最近青山和夫曾讲日本的经济本年必要崩溃,当亦有见及此。

我们战区的民众,于军队蹂躏之余更经此恶性膨胀的蹂躏,实在是我们切齿不忘时思拯救之事!但是,我们因此也感觉到一种安慰。假使敌人于军事侵略之后,在经济金融方面弄得很妥帖、很健全,使许多无知无识的人民,觉得在生活上、交易上很便利,那便要愈陷愈深,收复愈难,吃了当前的甜头,陷入永劫的悲运。而今呢,因为日益加甚的日元膨胀,使敌国国内以及被占领区域的人民感到极大的痛苦,这对于我们的抗战和收复确具有无上的助力!

追念财政学大师塞利格曼老教授*

（一九四零年三月十六日）

忆自卢沟桥畔，远离故都，秣陵小住，溯江入蜀，巴渝羁滞，忽已二年，以邮递积迟之故，甚难获得海外学术界之新消息，每当簿书期会之余，辄思巡检一、二新刊，以自排遣，而又苦不易得。偶自书肆，邂逅数种，几同片羽吉光，辄觉喜不自胜。复以外汇管理已臻紧密之故，海外新刊之来，殆已绝迹。以书生之积习，度羁旅之生涯，即此区区，且难接近，则心理之枯寂，为何如耶？于此新知饥荒之余，偶然瞥见美国塞利格曼老教授已于去夏逝世之消息，不觉涌起"残灯无焰影幢幢，此夕闻君谪九江"之况味，起视山城，无限怅惘！

平生读老教授之书，而不识老教授之为人，惟于昔年研读之时，颇觉其财政著作，博大宏深，心仪已久，"尚友古人"，且无不可，况私淑同时代之世界大师乎？数年来执鞭讲授，操觚发表，亦尝引申发抒老教授之余绪。学术本具有世界性，则心同理同之感召，又安可泯而不彰乎？

关于财政之哲理，吾国先哲亦曾有所阐扬，惟财政之成为近代之一学科，则不能不归功于十九世纪末叶以来欧美诸大师之努力。其中致力最勤，搜集最广，研理深邃，宜勤永续，世界各国莫不承认者，当推塞利格曼老教授。塞氏逝世，已届七十八岁之高龄，其一生精力，以消耗于学术研究者为最多，可谓毕生献身于学术者。吾人生值中国之今日，固不能妄效先进国家之学者，作到严格之分工，然而专精壹志不求荣进之精神，则大可提倡，期使吾国之学术，能有较成熟之造诣，而不为政界之牵引所遮断。

塞利格曼老教授（Dr.Edwin R.A.Seligman, McVickar professor emeritus of political economy and finance in Columbia University）生于一八六一年四月二十五日，卒于一九三九年六月二十日。少时曾游学欧陆，颇受德国财政学大师瓦格纳（Adolph Wagner）之感化。返国之后，以二十四岁之年龄，被聘为哥伦比

---

* 此文发表于重庆《时事新报·财政与金融》周刊第十四期。——编者注

亚大学经济学讲师，时在一八八五年，美国之经济学会，即于是年成立。其后至一八八八年，晋为副教授，自一八九一至一九零四年，继续充任哥伦比亚大学经济学及财政学教授。一九零四年以后，则被聘为纪念 McVickar 之讲座教授。一九三一年休职，由该大学聘为名誉教授。在此期间，老教授复注其全力于《社会科学百科全书》之主编，自一九三零年至一九三五年，十五巨册均已陆续刊行问世。

塞氏不仅致力于学术，亦颇从事于各种实际之工作。至对于本国以及他国之文化推动，更不惜倡导参加。曾忆美国之所得税，初议划归联邦政府收入时，曾引起宪法上之争论。塞氏主张其合于宪法，至当时之名财政学家维尔斯（D.A.Wells）则持反对论调，由此辩论而修正宪法，问题始告解决。塞氏之说明资料，至今日仍为学界所推重。

塞氏之著作，自不限于财政方面，关于经济方面之著作，如《经济学原理》等书，久已脍炙人口。但其特殊表现，毕竟属于财政研究方面，兹将其财政名著，依出版之先后，列叙如下：

一八九二年《租税之转嫁与归宿》(*The Shifting and Incidence of Taxation*)

一八九四年《累进课税之理论与实际》(*Progressive Taxation in Theory and Practice*)

一八九五年《租税各论》(*Essays in Taxation*)

一九一一年《所得税论》(*The Income Tax*)

一九一七年《如何筹措战费》(*How to Finance the War* by Seligman and Haig)

一九二一年《通货膨胀与公债问题》(*Currency Inflation and Public Debts*)

一九二五年《财政研究》(*Studies in Public Finance*)

一九二八年《复税与国际财政合作》(*Double Taxation and International Fiscal Cooperation*)

一九三二年《古巴收入制度报告》(*Report on the Revenue System of Cuba*)

以上各书，在吾国已有完全之译本者，如《租税之转嫁与归宿》、如《租税各论》；有仅撮要移译者，如《累进课税》与《所得税论》，稍治财政者，皆所习知。此外在各杂志所发表之财政论文，更仆难数，但亦有许多论文，刊入其著作之内。当一九二五年刊行其《财政研究》时，在序言中，老教授曾发愿写一部包括三巨册之大著，并拟赐以佳名，而称之为"*Principles of Fiscal Sci-*

ence"——财政学原理。此书虽因老教授之年事关系,不得与世人相见,但在老教授所主编之《社会科学百科全书》中,凡关于财政与租税之标题,尚多出自老教授之手。如"财政学"一语,塞氏主张何以不用"public finance",而改为"fiscal science",颇有深远之意义(参阅本周刊第五期《财政与金融之分野与联系》)。如"所得税"一语,老教授则以最新之资料与见解,加以诠释,补充其大著《所得税论》一九一四第二版以后之所未备。塞氏之著作,固以关于财政方面者为最显著,尤以关于租税方面者,最为不朽。吾人试读《租税之转嫁与归宿》与《累进课税之理论与实际》,征引古今各家,搜讨之勤如彼,剖析反正各论,论断之精如彼,累进课税制度所以风靡各国,实得力于老教授提倡研究之力。而其《所得税论》一书,不仅在历史方面叙述详尽,而且在理论方面博大精深,实可称为经典的著作。

老教授尤有一最可称道之点,即其个人图书馆异常丰富,出于世人意想之外。薛赘时教授(Prof.G.F.Shirras)于一九二五年参观其图书馆时,所收藏之书已达三万册,现在已售予哥伦比亚大学。老教授藏书如是之多,固不仅是其爱好收藏,仅作观饰而已,乃为其毕生著作广储资料,其藏书之丰富,正所以形成其著作之丰富,此真学者最超迈之丰度也。

吾人生于抗战之今日,应以实际工作为国家服务,不容高踞象牙之塔,以书斋生活自娱。惟国家财政之修明,终有待于学术之研究与普及。吾人对于专门之财政学者,固应尊重;即从事实际工作者,亦不容与学术相隔离。缅怀世界之大师,遥瞩改造之前途,故因塞利格曼老教授之逝世,而述其所怀如此。

民国二十九年三月十五日于渝州

健全财政在抗战中长成[*]

（一九四零年三月十六日）

一

每日忙碌在战时工作中的人们，神智常为周遭的事务所牵扰，不容易注视到更为远大的视野，以把握时代的主流，因而在执行职务时，容易时为应付的，而不能为创造的，不能与时代所赋予的使命相配合，利用机会以创造新时代——这是从事于战时工作中每一个人所应该注意的一件事。

战争足以破坏财政，人们看得很清楚；财政足以支应战争，大家也都相信；但是这些看法，都是属于被动的，事实还不止此；就在这作战的过程中，以战争的本身，改造财政的机构。我们知道，政治的各方面，都免不了传统性，在安常处顺的时候，无论怎样想着改造，惰性老在那里支配着，以致改造的进度，不克如政治家的预想。一旦战争到来，对于整个日常生活，予以极度的震撼，甚至予以无情的破毁，这里边当然有许多好的成分，跟着一块儿牺牲；但是阻碍人们进步的社会惰性和桎梏，也就随之摧毁，使人们有"赤地新立，尽丧所有"的感想，增加其"别寻境界"的勇气。

在抗战开始以前，我们的财政，已经有了十载的改革和进步，这当然是不可否认的事实。（参阅杨格近著《中国的财政阵线》，本年二月十日《密勒氏评论报》转载）但是我们要知道，中国政治的积弊，历史太久，中人过深，摧陷廓清，决不是一朝一夕之事。而况在平时状态之下，大家安常处顺，惮于更张，纵施改革之功，收获当亦有限。假若没有战争的突击，恐怕还在那里款段徐步；而若干疲疾宿瘤，内伤外感，亦复盘踞侵蚀，未知已时，则中国现代化的完成，更不知何年何月？一旦战争风暴飞掠到人们的面前，极度震撼之余，一切都改观

---

[*] 此文发表于《中央银行经济汇报》第一卷第九、十期合刊。——编者注

了，于是我们的财政，也就踏入一个划明的新境。

我们欢迎战争，因为战争给了我们创造的机会；我们还要拥护持久战争，因为在长期战争的过程中，才能叫我们的健全财政相当的长成！

二

大家不要以为自从民国二十六年的"七七事变"以后，我们才有"战时财政"。中国战时财政的存在，远在此次抗战以前，延长了二十多年的历史。试思民国成立以来，那一年不是在战时财政之下讨生活？财政的拮据艰难，那一年不是受战争之赐？国家预算中所规定的每年三万万以上的军务费，在岁出总额中占到百分之四五十，还只是军事负担的一小部分。此外不列预算之摊派征发，使人民加重其军事负担者，更不知凡几。人民疾首蹙额，几以财政为诅咒之对象。当时我们是军额最多军费最重之国，同时也是国力最微受侮最甚之国。军事支出，所以为国防，但从前财政，一何与国防的意义相远？这当然不是中国人民所能忍受的。好了，时代终于到了，中国人民在贤明的领袖指导之下，结束了内战，结束了旧时代的战时财政，即以从前所消耗于内战者，整备转移于国防。虽说时期短促，不容我们充分准备，但当"七七"抗战开始之后，即能很从容地展开新时代战时财政的姿态，将许多年人民疾首蹙额的战时财政，转变为人民所顶礼讴歌的战时财政，岂非受抗战之赐！从此以后，我们的军事支出，遂完全变为国防的，人民虽照样出钱，而出钱的意义则与从前完全不同。不佞在民国二十五年年底，曾草《中国财政之划时代的展开》（载民国二十六年元旦《国闻周报》新年号）一文，曾谓：中国人民为争取民族的生存，不仅很欣快的拿出荷包里的钱，而且情愿捧出最后的一滴血。古人曾讲过："欲化凡骨无金丹"，一样称之为军事经，从前为人民所极端憎恶，现在则为人民所彻底拥护；同是军事支出，从前所以消耗国力者，今日则所以提高民族的地位，展开民族的新生命；这金丹，这抗战，关系可太大了！我们财政能支持这样的战争，确已留下不朽的价值。健全财政在抗战中长成，从这一点上，已经给予辉煌十足的证明。

不仅现在如此，将来还要如此，我们财政支出中最主要的军事费，将永远是国防的。直到国际关系发展到不必相防之日止。

三

财政只是经济的反映，尤以岁入之部分为然。当经济尚在畸形发展之时，财政收入亦必为畸形的，而不能为合理的表现。抗战以前，多少年中，关税收入总是蒸蒸日上，占岁入的首位。但是我们一翻进步国家的财政报告，主要收入并不属于关税。盐税具有最悠久的历史，收入仅次于关税，但在进步国家，几乎看不到盐税的踪迹。我们的棉纱、面粉、火柴、水泥各项统税依然征收到菽粟水火的生活必需品，但是英国在十九世纪的末年，已经有了"一切无税的早餐台"（free breakfast table）的自负。所以我们的财政家，一方欢欣于关税收入的大量增加，同时即感到"不尽入超滚滚来"的耸惧，隐然为社会经济的前途焦虑。假使没有此次抗战，大家安常处顺，对于每年三万万以上的收入，总有些舍不得，自不免延滞了改革的努力。然而一经抗战，随着沿江沿海"条约商埠"的撤守，于是若干收数畅旺的海关，不得不和我们分离，而三年以来的关税收入，亦不得不急遽减退。许多人不免还在想，一朝战事底定，仍然回到我们的商埠，接受我们的海关，依旧可以享有我们的关税。本年一月十日的上海《金融商业报》，还替我们打算盘，算出一九三八年的关税收入为二亿五千四百五十万元，减去应付债款本息二亿一千七百二十万元，尚可净余三千七百三十万元；又算出一九三九年的关税收入为三亿三千一百三十万元，减去应付债款本息三千四百万元，尚可净余二亿九千七百三十万元，可供政府使用，言下颇有替我们惓惓之意。我们自然也知道收入之可贵，感到减收之可忧，但是事已至此，就要别辟天地的从另一个观点着眼。现代财政不能专从收入着想，而要顾到"赋税收入之经济的效果"，看看在国民经济上发生什么样的作用。我们的关税，主要靠着进口税，而进口税则是入超的反映。此税愈增，入超愈甚，其打击吾国经济者亦愈烈。得之于财政者，远不敌失之于经济者之多，远大的政治家，自不许此种收入状态的永久延续而不予矫正。今幸抗战展开，影响关税收入，正好因祸为福，重新树立新中国应有的关税政策，特别着眼于经济，不徒以收入见长，则此后之关税，必将以新时代之姿态，为整个经济建设形成一有力的杠杆。健全财政必在抗战中长成，此又其显著之一例。

四

过去税制所以不合理，症结甚多，而尤以税类偏于间接，作用多属转嫁，不能适应国民之纳税能力为最大之缺憾。大抵在政治不甚进步之时代，一方因政治组织缺乏力量，同时因民主观念未曾普遍，无论政府对于人民，或是人民对于政府，都不能发生密切之联系，所以在税制方面，只好用间接税，而不能用直接税，即用之亦收效不多。自经抗战以后，国家与人民的关系，立刻感觉到密切了。一方政府的统制力量加强，同时人民对于国家的观念加深，于是在财政收入方面，造成了推行直接税的因素。先从纳税人方面观察，在过去时代，政治既未入轨道，人民对于政府的观念自不会好，于是对于纳税一事，总认为是一种痛苦，甚至视等剥削。这时期的国家税制，只好多利用间接税，藉着转嫁的作用，转移到消费者的肩上，使纳税人不生很大的反感。等到抗战开始以后，人民对于国家的观念和从前大不相同。在民族生存的斗争中，感觉到国家的必需，感觉到政府的有用，政府的存在，就是人民的存在，以纳税延续政府的生存，真成了国民的天职，人民与政府至此始结为一体，作到利害的一致，于是直接税始有推行扩展的可能。纵然人民对于新税仍有不甚了然的地方，但是政府课税，迥非从前剥削可比，而是拿了钱给大家办事。抗战的时期如是，将来亦必遵此途径而进行，于是在我国财政上，看到"经费之社会的福利"原则的实现。再从行政方面观察，自从抗战以来，行政组织的力量逐渐加强，其技术与方法亦日有进步。直接税之推行，以健全有力之中央行政组织与人事管理为必需条件，此等条件，因抗战而展开，亦将因抗战而完成，本有钱出钱之原则，使能力课税之直接税体系，得以推广于吾国。一方测定国民所得，一方确悉国民财产，使其盈虚消长，一一反映于纳税能力，然后吾国税制，始能臻于现代化之境地。此又健全财政须在抗战中长成之一例。

五

就在这抗战三年中，我们的国家财政，进步业已不少。但是我们还认为有更加努力的必要。努力的方向有二：一个是将怎样妥筹办法，支持更长期的抗战。这在各方审虑政府苋筹之中，进行颇为积极，此处无庸赘辞。另一个便是将怎样利用抗战的时代,将应革的短处,加紧清除,将应兴的长处,加紧推进,使财政意识与作风,乘此抗战时期,予以划时代的变革。其主要趋势可得而言者有三:第一,为财政支出的社会化。这次抗战,大家都晓得是为全民作战,求全民族的生存,人民拿了税,贡献给政府,为的是大家的生存,仿佛大家花钱共雇镖师一般,不是保护个人,而是保护全体。以此为权舆,此后的国家支出,也要循此指标,于集体生存而外,更求集体教育、集体卫生等的实现。办财政当然是要钱的勾当,但是此后的国家支出,不是为少数的某一部分,更不是为私人,而是为集体。违反此原则的,在战后政治,当无立足存在的可能,对于国家支出的社会化,无人能加以阻碍,此其一。第二,是财政政策的经济化,本来财政是政府经济的经理,在本质方面,即处处与经济有关。而现代国家所施行的"统一财政计划"(unified financial plan)实成为"计划经济的杠杆"(lever of planned economy)。现在我们的国策,是一面抗战一面建设,无疑地当以计划经济的建设为中心,则此后之财政设施,自应以经济建设为政策之基调。财政政策的经济化,实不仅前述之关税为然,此其二。第三,为财政收入的科学化。现代租税制度,既以直接测定国民所得确悉国民财产为对象,则其所用之方法,必非从前包税时代或是以间接税为中心时代之方法,初能胜任。现代的政治,要有很完备的人口异动调查,和很完备的财政和所得的调查,而这些条件,都是施行直接税所最不可缺的。我们要急起直追,用尽方法,以求其完全,使中国得跻于现代国家之地位。不仅直接税如是,间接税亦然,在新的赋税体系中,如行使间接税作到合理的地步,实现普遍负担之旨,而无逆进课税之嫌,亦甚有待于新技术的应用。不仅中央税如是,地方税亦然,在数千年传统之征收方法下所行的地方税,如何作到科学化,恐怕也是改革地方财政的主题。财政收入的科学化,尤以在征收技术方面,特感需要,此其三。

这些工作,都要趁着抗战期间,加倍努力,这时不打下一些基础,等到战争一停,大家心情一松,恐怕又回到从前的老套,未免有负抗战。"艰难玉汝于成",就在这暴风雨的当中,站定了脚跟,以后才有可为!吾人所以特别提出"健全财政在抗战中长成"的口号,其意在此。

民国二十九年三月十三日于重庆

倭岛寻金之热与幻*

（一九四零年三月二十二日）

战争需要钱，钱的方式非一，最后还要找到金。在管理货币制度通行各国的今日，国内流通可以完全责之纸币，无庸以金为媒介。至于国际收支，亦可以贸易货或仰赖各种无形输出以资抵冲，不一定非用黄金不可。但在作战时期，出口常受阻滞，而进口则与日俱增，战争所需要的军火与物资总要仰赖于海外补充，则国际收入总有不能相抵之时，此时欲维持一国之通货制度与外汇安定，即需充分之金准备，以资付现。此时对于金的需要必然迫切，而寻金之热以起。

本月六日本报社评，曾述及"暴敌通货膨胀之窘态"，据专家之估计，日元集团之金准备实际已降到零点，敌阀于万分焦灼之余，一方加紧本国以及占领区域内物资之榨取，同时即千方百计寻觅金矿强制收买，藉以补充已尽之库藏，换得海外之供给。敌方之侵略迷梦既不知悟，则此种举动宁属应有之笔，吾人于检讨敌情之际，对于此点实有特加注意之必要。

敌国近年产金的数量，包括其本国、朝鲜、台湾及侵占之东四省，每年约值一亿七千五百万日元（按现在汇率折算）。以此金值抵冲其历年有形无形之入超，并维持其通货制度，其功用决不在小。惟侵略之战争愈陷愈深，战争之消耗愈演愈烈，于是对于金的搜求愈来愈热。去岁开始之际，即强迫彼国人民私营之采金公司，奉行该政府之计划，期使该国与东四省之产金价值，可以达到每年二亿五千万日元之数。该项计划，规定采矿技术设备的现代化，改进其出产方法，并增进低级矿苗之提制。但其所希望之结果并未实现，敌国之工商省，去年秋即以承认在其本国以内产量丝毫未增；而一月前"伪满中央银行"亦经宣称去年金产并未增加。其经营者，乃归咎于新设备之供给不充与劳工之缺乏。

据《密勒氏评论报》之分析，此外尚有一原因，即该国之国家银行，收买

---

* 此文系作者为重庆《时事新报》撰写的社评。——编者注

黄金所付之官价，一以日元集团之官定平价为基准，此项官价，在去年之中虽曾一再提高，并对于新采矿苗予以特殊之津贴，其价格仍远较实际市价为低。计在日本银行所付之价，较之沪、港所能换得之价，仅及一半而强，于是私营之采金业自不肯按照官价而增加生产，以致大量金产，纷纷自敌阀统制之范围内秘密运至沪、港，再行发卖。

日本银行的主持人，自然也知道如果将购价提高至公开市场价格，必可使金的产额突然增大。但是现在的日元是与美金取得联系的，这样一来，无异将日元贬值百分之五十，尚非现在的东京统治所敢于尝试。于此，惟有加强从来的强制办法，严格命令采金各公司执行一九三九年的计划。再有违犯，即予以严厉之处罚。并令"满洲矿业会社"在本年内至少要开采四处新金矿。

以前日本政府曾经梦想在台湾东部之山野中，攫得大宗矿源。其估计之金值，一时传说在十亿日元以上，该国各方曾为之欢喜若狂。嗣经专家估计，虽然亦可寻得些许，而数量极为有限，且用现代方法开采，亦属得不偿失。以后台湾政府仍行继续搜寻，尚未有所成就。

整个的日阀侵华战，就是个热与幻！岂只寻金而已？纵令寻得一些，"取之尽锱铢"，而日阀如此浪费，"用之如泥沙"，结果还是"杼柚其空"，无补于金藏之枯竭！扬汤止沸，何如釜底抽薪，语尔敌阀，"盍亦反其本矣"！

财话·释"牺牲均等"*

（一九四零年三月三十日）

最近英国的战时财政，有一句很流行的口号——"牺牲均等"（equality of sacrifice），表示全体国民为支持争取自由的神圣战争，准备提供"一切必需的牺牲"。这是财相西门所郑重宣称的话，英国各界，对此颇有些讨论。

牺牲是应该牺牲的，但是牺牲些什么呢？在这样物价腾贵的高潮中，工人们的工资，还要牺牲么？据英国总工会的意见，为"牺牲均等"起见，不应防止提高工资的主张。所以牺牲的前提，要以能力为基础，能力强些的，牺牲的应该多一些，这不仅是一种正义，也是一种荣誉。

《曼彻斯特卫报》于此说得好："一些有钱的人，差不多把他们的所得百分之八十缴纳国家，这种牺牲，看着像是很堂皇，但是和那些生活在贫穷线以下的人们仍然拿出他的收入的百分之一相比较，还觉着轻得多呢！"

看吧，拿出他们的所得百分之八十，在英国很稳健的刊物的眼中，还以为很轻。这轻重全是比较的、相对的，按照效用递减法则，所得或财产对于一个人的价值，是随着数量之增加而逐渐递减的。所以"牺牲的均等"决不是单纯数量的均等，而是相对价值的均等，这是在战时财政中最需要用全力以贯彻的一个原则！

所以伊纨士（D.J.Evans）接着主张：（见上月二十一日《上海金融商业报》伦敦通讯）对于国民所要求的"牺牲均等"，并不限于过分利得税（a tax on excess profits）的征课。"生产与消费，都应该由国家统制；个人行动的范围日狭，而集体行动的范围日增，朝着计划经济的趋势而进行——这已经是确切不移的一件事"。在多年崇尚自由的英国，许多主张自由的刊物，都发出这样的主张，则今日世界的大势所趋，也就可想而知了！

---

* 此文发表于重庆《时事新报·财政与金融》周刊第十六期。——编者注

论消费统制*

（一九四零年四月二日）

物价飞涨乃战时不可避免的现象，不仅在吾国如此，即在政治进步经济发达的英德各国，也莫不如此。所以在英国的刊物中，也时常看到统制物价暴利课税的主张与实施，我国自莫能外。惟依吾人见解，战时经济之统制应该是整个的，而不是片断的！在纵的方面，由政府以至人民，要共同负起责任；在横的方面，由生产以至消费，要同时加以统筹；庶几众流凑起，速效可期。

现在大家对于物价飞涨，莫不疾首蹙额叫苦不迭。但一考其心理，大都归罪于他方，而忘掉自己的责任。责人则振振有辞，而对己则尽量宽假，即以获利巨万的商人而论，也颇有藉口于家用之高贵，所赚之钱，除了赡生付佣之外，并没有多少盈余者。诚如是解，则甲货涨价有理，乙货涨价也有理，没理的该是谁呢？这套"罪恶的环子"，该从什么地方打破呢？再以消费而论，除低级的定额收入者，因物价之飞涨确实感觉切肤之痛而外，其中级以上之收入者，并没有看到因物价之贵而降低其消费的水准，更没有改变了消费的意识。打仗将及三年，而中级以上之都市生活者，其消费形态，较之在平、津，在京、沪，曾经改变了几何？设使吾人清夜自鞠，恐亦爽然若失，瞠目而不知所答。章身之具，口腹之养，以及寝处燕息赏心骋怀之所需，并未因长期抗战而改变几何，亦未因物价飞涨而缩减多少，物价虽惊人上跳，而慨然解囊者，仍大有人在，商人何苦不高标价码而多赚他几个呢？

所以物价问题，单责之政府而忽略个人固不可，单注意于生产与流通而忽略了消费，当亦有所遗漏。固然在我们中国这个社会，统制生产还作不到理想，又怎能顾到消费？这种工作当然不是容易的。但是天下事，穷则变，变则通，处在万般无奈之际，就要另起炉灶，重开世界，一定可以找到办法。譬如衣着一项，现在做一套西服，固然是贵的不得了，做一套像样的制服，也是贵的可观，于

---

* 此文系作者为重庆《时事新报》撰写的社评。——编者注

是大家都不免怨声怨气。但是我们不可以从公务员方面，澈上澈下，酌选朴质耐用的土布，来一个服着标准化运动么？这不过举一个例子，作来并不甚难，果能决心作去，一定可以解决一大部分的生活问题。此外生活的各方面，可以视环境的方便和条件，逐步办理。

这是"实物给酬制"一个比较容易作到的实例。公家管衣服穿（并可推及社会团体及营业团体），少加些薪水都可以。而且服着标准化以后，在机关可以免去许多长袍短褂的腐败相，在社会可以免去许多花红柳绿的奢糜相，虽说爱好本天然，章身自有道，但是在这抗战的时期，似乎大家应该忍耐一些，等着打完了仗，咱们再讲究。若是，则那些西服料子洋装领饰等等，纵令它贵到天，将耐我何！举此一例，可概其余，价钱该贵不该贵，是另一个问题，为什么我们对于消费，独不可以加以检讨和改革。

我们经过这次抗战，政治要改革，生产要改革，就是消费形态也要改革。我们过去的消费是"加速度的二重畸形消费"，一方支配于封建意识的残存，一方支配于资本商品的侵蚀，生产虽牛步迟迟，而消费则奔轶绝尘，此在抗战前之平时尚且不可，而况抗战开始后将及三载的今日？这样的消费形态还不该打破么？此种划时代的工作，固要政府来领导来主持，但是也要社会各方面尤其是知识界，群起而作多方的提倡！

肃清贪污由官吏自觉始[*]

（一九四零年四月九日）

报载：内政部为惩治贪污，特拟治标、治本两种办法。治标则详订检举告发之权责，除将贪污人员从严惩办外，并予失察包庇者以连带之处分，使贪污枉法者无可掩饰。治本则确立人事制度，并厉行预算、会计、审计、公库制度，使贪污者技无可施。我国贪污之风，至清末始炽，迹其原因，实由于在上位者之好货，致在下位者不得不敲剥人民以为进身固位之资，所谓"上有好者，下必有甚焉"，直可为当时贪污社会之写照。迨入民国，军阀以武力为敛钱之工具，亦即假武力以济其贪污，剥削掳勒，侵蚀吞没，已成为公开之秘密，不易之常经，而一般恃军阀为奥援，以武力为护符者，乃亦相率效尤，恬不为怪。甚至以能敛钱为干才，以不贪污为蠢货，国家纲纪，社会道德，崩坏溃决，荡然无存，此吾人追溯往事，实不能不痛切怨恨于军阀者也。自国民政府成立，军阀渐趋消灭，法令典章亦相继制定实行，贪污之风确已稍敛。顾以积染甚深，根绝匪易，故今日而侈言官皆廉洁，吏能清勤，固属张扬夸大，但若谓苞苴到处，贿赂公行，则又未免近于不经。惟是处抗战建国之大时代，政治必须与军事相配合，今日我国在军事方面，经三年来之锻炼，其有长足进步，已为无可争辩之事实，惟政治方面，则无论任何部门，均有落后之嫌，贪污之未尽肃清，盖亦无容讳饰，此内政部所由特拟治标、治本两办法，以蕲达到澄清之目的，殊值吾人称颂者也。

惟吾人闲尝思之，官吏贪污之劣根性决非与生以俱来，且初历宦场者，纵不虎虎有生气，亦尝确确自守，不敢干犯法纪，故凡贪污者，类多历练甚深之老奸巨猾，此其原因，可深长思也。夫清官廉吏，在国家有褒奖，于社会得名声，人孰不羡之慕之，顾竟反其所好而贪污者，盖必非其本心所企望，而为外物之诱惑与外力之压迫。所谓外物之诱惑，即如物质上之享乐，以及奢侈之习尚、豪华之浪费等，因经济之压迫而不得不以贪污为其亏累之尾闾；所谓外力

---

[*] 此文系作者为重庆《时事新报》撰写的社评。——编者注

之压迫，即如地方上之土豪劣绅，市场上之奸商市侩，与夫官吏之族亲内戚。吾人设就贪污案件之前因后果作一调查，则知凡是贿赂苞苴，决非官吏直接向人民索取，而辄假手于此类人等。彼辈或以士绅之资格，与官吏朋比而鱼肉人民；或以市场消息之灵通，手腕之敏捷，而为贪污之官吏作经纪。至若族亲内戚，则以亲昵嬖倖之关系，或以利诱，或以情动，或以威迫，或以势胁，而使官吏溷入漩涡。盖官吏之薪俸非优厚，而保障又常不安全，一方以外物之诱惑，为金钱所围困，一方以外力之压迫，被货财所煽动，于是乃一反其初衷，而有暮夜受金之丑行，久而久之，至再至三，遂不觉贪污之为罪行矣。是故贪污之不能肃清，虽或由于法令之不周密，制度之不完善，而有待于治本与治标，然若检讨其先天的原因，则于外物诱惑与外物压迫两方面，似尤应有注意之必要也。

吾人认为苟欲贪污之肃清，国家之法律制度固应周密而完善，治本、治标亦当办理而并进，然其枢纽所在，必当从官吏本身之自觉始。今日国家遭逢严重之危难，民族之存亡绝续濒于最后关头，凡属炎黄华胄，不独应尽其国民一份子之职责，且当更求其超越寻常之力量以贡献于国家，始克告无罪于世。官吏更受国家之俸给，以从公不贪污乃其应有之职份，正如不杀人者并不得受国家之奖赏。即使为官吏者利用国难而趁机发财，假藉战事而设法牟利，只图一己富裕，罔顾国家与人民，上下其手，吞噬侵蚀，是岂独为国法之所不容，抑且为天理人情之所不恕，即置之与汉奸同科，亦非过重。至若土豪劣绅，奸商市侩，以及官吏之族亲内戚，尤当体念时艰，共济国家民族于强盛之域，以尽其国民之职责。须知政府之法令典章固属可畏，而社会之指责批评，其力量之大，犹十倍于罚也。

非常利得纳税问题[*]

（一九四零年四月十二日）

在这物价指标扶摇直上的过程中，无论是在重庆，或是在许多内地的城镇，最引人瞩目的一个现象，便是：店肆纷设，商况繁昌，购买频数，消费亢进，形成一种非常时期的消费景气。在这种景气之下，无论作那一行的生意，只要是经营方法不太拙劣，都可以赚钱，而且赚的很多。虽说战时成本加重，运费加高，损失加多，但是在货价上所多标出的数字，总叫它补偿而有余，而且余的很多，实在有利可图，所以大家才争先恐后的做买卖。据说新设立的某酒家，不惜以飞机载庖师，可见这抗战后方消费景气吸引力量之大！

但是在这空前的消费景气之中，却包括着苦乐不同的成分。少数的席丰腹厚之上层，只求当前快意，何惜一掷千金，物价无论怎样贵，亦只增加其经手过付的若干筹码。惟在大多数以身为业恃力为生的中下层，尤其是定额收入的部分，物价无论怎样贵，而对于开门七件事生活必需品，则不能不买，而且不能不赶快买，买迟了还要贵。于是在这消费亢进的激流中，手头宽绰的自然要花，荷包紧涩的也得要花，"花落知多少"，谁又能顾及呢？眼前的消费景气就含郁着这许多甘苦。

至于做生意的呢，藉着经营的商品，可以多收；而因门面的开销，店伙的酬给，家庭的供养，自然也得要多支。而且远道运货的高昂，途货到的达的淹滞，空袭战争的破坏，经手代办的侵蚀，货到后方，赚上几个钱，真是不容易啊！如果利钱不大，谁又肯冒这样大的危险？危险的成分愈大，赚钱的欲念愈强，"矢人惟恐不伤人"，既是作这一行，就要受这种心理的支配。所以平抑愈勤，涨势愈猛，非常时期的条件和非常时期的心理，造成这非常时期赚钱的可能。大利当前，自然趋之若鹜，又非单纯之平抑办法所能制止者。

如果不因为抗战，又怎能造成这种局面呢？前方这样的牺牲，万众这样的

---

[*] 此文系作者为重庆《时事新报》撰写的社评。——编者注

流离，生活这样的艰苦，凑成许多非常时期的条件，才造成这非常时期赚钱的机会。蒲徕恩（C.C.Plehn）老教授所说"靠着世界受罪做生意"，实在是运会凑迫，并非商人居心不仁；所以国家对商人课些税，也是事理当然，并非和商人过不去。反正今日的国家和人民，已经是结成一体的。国存与存，国亡与亡，看看被占区域的工商各业，都已统制把持于敌人之手，那还有我们商人自由赚钱的机会？我们把抗战所赐与的利得拿出来，支持抗战的进行，争取抗战的胜利，便是为我们后方工商各业，保障无限赚钱的机会。

天下事总是能力越强的，所担的责任亦愈大。肩膀宽的负担多。"能者多劳"，不只是一种义务，而且是一种荣誉。凡是有能力的人，对于难办的事，总不愿意躲避，认为那是一种耻辱。去年欧战初启，英国财相西门提出空前的增税案，全场刚一听到，尚不免为之愕然，彼此相顾，不觉为之哄堂一笑。英国有句俗话，说是"纳了税还透着高兴"（pay-up and look pleasant），尤其是在这民族抗战的过程中，赚钱的人更应该如此。虽说英国是英国，中国是中国，怎好随便拿来相比？但是我们相信，这次的民族抗战，比他们列强间的战争，其意义还要大得多。捐了头颅，呕了心血，尚且甘之如饴，岂有纳了税而不透着高兴么？

消费景气批判*

（一九四零年四月十六日）

战争时期，国民是应该节约的，但在实际，则常与政府所预期社会所提倡者未必相合，有时甚至相反。不仅在吾国，就是在自号先进的英、德各国，政府天天喊着"节约、节约、节约"，而在实际所看到的，仍然是店肆纷设，商况繁昌，购买频数，消费亢进，形成一种非常时期的消费景气，尤以后方都市为然。此中自有许多好的和坏的因素，不能一概而论。但是国家对此现象，则不能任其自然成行，应该拿出系统而有效的办法，加以善导，加以制裁，设法改变消费的意识与形态。

促成消费景气的因素，不能说是都坏。譬如转战千里出入战区受尽艰辛的前方将士和工作人员，偶因述职或请示的关系来到后方，对于生活的应用品当然要加以补充；对于人生应有的享乐不能得之于前方者，来到后方，朋友们就不能等着他自己寻求；这都是人情所不能免。又如战区脱险归依后方之若干人员与民众，其在战区中之个人所有，或则化为灰烬，或则提挟无从，千辛万苦来到后方，而日用所需，俱付阙如，势不能不为之补充；而虎口余生异乡羁旅之余，在精神上又不能不有相当之享乐与慰藉，稍偿其间关万里烽火流离之苦，此亦常人之情，未能加以苛责。其因此而促成之后方消费景气，尚属合理。

但是不合理的因素毕竟甚多。姑举二例：我们在行都时常看到许多公私集会，其场面之阔绰，物资之丰赡，仪节之繁缛，较之在南京、在武汉，并无多让。虽可因此证明我国物力之厚，但在抗战三年艰难楷柱之今日，公私各方倘仍拘于成例，牵于颜面，因仍沿袭，以适俗韵，不肯毅然变革，为天下先，似非以抗战求建设所应有之现象，此其一。又在长期抗战中，因衡磨折，层出不穷，一般心理，易趋颓废式之享乐。所谓"我躬不阅，遑恤我后"，在此大时代中，个人的生命太短，而偶发之事件太多，很容易促成今朝有酒不饮何待的感

---

* 此文系作者为重庆《时事新报》撰写的社评。——编者注

想。又大家有见于物价之飞涨不已，有钱留在口袋，与其将来买酒不醉，何如消费及时，此种经验，毕竟不是抗战期间所应有之健全心理，此其二。此外则乘此非常时期，趋时邀利之大商巨贾与非商人之有力人士，因为赚钱很快而且赚的很多，在消费方面，自然不会打算盘。物价无论怎样贵，仍是依样排场，不惜一掷千金，助长物价之涨风，牵累许多中下层为之呻吟叫苦！此种现象，平时且不可有，况在此艰苦奋斗之今日？倘仍任其继续存在，必不免引起严重之反响，及今不图，后必悔之，此其三。

对治之策，应该从三方面入手：第一，政府亟应试行消费管理，使社会生活，扫除惰性走入新轨，而其着手，则由上级之政府人员开始！"君子之德风也，小人之德草也，草上之风必偃"，这真是亘古不易中外不殊的好教条。例如招待外宾，我们可以订出一个极朴质而郑重的仪式，或者更能博得国际的同情，又何取乎素质约而貌奢绮的虚套！第二，则为厉行暴利课税。社会上有若干人赚钱太快太多，则在生活上，所集于少数手中的支付筹码，必反映于过度而无益的消费。为集体利益着想，应该以课税的方式，收回一部分于国家之手，然后以集体支出的方式，倡供集体消费，岂不比个人消费更为有益而合理。人们总要把眼光放宽广些，大众有益，自己并不吃亏，这个算盘算不清，迟早要被时代的激流打下去。第三，则为试行"实物给酬制"，从公务人员的待遇及增薪问题上，谋一合理的解决，同时即可贯澈管理消费的理想。物价这样上涨，仍按金钱给酬制之积习，不知改弦更张，则加薪对于物价，必成老赶而赶不上的趋势，则何如斟酌缓急，逐步推行实物给酬，兼可实施消费管理，岂不一举两得。吾人有感于消费景气之不应放任，故敢略陈涯略，惟政府与社会各方远见之人士，有以促成之！

赋税政策与物价水准[*]

（一九四零年四月二十三日）

国家行政是要各方面相配合，挹酌盈虚，运移消长，多方筹策，庶可求得全体之均衡。以天道言之，日盈无昃，昼长无夜，必非人所能堪；以人道言之，富累巨亿，贫无短褐，亦非情所能许。所以当前的物价问题，必不许其如此高涨，无所底止，国家于运用种种政策之余，其正待努力而可期速效者，厥为课税。

课税是国家收入的问题，怎么说是与平抑物价有关？物价是经济的现象，而课税则是财政的手段，在一般人眼光中，课税一事，无非为政府多收几个钱，似不必陈义过高，说的如何神妙。其实不然，现代国家运用赋税政策，尤其是直接税，并不光是替政府找钱，于收入目的而外，特别着重于经济的和社会的两重目的。一方蕲求经济发展的合理，同时主持社会分配的均衡，以课税为杠杆，藉以实现高者抑之不及者举之的行政理想，尤以在抗战期间，特别感觉其重要。

物价水准之变迁为货币购买力波动之反映，因而物价腾贵之故，亦足影响货币分配的平衡。国家于此，自当注意于物资之供给与货币的管理，从钱与物的本身上根本设法。但既形成物价高涨与货币购买力分配失平之状态，其临机处置，即藉赋税政策，将一时聚集于少数人之手的支付手段，转移其多余部分之一部于国家。其直接的效果，固足实现货币分配的均衡，使无剥不足以益有余的悲剧；其间接的效果，亦可以将膨胀于少数人之手的货币购买力，藉课税以实施再分配，消弭通货膨胀的趋势。

此不仅在吾国为然，即在英、德各国，亦均有此先例。第一次欧战，英国通货亦曾增发许多，但未演成恶性膨胀的结果者，即得力于提高所得税及战时利得税的税率。此种政策之收获，增加战时财源尚在其次，而为经济社会消弭恶性膨胀之因素，实具有特殊之意义。此次欧战，英国于提高所得税与战时利得税之外，名经济学者凯恩斯（John Maynard Keynes）且提出"强迫储蓄"的

---

[*] 此文系作者为重庆《时事新报》撰写的社评。——编者注

主张，藉以吸收个人手中支付手段之过度集中，以消弭通货膨胀的隐忧，颇引起该国社会之重视。此外更有主张开办"资本课征"（capital levy）者，此在第一次欧战中，即经主张，且有一二国家，曾经施行，较之利得课税更进一步。

今日一般人士，感于物价之高涨，虽知其原因甚多！关于根本机构者，如生产与运输，关于社会病态者，如囤积与操纵——但在心理中，总不免笼罩一通货膨胀之阴影。因而在贩卖者，尽量购进，在消费者，任情消费，对于物的持有与享用，与对于钱的持有与珍视，适成一反比，于是构成今日购进景气与消费景气的畸形现象，结果不免影响国人对于法币的信念，这是亟应肃清矫正的一件事！法币的信用系于国家，而国家的前途系于抗战，这种心理绝对不是自尊奋斗的国民所应有！我们只有信任这一个政府，只有信任继续抵抗，因而只有信任这一个法币。近代管理式之下的币制，就靠着信任（confidence），大家始终信任它，它就灵，如果缺乏远识，吠声吠影的不信它，也足以危害其存在的基本条件，与危害国家、怀疑抗战，是出自同样的心理。全国上下，应该警惕防遏这种心理的滋蔓，用种种方法以消弭之，赋税政策，其一端耳。

从战时税政到建国税政[*]
——为中国经济学社年会而作

（一九四零年四月二十七日）

一

今日我们讨论到战后经济问题，不免引起两种感想：其一，欧洲战争，天天在那里扩大，整个世界，都要准备长时间以与战争相周旋，我们自然不容易早见战事的结束。所以在今天而谈到战后的问题，似乎觉着有点早。其二，对于任何问题，许多人总是把战时和战后分开，以为平时是一套，战时又是一套，因而在执行政策的时节，只求医得眼前疮，便以为任务已了，先说战时的，战后将来再说。这些见解确很普遍，表面看来似亦有理，有意无意地，支配人们的行动。但是仔细地考察一下，便觉着很有些不妥，而有严行批判勇为矫正的必要。我们想到战后，等于想到和平，和平自为吾人所跂祝，但为求得独立民族所应有的和平，即不能不以较为长期的抗战来换取，只要把战后所要求的目标认清，则战后到临虽迟，宁于民族有利，此其一。战时与战后，对于人们的工作，只有轻重缓急之分，而不是不相为谋。我们这次抗战，在平时早有了准备，所谓平时要做战时事；同样，在作战的过程中，自然处处要为战后打算，所谓战时要做平时事。行远自迩，为大于细，在分量上如此；备变为常，以常处变，在时间上亦复如此。战后能否作出一些理想，端看在战时的努力如何。及今不图，等到事平再做战后的一套，那就太晚了，此其二。持此二义，可以应用于各方面，战时财政中的税务行政，特其一端耳。

战时财政的工作中，以增税为最难，亦以增税为最关紧要。大抵经济进步行政严密的国家，从开战之初，即能厉行课税政策，而不乞灵于募债与发钞，如

---

[*] 此文发表于重庆《时事新报·财政与金融》周刊第二十期。——编者注

两次大战中之英国，即其显例。其他国家纵不能即刻作到，随战事之进行，亦不能不置重于此。在供应战费的数字上，自属有限，而于调整经济平衡社会预植战后财政之健全基础，则关系甚大。"财政不只是打算盘，财政是国家大策之一"，巴什帖布之言用之于战时财政，愈足征信。

课税政策在吾国战时财政上，更有其特殊之困难，虽经政府多方努力，但在收数上，其效果终不甚显。环境使然，殊无足怪。三年以来，战区如是之广，破坏如是之重，而国家税收尚能有相当之进展，足证政府致力之勤与国民拥护之殷。盖国家与人民的关系，自从抗战开始以来，完全融为一体，一改从来课税与纳税之对立的关系，此为战争中最可宝贵之收获。吾人亟宜重视此点，发挥而光大之，利用此抗战之机会，树立战后税政的健全基础。

二

税务行政所包括的内容甚广，首应注意者，厥为"税策"。过去国家课税，不是没有政策，但是过去的课税政策，每为其收入目的所掩，只要增加收入，政策贯彻与否，在所不问。这种课税，仍然是从来聚敛的遗风，与现代国家课税之目的大相径庭。现代国家课税，第一个目的为经济，以课税为手段，促成生产之发达、分配之均衡与流通之合理。第二个目的为社会，以课税为杠杆，在积极方面，增进集体之福利；在消极方面，消弭阶层之悬隔，而收入目的反居其次。是为税策之现代性。其次，吾国从来税策，纵令有之，亦常受外力之影响。如关如盐，在昔因条约之拘束，不免任客为政，纵有政策，非我自主，其由我方自主之政策，又每因外力关系，格而不行，或变更其原有的意义，此种事例，皆可偻指，国民都能记忆。考其原因，或因从前之政治未良，组织未强，未能赢得国际的信认。此后则不然，经此抗战之后，我们政治的组织与力量，随抗战之进展，已有划期的改进，则此后之赋税政策，只要不拘囿于收入，而以经济的与社会的目的为前提，必能有所实现，是为税策之自主性。从来政府收税，为收入而收入，其视野至为狭隘。甚焉者竭泽而渔，杀鸡求卵，只要税收足额，一切概所不计，这只能说是苛政，不能称为税政。现代国家之税政，其政策要与各方面相配合，挹酌盈虚，运移消长，多方筹策，期得社会全体之均衡。所以课税一事，有时与生产有关，有时与分配有关，有时与货币有关，有时与物价有关。今日办税，不能以在税言税自足，而要扩大视野，着眼于整个的国策，是为税策之连带性。吾国政治，总要促进其现代化的过程；又须利用抗战之努力与牺牲，争取自主化的实现；而局部的施设，以全体和谐为指归，故又须时刻注意其连带化。课税权本为国家主权行使之一部，故在政策方面，特别提出上述三点，以为税策之基调，先在抗战期内努力发扬，则战后改造之基础，即在于是。

三

税策而外，更应注意者，即为"税人"。不仅在吾国，就是在外国，从来人们对于税吏的印象总是不大好。自从《礼记》载着一段"苛政猛于虎"的寓言，而《大学》又有"与其有聚敛之臣，宁有盗臣"的斥责，于是在人民的心理中，对于税吏生出两种感觉：一个是畏惧，如同怕老虎；一个是涎羡，以为经手三分肥；最轻微的，也要为人民所憎恶，诚如美国政论家柏克（A.E.Buck）所说："课税而能讨人欢喜，如同讲爱而能运用理智，是未曾赋予人类的"（To tax and to please no more than to love and to be wise is not given to men——Burke's *On American Taxation*），此种心理的造成，自有其时代的关系。但至今日则不然。财政的理论，日益昌明，财政的制度，日益严密，办理财政的人，其才识与人格，日益提高其水准。同时因社会的集体生活，日益扩大其范围，从来人类欲望的满足仰仗于个别支出的，渐次转变为集体支出[1]。集体支出的方面愈多，数量愈巨，关系愈复杂，技术愈繁琐，则所仰赖于廉能有为之财政家者亦愈甚。新时代之税人或财政家，必非历史上所称聚敛之臣所能胜任，而新的社会环境，亦不能再容此辈侧身其间。财政家水准的提高，一方要看主观上的努力，同时也要看客观上的社会条件。

所谓客观条件，要从两方面入手：在政府方面，要树立文官服务制度（civil service system），在人民方面，要发展民主制裁力量，使办税的人，一方得到国家制度的保障，同时受到民主力量的监督，则税人素质，必能根本改观，一反从前之所为。在国家制度方面，所有办税的人，其登选、任用、考绩、黜陟、迁调、抚恤，均为之树立轨范，使有客观标准可守，而无因缘倖进之心，亦无宦海浮沉之苦，必能以学致用，安于所职，专心致志，以求所守职务之精进。英

---

[1] 参阅 Prof.H.O.Meredith，"Rates and Taxes," *Economic Journal*, Sept.1939.

国的财政管理制度，号称谨严而有效，即得力于文官服务制度的树立。此种制度，在施行之初，容有若干不满人意之处，且因整个用人制度，未能尽使之制度化，仅施之于局部，亦未必即使税人安心。但不足为制度病。政府仍当坚决推行，随时改进，此种根本之图，一经确立，即千百年受其赐！同时民主监督的力量，尽量与以发展，所有财政各方面的设施，在政府尽量公开，在人民尽量批评，十目所视，十手所指，必不许税政内涵，稍留过去之黑暗。以如此之社会条件，促成税人水准的提高，数年之后，必可收效。谓宜乘此抗战期间政治革新之会，民气发扬之时，朝野并力，树立税人，必可为战后之财政改造，养成大批之生力军。

四

新时代之税人，必有新时代之"税风"。其应养成之风气，亦须悬格以求，植的以赴。"风俗之于人心，始乎微而终乎不可御者也"，作始甚难，有非朝夕所能致者。但当认清时代之要求，努力以赴，一旦气机鼓动，与时代合拍，为人民认识，必能有划时代的表现。所谓新时代之税风，应从四方面作起。新时代之税人，须有专门之学识，在校所学，以实用为归，从政致用，以所学为本，所学未必尽合于实用，则于服务之际，更求所学之精研，则其服务机关，实等于在学之实验室。以服务为在学之延长，则机关实等于学校。必如此，始能使政治随时代而前进，一反从前税吏墨守成规（rule of thumb）吃房吃卷之所为，此之谓"学校之风"。新时代之税人，不靠奥援，不吃衙门，同事之间，坦白相与，有如兄弟，而僚属与长官之间，脱去从前官套，亦得表现真性情，在公则指臂相连，下公则娱乐与共，变衙门为家庭，视同事如手足，真情充溢，效率自生，此之谓"家庭之风"。税人既经考训，首须接受纪律，而在抗战以后之政治行动，亦须尽量采取军事方面之特长，以纪律为改造政治之中心。苏联五年计划之成功，得力于"财政纪律"（financial discipline）者为最多，今日吾国政治欲其赶上军事，实不能忽略此点。论情虽如家庭，论法宜如军队，此之谓"军队之风"。新时代之税人，既与过去税吏不同，则对于纳税人民之关系，亦当改观。今日之国家与人民，既为一体，今日之征收人员与纳税民众，亦非对立。尤其在推行新税之际，以公平合理为目标，政府对于人民，不徒以运用威权见长，而要取得人民之了解。于此，征收人员应尽量运用劝说之方式，如宗教家之宣解教义，使人信仰,此之谓"宗教之风"。新时代之税风,所不同于旧时代者,必能具备此四种成分。有学识,有热情,有法纪,有恳念,持此以赴,不达不止,初虽甚难,收效实大。

五

以上均从课税方面说法,以下再从纳税人方面,一加分析。所谓"税负",其古今的意义,亦有不同。在昔帝王之世,以万姓脂膏供贵族盘乐,取之尽锱铢,用之如泥沙,此时税负,实等剥削。以后时代进步,政府为人民办事,其初亦仅限于少数消极之作用,所谓"警察国家"之时代,人民税负,等于给佣。其后国家职务,日见扩展,人民自出生以致奄息,国家皆为之纲纪,以集体支出,实现集体生活之利益,此时税负,胜于自供。至于最近,国家支出,更集中于经济之发展,支出之效用,不仅限于消极之消费与享用,且表现于积极之生产,为国民造成更大的收入,此时税负,胜于投资。所以在政治黑暗之时代,人民视纳税为压榨,视税政为猛虎,视税吏如盗贼;及在政治进步之时代,国家与人民结为一体,则国家之利益,亦即人民之利益,完全脱离利害对立的形态。吾国自经此次抗战,在争取民族独立的过程中,将全国各部分的利害打成一片。是以国民捐身命、献财产、罄收入以报效国家,皆所不辞,此在税负心理之改变中,关键至为重要!在政府一方面,应珍视此时机,将人民所负担之租税,完全用之于全体利益之支出,以坚定人民的信心;同时在人民方面,亦应普遍发展深刻认识此种趋势,勿以税负为牺牲,而以税负为表现个人能力经营成功之标尺。倘使国家支出尚有不合理不经济之处所,亦宜从积极方面运用舆论民主之力量,促其进步,不徒以消极少负相抵制,政府与人民必能互为助长,使政治日即于开明。

六

一个税政,所应努力之方面甚多,以上所陈,先就其急切待办者,略举涯略,此皆抗战以来,特为吾人造成之机会,而正待吾人之努力者。战时税政已颇得力于此,而战后之税政改革,正宜以此为出发,乘此抗战时期,将旧染尽量涤除,将新机尽量开启,已经破坏而丧失的,不必留恋,不必顾惜,籍此机会，亦可令其中之不良成分，随东流以俱逝，而其健全之成分，必仍能保持运用，为此后之改革大业，形成有力之岗位。至于新的成分，既随抗战而展开，则战后之发展，必有出人意外者。吾人不要等到战事平定，方悔今日努力之不足，急起直追，正在今日！

曾忆十二年前（一九二八年）美国经济学会年会，亚当士老教授（Prof.T.S.Adams）曾以会长之资格，提出其有名之讲演——"税政之理想与理想主义"❶。去年九月不列颠协会第六组（Section F of the British Association）开年会，梅里狄斯老教授（Prof.H.O.Meredith）亦曾以组长之资格，提出其"地方税与中央税问题"（rates and taxes）。梅氏提出本问题之最大理由，即以为对于此等问题，国家可以依照意志而施行管理。不错的！财政为政府经济的经理，政府应该而且必须施行有意志之管理，较之其他行政部门，较易着手，尤以在战时为然。战时之政府，有甚大之权威，并得人民的热烈拥护，此时施行有意志之管理，真是最好的时机。行百里者半九十，能于战时充分地做一些，则战后之问题既已解决大半；能于财政方面充分地做一些，则整个政务既已解决大半；能于税政方面充分地做一些，则对于战后之健全财政，既已把握主要之一环。不仅政府应有此认识，社会各方亦应有此认识也！

民国二十九年四月二十六日于渝州

---

❶ "Ideals and Idealism in Taxation," *American Economic Review*, March 1928.

吾国战时贸易与关税之变迁[*]

（一九四零年四月三十日）

一

这次空前的远东大战，不仅改变了中国的内部，而且改变了中国的外缘，食其果者，不仅是交战国的双方，而且波及与远东有经济关系的西方各国。这种影响的判明，在战事正在进行中的今日，业已看的很清楚，不必等到战事了结以后。关系于中国者，中国自知警觉，自知努力，努力不到，责任在我们自己。关系于各国者，各国不是不知道，不是没有解决的能力，虽然免不了有些牵扯，但是也颇有剑及履及的机缘。顾及因循瞻顾，坐失事机，令人有"今岁不战，明年不征，使孙策坐大，遂并江东"之感。此种趋势，尤以表现于贸易与关税者为最显。这与其说是我们自己的损失，毋宁说是西方各国的损失。损失了我们贸易的入超，损失了我们对于关税的依赖，毋宁说是吾民之福，但是在西方各国，眼看着百年来远东经济的壁垒，一朝为之改观，而且优势一坠，不知何日尚可挽回，这真是国际经济的空前剧变，值得吾人加以注视与分析。

吾人所以特别提出贸易与关税者，因为贸易是国际商品流动之反映，而中国关税所担保之外债，又为国际资本流动之反映。贸易与关税二者，形影相随，互为因果，对此二者能加以注意与分析，即可窥知此次中日战争中西方各国所受之影响如何，而此后远东经济发展之动向，亦不难推测而得。

二

先言贸易。百年来——自一八四二年以至今日——中国经济发展之特质，本属"自外向内"，"外重内轻"，以外铄的国际贸易为动脉，而内发的农村经济反

---

[*] 此文系作者为《贸易月刊》撰写的文章，发表于第二卷第一期。——编者注

居被动的地位。这一块远东天地,固然是国际商品的推销市场,但其性质是公开的,而不是封锁的;是自由的,而不是独占的。吾国既未达到工业生产的境地,则对于变迁有无的工业制品,我们可以一视同仁的接受,此种形态,(孙中山)总理曾称之为次殖民地。就是说,我们的工业生产尚不能独立,而要在贸易上,成为各国工业制品的公开市场。虽然如此,毕竟是门户洞开的,而不是被某一国封锁垄断的。

这次暴敌所以甘冒不韪,对我兴戎,其目的还不在土地的占领,而是在经济的独占。它的主要意念,就是叫我们永远自甘于农业国,而且专做日本工业国的商品销场。换言之,即是我们的对外贸易,只许对日本,而不许对他国;只许在"日元集团"内讨生活,而不许与世界相接触。此次暴敌之对我侵略,其主题实在贸易。

这当然是我们所不能忍受的。为我们前途的生存与发展,我们当然要不顾一切的起而奋斗。我们纵不能即时解脱,(孙中山)总理所警惕的次殖民地的命运,还忍于叫她再坏么?还忍于叫公开的贸易市场,变成独占的贸易市场么?所以这次抗战,称之为争取自由贸易的斗争,或称之为反抗独占贸易的斗争,亦无不可。

因此,我们对于抗战开始后对外贸易之变动如何,实有深切注意的必要。

三

据沪上刊物业已发表的资料,去年一年中国对外贸易,较之前年,如以英镑换算,在价值上增加百分之二十四点四;若自进出口分别观察,进口增加百分之五十二,出口减少百分之二十点六;若与开战前之一九三六年相比较,则贸易总额增加百分之八点八,去年全年入超总额为二十一亿九千四百七十七万六千四百九十二元,折合英镑为五千五百四十万镑。兹将过去四年中国对外贸易总额,以英镑换算,列表如下(换算之平均价值,一九三六年为十四便士又八分之三,一九三七年为十四便士又十六分之五,一九三八年为十便士又十六分之五,一九三九年为六便士又三十二分之七):

| 一九三六年 | 98,764,500镑 |
| 一九三七年 | 106,777,016镑 |

续　表

一九三六年	98,764,500镑
一九三八年	86,337,903镑
一九三九年	107,338,307镑

在一九三八年，进口总额为五千零二十一万八千四百二十七镑，出口总额为三千一百四十四万三千九百七十镑，入超为一千八百七十七万四千四百五十七镑。在一九三九年，进口总额为八千零六十八万二千六百二十三镑，出口总额为二千四百三十五万二千九百八十镑，入超为五千六百三十二万九千六百四十三镑。（原资料系由分月按平均率换算而来，故与前述之五千五百四十万镑入超之数稍有出入。）在此入超总额中，仅上海一埠，在一九三八年，为六百五十八万六千零六十八镑，在一九三九年，为二千二百零六万九千七百三十五镑，兹将上海一埠最近四年在中国对外贸易总额中所占之百分率，列表于下：

一九三六年	55%
一九三七年	51%
一九三八年	29%
一九三九年	46%

就在这作战期间，中国对外贸易的数量，仍然表示相当的进展，不待分析，已可推知是被我们的敌人，攫取了中国对外贸易的主要部分。这不仅是我们中国所最痛心的事，而且是西方各国所不能再行忽略的事。自一九三六年至一九三七年以来，日本在中国的进口，已经超过了两倍，业已取美国的地位而代之。兹将最近四年，美、日、德、英四国对吾国之进口数额，列表如下：

	单位海关元	占进口总额百分率
（一）自美国进口		
一九三六年	185,512,000	19.64%
一九三七年	188,859,000	19.75%
一九三八年	151,254,000	16.93%
一九三九年	214,100,000	15.94%
（二）自日本进口		
一九三六年	153,577,000	16.26%
一九三七年	150,432,000	15.73%
一九三八年	209,864,000	23.49%
一九三九年	313,398,000	23.34%
（三）自德国进口		

	单位海关元	续 表 占进口总额百分率
一九三六年	150,238,000	15.91%
一九三七年	146,374,000	15.31%
一九三八年	112,939,000	12.64%
一九三九年	87,167,000	6.49%
（四）自英国进口		
一九三六年	110,497,000	11.70%
一九三七年	111,695,000	11.68%
一九三八年	70,606,000	7.90%
一九三九年	77,860,000	5.80%

自上表观之，西方各国对中国的进口，都是逐次减少，惟敌人对于我们的进口，则系急剧增加，跃居第一位。兹再将最近两年各国对中国之进口贸易所占数额（单位：海关元）与百分比，列表于下：

国别和地区	一九三九年	百分比	一九三八年	百分比
日本	313,398,000	23.34%	209,864,000	23.49%
美国	214,100,000	15.94%	151,254,000	16.93%
印度	119,439,000	8.89%	16,215,000	1.82%
关东	98,958,000	7.37%	37,411,000	4.19%
德国	87,167,000	6.49%	112,939,000	12.64%
英国	77,860,000	5.80%	70,606,000	7.90%
澳大利亚	68,680,000	5.11%	28,065,000	3.14%
荷属印度	58,350,000	4.35%	45,744,000	5.12%
巴西	38,243,000	2.85%	2,689,000	0.30%
香港	35,416,000	2.64%	24,589,000	2.75%
台湾	28,649,000	2.13%	2,277,000	0.26%
安南	28,508,000	2.12%	27,351,000	3.06%
其他	164,885,000	12.97%	157,195,000	18.40%
合计	1,333,653,000	100%	886,199,000	100%

至于出口国别，则自一九三六年以来，即以美国为第一位，直到现在。但是输往日本者，则自一九三六年以来，逐渐减少。兹将最近两年输出国别之货值（单位：海关元）及百分比，列表如下：

国别和地区	一九三九年	百分比	一九三八年	百分比
美国	225,873,000	21.92%	86,853,000	11.37%
香港	222,099,000	21.56%	243,395,000	31.87%

续 表

国别和地区	一九三九年	百分比	一九三八年	百分比
英国	90,863,000	8.82%	56,769,000	7.43%
安南	71,046,000	6.90%	15,816,000	2.07%
日本	66,621,000	6.47%	116,547,000	15.26%
关东	48,552,000	4.71%	41,507,000	5.44%
德国	45,097,000	4.38%	56,440,000	7.39%
海峡殖民地	33,786,000	3.28%	17,546,000	2.30%
法国	32,641,000	3.17%	20,402,000	2.67%
印度	30,700,000	2.98%	19,720,000	2.58%
澳门	21,551,000	2.09%	9,624,000	1.26%
加拿大	10,213,000	0.99%	3,675,000	0.48%
其他	128,204,000	12.73%	74,347,000	9.88%
合计	1,027,246,000	100%	762,641,000	100%

再按进口口岸别所占之货值与百分比，分别最近两年度列表如下（单位：海关元）：

口岸别	一九三九年	百分比	一九三八年	百分比
上海	588,156,000	43.79%	274,896,000	30.77%
天津	344,586,000	25.66%	233,865,000	26.17%
青岛	120,997,000	9.01%	46,958,000	5.26%
秦皇岛	72,372,000	5.39%	23,785,000	2.66%
龙州	36,439,000	2.71%	273,000	0.03%
汕头	33,435,000	2.49%	36,588,000	4.10%
烟台	28,058,000	2.09%	13,423,000	1.50%
拱北	26,638,000	1.98%	3,672,000	0.41%
蒙自	21,942,000	1.63%	11,465,000	1.28%
柳州	15,685,000	1.17%	3,778,000	0.42%
厦门	10,157,000	0.76%	9,134,000	1.02%
九龙	8,576,000	0.64%	143,871,000	16.01%
广州	3,944,000	0.29%	56,946,000	6.37%
汉口	101,000	0.01%	2,749,000	0.31%
其他	22,567,000	2.38%	24,796,000	3.69%
合计	1,333,653,000	100%	886,199,000	100%

再按出口口岸别所占之货值与百分比，分别最近两年度列表如下（单位：海关元）：

口岸别	一九三九年	百分比	一九三八年	百分比
上海	594,693,000	57.72%	223,039,000	29.20%
天津	95,594,000	9.28%	176,061,000	23.05%

续 表

口岸别	一九三九年	百分比	一九三八年	百分比
龙州	57,622,000	5.59%	425,000	0.05%
青岛	56,400,000	5.44%	31,445,000	4.12%
秦皇岛	36,409,000	3.53%	28,725,000	3.76%
蒙自	34,926,000	3.39%	40,718,000	5.33%
汕头	34,250,000	3.32%	37,553,000	4.92%
拱北	20,073,000	1.95%	7,037,000	0.92%
柳州	18,566,000	1.80%	5,720,000	0.75%
北海	17,067,000	1.66%	2,546,000	0.33%
温州	11,779,000	1.14%	6,240,000	0.82%
烟台	10,780,000	1.05%	15,167,000	1.99%
宁波	9,816,000	0.95%	4,768,000	0.62%
九龙	6,429,000	0.62%	30,656,000	4.01%
广州	5,322,000	0.52%	106,694,000	13.97%
汉口	21,000	—	371,000	0.05%
梧州	—	—	21,724,000	2.84%
其他	17,909,000	2.04%	23,752,000	3.27%
合计	1,027,246,000	100%	762,641,000	100%

看到以上各表所列数字，可以知道：我们对外贸易的数额，并没有因战事而减少，反之，颇有增加的倾向。但是增加的国别，不是我们的友邦，而是我们的敌人；增加的口岸，大多数又非我们政权所能支配，结果等于假寇兵齎盗粮，以中国的贸易，养敌人的经济，这是我们最痛心的事！我们认为这比失掉领土的意义还要大！

四

在我们退出领土以后，不得不放弃一部分的贸易；在我们收复失地以前，不得不隔离一部分的贸易；这都是当然的事，没有什么奇怪。所奇怪的是：远东天地，本是一个国际的公开市场，参加此市场的国度，"地丑德垂"，前后并没有什么变化，然而在贸易上，竟尔坐视其发生如此剧变，使公开变而为垄断，使自由变而为禁制，比率翻转，而莫之或救，自国际关系上观之，不能不令人惊诧！

其实这已经不是新奇的事体，早有了东北四省的前例。在一九三九年从一月到十一月，东北四省的进口数额，较之一九三八年之同期间，自四亿六千八百万，增加到十六亿一千二百万"满元"，增加百分之四十。在此增加之部分中，"日元集团"以外之国家，仅占了六百四十万元，在总额中占一亿九千八百万元，仅合该地区进口总额的百分之十二。回忆八年以前，在一九三一年，曾占过百分之五十七。同一期间的出口比率，亦由百分之六十，跌至百分之十九。所以美国国务卿赫尔，曾慨然地说道："机会均等或门户开放，在东北四省实际已不复存在了"！这种解释，不止适用于东北四省，实际已扩展到华北，扩展到江南，扩展到珠江流域，这不仅是我们所切齿不忘的深仇，而且是许多友邦所疾首蹙额的隐恨。这种关系的改正，一方要看我们自己的奋斗，但是也要看和远东贸易具有多年关系的各友邦的决心！

五

贸易如是，和贸易具有形影关系的关税，亦复如是。在去年一年，中国关税收入总额为三亿三千一百三十二万元，较之前年增收七千六百七十万元，计增百分之三十。较之一九三七年，减收一千一百五十万元，计减百分之三。较之一九三六年，增收六百七十万元，计增百分之二。从表面上看，关税的收数，也和贸易的情形一样，虽在此战事延续中，并未表示低落，反有欣欣向荣之势。但是战前战后的对外币值，很发生了一些变动，关税收数之增减，不能仅从表面去估计。同时，中国海关所收税款，亦不能尽归中国政府所支配。更从国际方面着眼，因为外债之主要部分，要以关税收入为担保，许多海关税收，既落于日人之手而归其保管，于是对于外债之偿付，无形取消，外国之债权者，遂直接受其侵害。各国对于多年之远东贸易，既为日本所排斥，对于关税担保之债权，又为日本所把持，双重损害，未有如今日之甚者！

兹将最近十二年关税收入及与英镑换算之数，列表如下：

年份	关税收入（元）	折合率		折合英镑数（镑）
一九二八年	128,274,076	按1/10	1/2折合	12,026,195
一九二九年	238,109,285	按1/8	7/16折合	20,276,493
一九三零年	281,405,583	按1/2	9/16折合	17,074,870
一九三一年	385,002,673	按0/11	13/16折合	18,949,350
一九三二年	311,976,210	按1/2	15/16折合	19,417,269
一九三三年	339,524,490	按1/2	13/16折合	20,955,027
一九三四年	334,645,408	按1/4	1/8折合	22,483,988
一九三五年	315,519,712	按1/5	3/4折合	23,335,312
一九三六年	324,630,000	按1/2	3/8折合	19,443,984

续表

一九三七年	342,900,000	按1/2	5/16折合	20,448,984
一九三八年	254,570,000	按0/10	5/16折合	10,938,555
一九三九年	331,320,000	按0/6	7/32折合	8,584,984

在一九三六年，外债及庚子赔款由关税担保者，占到关税收入百分之六十五，仅余一亿一千二百三十万元，供其他支配之用。在一九三七年，担保所占之成数为百分之六十二，余数为一亿二千八百二十万元。在一九三八年，所有外债庚款之还本付息，均经照约履行，但已不能尽数由关税拨付。因为我国政府之尊重债信，乃自其他国税收入项下照拨抵补。在一九三八年，关税收入总额为二亿五千四百五十万元，而应付本息不过二亿一千七百二十万元，本已绰有余裕。但关款大部既为日方所把持，自不能照数拨付。倘因此而有不付情事，其责任应由日方负之，此当为各国所承认之事。这种始终如一之偿债责任，一直延续到一九三九年，因为日方把持之关税收入日益加多，中国政府无论如何遵守债信，亦有力不从心之感，不得已将有改订关税担保外债偿付办法之举。但在中国直接管理之下的海关收入，其应摊付之偿债部分，始终严格遵守，并不因敌人侵占而有所犹豫。

在一九三八年，吾国政府经付之债款总额为二亿一千七百二十万零二千七百元二角一分，内容如下：

外债及庚款部分	77,958,675.98元
美国棉麦借款	10,122,775.73元
内债	129,121,248.50元

其中仅八千零七十万元系来自海关收入，其余一亿三千六百五十万元，均系来自政府之其他收入，其内容如下：

款别	关款经付（元）	其他税款经付（元）
外债	72,269,407.68	5,689,268.30
美债	3,446,344.24	6,676,431.49
内债	—	129,121,248.50
合计	80,715,751.92	136,486,948.29

在一九三九年，其由关税经付者，暨指定关税成数准备将来偿付者，其内容如下：

吾国战时贸易与关税之变迁

款别	关款经付部分（元）	准备拨付部分（元）
外债	2,379,678.60	12,850,264.19
美债	3,863,594.68	—
内债	—	15,161,300.87
合计	6,243,273.28	28,011,565.06

其由日方控制之关款，除于一九三八年六月曾在上海拨付一百一十八万零一百七十一元六角五分外，其余概未拨付。

至于税款之来源，按其项别可分列如下表：（单位百万元）

项别	一九三六年	一九三七年	一九三八年	一九三九年
进口税	254.5	261.3	160.9	237.7
出口税	24.5	29.0	16.6	17.4
转口税	13.6	20.2	55.8	46.6
吨税	4.0	3.2	2.9	3.6
水灾赈款附加	14.0	14.6	9.0	13.0
附加税	14.0	14.6	9.1	13.0
合计	324.6	342.9	254.5	331.3

兹将各关经收关款分别一九三八年及一九三九年两年度折合英镑表示如下：（一九三八年之折合率为十便士又十六分之五，一九三九年之折合率为六便士又三十二分之七）

关别	一九三八年	一九三九年	增（+）或减（-）
上海	3,648,000	4,322,000	+674,000
天津	2,425,000	1,750,000	-675,000
青岛	381,000	737,000	+356,000
汕头	413,000	210,000	-203,000
蒙自	189,000	185,000	-4,000
龙州	7,000	189,000	+182,000
秦皇岛	185,000	164,000	-21,000
拱北	69,000	121,000	+52,000
烟台	172,000	122,000	-50,000
福州	232,000	116,000	-116,000
宁波	151,000	96,000	-55,000
柳州	85,000	89,000	+4,000

如按国币计算，在一九三九年收数减少者，仅汕头与福州两处。天津增加一千一百一十万元，蒙自增加三百一十万元，龙州在一九三八年增加十八万元，一九三九年则增七百三十二万元。

关税和贸易一样，在许多地方只是便宜了我们的敌人——日本，这在我们当然是很大的损失。但是受其害者，实不仅我们自己，西方各国与远东有贸易投资之关系者，实已备受其害。一再忍受，以致促成敌人之猖狂无忌，眼看着西方各国的远东的权益，就要一扫无余，即在贸易与关税的分析中，已经表示的很清楚。抗战到底，我们的国策是早经确定了，希望在一九四零年的国际关系上，也该有划期的表现！

附注：本文数字大体参照上海出版之《金融商业报》及《密勒氏评论报》。

一九四零年三月六日于重庆

【编者补遗】文中"十二年关税收入及与英镑换算"表中所述之"折合率"可按下表所提供的文字说明与计算方法折合之：

年份	折合率			
一九二八年	1/10	1/2	一先令十便士又二分之一	22.5000便士
一九二九年	1/8	7/16	一先令八便士又十六分之七	20.4375便士
一九三零年	1/2	9/16	一先令二便士又十六分之九	14.5625便士
一九三一年	0/11	13/16	零先令十一便士又十六分之十三	11.8125便士
一九三二年	1/2	15/16	一先令二便士又十六分之十五	14.9375便士
一九三三年	1/2	13/16	一先令二便士又十六分之十三	14.8125便士
一九三四年	1/4	1/8	一先令四便士又八分之一	16.1250便士
一九三五年	1/5	3/4	一先令五便士又四分之三	17.7500便士
一九三六年	1/2	3/8	一先令二便士又八分之三	14.3750便士
一九三七年	1/2	5/16	一先令二便士又十六分之五	14.3125便士
一九三八年	0/10	5/16	零先令十便士又十六分之五	10.3125便士
一九三九年	0/6	7/32	零先令六便士又三十二分之七	6.21875便士

注：1英镑=20先令；1先令=12便士。

物价腾贵中消费管理问题*

（一九四零年五月一日）

解决当前物价问题，所应努力之途径非一，而消费管理确不失为一有力之手段。盖物价腾贵之后，直接感受影响者，厥为消费。吾人因物价之贵，虽不能不消费，但在物价逐步高涨未能回复常态以前，即应以非常消费形态适应非常之物价，而不能仍行沿袭常态消费的意识与行动，作茧自缚。

默察现在一般消费，其严重之病态有三。第一多年支配国人生活之享乐观念，在抗战中不免感其改革太少。吾人试观西方企业家，富累巨亿，拓业万里，而其个人之生活，则至为单简。即敌国之普通民众，粗服粝食，亦成一般习尚。负笈东西洋之知识分子，当能有所鉴忆。其一般之风气，真是生之者众，食之者寡，为之者疾，用之者舒，国家之富强，实源于此。若在吾国，则因天赋环境之优厚，极易养成享乐习惯。战国时代蕞尔小国之贵公子，所养食客常至数千人，自然造成一般人不事生产之惰性。区区冯　，吃了闲饭，还要弹铗而歌，什么食无鱼，出无车，以致这种心理，一再贯彻到今天，使汽车管理不能生效。滔滔社会，一端为惰富，又一端为惰贫，中间之少数生产者，一方为惰富所榨取，又一方则为惰贫所侵蚀。好吃懒做者遍天下，即在平时尚不可久，况在艰苦抗战之今日？所以消费管理一事，国家应列为重要政策之一，从教育、财政、内政、经济各主管部门，持雷霆万钧之力以临之，非打破此好吃懒做之多年惰性，不足为国民开展新生命，固不仅以节约消费为对付物价之手段而已。此其一。

第二，通商以来，崇拜外货，为外货作推销之消费奴隶心理，在争取民族独立中尚未彻底根绝。我们这次抗战之经济的意义，即是不愿接受日本所提出的以日本为工业国以中国为农业国依此基调以实行控制中国经济的主张。以日本专工业，以吾国专农业，尚且不可；以外国专生产，以本国专消费，要得么？以自身低度之生产，而为外国作高度的消费，要得么？政治上的奴隶意识，业随

---

* 此文系作者为重庆《时事新报》撰写的社评。——编者注

抗战而予以清除，经济上的奴隶意识，尚未在消费上予以清除，这真是我们民众极应该觉醒的一件事！我们在公共宴会上，仍然时常看到以炮台烟敬客，这真是抗战中民族的耻辱！一般所以未能免俗，无非受惰性的支配，以为从前如此，现在仍无妨如此。同时亦受韦布仑（Veblen）教授在《有闲阶级的理论》一书中，所称"消费的自炫标准"（the conspicuous standard of consumption）的支配。以为不如此不足以表示场面，这些意识，在抗战中真应该赶快的清除！方足以对得起军事上的艰苦抵抗。此其二。

第三，现在消费形态尚仍为个别的、散漫的、个人主义的，坐受中间贩卖者的剥削，而不能进一步厉行集体消费的理想。国人性好散漫，从来已久，所谓"自家各扫门前雪，莫管他人瓦上霜"，你吃你的饭，我吃我的饭，向来是不相为谋。这在承平无事之日，尚无不可，若在此战时物价腾贵之日，仍行此个别消费，那惟有受囤积居奇者之各个击破而弗克自保。谓宜先由公家作起，对于生活最需要的食粮、衣着、燃料、住室，以公家的力量作集体的采办与储备，以供多数人之需要，自可省去中间商人的榨取，使暴腾的物价无所施其技。此事作来并不甚难，只看政府肯不肯去作而已，此为积极性之消费管理，较之单纯节约，意义更为重大，此其三矣。

前方战胜，后方纳税！*

（一九四零年五月二十一日）

这几天连续着从各方前线传来许多胜利的消息，居处在后方的人们，虽日在警报声中，仍自欢欣鼓舞，越发增强最后胜利的信心，知道我们不仅能作持久战与消耗战，而且能作歼灭战。中国的军士，不仅能卖命，而且能大规模的杀敌致果。从最近的胜利，可以证明"有力的出力"，并不限于消极的意义，仅作到国民的义务而已，实在能够发挥民族的威力，把握胜利的果实。班超有言：不入虎穴，焉得虎子？前方出力的，确实证明已经得到极有价值的收获了，那末，后方有钱的，对于出钱的一件事，该怎么样呢？

许多人以为纳税就是一种牺牲，学者中亦不乏主张此说者。吾人持与前方有力出力的事实相对照，而有以知其不然。前方所表现的，仅仅是有力出力么？否，否，乃是有命的出命！如果不是有命的出命，像我们这样贫弱之国，凭什么抵抗顽敌至于三年之久？更何能保障后方若干多财善贾的人们，使有空前赢利的机会？有命的出了命，有力的出了力，才造成近日前线迭获胜利的好现象。在这举国欢欣庆祝鼓舞之余，不知有多少命，多少力，已经惨澹的消逝了，那末我们在后方的，该怎么样才可以对得起成千成万出命出力的前方将士呢？

前几天的外汇，曾一度跌到三个便士几，自从接续着打胜仗，法币突然回涨。虽说欧战扩大给与不少的影响，毕竟因为自己打了许多胜仗，才把近来外汇的颓势挽回。是可知：前方出命出力的结果，不仅消灭敌人恢复领土，而且争回法币的对外价值。换言之，出力的人们，不仅能保障我们后方赚钱，且能保障我们所赚的钱更值钱！出力的造福于有钱的，如此之深且重也！然则有钱的人们，是不是该有些回敬？

就是对于民族抗战信念不坚认识不清的人们，对于最近几次的胜仗，也该叹服了吧。个人出了力，延长了民族的命，充实了民族的力，实在是世界上利

---

* 此文系作者为重庆《时事新报》撰写的社评。——编者注

钱最厚的投资。所以有钱的人们,在这抗战时期多出几个钱,蔚成国家的资源,充实国家的财力,供应前方出力出命的人们,俾能获取更大的胜利,为我们后方造成赚钱更多的机会,这岂不是清清楚楚稳稳当当的好算盘么?

在道德上讲,纳税是国民的义务;在利害上讲,纳税是很好的投资;三年抗战所给予我们的教训,是——惟有靠自己,惟有信自己!自助自信的结果,有最近多少次的胜仗来证明。后方有钱的人们,应该看得很清楚。全国人民,要看有钱可拿有税该纳的人们,是不是能媲美前方,赶快争取纳税的荣誉?胜利的果实是要有代价的。懒出代价而专意享受,是不能为抗战民族所容许的。见义勇为,利在其中,赶快纳税,争取荣誉!

勖直接税处[*]

（一九四零年五月二十八日）

　　财政部直接税处将于六月一日正式成立，此为中国财政史上划时代之事迹，值得吾人加以重视。盖所得税在吾国，自清季以来，议之既非一次，试之亦非一遭，考其结果，大抵昙花一现，甫生即夭，此虽当时政府施行不力之故，但亦因社会条件未能具备，经济基础尚极脆弱之故。是以美籍顾问甘末尔在民国十八年所拟之税收政策意见书中，尚谓吾国未能即行所得税与遗产税，列举理由，持之有故，平心而论，亦非无所见而云然。

　　然而一切事功之建立，一方固视客观之条件，同时亦看主观之努力，必待客观条件完全具备方始着手，则事功将永无建立之时，直接税在吾国，亦受此项原则之支配。当民国二十三年召开第二次全国财政会议之际，政府提出减轻田赋附加废止苛捐杂税之口号，颇得国人之拥护。但因此亦引起创办新税之必要，乃于民国二十五年十月开始征收所得税。当时办理此税本无若何把握，故仅成立一试办性质之财政部所得税事务处以主持之，在总处称主任，在各省省处者称委员，即寓试办筹备之意。且自"七七"抗战以还，因战略关系，所有沿海沿江比较富庶之区，相继撤守，全国之所得税源，不免稍有丧失。即在后方各地，际兹离乱，孑遗之产业，当亦减少其负税之能力。故在抗战之中，以创办未久植根未深之所得税，能否经此惊风骇浪而不遭顿挫，仍在不可知之数。

　　但自抗战必胜之信念，一旦成为国民意志以来，其影响乃及于政治社会之各方面，所得税亦受此主流之支配。新税必须推行于吾国，宛如抗战必胜一般，已成为国民之信念。所得税之负责者，即根据此信念，始终忠实推行，虽遇若何之艰难顿挫，而持念愈坚，进行愈力，始能有今日之初步收获，不仅所得税得树其基，更能举办过分利得税与遗产税以完成直接税之体系，于是始有今日直接税处之成立。回首民国二十五年十月创办之初，艰难筚路熹微摸索之经过，自

---

[*] 此文系作者为重庆《时事新报》撰写的社评。——编者注

不胜其欣慰之感！

今日之直接税处，虽能正式脱颖，此后即可顺行无阻不虞挫折乎？仍未也！吾人之意志，虽能战胜客观条件，使斯税得以推行于吾国，但欲期各种直接税能以发扬光大，仍有待于多方之努力。亦因直接税处正式成立，非复从前暂行试办之可比，一切均须经久化、制度化、系统化，使吾国在税政方面，亦能侪于现代国家之林，故其责任乃益加重！就吾人感想所及，所得税之初步组织，既已改组为直接税处，则三年办税所根据之法的基础，亦应修正为所得税法，使直接税体系中之主要支柱，得以渐蜕试办之雏形，达于完备合理之境地。虽称抗战时期，未能一蹴而就，亦当就三年试行之经验，尽可能将税法中不合理之部分加以修正，庶几法制与机构，同时步入一部阶段，此其一。所得税在用人收款两方面，既已表现公试公收两大特色，此后在人的方面，将如何加密考试训练制度，并完成保障考绩制度，实有待于更大之努力。盖数千年来关于用人之积弊，未能一朝打破，新制初行，与社会条件不免多所扞格。考训者受拘束，而倖进者猎大官；考训者有定俸，而缘情者获厚禄，自非意志坚定具有信念之学者与青年，鲜能不受诱惑者，则文官服务制度，是否即能顺利推行于吾国之财政，仍有待于严密之注意。谓宜由直接税处全部试行，由中央为之宽筹经费，衡格须严，而待遇须优，庶能完成国家用人之理想，此其二。所得税法既为公平合理之法制，其办税人员亦均由学校专科出身，对于纳税人民，重在劝导，而不取威迫；重在查账，而不取告密；因此颇能取得善良商人之拥护，至有称之为君子税者。但今日之人民程度毕竟不齐，社会道德尚待改进，而凭藉特殊背景，以操奇计赢者，更不愿国家之课以负担，逃避隐匿在所不免。夫使善良者完公课，而令巧黠者免负担，亦非国家制赋公允之道。谓宜振奋纲纪，执法严绳，使巧黠者无所倖逃，自能改进社会道德之水准，此其三。持此三义，以资勖勉，不仅直接税处应以此自励，社会亦应以此督责而助成之也。

释直接税[*]

（一九四零年六月六日）

直接税三字，本是学理上的术语，自六月一日起，在吾国财政机构上，又成为实际上的名辞。许多学理上的名辞，只能回翔于学府的课堂，徜徉于学人的书斋，很不容易见诸政府的职官与实际的行政。今吾国乃能于抗战方殷之际，革新税政，使多年在理论上所称诵的直接税，一朝脱颖而侪于实际之林，可以说是出人意料之事。不过直接税三字究作何解？一般尚语焉不详，特为简释，以资澈认。

对于直接税与间接税之分类与解释，首见之于约翰·穆勒（John Stuart Mill）在一八四八年出版之《经济学原理》。穆氏根据立法的观点，以为立法者于制法之初，对于某种课税，即未计及由纳税者负担，而可以转嫁于他人，此种税制即可名之为间接税；反之，在立法者原意，纳税者即为负税者，课税的对象即为负税的对象，此种税制即可名之为直接税。于是在实际上，凡属消费税或货物税之类型，如关税、盐税、统税之类，可依买卖消费而转嫁租税之负担者，一般皆目之为间接税；反之，属于收益税、能力税之类型，如所得税、遗产税、利得税之类，纳税者即为负税者，一般皆目之为直接税。实则此种分类与解释，学者间颇多异说，实际亦未必尽然。在间接税，因需要供给之关系，未必即能转嫁；而在直接税亦有能转嫁者。如土地税可由地主转嫁于佃户，工厂收益税可由厂主转嫁于工人；学者中如塞利格曼（E.R.A.Seligman），对此直接税与间接税之分类，即不甚表同意。

而且一般所认：间接税概属恶税，直接税概属良税，实际也未必尽然。西洋从前所行之人头税，亦即吾国之丁税，不计负税之能力如何，概课以定额的租税，此种直接税，当然不能称为良税。反之，在间接税，所以因转嫁而发生

---

[*] 此文系作者为重庆《时事新报》撰写的社评。——编者注

不良的影响者，亦因在今日社会分配不均之故。设使社会分配大致均平，则各人随消费之数量，而负担大致相等之间接税，此时之间接税，即不能谓为恶税。不过此种解释，毕竟要受时代的限制。身处今日，即在英、美进步国家，仍以直接税所表现的影响为良，而以间接税所表现的影响为恶，此征之一九二七年英政府所发表的有名而详尽的《科尔文国债与税政报告书》(Colwyn Report on National Debt and Taxation, 1927) 可以了然。

况在吾国，从来租税的负担，即违反"能力原则"。能力愈强的，愈不纳税，收入愈多的，尽可转嫁，而税负只落于弱者的肩上！近年以来，政府对于财政锐意改革，尤以在直接税方面努力为多。所有现代国家所厉行之直接税，如所得税、过分利得税、遗产税，以前认为实施条件尚未具备者，在实际上均已次第举办，于是有六月一日直接税处之成立。自兹以后，将使吾国税制之基础，渐次建筑于"能力原则"之上，随抗战所提出之"有钱出钱"的口号，作到普遍的实行。就此点观之，则直接税一语，确是值得拥护！

而且间接税制之采用，多在行政力量未充国家观念未浓之时代。在行政上，不需要如何复杂之课税程序，在税务上，可以利用转嫁而减少纳税的阻力，此乃税制发展过程中不可免之阶段。比及政治组织严密，国家观念加强，在税制方面，必要由间接税进而为直接税。一方在行政方面，不应沿袭以消费形态间接测定国民之纳税能力，而应由收益形态直接测定国民之纳税能力。在人民方面，经此抗战，国家与人民之关系日见密切，国家观念之增强亦远非往前可比，则在课税方面，亦应多采直接税之方式，而渐减间接税的成分。时代足以造成新政之实行，吾人于直接税，不能不刮目相视！

直接税与政治建设*

（一九四零年七月一日）

一

直接税在中国，自本年六月一日起，已经不是学术上的名词，而是实际行政上的应用术语。回忆民国十八年之顷，美籍顾问甘末尔发表其《税收政策意见书》时，尚称以中国之政治经济社会等条件，仍不能实施所得税及遗产税。此种见解之发表，远在抗战开始以前，倘使甘氏目击抗战后国民所得与国民财产破坏如是之巨，则直接税在中国，直无实现之余地。然而实际则何如？所得税自民国二十五年十月开征以来，已获得相当之发展，过分利得税亦已普遍推行，而遗产税亦定于本年七月一日开征，所有直接税系统中各项新税，均已于抗战艰苦中，次第完成，使直接税三字，由理想变而为实际，由试行进而为确立，大出中外人士意想之外。此种现象，无疑地证明了中国政府在抗战中已经作了许多的政治建设。

一般观念，总以为政治建设，在承平有序的时候方能着手，若在兵戈扰攘转战播迁之际，应付补充已觉难能，何能更谈建设？尤其是以国民所得及财产为征课对象的直接税，在此大破坏时代，生命损失而外，即为所得与财产。消耗之量虽大，而生产之量未能即行补充，于此而欲直接税之推行与树立，岂不更属难能！惟天下事亦多有出人意外者。以吾国历史之久，惰性之深，承平之世，欲谈建设，必有许多滞碍与阻挠，尤以对于所得甚多财产甚巨者之课税，显与从来之社会观念相凿枘，势必运用种种因袭势力，以相破坏，过去所得税所以试行多次而概归失败者，此当为主要之原因。但自抗战开始，社会心理即已发生显著之变化，有钱出钱之口号，高唱入云，而毁家纾难之懿行，笔不绝书。值

---

* 此文发表于《政治建设》杂志第三卷第一期特辑。——编者注

此争取民族生存之秋，依纳税之义务以报效国家，事属天经地义，无所疑难。故虽以战争破坏如是之广，而三年来所得税之推行，反能获取意外之收获，此无他，激于爱国之热忱，不能行之于平日者，反克推行于战时也！多难兴邦之古语，证之于此而益信。

二

直接税与间接税之区别，依最简单而实际之解释，即直接税系依所得数量及财产价值的系属关系，藉分配形态直接地以测定国民之纳税能力。间接税则系依货物数量及价值的外在标准，藉消费形态间接地以测定国民之纳税能力。间接税因系采用外标课税法，又无须追寻人与物之真实关系，故其课税方法较为简易，大抵在政治组织与行政技术尚未坚强有效之时代，赋税体系多采间接税之方式。比及政治进步，于是课税制度，亦渐趋严密而复杂。如所得税及过分利得税之赋课，即以纯所得纯利得之查定为标准；遗产税之赋课，即以属于特定人之财产价值之查定为标准。凡此，皆需要若干复杂而严密之学识与技术，因而需要若干受有现代专门教育之新人才，更需要能有适应现代政治效率之新组织。新税之创办与推行，为政治建设之反映，同时亦即政治建设之中心工作。盖"无健全之财政，即无健全之政府可言也"！因此，欲推行直接税，即不能沿袭从前之收税衙门无聚敛式之税吏故辙，而须改弦更张，具备若干新的政治条件，方能遂行新的赋税制度。

同时，因新税之推行，亦能助成政治建设之进展。试举数例：在民国二十五年十月初行所得税之际，因新税需要新人，曾举办直接税人员训练班，当时各机关以考试训练登用大学毕业之专门人材者尚属寥寥，一朝试行且能行之有效，于是行政各部门，纷纷举办专门人材之考试训练，使中国政治实际步入"文官服务制度"之正轨，对于此后之政治建设，实具有莫大之意义，此其一。又当所得税创办之初，即揭橥经征机关与经收机关分离独立，经征者专管税，经收者专管钱，所以税款收解之事务，不复经由经征机关之手，此实公库制度之先河。在此制度之下，使世所诟病之侵渔中饱，最低在收款方面，杜绝其存在之余地。根据此种精神，于是逐渐完成公库法，于去年十月实施，为吾国政治树立健全合理的经理轨范，此其二。年来物价腾贵，投机盛行，营业所获，辄逾常度，国家严行平价，不遗余力，然而长袖善舞之辈，早已腰缠累累，坐收暴利。为表彰社会正义，平衡国民负担，及实现行政统制起见，乃严厉施行非常时期过分利得税。此税之目的，为国家增收入尚在其次，其社会的与政治的意义实极重要。在政治进步的国家，应使此过分利润藉租税形式收还于国家，此其三。现代政治对于构成国力之人口与财产，应有极系统的调查与极详确的记载，其盈虚消长、生死转移均须随时登记有条不紊，然后施政于民，始能有正确数字之根据。遗产税之施行，其最重要之条件有二：一为死亡之登记、一为财产之调查。此等工作，在过去政治均付阙如，今因推行新税，乃不得不努力从事，使向无正确数字之国家，逐渐完成其根本工作，对于将来之政治建设关系实多，此其四。略举数端已可知：因推行直接税之故，使政治建设获得多方面之发展，对于战后之政治改造，关系尤为重要。

三

赋税制度，本为经济条件与政治机构之反映。直接税在今日政治进步的国家，固多认为良税，但在过去即不必如此，而在将来亦不必尽然。远者不必讲，即在一八四五年英儒马加洛克（McColloch）出版其大著《租税论》一书时，即颇反对直接税应有之累进制度，以为离开比例课税而采用累进，无异舟行海中而失其舵。其后一八四八年约翰·穆勒出版其大著《经济学原理》，亦颇反对遗产税，以为侵犯吾人之财权，不亚于掠夺行为。凡此皆因自由主义支配政治理想者甚大，反映而成为此种之租税理论。其后至十九世纪末叶，名财政家如格莱斯顿，对于直接税与间接税，尚采兼收并蓄政策，比之于动人之二姝，通款曲于双方，而不欲有所轩轾。此虽反映直接税制逐渐抬头，课税之社会正义逐渐发展，仍未能摆脱从来政治依赖间接税的旧观念。及至二十世纪开始，租税理论中之"能力说"，与经济理论中之"限界效用说"，渐次确立，使社会了然于直接税与累进制度之綦为合理，于是直接税在进步各国突见长足之进展。惟此后国家收入逐渐取给于国营事业之收入，私营收入之范围日渐狭隘，则直接税或亦有渐减其重要之可能。但就今日政治制度与政治理想而言，直接税仍有发展扩充之余地，尤以在吾国为然。就"此时此地"之条件言之，吾国之政治建设，尚亟有待于直接税之推行也！

今日起开征遗产税*

（一九四零年七月一日）

民国二十九年七月一日这一天，在中国财政史上，又是一个划时代的日子。从今天起，我们也有了遗产税，和民国二十五年十月一日开始征收的所得税，构成直接税的两大支柱。社会的期许，多年的宿望，不图于抗战艰辛之今日得之。虽不免"望子久矣，来何暮也？"之感，毕竟是抗战中政治努力的一种收获。从今日起，遗产税三个字，算是和中国的实际政治发生了关系了。此后该怎样推行呢？依吾人之意见，以为应该先注意下列三事。

行都一个月来的连续空袭，国民所有的动产不动产，确乎损失得不少。每逢空袭解除之后，巡礼街头，目击断壁颓垣，劫灰余烬，于加强抗战信念中，实不胜其悲愤之感！这些财产，都是我们各界民众多年辛苦积累的结果，处处表现着心血的结晶，何物敌阀！随随便便地投一颗弹，于是顷刻之间化为乌有。多年积之而不足，一朝毁之而有余，人们能够不可惜么？于是连续轰炸，各项财产大批损失之际，政府又要征收遗产税，人民的第一个感想，不免要问："这样的轰炸，我们的财产，还有什么孑遗？又有什么遗产税可收呢"？这种感想，人所不免，但不免是消极的看法。另外还有个积极的看法，便是：在这个时代，大规模的轰炸是免不掉的，财产的大量损失是躲不开的，"甑已破矣,顾之何益"，反正是炸毁了，烧光了，可惜它干什么？唉声叹气又有什么用？只要留得青山在，还怕没柴烧么？身外之物都是多余的，有之不足珍，去之不足惜，自我失之，还可以自我得之，一切财产还不是人类努力的结晶？只要肯努力，还愁没财产么？所可惜者，要知这些财产，随便被敌阀炸毁了，何如早早捐给政府，以供抗战之用！好了，现在政府开征遗产税了，先人给我们留下的财产，正好捐出一部分，以供国家抗战之用。慰先人之遗志，裕政府之资源，捐产所以卫产，保国还以保家，对于政府实行的遗产税，我们人民真不禁其欢迎，给我们准备一

---

* 此文系作者为重庆《时事新报》撰写的社评。——编者注

个以产报国的新标准。此在人民方面，所应认识者一。

  在政府方面，经过这样大规模的轰炸，对于国民财产的数量和价值，应该认识的清楚些。我们损失了多少？要知道！还存着多少？要知道！从前对于我们自己取之不尽用之不竭的家当，是不大留心的，经过这番破坏，应该把旧观念改变些，政府对于国民财产要有个数，而且要有个确实的数！遗产税的实行，便是国家对于国民财产要知确数的方法之一。我们看：现代国家对于自己的"国富"，都是统计的清清楚楚，至于吾国，说声惭愧，从来真没大注意过，就是注意，也找不出一个数来。我们老把"地大物博"挂在口头，究竟物博的程度博到那里？谁也说不十分清楚，这是政治改造中所急待改正的一件事。政府举办遗产税，收入的目的尚在其次，在这首次施行初期推动人力财力两俱未充之际，我们就不能指望它能收多少。其主要功用，无宁说是藉着遗产税之征收，对于国民财产之数量与价值，先知道一个大概，逐渐精密，使吾国政治，渐几于现代化之林。此在政府方面，所应注意者二。

  新税初办，首重宣传，开征意旨，期于共喻，此固稽征机关之责，但在社会舆论与各方人士，亦应多方提倡，促成新税推行之环境与条件。吾国从来积习，对于产之一字讳莫如深。腰缠累累，偏称两袖清风。好货性成，尚自饰言阿堵，人们都不肯将产的真象拿出来。这在过去政治黑暗的时代，自也有情可原，但在今日抗战政府之下，我们有多少产，对于政府应该说实话。否则真对不住抗战的政府！同时在政府，自然也有权力叫你说出真数来！如果产的来源是光明的，有什么怕？如果产的来源不光明，就是百端隐匿，逃避了遗产税，你的产么怕也是保不住！真理就是这样的清楚，偏是人们不了解。专靠政府作宣传开导的功夫，毕竟不够，还是社会舆论与各方人士，多加宣导，助成政府的新政，真是莫大的劳绩。此在舆论方面，所应注意者三。

国民负税能力如何*

（一九四零年七月二十三日）

自上星期二（七月十六日）本市遭遇一次空袭之后，接连着下了几次淅沥的伏雨，吹来一些潇洒的凉飙，久困于暴日淫威之下的山城居民，不仅得免奔驰入洞之烦，且可享受北窗静卧之福，大家生活渐入常态，于是市面骤然显出繁荣，仅存的几个大饭馆，又复满坑满谷。而在断壁颓垣间仿佛春笋般一时兴起的小市廛，亦复顾客盈门，摩肩接踵。从灯光映照下，看到窗前陈列的北碚西瓜，标价高到十几元，销路正复不坏。物价这样的踊贵，不知羞涩了多少阮囊，但是商店里的货件，还是在那里畅销。这些现象说明了什么？说明了国民消费力仍然很强，仍自无恙；倘再连续着下上几天雨，大家一定可以看到：繁华的街市，比以前更繁华，热闹的处所，比以前更热闹。

如此消费力，告诉我们些什么消息呢？稍加分析，便可知：（一）空袭之后，总有些人损失了若干用品，不得不急图补充，东西无论怎样贵，咬牙也得买，这都是商店的好主顾。阶层无分贵贱，腰包不拘穷富，滚滚钱钞，总要由消费者流到商店的手里。（二）天时人事的袭迫，人们觉得太苦了，一朝微飙倏至，山雨徐来，大家仿佛得了命，很轻松的吐口气，于是携朋引类，走上街道，吃点，喝点，归来多少带点，于是商店中的东西，便销得多了。（三）生活在这样的时代，人们的生命，都操在无常的手中，身外之物，更属偶然，于是钱币到手，储蓄之念微，消费之念强，享受之意浓，贻谋之意淡，若干钱币，可藉储蓄以供将来生产资金之用者，至是乃转移大部分为消费资金，因而促成市场上亢进不已的消费景气。（四）经过几次的经验，消费品的消费速度越来越快，而日用品的价格与日俱增，当时需用的要买，当时用不着的也是买下一点预备着好。人人有此需要，买的自然多了，无形中形成一种消费品的收买与囤积。（五）此后商品的买卖与囤积，比以前更要盛行，新开的买卖，比炸毁的买卖，一定还要多，这

---

* 此文系作者为重庆《时事新报》撰写的社评。——编者注

是受经济条件的支配。我们推测今年秋收的各市商况，一定比去年还要旺。

对于这样的事态，国家的经济政策究应如何？这是另一问题，此处不拟讨论。若从财政的视角观察，我们可以很肯定的说：国民负担租税的能力，一定很强！国民有能力消费，没有能力纳税么？国民有机会作买卖赚大钱，没有能力纳税么？人们满坑满谷摩肩接踵，以消费的方式把钱往商店里送，没有钱以纳税的方式往国库里送么？人们乘际时会，操纵囤积，把大量的钱往口袋里装，不可以拿出所赚的一部分替国家报效一点么？古人有言："为长者折枝，是不为，非不能"，在这消费景气与商卖景气之下，替国家纳点税，真所谓"折枝"之类。花那么些，赚那么些，拿出一点，非"折枝"而何？我们看到市面回复得这样快，我们相信，国民负税的能力一定很强，国家的税收一定有办法，抗战的前途一定有把握！这不是说空话，这都有事实作根据。有这份能力，自然可以作出荣誉的事业来。人生今日，有钱的更有钱，有力的也有钱，为贯澈抗战之故，大家要一齐地赶快出钱，赶快纳税！

再论国民负税能力*

（一九四零年七月三十日）

西哲有言："凡事将成功时，困难最甚"；吾国古哲亦有言："行百里者半九十"；抗战进入第四年，在时间要素上，已经是了不起的成功；但在抗战资源上，也正是"山穷水尽疑无路"的当口。如果信念不坚，认识不明，也许就以为我们的抗战财政，因此疑沮，真可以前功尽弃，将四年来长期撑拒的已成收获付诸东流，所以百里路程，走了九十里，只能算是一半，所余短短的十里路程，继续走起来，真觉着有些吃力，很容易叫人中道而废，白走了九十里，眼看着终点即在眼前，只是走不到，这该是如何可惜的！我们的抗战，尤其是我们的战时财政，现时确已达到这种境界，不免要使人发生这样的感想。

吾国财政之困难，并不自今日始。当初未曾和敌人开战的时代，国家财政就没有怎样从容过。如果按照"唯战费论"者的说法，战费筹足了才能打，那末我们的仗压根儿就打不起。这和"唯武器论"者是陷于同样的误谬。以后当抗战进入第二年，又有人担心，第一年的战费是对付着过来了，第二年的战时财政有把握么？怀疑者自怀疑，苦撑者自苦撑，一切方法，不是筹出来的，而是打出来的！于是第二年的战时财政也就渡过了。到第三年，困难加多，疑虑更甚，此种威胁，不知沮丧打落了多少意志不坚认识不明的动摇分子，时至今日，又已踏上抗战的第四年！这样生死斗争的民族抗战，那有照样吃大餐坐汽车靠沙发就可以办得到的呢？在生活上，当然是日益艰苦，这是抗战财政的必然，没有什么惊诧的地方。如果拿战前一般大众生活作标准，我们倒要奇怪：抗战进入第四年，何以尚有如许都市生活的存在！"何曾日食万钱，曾无下箸处"，在这位先生的口中，自然也喊出生活难财政难的呼声，难道说我们也要作何曾的应声虫么？"裹创且再战，风雪万重山"，我们现在吃的苦，真还不够呢。所以我们对于战时财政，总要先有一个认识批判的标准，抗战进入第四年，我们要

---

* 此文系作者为重庆《时事新报》撰写的社评。——编者注

特别提出"大众财政"的口号。

　　社会生活的大众化，要先由政府作起，以为一般人民倡。我们要知道，我们打的是苦仗，不是舒服仗，更不是前方吃苦后方舒服的仗，我们要做到普遍的吃苦。古之名将，"寒不衣裘，谓众军皆无裘；雨不张盖，谓众军皆无盖"；今日在上位的以及社会上身份和资力稍高的，均应如此。如果相信这个道理，而能以此为判断财政力量的准绳，我们就可以得到一个大发现，便是"国民负税的能力"仍然很强，对于抗战财政的供给力仍然很大，我们持久抗战的应付力，仍然具有很大的弹性。一个人赚了很多的钱，仍留下许多，作投机、作囤积，干那些"靠着世界受罪作生意"的勾当；再留一些度着都市淫靡奢侈的生活，当然要所剩无几，当然要大大地减少了国民负税的能力，自不免促成抗战财政的困难。但是敲一敲国民内蕴的良知良能，这是合理应有的现象么？

抗战中直接税体系之长成[*]

（一九四零年八月一日）

一

"建国在抗战的时候"，一切政制皆然，税制亦复如是。考所得税发展之历史，大抵出于战事之需要。一七九八年英国所以采用此税，实缘于对拿破仑的作战。一八六二年美国采用此税，亦因有释奴的战争。法国所得税法之提出不下二百次，实际见诸实行亦在第一次欧战开始以后。其发生也如此，其成长也亦然。据美学者康斯脱（A.Comstock）在《现代国家之租税制度》(Taxation in the Modern State) 一书中所载，第一次大战以前，英国所得税之税率不过百分之八，德国之所得税税率不过百分之七，当时设使超过此度，必以为狂妄不经；但自第一次大战开始后，英国所得税税率最高曾达到百分之六十五，美国所得税税率最高曾提至百分之七十七，时人亦即认为当然，习而安之，虽至战争结束，亦未曾减低几何。论者谓英美各国所得税收数之多，固赖有其经济基础，但其税率所以能提高如今日者，实藉战争之力。去年九月欧战第二次爆发后英国财相西门提出战时预算案，将所得税之标准税率（standard rate）每镑由五先令六辨士提高至七先令六辨士，达到前此未有之高率。当时西门在议会中提出此案，全场为之哑然者移时，忽然不约而同，一致欢呼，获得全场通过。感于战争危机之迫切，富于国家思想之民族，必能有此表现。我国倡议举办所得税，为时甚久，徒以政治经济条件之不备，屡议屡辍，延未施行。但至民国二十五年十月一日以后，吾国税制中，率能见所得税之出现，实以战争危机，无可避免，间接税制，迟早必被破坏，绸缪未雨，不得不于直接税中，寻求新路。于是所得税在吾国，不仅因抗战之要求而树立，且因抗战之进行而扩展，推行三年，已

---

[*] 此文发表于《训练月刊》杂志第一卷第二期"财政与经济问题特辑"。——编者注

获得相当之成绩。

非常时期过分利得税更属抗战后之产物。此税在第一次大战时，本称"战时利得税"（war profit tax），纯属战时税制，以后一九三一年美国经济恐慌发生后，美总统乃于平时预算中提出"过分利得税"（excess profit tax）之赋课；日本于数年前亦有"临时利得税"之施行；但其动机，亦因军需工业获利甚厚，故课此税以资制裁，要与战争之准备有关。吾国本无所谓军需工业，且作战于国境以内，各业破坏甚大，较之欧美高度工业国家或若干中立国之商工业因战争而获取特殊利润者，不可同日语。但为调节战时经济平衡国民负担，发挥社会正义起见，乃于民国二十七年十月二十八日公布非常时期过分利得税例条，复于民国二十八年七月六日，加以修正。此税既属创举，税率又重，各业商人之请免请缓，自属常情，但经政府剀切解释之后，一般商人，均已纷纷报缴。现在利得税之收数，几与所得税相埒，何莫非抗战时期国民激于爱国情感之故！

至于遗产税，在吾国更属不见经传之物。当民国十八年之际，美籍顾问甘末尔草拟《税收政策意见书》，尚以遗产税与所得税，同不克施行于中国。但自民国二十九年七月一日以后，吾国税制中，亦豁然列出遗产税，与民国二十五年十月一日，开征之所得税，构成直接税之两大支柱。社会之期许，多年之宿望，不图于抗战艰辛之今日得之。虽不免望子久矣来何暮也之感，毕竟是抗战中政治努力之一种收获！

二

以现在之实际制度而论，所谓直接税，系由所得税、非常时期过分利得税及遗产税三种新税结合而成。同时由直接税处兼办印花税，自民国二十九年六月一日起实行。直接税三字，本系学理上之名词，甚少见诸政府的职官与实际的行政。今吾国乃能于抗战方殷之际，革新税政，使多年在理论上所称诵之直接税，一朝脱颖而侪于实际之林，此在吾国财政史中，确属划时代之工作。

惟直接税三字，究作何解？学者间尚无定议。考直接税与间接税之分类，首见之于约翰·穆勒（John Stuart Mill）在一八四八年所著之《经济学原理》。穆氏根据立法的观点，以为立法者于制法之初，对于某种课税，即未计及由纳税者负担，而可以转嫁与他人，此种税制，即可名之为间接税。反之，在立法者原意，纳税者即为负税者，课税的对象，即为负税的对象，此种税制，即可名之为直接税。于是在实际上凡属消费税、货物税如关税、盐税、统税之类，可依买卖消费而转嫁租税之负担者，一般皆目之为间接税。反之，属于收益税、能力税如所得税、利得税、遗产税之类，纳税者即为负税者，一般目之为直接税。实则此种分类，学者间颇多异说，实际亦未必尽然。在间接税，因需要供给之关系变动，未必即能转嫁；而在直接税亦不乏转嫁之例，如土地税可由地主转嫁与佃户，工厂收益税可由厂主转嫁于工人，学者中如塞利格曼（Edwin R.A.Seligman）对此直接税与间接税之分类，即不甚表同意。

英国收税机构，划分为两大部分：一为关税与消费税（customs and excise），相当于间接税；一为内地税务局（inland revenue bureau），经办所得税、遗产税、印花税及过分利得税，相当于吾国之直接税处。政府于制名之际，苦无相当术语，乃即以一般所已了解而通用之直接税三字，冠此新制。

一般所称直接税概属良税，间接税概属恶税，实际亦未必尽然。西洋从前所施行的人头税（poll tax or capitation tax）而即吾国之丁税，不计负税之能力如何，概课以定额的租税，此种直接税，当然不能称为良税。反之，如对于奢侈品所课之消费税，因课税而节制奢靡提倡节约，此种消费税，何能称之为恶税？从前英国自由党人，当十九世纪末年所提倡之"一切免税之早餐台"（free breakfast table），亦指生活必需品不应课以消费税。况间接税所以因转嫁而发生不良之影响者，亦因今日社会分配不均，个人所得太相悬隔之故，设使社会分配大体均平，个人所得无甚轩轾，则各人随消费之数量，负担大致相等之间接税，即不能称为恶税。不过此等见解，毕竟须受时代与地域之限制。身处今日，即在英美，仍以直接税所表现之影响为良，而以间接税所表现者为恶。此征之一九二七年英政府所发表有名而详实之《科尔文国债与税收报告书》（Colwyn Report on National Debt and Taxation, 1927）所附直接税与间接税负担分级比较表，可以了然。

犹忆一八四五年英儒马加洛克（McCulloch）出版其大著《租税论》时，尚谓累进课税（progressive tax）之应用，违反公平原则，一如海中行舟而无柁，势将无所遵循，不如比例课税（proportional tax）之合理。曾几何时，而累进课税制度竟成为直接税之中心。又忆一八四八年穆勒出版其《经济学原理》时，尚谓遗产税之征课，侵犯天赋人权，结果不免于掠夺行为。但在一八九四年，英财长哈科特（Sir William Harcourt）提出遗产税改革案时，已使大家地产，无复存在之余地，因而打破英国传统"课税只为收入"（taxation for revenue only）之成见，树立租税之社会目的（ulterior aims）！又忆英财政家格莱斯顿（Gladstone）于一八五三年提出其第一次有名预算时，尚称直接税与间接税为"动人之二姝"（two attractive sisters），"愿致款曲于双方，而不愿有所轩轾"。意谓两税之间，理应维持均衡。岂知逾时不久，而直接税在税收中所占之百分比，乃远过间接税之上。

吾国民众，苦于苛捐杂税也久矣！租税负担，大部分俱落着于"弱者及无防御力者之农民肩上"❶。自民国二十三年第二次全国财政会议以后，政府决心废除苛捐杂税，同时即树立直接税之规模，准备开征所得税。抗战以来，不仅所得税得见长足之进展，而利得税与遗产税，先后实施，完成中国直接税之体系。从前以为不能者，今竟能之；最初以为无把握者，今竟树立正确不摇之始基；缅怀艰辛苦斗之过程，诚不禁感慨系之矣！

三

现行所得税征课之对象，约分三类：第一类为营利事业所得，第二类为薪给报酬所得，第三类为存款证券利息所得。对于分配范畴中之利润、薪资、利息各项，就其所得之内容，分别课以一定之税率。关于税率之组织，除第三类系采比例税率外，其一、二两类，均采累进税率。暂行条例事属创办，推行之际不能不注意下列数点：

第一，吾国之国势普查尚未举行，各种统计尚未完备，势不能遽采综合课税制度。现行条例暂从分类课税入手，一俟积有经验，统计渐次集中，以及财产登记、户名划一均能次第举行，然后改行综合课税，方觉轻而易举。

第二，因综合课税未能充分应用之故，是以累进税率亦不克充分应用。例如存款利息所得，因户名未能划一财产调查未备之故，不能即采用累进税率，以免资金逃避，化整为零，为渊驱鱼，恶化心理之弊。此时亟宜进行准备工作，一俟条件略备，再行改订。

第三，关于农业土地所得之课税，因各省田赋尚待普遍整理，土地清丈一时尚难举行之故，不得不暂置于课税范围以外。关于此点之改进，当与整理田

---

❶ R.T.Ely , "On the shoulders of the weak and defenceless", *The Taxation of the American States*, 1888.

赋办理清丈等工作，同时并进，庶能有所依据。

第四，现行条例虽有免税点之规定，然以人口统计与家庭调查之不备，关于家庭负担、曾否结婚、子女有无多少等项，势不能详为分别。此际于推行税务之中，同时举办生活统计，集之稍久，必能为修订税法获得若干数字之依据。

第五，英美各国现行所得税，税率如此之高，收数如此之旺，绝非一朝一夕之故，施行之初，亦系由渐而入。我国初办此税，又值民力凋敝之时，税率概属温和，以期轻而易举，一俟推行渐久，再行逐渐提高。

以上五端，均属理想与事实未能一致之处。徒骛理想而不顾事实，其弊为滞碍难行；迁就事实而漠视理想，其弊为固步自封；是宜以事实为出发，以理想为前导，俾收逐步改进之效。

所得税之经验如是，利得税与遗产税之推进，其应采之步骤，亦不外此。是在本坚贞之信念，具克服之精神，乘此抗战之良机，使空前建国大业，巩固其财政之一角。

四

国家课税之目的方面甚多，不可专为收入。为贯彻某种经济或社会目的起见，纵以收入为牺牲亦所不惜。以吾国一般社会财力之贫乏，开征遗产税，能有多少可观之遗产，足供征课？曾忆一九三四年以前，英国预算屡有亏空，及该年度预算案提出国会时，据当时财政大臣张伯仑之报告，居然有一千三百万镑之盈余，即因某造船业巨头因死亡而缴纳遗产税之故。吾国情形，远非英比，开征遗产税，自非斤斤于收入，当可断言。国家抗战三年，牺牲多少人力，所以卫国者，即所以卫产，则继承财产者缴纳少许之遗产税，当无可辞。所以遗产税之开征，其主要目的，即本有钱出钱之原则，在长期抗战中，实现合理之租税负担，不能以收数之微而怠于举办。

再就非常时期过分利得税言之，因战线延长战区扩大之故，千百万之民众，纷纷转徙内地，挟其出死入生之仅有家当，以就食于异乡，需要骤增，物价自腾，商人所赚，什九皆受战争之赐。皮固教授所称"意外之财"（windfall），浦徕恩教授所谓"靠世界受罪作买卖"（trading on world's misery），中外同然，应非侈语。同属战时，在前线则庐舍为墟，产业荡然；在后方则交易喧阗，利市十倍；国家为支持抗战，以救民于荼毒，则对后方之过分利润，实有从重征收之特权。商民为拥护国家，以持续其营业，则对于舍生守土之将士，实有火速供给之义务。人间情理，贵得其平，前方千百万之健儿，方谈笑授命于疆场，而后方集有过分利得之人，乃锁眉蹙额反覆斤斤于纳税之细节，当非自爱爱国所应出！

"有钱出钱"之原则，人人能言之，然而如何出钱？不能仅凭个人之热情，而要有客观之标准。由国家定出一共信共守之法则，以为大家出钱之准绳，结果方能公允，且能发挥强制作用。标准既定，大家共守，乃能持久而不敝。所以国人与其空喊"有钱出钱"之口号，反不如订出几种有系统的税法共策共守，必能发挥合理负担之精神，以贯彻长期抗战之目的！

论法币的韧力*

（一九四零年八月十八日）

在许多人的意想中，法币这件东西，早就要有问题。一来准备日耗，二来财政日艰，手里存有大宗法币的人，牵于个人利害，不免日夜在那里焦虑，既怕流通发生障碍，又怕储存贬低价值。基于这些下意识的冲动，于是发生两种现象：一种是换购价值较稳的外币，即所谓买外汇；一种是换取价值较真的货品，即所谓争囤积。少数冲动于前，多数盲从于后，于是造成外汇市场的扰乱与内地物价的飞腾，对于抗战发生许多不利的影响，揆厥造因，都不外对法币怀疑之故。然而法币一物，直到抗战第四年的今日，是不是像许多人所想象真个发生了问题呢？事实的答案，乃大不然！法币一物，仍自无恙，依然流通于一般人的手中，除了它，更没有第二份！即在买外汇争囤积的人们心理中，也觉着是一种奇迹，数月以来，不仅未曾看坏，而且看强；未曾看疲，而且看挺，不待我们来讲，外国观察家如《密勒氏评论报》（参看七月二十七日份）的记者已经很清楚地告诉人们："法币正在回涨"（Chinese dollar strengthening）。

笔者常主张，近年中国的最大进步有两个：一个是人的团结，一个是钱的统一，有此两大基石，才建筑起长期抗战的伟业。抗战愈持久，则人的团结愈坚，钱的信用愈永。所谓法币，它不是代表几堆金银，不是代表几张汇票，不是代表几幢堆栈，而是代表整个新兴的凝结而再生的国力！这种国力，因为是在抗战中积渐长成，所以有时而感觉薄弱，有时而感觉起伏，但是先天所蕴蓄的，既悠久而伟大，时空所赐助的，又广漠而深奥，是以既仆复跃，虽蹶犹兴，表现出无限的"韧力"！法币是国力的反映，所以法币的韧力，亦随抗战之进展而日益发挥。浅见者流，以为法币是不行了，可是过了些个时期，仍自无恙；盲动者流，把它汇到香港和伦敦去了，可是过了不久，又把它汇回来！时至今日，大家手里所保持的，市面所流通的，仍是法币。法币有常，而人情无常，赵孟自

---

* 此文系作者为重庆《时事新报·时事论坛》撰写的论文。——编者注

贵自贱,而法币并不因是而生贵贱,失了抗战信心的无肝肠者流,果胡为乎来哉!

抗战开始后,吾国资本之逃避海外,以最初两年为较多,由内地逃到上海,再由上海逃到香港、新加坡、伦敦、纽约等地,估计约有美金二万万元之多。但自欧战爆发以后,潮头又转回来了。去年秋天英镑跌价,加以严格的英汇统制,于是逃往英帝国范围内的中国资本,又复回流,从香港回到上海。今年春天,德国军队突然在欧陆取得优势,遂使若干拥有法币的人们,怀疑到美国也不是安全逃避的处所,一朝美国卷入漩涡,美元也要一样地贬值和统制,于是许多逃到纽约的中国资本,又有许多重返到上海来。因此,上海的美汇在五月中旬,每元法币落到美金五分以下,以法币二十二元以上的价钱始能买到一元美币。及至上月(即七月),上海美汇的平均率,每元法币高到美金六分以上,美金一元只卖到十六块多。法币的对外价值,所以这样回涨,固然也有进口减少出口增加等原因,但是这里边有一个根本条件,便是:要当中国人,只能信用中国钱,只有中国法币才是中国人应该靠得住的交易媒介!这不是主观的迷信,这已经有了客观事实的证明,还不够人们深思猛醒的么?

既有今日,何必当初?早知道法币是患难相交生死不离的伴侣,当日又何必换成英币汇到伦敦,换成美币汇到纽约,兜了偌大的圈子,结果还得买回法币?试问对个人的益处在那里?徒自造成外汇行市的涨跌混乱,徒自造成内地物价的无理暴腾,损己而不利于民族与国家,果何为者?假若自最初就能认识清楚,把持稳定,何至于害得我们金融财政与经济,吃了这许多苦,白白地减削了几许国力!古人云,前事不忘,后事之师,苟能有所觉悟,则虽错谬于从前,仍可勉励于此后也!

释暴富不祥*
——国家征课利得税及遗产税的哲学基础

（一九四零年八月二十日）

顷行政院通令，严禁囤积居奇，曾谓："现值寇氛未靖国难方殷，凡我国民，悉应共体时艰，服务社会，勿以小利而忘大义，勿以私图而妨公益，共凛暴富不祥之戒，免蹈贪夫殉财之诛"。从这次通令我们可以看出，一般囤积居奇，实在闹得不成样子，致令政府不得不下极大的决心，对于不遵法令者，"定即尽法惩治，绝不宽贷"。迫于目前之形势，感于实际的要求，我们知道这些话，绝不是官样文章，而要很切实的，检几个有头有脸的，尽法惩治，使贪夫殉财之辈，不免应得之诛，结果必能风行草偃，观瞻一新，为经济树更生之机，为抗战去附骨之毒，举国仰望，实难再缓！

但在现行经济组织之下，财货流通，仍以私人之自由买卖，占其主要部分，社会任利润之追求，法律许财富之积累，于是利之所在，人争趋之，富之所聚，人皆仰之，伊古如是，非只今朝，有非严刑峻法所能绝止者。国家政令，充其极，亦只能丢其泰甚，洁其大纲，而不能事事摘发，处处干涉，理势使然，无足骇怪，所以利润之追求与财富之积累，仍将流行于现行经济机构之中。

惟是富之积累，亦有常道，暴富倖获，居之不祥，国家制法纵有未能尽量控制之处，而社会心理之运用，亦能发挥甚大之权威。盖财富人所同欲，过聚于此，必阙于彼，倖获于我，必损于人，夺人之所甚好，而处人之所甚恶，乃危亡之道，实不止于不祥。传有之："居于乱世，富而能贫，可以后亡"。当乱离之世，凡有暴利，无不为多数人受苦受难之反映。以多数之痛苦，积成少数之暴富，虽逃法网，必有天灾，纵稽天灾，亦酿人祸，因果起伏，历历不爽。所以暴富不祥之戒，不仅影响个人祸福，而且大有关系于社会问题。

国家于此，于严禁囤积居奇之余，乃不得不更求有效之办法，即暴富一事，对

---
* 此文系作者为重庆《时事新报》撰写的社评。——编者注

个人将如何减少其不祥，对社会将如何消弭其隐患。事前当严禁暴富之发生，事后当厉行暴富之课税。对于利润之暴得者，课以过分利得税，对于财产之暴得者，课以遗产税。二税实行，一方为个人祓不祥，同时为社会救隐忧。以严禁囤积防其前，以普征二税济其后，双管齐下，庶使暴富不致为个人与国家之累。古人所谓"富而能贫，可以后亡"，既富何以能贫，其最合法最光荣之方式，厥为纳税。

　　过分利得税所课者为暴利，遗产税所课者为暴富，所谓暴，即越平常轨之谓。以劳力条件言之，不必出自个人之勤劳，以时间条件言之，不必出自岁月之积累，以数额条件言之，不必符合常态之比率。无论为利得税，为遗产税，课税对象无不具有此等条件。倘不由国家执行课税特权，而任其自然猎取与积累，不仅为社会酿制崩溃之因素，即就保有之个人着想，亦非招福致祥之道。语有之，"爱之能勿劳乎"，国家课人民以新税，实所以爱护人民，无蹈暴富不祥之戒。凡我人民应悟此理，对于国家新税之推行，亟应尽力拥护，此非徒为国家也，个人招福致祥之道，实在于此矣。

漫谈平抑物价[*]
——并告奸商勿囤积居奇

（一九四零年八月二十二日）

物价之高涨，乃是战时必有的现象之一，一般交战国家对之，莫不极力设法补救，以图安定人心，而巩固抗战心理。补救之法虽多，而"平抑"则为最普遍最有效的办法，所以直至今日，一般国家，特别是在战时，每当物价发生暴涨，皆采用此种政策以补救之。

吾国自抗战以来，三载于兹，向赖法币的稳定，而未发生多大变化，乃自去年五月，突然显著，无理由高涨，殆成战时首都的普遍现象，一般的物品——日用必需品——其价格之升高，较之以往，总在一倍以上，消费或奢侈品更不必论。自去年五月至今年五月，其上涨之情形更不合理，即以日用必需物品而论，甚至有涨至四倍以上者。此种现象，发生于抗战后方，且在首都之内，其情形之严重实不容忽视，而一般居民，特别是以出卖劳力而易食者，感受痛苦最深。于是当局不能坐视，乃出面平抑之。办法条例，三令五申，在原则上莫不顾虑周密，俱臻完善，无如平抑者只顾平抑，而高抬物价者仍在无忌惮的高抬，一似两不相涉，而人民生活之困难，依然有增无减。

物价之高涨，原因綦多，考其大者，不外两端：其一为运输困难，物品缺乏；二为奸商作祟，囤积居奇。其他情形皆其次焉者也。故欲平抑物价，必须根本解决，澈底补救，绝非一般人的呼吁和几道命令所能奏效。良以目前之所谓平抑物价，在颁布命令，评定办法，未尝不尽善尽美，比至组织机关，从事研究，着手施行，在手续上即已繁杂，旷日持久，而其惠于人民者果为如何，则不待繁言而喻矣。

关于物价高涨的原因，以及平抑物价的办法，专家学者，名文巨著，言之备矣，固不必记者晓舌，多所哓哓。但关系綦重，急不容缓，处此非常时期，抗

---

[*] 此文系作者为重庆《时事新报》撰写的社评。——编者注

战军事方酣之际,如此重大的问题,若俟专家讨论研究,机关等因奉此,是徒纵奸商之猖獗,不但于事实无补,遗害所及,殊足忧虑,故不惮其繁,再向当局呼吁,对此严重而亟待调整的畸形现象,为了后方的安宁,为了坚定抗战信念,必须切实注意,谋澈底解决,以济国难,以济民生。

物价高涨的原因,既如上述,解决之道,必须对症下药。物品缺乏,既因运输不良,则第一步必须改良运输,运输若不能立即改良,从消极的方面,应立即减少需求人之数量。在此敌人飞机疯狂肆虐、滥施轰炸之时,为了保持抗战力量,不作无谓牺牲起见,则除疏散人民而外,举凡一切与军事无直接关系之机关,又曷尝不可疏散,人口减少,则供给自可充足,供给不感缺乏,即无抬高价格之可能,使此而藉口高抬,自属有意扰乱,军事法规中,本有扰乱后方治安之规定,犯者即绳之以法,惩一警百,亦非失策。

其次关于囤积居奇,本为奸商之应有手段,然当此生死存亡的战争时期,抗战乃革命之原则,破坏抗战,即违反革命,违反革命,即应以反革命而论罪,如此其谁敢致词,则处一警百,效尤自然减少矣。再为商人本身计,抗战乃整个国家之抗战,绝非少数人之抗战,愿彼企图囤积居奇之奸商,应澈底明了,此时为了满足个人之私欲,囤积物品,至抗战胜利,则囤积居奇之货品,又将有何用处;不幸而失败,则徒以资敌,资敌者就是汉奸,极应采用紧急治安法令,以警效尤。如此则一般奸商之囤积行为,或可稍敛其迹。

由此可见,奸商之囤积居奇,必须以革命的方法打击之,肃清之,然后再以最大的努力简单的手续,出而解决之,则国困民艰,皆可迎刃而解。故为补救起见,则斯二事,必须澈底调整,如此方不失为革命国家,不但民生可济,抗战前途,与有利焉。

遗产税与教育*

（一九四零年九月三日）

上月二十九日报载中央社桂林二十八日电："马君武长子保之，将其父生前产业，悉数报请所得税广西办事处桂林分处察核，并自动请缴遗产税。按遗产税系本年七月一日起开始，自请缴纳者，以马为第一人"。此种消息，在抗战艰苦途程中，特别值得人们的注意与兴奋。

马君武先生为吾国学术界先进，治身治学均富朴学之风，早年译述德儒菲力波维治之经济政策，将实用经济学介绍于吾国，同时复致力于工业之研究与实行，桂省政治所以朴实光辉，马先生实为促成者之一人。其个人生活之丰度，则清俭朴素，俨然一乡村老儒，设使斯人而有产业以遗子孙，亦其个人毕生辛苦奋斗节用渐积之结果。晚年复出任广西大学校长，以多年之人格学业事功，师表一方学府，任事未久，遽尔溘逝，诚属教育界之一大损失。然其流风遗泽，至身后而光辉益新者，首为其哲嗣保之君自动报缴遗产税事。

遗产税为国家初创之新税，"非常之原，黎民惧焉"，新税初行，人民不免观望。或则认识未清，或则善财难舍，政府方面自有预为宣传继以法威之必要。但愚智之分，常与贫富为正比，具有遗产之家，其子弟受教育之机会常多。富而不教，教而转恶者，恒有之矣，究非常态。是以遗产税施行之对象，应多属受有相当教育，或具有相当知识之人，则对于遗产税之推行，不应不了解，亦不应有所观望，不必待政府之宣传，亦不必待法律之制裁，而应遵循一定之规程，自动履行纳税义务。此种责望，施之他税，或不尽然，施之遗产税，似属近情近理，何也？以遗产税之继承者及被继承者多属受教育富知识之人故也。吾国初行此税，开宗明义第一章首先报缴遗产税者，即为吾国群流景仰之大教育家之哲嗣！由此事实证明：君武先生之言教与身教，确能遗爱于子孙，而保之君之克绍堂构，发扬先人遗志，使其功在国家，亦足上慰先志，使先生含笑于九泉。是

---

* 此文系作者为重庆《时事新报》撰写的社评。——编者注

举也，岂止在新中国之财政史上放一异彩而已，实足以证明：中国教育家之有真，中国教育确有其成功而不朽的部分。吾人相信，藉推行新税，继此而表现国民之有教育有知识，将大有人在也！

  教育足以促成遗产税之推进，而遗产税亦足以促成教育之发展。依照财政收支系统法第五条之规定，以遗产税收入百分之十五分给省政府，以百分之二十五分给县、市政府，此项分给地方政府之税款，以百分之四十作教育经费，余额概作为保育慈善事业之用。国家发展教育，不惜宽筹的款，虽在抗战开始后，无不历年增加，已有事实证明，不待自某种税收中指定专款。但在遗产税，以其于教育特有关系也，特立法以明定之，而尤注重于地方教育。即遗产税一物，因教育之进步而来者，仍以还之教育，以为发展之用。如此交相推进，则遗产税之发达，亦即教育之发达，缴纳遗产税者，亦即有功教育之人。缴税一事，以常人眼光视之，或只认为牺牲，或不免于观望，但能运用理智，即知此举一方表现教育之成果，同时助成教育之发达，其有益于国，有光于家，岂止个人荣誉而已哉？

劝储运动与募债运动*

（一九四零年十一月二十二日）

这已经不是一家一人的意见，造成目前经济困难的主要因素是所谓"游资"，游资的作祟还不仅在和生产事业脱节，特别可怕的是投作投机垄断的商业资本。巨大的利润引诱资金所有者变为直截的改装的投机商人。如何切实地限制这样资金的运用，这自然有赖于政治的力量。只要有决心，有办法，我们相信一定能限制得了，问题是：限制以后，这些游资到那里去呢？

作为国家的财政手段，吸收游资的办法也有多种，经我们政府采用实施的主要有两种：第一是发行公债，第二是推动储蓄，关于第二项，所谓节约建国劝储运动已经轰轰烈烈地发动起来，单在重庆一地，自本月十日至十六日的节约建国劝储宣传周，储蓄金额已达七十八万元，成绩似尚不恶。关于第一项，财政部已经组织了一个战时公债劝募委员会，正在切实筹备之中，不久当有所发动。根据这次劝储工作的经验，我们愿意提供一些意见，作为继续推行劝储或是以后劝募公债的参考。

第一，无论是劝储抑或劝募公债，都应该看作一种民众动员工作，购买储蓄券或公债是形式，这种形式必须使之具有动员民众由被动地到自发地参加抗建的内容。如其民众没有因之鼓舞起对于参加抗建的热情，对于抗建的认识，没有因之提高到自流于实践的境界，即使在金钱上有所收获，这种运动也不算成功。不仅不能算成功，而且对于整个民众精神动员工作上简直是一种障碍。所以从事这样工作的人必须有足够的远见，要把这工作看作政治教育工作，使购买储蓄券或公债成为民众自然奔赴的归趋。完全自上而下的办法必须修正，只问钱财不管其他的观念必须抛弃。无数的实例告诉我们，只要动员工作做得好，教育工作做得够，民众的踊跃输将，将是拒之不去的。中国古人所讲"先与"、"不居"等等道理，都是深刻地看透了"大取"、"不去"的根源。这些宝

---

* 此文系作者为重庆《时事新报》撰写的社评。——编者注

贵的教训，应该用诸这种工作上。

第二，谈到动员，谈到政治教育，首先要赖宣传，宣传是一切工作的推进机，发酵母。以宣传的够不够，好不好，来测算这一类工作的成效，总是违道不远的。过去宣传工作不是不做，而是做得不好、不够，就内容与形式来说，以往的宣传都是站在民众以外的立场作的，没有用民众的声音说民众的话，没有打中民众的心坎。最大的缺点是宣传工作没有照顾到组织，宣传之后更没有继之以组织。宣传没有照顾到组织，那么谁是宣传的对象呢？先不明白，于是宣传的内容与形式不能不流于公式化、浮泛化了。许多人甚至怀疑宣传的力量，他们宁使相信自上而下的摊派一类的办法。的确，宣传离去了组织，倒反不如那些不合理的办法具体一些，有着落一些。至于宣传以后，假使不能使组织配合上去，跟踵上去。那么最好的宣传也还是没有多大用处的。至少，应该通过有计划的热烈的宣传，产生关于劝储的或劝募公债的组织，这工作才有了真实的基础，才不致成为应时的"好戏"，过眼皆空。宣传要渗透入组织才发生物质的力量。这一点也是我们从事这类工作所必须认识的。

劝储运动正在展开，劝募公债运动即将肇始，我们希望能注意到以上的原则。

论财政自信*

（一九四零年十一月二十三日）

财政是实质的东西，要以现实物资和代表物资的货币购买力为实体，多就是多，少就是少，充分就是充分，不足就是不足，既不能意为低估，也不能貌饰丰赡。主持财政的人，虽然也可以讲些运用，但是在实质上，果属缺乏，也不能为"无米之炊"，如江湖上售技者之所为，卖弄手法，眩惑一时之视听。于此而言"自信"，岂不落于唯心论者之窠臼？但是我们所说的"自信"，并不纯恃主观的认识，而要有客观的根据，尤必以客观方面所得到的辩证，证实其是否与实际相吻合。假如还有不妥的地方，我们并不惮于再检讨而加以修正。假如以"旁观者清"的论断，也能证明这自信是对的，那末，我们的抗战，在财政的条件上，应该是更觉着有把握的了。

我们三四年来，即主张中国财政，对于抗战，只要稍微运用得宜，总可以没有问题。嗣后随抗战之进展，觉着我们这套财政机构，虽然尚有若干部分需要加强，需要改革，大体上已足以证明其有力。同时参以外籍作家，如安其格（Paul Einzig）、耿爱德（Edward Kann）、杨（Arther Young）、施泰因（Gunther Stein）、阿勒斯（John Ahlors）诸人的论证，深觉我们的这种主张，尚无大误。最近上海《密勒氏评论报》（十月十九日），曾载有阿勒斯一文，题为《中国战时财政成绩之表现》（China's Great War Finance Feat Show），对于我国战时财政的表现，颇有很清楚的认识。海上关系，遥注同情，更令我们有吾道不孤之感，艰难得此，不能不认为是风雪慰情之事。

"战时之中国财政，主要以长江下游及中部各省为基础，今则为日本军事力量所侵入。现在之中国政府，则寻觅其主要资源于西部，西南与西北这些地方收入中央政府之管辖，亦仅抗战以来最近三年之事"。这样全部政府管理的大转移，所惹起的财政问题，当然是复杂而严重。阿氏以为：如果在世界其他国家

---

* 此文系作者为重庆《时事新报》撰写的社评。——编者注

享有最良之银行与信用的机构与便利者,对付这样的问题,一定遭遇极度的困难。然而在中国,除了沿海口岸,仅能具有雏形之银行与信用制度,流动资金之储积,既颇有限,而财务方面之行政,又少经验,于此盘根错节中,中国国民政府居然设法进行,终能统制此新局面。阿氏这样说法,当然是事实。但是我们要问:为什么能够做到这一步?对于大后方资源之统制与运用,为什么从前不能而现在能之?还不是因为现在的政府,是抗战的政府,而现在的国民,又都是抗战的国民,以抗战为契机,把政府与国民打成一片。抗战愈进展,团结愈坚凝,所以财政也就愈有把握。岂止从前如此,将来还是如此,果能齐心努力坚持抗战的主张,看着吧,伟大的奇迹还多着呢!

阿氏以为:中国财政一直到今天,不仅没看到崩溃,即在此后数年中,也没什么顾虑。"国民政府对于所有战斗士兵和行政机关,仍然是继续着支付和供应。酬给固然不高,合成货物的购买力,较之平时当然低得很;供应的能力,也常常仅能达到最低限度的需要,而且不免于迟滞与间断。然而中国财政的机轮,纵令日不暇给,却能继续不断的旋转,使收支足以相应"。以外籍作家,看到这许多曲折,总算了解我们的甘苦。我们敢自信:这还算不了什么。我们历史上,也曾有过易子而食、折骸而爨的故事。为抗战之故,为争取民族自由之故,在财政上,我们永远有使收支相应的办法!

"如果仅靠着目前补苴的财政政策,则中国财政,也就早已崩溃。但是中国国民政府,远在战前即以奠定新财政政策和新货币政策的健全基础,战时乃备受其益"。因此我们又想到,战时的财政基础要树立于战前,则战后的基础即要树立于作战的时候。过去的成功,就算满足了么?我们决不满足!我们要靠着这种财政自信,树立起战后建国的远猷!

勖直接税处业务会议[*]

（一九四零年十一月三十日）

抗战进入第四年代的战时财政，改革税制更属急不容缓之图。改革税制要从两方面作起：第一，对于旧有各税澈底刷新，使其存在之意义，适应战时及战后之要求；第二，对于新创各税积极扩展，使其应有的效能，蔚成此后税政之骨干。今日是财政部直接税处召开第三次业务会议的第一天，吾人藉此机会，略抒所怀，既以就正，兼自勖勉！

直接税处之前身，为所得税事务处，自本年六月一日，始改今名，主办所得、利得、遗产、印花四种国税。关于所得税，已有四年之历史，过分利得税亦有一年实际征收之经验，遗产税自本年七月一日起始行开征，远如雅安，近如重庆，亦已有依法报缴之事实；印花税虽属旧税，但自直接税处接收兼办以来，收入愈增，所以本年度截至十月底止，直接税处经收之税款，在国税中已占有相当重要之地位。吾人且不必胪列数字，即以民国二十九年度之预算数与民国二十五年度之预算数相比较，业已增加至十五倍以上。而本年度之实收数，较之预算数，业已超出三百余万之多。继续现在之局面，按部就班，循序渐进，明年度之税收，当可进摩战前关盐之壁垒。此虽抗战之环境有以促成之，而从事诸君之埋头苦干，亦有足多者。所望百尺竿头，更进一步，勿以小成而自足，勿以苦境而遽颓，则明年度召开四度业务会议之时，吾人必且刮目相待，此应勖励者一。

直接税自民国二十五年七月一日筹备之日起，即已树立健全之人事制度。招收大学毕业之专门人才施以训练，分配各地，使从事于实际之稽征工作。四年以来，颇资得力。最初按照当时之生活程度，所订之待遇标准，初非甚高，虽经三年来之考绩加薪，但以较之今日其他机关同等资格人员待遇，仍觉不逮。因生活之压迫，其中少数人，自不免舍而之他，寻求待遇较优之职业。但大多数

---

[*] 此文系作者为重庆《时事新报》撰写的社评。——编者注

却能坚贞自守，以事业为重，以享受为轻，茹苦含辛，从事抗战中创设新税之责任。此种精神，确实值得吾人敬佩。默察近顷一般舆论，亦以从事财政金融之人员，待遇过高，不免时露鄙薄之论调。夫当此长期抗战，上下苦撑之际，而独有少数人，席丰履厚，养尊处优，诚为现代政治所不许。但在直接税处，其工作人员之待遇，即较之其他行政机关，亦未稍优，其一般经费与税收数字之百分比，在上年度为百分之四，在本年度为百分之四点六七，在明年度仍为百分之四点六七，而其他之国税机关，大抵在百分之十以上。按诸亚当·斯密"最少征收费"之原则，不能不认为差强人意之事。从事工作人员，虽在生活上，稍为吃苦，而能在中国财政史上，创此记录，其价值乃较任何享受为高！不过在国家行政上，待遇贵得其平，不使有畸轻畸重之感，一时纵不能做到，终当向持平之目标而趋，此应勖励者二。

　　直接税主管之四种国税中，有已取得相当之历史者，如所得税、利得税是；有方在创行者，如遗产税是；有接办未久，正图改革者，如印花税是。程度不同，则此后努力之目标，亦应有所区别。其已有历史者，应注意于征课之技术；其方在创办者，应注重于税旨之宣传；其方在接办者，应注意于税系之革新。此次业务会议，尤应特别注重以上三点！以言技术，则因变态经济之发展，商民对于最合理之所得税与利得税，仍不免巧为逃避，此亦无足怪者。英国名财政家格莱斯顿在一八五三年第一次财政预算演说中，曾谓："欲知商民填写所得之报告为何，报告利润之真确与否，恒极困难"。因而对于英国商民中之少数败类，深致其惋惜。解决之道，亦无他巧，"惟在增进税政之效率"！故吾人认为征课技术之严密，为直接税处急不容缓之工作。至于遗产税之有待于宣传，印花税之有待于改革，则又不俟赘辞，此应勖励者三。

　　抗战方殷，胜利在握，吾人对于脱颖未久之直接税，诚不禁其期待之厚。将如何精进不已，使日跻于健全，不能不于此后之事实觇之矣！

论游资[*]

（一九四零年十二月二十一日）

"游资"问题，与抗战财政有关，与抗战金融有关，与后方经济建设有关。甚至与整个社会安宁亦有关。国家自抗战以来，对于统制兵力，已经有了显著的成功，但对于统制资金，似尚未曾做到理想的地步，以致游资一项，对于抗战，不仅未曾尽到应有的效能，有时反为抗战之累。现在抗战胜利，已经有了很大的把握，转眼就要走进全盘建设之途，则对于游资问题，更有亟谋合理解决之必要。勿使失之于东隅者，仍不能收之于桑榆；勿使金融资本之丑相，遗羞于战时者，仍将肆虐于战后；则四载抗战之牺牲，庶乎其不虚矣！

"游资"是很熟见的名词，大家未免习而不察，不求甚解，对于它的内涵，也就认识不怎么清楚。大家对于游手好闲的人，称之为游民；游民者，国之蠹，古今善为政者，无论是管仲之相齐，或是罗斯福之新政，无不以减少游民为第一要义。游资亦然，资而至于游，已经是资金的病态，而成为经济体之蠹。大抵在社会安定的时候，社会资金总有着落，或直接投资于各种产业，或通过金融机关之手，间接投资于各种产业，其属于流动性者，常居最少数。资金之运用，既各有所归，原则上是要固定的，然后以银行交易所等机构，运用贴现、期货买卖、票据清算等方式，化固定为活动，为固定资金创造其流动性（fluidity）。然后产业与金融，方能交受其益，而金融机构，亦因是而克尽其妙。但是一到战时，便不容资金的固定了。随着人口的大转徙，促成资金的大移动。原来已经投入各种产业的，都设法加以移动；本来未经固定的，更要移动了。移到这，移到那，移出去，移回来，于是才有所谓"游"。在我们中国，游的花样更多了。今天买成金镑而游到伦敦，明天买成美金而游到纽约，后天游到香港，变牌号为港银，最后折回上海，仍变牌号为法币。"子好游乎？吾语子游"，天下之最善于游者，盖莫过于"游资"矣！

---

[*] 此文系作者为重庆《时事新报》撰写的社评。——编者注

论游资

　　游资这样兜圈子不打紧，但其恶果所及于财政金融经济治安者，则至重且大。以前外汇市场之几度波动，还不是游资游出来的么？内地经济建设，老是牛步迟迟，还不是游资好游不肯固定之所致么？即以内地而论，社会资金，可也不在少数，果能尽量运用于正当的途径，不知要有多少工厂的烟突竖起来，不知要有多少日用的物品造出来，后方生活又何致像今日的艰涩？但是未经国家正常统制的游资，可不管这一套。它只知道站在私经济的立场，而趋于最有利的一途，于是造成陷入欲溺的囤积，个人没有游资的，也要各方号召游资，以从事于囤积。囤积之利愈大，则游资愈难导入正常建设之途；亦正以游资之多，才助长囤积之争先恐后。资金本是经济体的血液，不能荣身，反破败之，不能益脑，反惑乱之，臃肿趋注于一端，而致肢体之耗竭，其为危险，宁待论乎？

　　军队是国家的军队，个人不得而私有之；资金也应该是国家的资金，个人亦不得以私利而恶用之。打破封建之桎梏，收归军权于国家，才能有四年前的抗战，才能有今日的胜利把握。现在我们应该赶快考虑到：怎样以国家的力量统制金权了！这问题不解决，抗战算是白打，建国依旧无着！

　　我们要发挥舆论的力量，使社会认清问题，为国家提供方案，促政府见诸实施。

再论游资[*]

（一九四零年十二月三十日）

游资依其本质，有正常游资与反常游资之分，有轨内游资与轨外游资之分，有合法游资与不法游资之不同。本于个人的努力，出自多年的积累，纵令浮游于一时，尚属正常而合法。即非个人所有，而依借贷方式，预订还本付息，运用他人之资，以供"寡人之游"，仍在合法范围之内。对于这类游资，我们尚认为有合理统制的必要，前论已述其涯略。在申述研讨之前，我们认为对于非法游资，实有先行检讨的必要。

所谓非法游资，即资金本质并非属于某人之所有，亦非依债篇规定，正式借贷而来，乃系运用不正当的手段，攘为己用，以达投机倒把囤积牟利的目的。此种资金，我们特称之为非法游资。其最显明之例证有三：第一个例，是以公务员而私自运用政府的公款。在账面上，款还是公款；在名义上，公款还是归该员保存；但在实际上，这笔款可不知道游到那里去了！也许机关在甲地，而款则游到乙地，名义上是买机器，而实际乃为私人做生意。机器本可以早日买到，运到后方，以从事于公家的生产；便说买不到，故意造出时距，将公款游到私囊，再游到投机囤积的市场，以造成私人的营利。像桂林某工厂，即其一例。如果发现不出来，该公务员可以不动声色，把钱赚到自己的荷包，结果款还是公款，并未短少分文，谁也不能责备他，这是怎样聪明而巧妙！游资之游，游到这般田地，借用庄子一句话吧，可谓"神乎技矣"！

第二个例，是以银行员而私自运用银行的资金。诚如英国经济学者李嘉图（David Ricardo）所称："银行的作用，自运用他人之资金始"。但是运用他人资金，要用在银行业的本身，然后银行业乃能发达。倘将银行所吸收之资金，不用诸银行业的本身。而用诸银行员个人之投机；不为银行做生意，而为个人做生意；不为银行赚钱，而为自己赚钱；其结果必致"宰相合肥天下瘦"，个人发

---

[*] 此文系作者为重庆《时事新报》撰写的社评。——编者注

财,而银行吃亏!好比身上的寄生虫,虫肥而身瘦矣。想不到李嘉图的原则,偏在这方面发展,此岂吾银行业之利?

第三个例,是近来各省地方,因统制物资统制运输之故,于是省营事业,风起云涌,颇呈发展之观。果能办理得宜,曷尝不足以调节物资,宣畅货运,裨益民生,补助省库,以应战时之需求。然而在这里,又蕴育着非法游资的新花样!倘使管理人员,一不得当,他便可以假借公营之名,把公家事业中专款,游到个人的私利方面去。而且既称公营,可以避免中央与地方的各种捐税,于是许多私营事业,也要假借公营的面具,逃避国课的负担,大大私赚其钱,而国课大受其损。曾忆一九三零年代,英国议会有一次谈到国营问题,有位富于幽默的议员,曾说过:"如果国营的意义,就是叫现在这般官吏去经营,趁早还是不营的好"。我们并不十分同意这位议员的主张,如果该办的话,岂可因噎废食?但是这句话,颇也发人深省,我们很不愿意,游资的范畴中,又添出这类的新花样!

我们的政府,已经深切地认识到这些问题的重要了,而且已经雷厉风行的在那里办他几个了。我们相信在这样的政府指挥之下,一定要以过去肃军的精神,肃清这些非法游资的存在。这步办到了,再谈正常的游资统制问题。

一九四一年

直接税之理想与实际*

（一九四一年一月一日）

一

我们是站在学术的基点，从事实际的工作；同时即依据实务的辩证，促成理想的进展。我们所指的理想，与空想不同；我们的理想，不是期诸数十年以后，只是比现实更进一步（one step further），永远比现实更进一步！现实前进，理想亦前进，理想永远在现实的前面。换言之，我们永远不以现实自足，总要悬出一个比现实更高的理想，这样才能使我们有进步，有开展，有生命，如同亘古的川流一般，永远只是"逝者如斯不舍昼夜"的往前进。也唯有这样，我们的理想才与事实相距不致太远，只要肯努力，很容易使昨日的理想变成今日的事实。这是我们和单纯的思想家不同的地方，把理想悬得远远的，使现代人做不到。同时也是和单纯的功利家不同的地方，没头于眼前的功利，营营于蜗角的得失，阻塞事业进展的可能。

去年十二月十六日，我在《时事新报》所载《财政与金融》周刊的创刊号中，曾写下这样的句子："理想与现实，学术与政治，中间总有些距离。昨日的理想，纵可成为今日的现实，而今日现实之前，复有其更新的理想。现实前进，理想亦因而前进，所以距离的存在，无宁认为当然，不必强其相同，亦不必怪其相距，只要同时并进，总不会隔离太远。然则昨日的理想怎样才可以成为今日的现实以追从更高的理想呢？此中需要一个很有力的杠杆，便是舆论"。

现在直接税处出版《直接税月报》，主要的功用，固然在对社会以及本处所属各省分处，报道事实，传达政令，供给消息与资料。但是另一个功用，便是介绍各国的成规，搜集历史的训示，研讨问题的症结，寻求解决的方案，集思

---

* 此文发表于《直接税月报》杂志创刊号。——编者注

广益，以达成较高的理想！

"吾人对于国家社会的责任，有两个方面：一方以从政者的资格，对职务负责；同时以研学者的资格，对学术负责，两者要相辅而行。既不能以研学之故，有碍工作，亦不能以服务之故，牺牲学术。要在以学术的立场，阐扬理论，印证事实，使二者之间，得所沟通，距离不致甚远"。一年前在《财政与金融》的创刊号中所揭橥的信条，至今日而信之益笃，达雅君子，谅感嘤鸣。

二

我们从事于直接税的工作，既不是混差事，也不是混饭吃，而认为是一种值得一做的新事业。既已献身于此，自然对它有信仰。然而我们也和那些江湖上舞枪弄棒卖野药光是替自己大吹大擂者不同。我们知道我们的优点，但是也知道自己的弱点；知道我们前途的光明面，但是也知道它的黯淡面；我们要做到自我发挥，但是绝不抹杀他人的存在；并不因为自己有一点小小的长处，便把他人说得一钱不值。我们服务于直接税，永远是关照着理想与实际。

直接税在现代中国财政中，当然负着很大的使命，抱着很大的希望，这是人人所承认的，无待费辞。但是直接税的进步，光靠着它自己的力量，是不行的。它要有赖于整个财政的刷新，更切言之，它要有赖于其它各种税制的进步。现代政治是个有机体，整个税制，好比一架机器，要靠着共动合拍交相助长，才能发挥科学的效力。

所以一般人谈到直接税与间接税的比较，因而隐寓褒贬的说法，鄙人不敢赞同。税制的本身，无所谓善恶，要看它政治的运用与经济的影响如何。此后关、盐、统等间接税，在中国财政的运用中，诚不免改变其性质，但因改变而遽抹杀其重要性，犹是知二五而不知一十之论。就关税讲，应改变的，是以前关税的收入性，而应树立的，是以后关税的保护性。收入的数量虽减，而税制的重要却增，岂可对关税而有所轻视？就盐税讲，以中国的历史与环境，此后十数年间，就想做到无税制，当不可能，则现行盐税之改革，与新盐法的推进，乃关系民食之要政；收入的数量虽减，而其重要性反增。再就统税讲，从前以人生日用必需品为课税对象之消费税，诚不免恶税之讥，但是消费税之合乎普通合理的原则者，其项目亦复不少。英儒斯丹浦（Sir Joseph Stamp）于一九三六年改版其《租税原理》(*The Fundemental Principles of Taxatio*n) 中，即主张应以合理之消费税，与直接税相配合。现代国家，既不能恃"单一税制"以应付其庞大之支出，则所谓税制改革者，应该是全盘改革，而不是硁硁一隅者所能解决。

即以直接税的前途而论，如果不将中央与地方以前若干不合理的税制，加以充分的改革，而欲直接税之大量进展，也是不可能的。语有之，去腐生新，若干病民的旧税制，还在那里存在着，又给它加上一种新税，新税纵佳，当亦有推行不利之苦。所以谈到税制改革，应该是全盘的，而不是片段的，是集体的，而不是个别的。吾人为此主张，并不欲减轻自己特有之责任；就国家政策讲，是应该如此的；就互勉互助讲，也是应该如此的。

三

就说直接税是良税吧，然而仍不免于疑问。如果良税，为什么许多纳税人，老是躲着它，而发生许多逃税避税的问题呢？许多人对于良税的逃避，并不下于对恶税。岂真如古人所说的"恶正丑直，实繁有徒"么？我们看到欧美财政论者，也常提出"对逃税作战"（fight against tax evasion）的口号。说到作战，自然是把对方当做敌人，在敌人眼里，还会把我们这个税当作良税么？不管你良也好，恶也好，得逃且逃，得避且避，良恶于我何有焉，这又是理论与事实不能一致的地方。如果我们所说的良税，仅做到这个地步，当然认为不满足，而尚有努力的余地。

这自然和经济制度有关。当一个社会的法律和习惯，承认私有营业和私利积累的时候，避税逃税，乃自然的结果。税虽然良，而其它许多社会条件并不良，把良税放在许多不良的社会条件中，不仅社会上许多人并不认它为良，还怕把良税的本身，也慢慢浸上不良的成分！这里真要当心，不要漫谈理想，实际则落入旧日的窠臼！

直接税于此，又该如何应付呢？这要分三个步骤。第一，要牢守良税的阵脚！自己尽到应尽的职责，不必计及社会条件如何。一方严密健全本身的组织力量和管理机构，同时精研广搜防止逃税的方法与消息。我们并不是和纳税人过不去，在今日社会条件之下，善良的人，也还是未能免俗。所以我们并不屑于采用"fight against tax evasion"的口号，我们是采用医师国手的精神，看到了病，就要下刀，而且很勇决的下刀！刮骨疗毒，以全生命，对路人是如此，对亲人也是如此,这是我们应该努力的第一步。第二,要扩大良税的浸透!古人称"德不孤,必有邻",又曰"是真虎,必有风",我们一方办税,同时就要办"财政教育",使良税之使命,逐步取得广大商民的了解。"课税而能取悦",诚如柏克(A.E.Buck)所说,"是未曾赋与人类的"。但是我们的功夫,如果作到相当的深,是可以赢得纳税人的心肯首肯的!第三,是健全良税的外缘!我们知道国民所得的调查,是有助于所得税的;变态经济的研究,是有助于利得税的;人口与财产的调查,是有助于遗产税的;登记制度的树立,是有助于印花税的。我们不仅从内涵上作功夫;还要从外缘上做功夫。天下事亦颇有取道似迂而成功反速者。凡直接税有助于良税进展之各种调查与研究,多方积极以图之,虽不中不远矣。

四

筹办直接税之拟议,肇自清末,屡议屡辍,理想终未成为事实。国民政府成立后,美籍顾问甘末尔,曾于民国十八年冬,拟就《税收政策意见书》,内载:"本委员会曾于民国十八年九月四日提出之所得税说帖内,建议:中国现在不可采行一般的所得税。其后就特殊或部分所得税,为进一步之研究,亦不能证明此种有限制之所得税适于采用。本委员会之见解,一部分基于所得之性质,一部分基于中国私人帐目之现状,而主要部分,则以行政性质为根据。一俟他国视为适于所得税之条件,亦已见于中国,则中国当然可以采行所得税。不过初时仍须为局部的及试验的而已"。

吾人今日特为引证此一段史实,所以证明昔日认为不能成为事实的理想,今日则已成为事实。同时亦可证明,吾人不可太拘牵于事实,而轻视理想。倘如甘氏所说,必俟实际条件具备,始云实施,则直接税在中国,虽至今日,仍将沉于理想之深渊,而不克与实际相联系。后之视今,亦如今之视昔,则今日吾人所悬之理想,只要主观努力,则客观条件,纵有未备,亦不难于实现也。

论印花税票之节约*

（一九四一年一月四日）

在抗建时期，物力维艰，应如何增加生产，努力节约，以充裕物资之之取给，诚属要务。增加生产系着眼于未来物资之丰盈；而努力节约则祛除现有物资之浪费。虽增加生产较节约为积极；但节约确较增加生产为现实、为速效。故民国二十七年七月第一届国民参政会第一次大会通过节约运动计划大纲后，提倡节约，力行节约，遂成为社会之一般风尚。在大纲中，对于应节约之项目，虽规定綦详；而待补充之处，亦复不鲜。兹略论印花税票节约之要义，以补充原大纲之所未备。

各项应贴印花之一切凭证，均应依法贴足印花，此为人民应尽之纳税义务。购买物品必须索取贴足印花之发票；吃餐馆必须索取贴足印花之账单，此乃国民对国家应负之责任。故论印花税票之节约，必须建筑在一切凭证均已依法贴足印花税票之上。假使以不贴印花，少贴印花，不索发票，不索账单为节约，此不仅是误会节约之意义，而是蓄意偷漏国税。偷漏国税，法有制裁，决不能与节约混为一谈。目前印花税票之最大浪费，厥在应贴之数额，每以分票积累贴足。如某项凭证应贴印花一元，竟以百枚之一分印花，密集贴足。又如商店之发票或账单，在现时之物价，动须印花六分或四分，亦不惜贴用六枚或四枚之一分税票。浪费物力，莫此为甚。故对印花税票之节约，必须在依法贴足之大前提下，求其应贴数额务购贴相当面额之税票，不宜以小额税票积累贴用。如应贴印花一元，即应购贴一元之税票一枚，不仅不可贴用数十百张之分票；且亦未便贴用数张之角票。又如应贴印花四角，即应购贴二角之税票两枚，不可购贴四枚一角之税票，更不可购贴多数之分票，只求贴用之足额。简言之：各项应贴印花之凭证，务必依法贴足；惟贴用税票之枚数，务在可能范围以内，力求减少，此即所谓印花税票之节约。

---

* 此文系作者为重庆《时事新报》撰写的社评。——编者注

论印花税票之节约

印花税票之印制成本，不论分票、角票、元票均属相同。故能节约一枚税票之贴用，即所以节省国库一枚税票印刷费之支出，集腋成裘，终成巨数。在人民不偷漏国税，依法贴足印花，固已对国尽忠。而能力行印花税票之节约，以减轻国库印刷费之负担，自为对国尽忠之更进一步表现。尚有进者，印花税票之印制，不仅国库负担印刷费；且所用之纸张油墨，均属关系外汇。故节约一枚之印花税票，亦即节约一枚印花税票之外汇。处此抗战建国同时并进之际，外汇需要如何浩繁？外汇积集如何不易？吾人万不可轻视印花税票之节约运动。盖此实与撙节外汇有直接之关系。故印花税票之节约，对外足以撙节外汇之支出；对内足以减轻国库印刷费之负担，其意义之重要可知。

再就印花义务人方面言之：贴纳印花税票是其对国家应尽之纳税义务，并不因实行此项税票之节约，而加重其负担。况贴用多数之税票，究不若贴用少数税票手续之简便、时间之经济、形式之美观。虽此种简便、经济、及美观，或不足重视；但印花税票之节约，既不增加纳税人之负担；而在整个国家民族之立场，则确获撙节库帑、撙节外汇之利益。凡属国民自应互相规勉，切实力行。

曾忆在民国二十三年以前，印花税票之销售，均由各地税局摊销勒销，商民痛受苛扰。迄今思之，犹有余痛。自第二次全国财政会议以后，财政部为解除商民苛扰起见，毅然决然将印花税票改由各地邮政局代售，任人民自由购贴。复将印花税收分成拨补各级地方，及边远贫瘠省份，作为废除苛捐杂税之抵补，俾减轻人民之负担。自实行新县制以来，又于县各级组织纲要，规定中央应以印花税之三成，拨助各县，以充裕其财源，协助完成地方自治。故自民国二十三年以来，所有印花税之措施，莫不以解除人民苛扰，增进地方福利为依归。凡我国人均深受此种改革之福利，尤宜力行印花税票之节约，以仰副中央之德意。

说预算日*

（一九四一年一月二十七日）

"一年之计在于春"，趁着春节这一天，无妨就这"计"字说几句。这句古话所说的"计"，原是计划的意思，说是每一个人，都应该趁着开春的当口，把这一年所要做的事业，所要研究的学问，好好的打算一下，确定一个目标，安排一些步骤，预筹一些办法，从今天起就开始做起来。过一个月，要做多少；过一季，要做多少；直到年底过年的时节，一定要做多少。古人云："凡事预则立，不预则废"，果能先有打算，预筹步骤，脚踏实地，逐渐实施，事无大小，没有做不出成绩来的。所以说，"一年之计在于春"这句古话，只要每年都有个新春，它便永远具有新的意义。

现在，再给它找一个新的意义。诗云："周虽旧邦，其命唯新"，俗话也常说："推陈出新"，我们做学问的人，倒不必老是掉新名词，标新立异。就如这"一年之计"的"计"字，我们研究财政的人，就要给它一个财政的解释。这倒不是牵强附会，也许古往今来的事实，可以证明。周礼有"计官"，司会掌邦之大计；西汉有"计相"，张苍掌郡国上计；北宋亦称三司使为计相，又称三司为计省。周礼又称"听出入以要会"❶，这真是古已有之由来久矣的老典故。就说现在的吧，国民政府有主计处，其中机构最重要的，就是岁计局。"一年之计"，在个人不过要有个打算而已，在国家就要成立一个制度，就是财政上所称的"预算"。

会计年度，英文用语为"fiscal year"，按字面译，应该是财政年度，或收入年度。会计年度和历年（calendar year）或流年（current year）不必尽同，为整理财政的方便，有定为七月一日起至次年六月三十日止者，如民国二十八年度以前之吾国是；有自本年四月一日起至次年三月三十一日止者，如英国是；有

---

* 此文发表于重庆《大公报》。——编者注

❶ 月计曰要，岁计曰会。

和历年相同，即自一月一日起至十二月三十一日止者，如民国二十八年度以后之吾国是。其他国家，尚有种种不同之规定，要以适合本国之政情计理为依归，初非一致。吾国之会计年度，既自元旦开始，那么，我们国家的一年之计，就要与春俱来，"一年之计在于春"，这句古话，在民国二十八年度以后的中国财政，实具有更新的意义。

过年的时节，一般人见了面，都要问一句："您过年过的好"！做生意的老板们，见了面，拱拱手，也要说一声："见面发财"。至于我们研究财政的人，在元旦这一天，就要说一声："您的预算很好吧"！元旦这一天，应该是我们中国的"预算日"。

"预算日"这三个字，倒不是下走杜撰，而是有根有据加以阐发的。这三个字，在中国也曾见过，就是民国二十六年一月某日天津出版的《大公报》。当时我个人，看到政府宣布："我们的会计年度，要从民国二十八年度，改从元旦起"，我便写了一篇短文《说预算日》，在《大公报》上发表。当时朋友们看到，也觉着新颖，屈指至今，业已四易寒暑。以《大公报》而论，由津，而沪，而汉，而渝；区区下走，也曾随着抗战，离开爱恋的平津，间关万里，于役三巴。亏了政府，把抗战主持的有些眉目，容我这一介书生，尚能执笔，在此四年后的新春，重在《大公报》上，重写这"说预算日"的旧课题，真不禁于欢欣之余而感慨系之了！

怎么说"预算日"三个字是有些根据呢？我们都知道：财政管理最有成绩的，当推英国。英国的会计年度是从四月起，就在四月中，，国会开会的时候，由度支大臣提出新年度的预算案。因为英国的宪政，是从十三世纪 King John 时代颁布大宪章确立财政管理权时开始。以后盎格鲁撒克逊民族又有"不出代议士不纳租税"的口号，所以英国人把政府预算看得非常重要。因而在四月中度支大臣在国会提出预算案的这一天，在他们心目中，也认为是一年中国会开会最紧要的一日。朝野各方既是把这一天看得这样重要，于是对于预算案提出的日子，特称之为预算日（Budget Day）。这是"预算日"三个字的学术上的根据。

这一天，在英国，可也真有点意思。一起早，约摸五六点钟的时候，便有许多人裹着毛毯，带着干粮，老早跑到伦敦桥（London Bridge）畔大钟（Big Ben）之旁的众议院（House of Common）的门首，鹄候着院门一开，蜂拥到议院中的旁听席，争取先聆为快的机会。议员老爷们在其他开会的日子，也许有些人，蹀到郊外，去打高尔夫；说是出席，也不免姗姗来迟，掉弄他们的烟斗。但若遇到这预算日，可不然了。大家很起劲的，前来开会。在朝党预备坚甲利盾，在野党预备舌剑唇枪，要在预算日这天，决一个我高你下。铃声一响，看吧，全院的两椅（benches 分朝野两阵线）两廊，乌压压挤个风雨不透。后来的简直没有加凳的地方。开会之后，先讨论其他的议案，大家并不注意它，专候度支大臣的来临。约摸下午三点钟的时候，望眼欲穿的"计相"手里提着小小的皮箱，很消停地蹀到议场。大家的眼光，不约而同地群集到这小箱，不知这位计相的闷葫芦里卖的是什么药。不仅大家不知道，恐怕只有他的机要秘书方晓得一些。这只小皮箱，真是一个"？"，（曾记得一九三一年斯诺丹（Philip Snowden）提出预算的那一天，*Daily Herald* 报纸便在他的照片手提箱之上，大大的画一个"？"），度支大臣不讲，没有人知道的。

可盼到他出席报告了。万目睽睽地，一个字，一个字，洗耳恭听。起初先报告上年度预算执行的经过。这一段，总要占一点来钟；等到钟鸣四下，这位计相，才开始报告本年度的财政计划。什么税要增，什么税要减，什么税要添，什么税要裁，要发行什么新债，要办理几种减息，一个字，一个字，给大家讲出来。这时全院寂静极了，恐怕只有壁钟滴滴答答的音响，配合着报告的节奏。这一个报告，也许延续到一二小时，假若长的话，如同格莱斯顿一八五三年提出他第一次有名的预算时，竟要延续到五个钟头以上。银灯如雪，腹饥如辂，讲者不疲，听者忘倦，偶然听到与党的欢呼，偶然听到敌党的嘘声，真有价值的报告，也能赢得敌党热烈的鼓掌。曲终辞毕，先由敌党领袖致简单的答辞。一九二四年工党第一次财长斯诺丹报告预算案完毕时，当时自由党领袖爱斯葵斯即曾诚恳地向斯氏握手。经过这一场面，这天的开会，算是终结了。热烈的辩论，留待次日再开会时举行。于是许多人带着许多不同的面孔和表情，纷纷离开了议场。

这确乎颇有些意思。主持财政的人，对于国家的财政大计，是这样的郑重；全国人民对于预算是这样的关心。议场中的一言一动，是这样的"fair play"，这真不是一天养成的。我们并不怎样讴歌议会制度，但是对于此中优点的表现，也确有不容漠视的地方。他山之石，可以攻玉，我们想到自己，也应该有我们的预算日。这不是效颦，这是感于"一年之计在于春"的古格言，觉得我们这个民族，确要给他树立：建制预算，执行预算，忠于预算，完成预算的素养！必有此，才能讲到政治建设，才能使四载苦战的成果不致落空！当这一致迎接胜利年的当口，我们每一个中国人，都要问问自己：是不是你也有个"一年之计"？办理财政的人，是不是有决心，也给中国树立起一个很有价值的"预算日"？

故事还没有说完。英国计相报告预算，为什么等到下午四点以后，才把新年度的计划说出来？这还不外是"公平竞赛"的意思。因为下午四点钟，银行也关门了，交易所也停市了，纵令得到财政的新消息，打算立刻买点公债、进些股票，因而赚些油水，或是躲些亏耗，时间已经是来不及了。当天晚间，或由广播，或藉电讯，财政大臣的演说立刻遍传到全国的每一个角落，大家都晓得了。等到明天八点钟，银行、交易所一开门，谁想做生意，大家机会均等，谁也不用打算特别占便宜！窃踞特殊消息，以发横财的怪现象，在这种条件之下，是很难存在的。曾忆英国有一次忽然在预算日以前，把一些增税的消息泄漏到外边，因而有一个大保险公司的老板，玩了一套把戏。消息传播之后，立刻追究，查出是一位阁员托马斯（Thomas）随便讲出的，于是立刻免他阁员的职，而且取消他议员的资格。国会开除他的时节，还要叫他到场，亲聆神圣的宣布，然后一步一步地踱出议场去。这真叫我们感到法制的剧意了！我们从这件事，才真晓得，一国财政管理的净化，诚非偶然！

"一年之计在于春"，值兹胜利在望，春节来临，我们打算对朋友们说些拜年的话，该说些什么呢？三句话不离本行，还是说说"预算日"吧。

民国三十年一月二十六日于渝州

劝募与摊派*

（一九四一年二月十三日）

民国二十九年的军需公债及建设金公债自三月发行后一直没有消化，去冬十一月始集合政府民众的力量成立战时公债劝募委员会，筹办公债销行事宜，最近筹备就绪，三月起从陪都发动，然后推行至全国海外。如本报昨日社评所说，这是一个极有意义的运动，它已引起全国深切的注意与热烈的反应。目前各方意见比较稍有出入的是销行公债的总的方式问题，也就是劝募与摊派的问题。

照十日战时公债劝募委员会招待新闻界席上所谈，该会的主要工作方式乃是劝募而非摊派；论者则或以为应该完全采用摊派的方式，俾可使这次发行公债有丰饶的收获。讲到劝募与摊派，本报昨日社评已经指出，并非两种截然相反的方式，可以说劝募的最终目的也不外乎摊派，只是以前摊派为人诟病乃在用强迫的方式，而且还有人从中渔利，目前的劝募则重在善意的说服、劝诱、鼓励而已。就这一点看，劝募与摊派两种方式简直可以融会贯通，不仅是可以并行不悖而已。本报昨日社评所贡献的一些意见，就是基于如上的观察。

战时公债劝募委员会的已定方针也是不错的；我们主张劝募之中不妨摊派，但不可以作离开劝募本质的摊派。劝募是经，摊派是权。何以这样说呢？第一，公债摊派的方式已在民间留有深刻的坏印象，这次如果重抄旧文章，不管以后进程如何，首先不免给民众以疑虑的感觉，成为推行的阻力；第二，这次施行摊派的事实基础固然存在，因为有不少人靠着抗战发了许多财，可是我们不能无视另一事实，即民众组织力量的薄弱，以及行政基层机构的不够，有可能使贫富不分，摊派的标准混淆不明，这样谁该摊多，谁该派少，就成为绝大的问题；第三，谈到收获，摊派的方式固然看来较为容易，但劝募的方式运用得宜，成果也必不恶。中国的"国情"、"民心"，对于任何措施，带有强迫性的、暴力性的，总是不大相宜；反之，一经豁然贯通，则必可左右逢源。所以，真

---

* 此文系作者为重庆《时事新报》撰写的社评。——编者注

正劝募得法，我们相信，其收获一定会超过硬性的摊派。

有人以为对于发国难财的朋友特别要用摊派的办法，这似乎很有道理，其实有些本末倒置。对于因国难而致富的人，不妨运用各种力量，请他们多多认购公债，这是极其应该的。至若以硬性的摊派作为处置发国难财的方法郤又不然。发国难财，应该制止于先，等到发了许多财，单单课以认购若干年后仍可还本的公债的任务，反使取之于众的财富，作为个人邀誉的条件。这如何是个办法？

我们所希望于战时公债劝募委员会诸君的，第一，是以坚定的方针从事热烈的推动，这必然可以预卜收获的丰饶。第二，在劝募之中，兼采适当的摊派方法，务期达到有钱出钱的目的，而不至发生仅从一般民众身上吮吸膏脂的流弊。

由对敌货币战争说起*

（一九四一年三月二十二日）

敌人对华的侵略，除在军事方面而外，还配合了经济的战争，特别是在货币方面，早已和军事一样的在进行着猛烈的斗争。无如抗战至今，已三年零八个多月，在这方面，敌人不但没有获得什么胜利，且饮鸩止渴，徒为自己掘下了葬送自己的坟墓，正如彼邦经济学者长野氏曾说过："事变之初，在华北和华中曾进行着货币战争，但至今日的经验，此事实非易与，尤以货币战争，因其含有国际的意义，与其谓之日本对重庆之战，毋宁谓日本对英美之战更为适当些"。

这段话由表面上来看，固然是敌人由货币战争的经验中所获的结果，实际上，也就是敌人经济侵略和货币侵略惨败后自招的供状。

敌人的侵略一日不停，伪币的滥发即一日不能终止。因为敌人不能不以伪币发放在华部队的军饷，而日本国又没有资本，不能不仰给滥发纸币，去支持所谓开发工作。同时为了骗取我们的资源，也不能不滥发纸币，妄想藉此滥发的纸币来与我们的法币争取流通地盘。敌人因为要应付这些支出，于是次第成立了许多伪银行，发行额都急剧增加。旧的伪币因为滥发而跌落，于是发行新的，企图整顿，但是新伪币同样的没有准备，其命运与旧伪币正复相同。饮鸩止渴，治丝必将愈乱。

敌人亦深切知道滥发纸币的结果日趋严重。为避免甲区崩溃扰乱乙区金融，遂又限制此区伪币流通于彼区，如伪满政府禁止华北"联银券"入境者是。但此种措施，因其价格的差额悬殊，临近区域常互相牵涉，既然违背货币普遍流通的基本原则，当不能挽救崩溃的趋势，早在吾人预料之中，自不待言。

敌人最初为了套取我外汇，成立所谓"日元集团"。规定伪币与日元等价，其目的在便利集团内的金融流通及贸易发展。殊不知此种措施，不但无利，而且

---

* 此文系作者为重庆《时事新报》撰写的社评。——编者注

有弊。除对集团中各区域的汇兑贸易统制及一般经济投下种种恶因外，等价办法对于敌人这种币制政策根本上即予以严重的打击。然在外汇市场上，其价值所以能勉强维持而不至成为废纸者，确亦赖此等价的关系。彼若放弃等价，则伪币价值跌落，必至不可收拾。且敌伪自己既不信任伪币，遑论他人。

综观上述，在我敌双方货币战争猛烈进行的途中，敌对于滥发的旧伪币无法收拾之后，又发行新伪币、准备金，既无着落，自难免滥发。沦陷区域伪币下跌、物价高涨以至于金融紊乱等事实，对于敌方推进对华贸易非常不利，所以彼邦商人大部皆反对新伪币，甚至有人且对美国借款来巩固我们的法币表示赞同者。根据这种演变，在长期的货币战中，业已失败的敌方货币政策，必然的由伪币下跌酿成金融崩溃，而政治军事随之，殆可断言。是故吾人处在今日国际环境利转，国内战争进展之时，除去加强军事方面反攻的力量而外，对于经济货币的壁垒，亦必须配合了军事而增强、而巩固，使货币侵略崩溃，经济阵容随之倾颓，经济既不能稳固，而欲支持作战者，未之有也。值此全国经济会议成立之初，除去加强货币的信用而外，对于整个经济的阵容，有厚望焉。

积极促成专卖制度*

（一九四一年四月十二日）

据昨日本报消息：财政部为秉承八中全会决议案，筹办盐、糖、烟、酒等消费品专卖，以调节供需，平准市价，业经组织专卖设计委员会，作为专卖事业的设计机关，举凡专卖的制度章则等事宜，都由该会负责计划。这一个新措施在我们抗战现阶段及此后建国中，均将发生决定的影响，它是合理分配物资、节制私人资本、改善社会经济、实现民生主义的有效办法，值得我们全体国民的拥护、重视与协力促成。

专卖制度是由政府管制产销的制度，由政府直接向生产者取得生产品供给消费者。在这个过程中，政府保有对生产者及消费者的管制力量，保障生产运销者的合法利润，而使消费者不增加过分负担。同时并有促进生产、节制消费、节制物价、安定民生的作用。这种制度在我国今日原非首创，它远在周秦即有端倪。齐国鱼盐之富，使桓公能九霸诸侯，国力之强，社会组织之健全，均居列国之首。其后汉之平准、唐之盐法、宋之市易，都在对物征榷之中，寓有调剂供销之旨，实为专卖制度之权舆，法良意美，足资效法。近世各国对于专卖制度的推行也很积极，例如法国有火柴专卖；意国有糖、石油及酒精专卖；日本有烟草、食盐、火柴及樟脑等专卖。这些都创自战前，在平时固有管制产销的作用，现在却更成战时收入的一个重要部门，且为调剂产销的策略，具有加强经济战抗力量的功能。

我们抗战已有三年零八个月，军事上敌人已经确实被拖到毫无进展，而且日趋不利的阶段。因而敌人就转而从经济进攻，为贯彻我们七分经济、三分军事的策略计，我们在这个时期实有实行专卖制度，以开拓税源，充裕国库，以应抗战建国之需，并同时控制供销，防止垄断，以贯彻节制资本之国策的必要。

因为专卖制度在财政上具有增加收益的作用，我们知道一般增加战时收入

---

* 此文系作者为重庆《时事新报》撰写的社评。——编者注

的办法，均不外募债与增税二途。募债常受国内公债消化力及国际间信用的限制，而增税则因战时产业的滞顿，每难达到预期目的。至于专卖之收入，则极可靠，而且又不增加一般民众的负担。在财政上是积极的、生利的办法，而不是消极的、拔苗助长舍本逐末的分利办法，广泛推行后且能代替日常消费税在财政上的地位，一方面可以增加财政的积极性，一方面又可增加国库的收入，这种财政上有效制度的实施，自然应积极促成。

在经济上专卖制度可以使国家对生产品的产销有统一与有效的管理。可作有计划的生产，一方面提高生产的良果，一方面可以由新式管理而减少生产费用。特别可以应用比较成本的原则，根据国家民族的需要，决定生产的办法及种类，以达到节制资本的要求。此外，由于专卖制度之实行，中间人多半绝迹，即可不再有操纵物价、剥削平民的劣迹，以合理分配物资，促成我们经济实力的加强。

在社会一方面，专卖制度尤可利用其对生产品产销的管制力量，实行以公益为目的之社会政策。纯粹对国民无益的消费品可以利用专卖管理来减少其产销，以求物资节约。生活必需的消费品，则亦可因之作大量的经常供给。并且还可以利用这种制度来抑制豪强，清除垄断市场和自私自利的中间剥削者。使整个社会能因消费品之充分供给，负担之不过度增加而趋稳定，以支持抗战建国之大业，尤为专卖制度所可能产生之重要贡献。

因为专卖制度不但在财政上是增加国库收入、积极产生利润的办法，而且在经济及社会上是促进生产、统制消费、平定物价、节制资本、实现民生主义的一种良善办法，它自然值得我们全体国民之积极拥护，负责当局之迅速促成，以在我国财政史上，书写新的一页。

论地价税之开征*

（一九四一年六月）

一

吾国财政体系，在岁入方面，若将中央收入与地方收入汇总观察，自古迄今，实以田赋为重心。不仅现在，即在不远之将来，仍将以自土地或农业所获之税收占主要之地位，盖财政体系乃经济机构之反映，财政之特殊性，即支配于经济之特殊性。吾国地大物博，生民衣食所需俯拾即是，无待外求，故其经济活动，很自然的以农为本务。虽因人类欲望之增进，需要手工业之配合与商贸之懋迁，寝假亦与国际贸易相接触，而其主要之生命线仍在土地、仍在农业，因而政府之收入亦以来自土地者为大宗。财政仅为经济基构之上层建筑，事有必至，理有固然，无足怪者。虽曰将来之发展，不能不以工业化为目标，但工业化在吾国，实不应以狭义之工业化相解释；而必包括农业之工业化（the industrialization of agriculture）可无疑也。

土地税在吾国，夙称"田赋"，而田赋所涵之意义则大有分析之价值。禹贡所称"因田制赋，任土作贡"，名曰田赋，实与今日所称租税不同。盖古者"普天之下，莫非王土"，酋长或君主即为一大地主。隶属其下者皆为臣仆，耕植其地者均系农奴。纵令农奴稍营独立之生活，亦必须为此大地主按年纳租。故吾国租税之起源，实际为租（rent）尚不足语于税（tax）也。嗣因分封功臣子弟之故，将"王土"裂为"采邑"，而采邑之所有者，积久夷为庶人。于是土地之所有，亦由集中而渐趋于分散，由独占而渐趋于转移，私有之分量遂有压倒王田之势。此时之君主，即不能以大地主之资格取给于地"租"，而须运用课税之方式以仰赖于田赋。鲁宣公之"初税亩"，汉文帝之三十取一，降至清康熙朝之

---

* 此文发表于《财政评论》杂志第五卷第六期。——编者注

"永不加赋"、"地丁合一",其间因革变迁,所谓田赋一名词,内涵至不一定。倘以为今之田赋亦即古之田赋,或以为田赋一词仍可存在,未免习而不察,不足以应时代之要求。盖课于土地之租税可以有种种之标准,亦可区别为种种不同之对象而锡以种种之专名,此"地价税"一词,所以有特为讨论之必要也。

二

以面积、以肥瘠、以收获量为土地课税之标准,乃较为古旧之课税法,其较为进步者,则以地价为对象,或以纯收益为对象。以纯收益为对象者属于所得税之系统,以价值为对象者则属于财产税之系统。价值系属于财产之本身,而收益则为经营财产每年产生之纯收入,二者不容混同。属于所得税之系统者,不在本文讨论范围之内,兹专就属于财产税系统以财产本身之价值为课税对象之地价税,一申论之。

土地课税以价值为对象,乃社会经济发达以后之事。盖价值云者,非真实价值之谓,乃交换价值即价格之谓。纵有交换而不频繁,其交换价值亦不明显,仍不能为主要课税之对象。地价税之发达较晚,此实为其主因。即以经济发展较速之欧美而论,地价税之主张与采用,亦属产业革命以后之事。例如德意志,在普法战争前,本为一农业国,一八七零年以后德国统一,工商各业显示飞跃之发展,昔日之乡村浸假而变为城市及工业之区域,都市人口增加甚速,租金上涨飞跃不已。据德儒芒果尔德(Mangoldt)之研究,仅柏林一城已占之土地,当一八三零年其租金仅为一千七百万马克。至一八七零年即增至五亿三千万马克,迨至一八九八年则达二十一亿一千八百万马克。其次则为资本主义成熟之国家新开辟或新占领之土地。如英帝国领下之澳大利亚及新西兰,与德国租借时代之胶州湾,皆其显例。至如吾国,始终未受产业革命之洗礼,社会经济之生命线,仍以原始式之农业生产为重心,纵在沿江沿海之条约商埠,因资本主义国家通商航海之外铄,熏染现代都市之皮相,因而都市土地之价值亦渐为世人所瞩目。但在比重上,尚不能即谓土地价值已成为普遍课税之目标,此地价税之在吾国所以不能即时脱颖而出也。

然而吾国之土地面积,无论如何辽阔,但其数量毕竟属于固定,而人口则增殖无穷。土地本身之价值,只有与年俱增,此不仅都市为然也,即在乡村,无论为耕植、为住居,其价值无不与年俱长。且兼并之风自古已然,富者田连阡陌，贫者无立锥之地，因土地分配之悬殊，乃愈感地大而地不足，田多而无所耕，国父有鉴于此，乃创为平均地权之主张，复发为照价课税之计划，是地价税之实施，即在经济较为落后之吾国，亦殊有急起直追之必要。

三

所谓地价税（land value taxation），不仅在征课土地之实际卖价或资本价值，且须课之于未加人工改良之价值（unimproved value），至地基上之房屋或其它改良物，则予剔除。其征课方法，有按其本身价值每年征课者，是为普通所谓之地价税；有以前后两时期之价值相比较，而对其所增之价值课之以税者，是为土地增值税（land value increment tax）。因此在课税期间上，亦遂分为有定期之地价税与无定期之地价税二种。又如一九一零年四月英国财政大臣劳合·乔治（Lloyd George）所创行之地价税，即包括（一）土地增值税，（二）租地归还税（reversion duty），（三）未改良地税（undeveloped land tax）及（四）矿地权税（mineral rights duty）四种。至于征课之税率，有采用比例制者，有采用累进制者，视所课对象之性质而异其规定。

各国采用此税之先后，亦有足述者。最初采用地价税者，为一八七三年加拿大西部之哥伦比亚省，创行荒地税（wild land tax）。次为新西兰，于一八七八年征课未改良地税，中经废止，至一八九零年又复采用，自是澳属各城市相率仿行。一九一零年澳大利亚联邦政府亦采用之。德国各都市于一八二零年以后所行之土地移转税（umsatzsteuer）即为该国施行地价税之权舆。一八九八年复推行于租借于吾国之胶州湾。其本国都市初征此税者，为一九零四年之法兰克福（Frankfurt AM）。至一九一一年，联邦政府亦采行此税。英国创行地价税始于一九一零年，但施行未久即行废止。至一九二四年工党财相斯诺丹（Philip Snowden）复拟重行此税，亦未果。日本之土地增值税案颁布于一九二三年。吾国于民国十九年六月公布土地法，对于地价税之征课，颇有详密之规定。

征课地价税之主要问题自然为估价方法。据澳属各州之经验，通常估价之根据，即凭纳税者本人之报告，而辅以各种校对之方法、校对之资料，如卖出时之登记册即其一例。仍恐未尽，乃复规定政府保有照价收买之权。在新西兰，如人民认为政府估价过高，并可要求政府照其所收之价收买。关于估价之期间，有每年举行一次者，如澳属之 New South Wales，有每五年一次者，如 South Australia，此外二年、三年、四年不等。

四

吾国之土地税法，对于土地税，分为地价税及土地增值税二种。两税所称之，地价有申报地价与估定地价之区别。但每年征收地价税时，概以政府所估定之价为标准，而以人民所申报者为估计时之参证。关于估计时限，除地价有重大变更外，每五年举行一次。关于地价之估计，地政机关应将所辖区内之土地，就其地价情形相近者分划为若干区，就同一地价区内之土地，参照其最近市价及申报地价为总平均计算，所得地价数额即为标准地价。

关于土地之种类，区分为（一）市改良地，（二）市未改良地，（三）市荒地，（四）乡改良地，（五）乡未改良地，（六）乡荒地六项。税率采用累进制，比照估定地价数额，自最低千分之十以至最高千分之一百。

土地增值税自以所有权移转为主要之标准，但虽无移转而届满十五年时，亦征收之。地税所有权人之自住地及自耕地除外。凡土地增值之总数额，市地在其原地价数额百分之十五以内，地税在百分之二十以内者，免税，其税率亦为累进制，自百分之二十以至完全征收。

抗战前上海市所开征之地价税，其暂行税率为按照估定地价征课千分之六。土地价值之估定，每三年修正一次，征收时期为一月七月两期，其机构有地价税土地估价委员会，业主对估价如有异议，可向土地局申请，提交公断员公断之。此外如杭州市亦有类此之推行。地价税在我国亦已见诸实际，惟距普遍尚远耳。

五

吾国为最缺乏数字之国家，加以土地广漠，战乱频仍，纵有调查与记录，非片段不全，即随时散佚，复不能加以补充修正，于是仅存者其可考之程度亦至有限。地之数量尚在模糊难辨之中，则税之价值更在不可捉摸之列。以此客观条件而欲施行地价税，岂非痴人说梦！进步国家如英，所以施行未久即行废止者，亦因法规复杂所生之烦难与纠纷，以致不满人意。英本国之土地远较吾国为小，其经济发展之程度亦已造成多数之都会，施行结果，尚且如此，遑论吾国。是以主张地价税可以咄嗟施行于中国者，未免失之过早。

为今之计，应先努力准备工作并加紧试办工作，一俟条件渐次齐备，试验渐有把握，然后扩而充之，以实现先哲之理想，当亦事实所许可。所谓准备工作者，如土地陈报、土地丈量、财产调查、整理地籍等项，均可逐渐施行。作一步，算一步，铢积寸累，持以毅力，假以年月，其成效必有可观者。又如推行直接税，在遗产税可促成土地不动产之申报；在印花税，可控制财产权之移转，因推动直接税，间接即可供给征收地价税之良好资料。所谓试办工作者，即因新税初办，阻碍必多，欲求推行尽利，必须由渐而入，一俟稍有把握，再行推广。最好先由都市入手，在此抗战期间，后方各主要都市无不见飞跃之发展与繁荣。社会原因促成于前，而地主安坐享受于后，又岂吾抗战中所应有之现象！无论如何，都会之地价税，实有施行之价值与必要。虽有阻碍，相信必可打开，虽乏技术，短期亦可锻成，循序而进，计日呈功，要看吾人努力之程度如何耳！

财政与财政家[*]

(一九四一年六月十六日)

庶政之母在财政,而理财之要在得人。苟非其人,政不虚行,天好的财政制度与财政计划,如果付托非人,结果可以弄得乱七八糟,流弊百出。所以唐之刘晏,当安史乱后,整理国家财政,首用士人。必择廉敏精悍之士,然后付以改革财政之任,故能为国家大量增收,而百姓称便。宋代的王荆公便不然了,只注意到制度的革新,未能做到人才的慎选,结果弄得北辙南辕,欲治反乱。

不仅在吾国,就是在西洋,从来人们对于办理财政的印象,就不大好。自从《礼记》载着一段"苛政猛于虎"的寓言,而《大学》又有"与其有聚敛之臣,宁有盗臣"的斥责,于是在人民心理中,生出两种感觉:一种感觉是畏惧,如同怕老虎;一种感觉是艳羡,以为"经手三分肥";最轻的也要憎恶。诚如美儒柏克(A.E.Buck)所说"课税而能讨人欢喜,好像讲爱而能凭理智,是未曾赋予人类的"。此种心理的造成,自有其时代与事实的背景,老百姓是最公平的裁判者,决不会冤枉人。

降至近代,财政的理论日益昌明,财政的制度日益进步,办理财政的人,其才识与人格,逐渐提高其水准。同时因为社会的集体生活,日益扩大其范围,从来人类欲望的满足依赖于个人支出的渐次变为集体支出,而由各级政府经理其事。集体支出的方面愈多,数量愈巨,关系愈复杂,技术愈繁琐,则其仰赖于廉能有为之财政家者亦愈甚。新时代的财政家,必非历史上的"聚敛之臣"所能胜任,而社会环境亦不能再容此辈侧身其间。财政家水准的提高,一方要看主观上的努力,同时也要看社会客观上的条件。

吾以为新时代的财政家,应该和科学化的医师一样。理想的医师,应该是最能治病而不喜欢病;理想的财政家,应该是最能理财而不喜欢钱。治病的国手,是居心最仁而下手最忍;理财的国手,是存心最公而手不放松。近人有研

---

* 此文系作者为重庆《新民报》撰写的时论。——编者注

究盐政者，自称曰"盐迷"，如同杜预之注释《左传》而被称为《左传》癖一般，不迷不癖，必难深入三味而会其神理。自然医师和财政家所研究的对象也有些不同，一个是病，一个是财，病是注定的叫人怕，而财是注定的叫人爱。但是"奏刀　然"，刮骨疗毒，在良医的心目中，并无所谓爱憎存乎其间，那里来的怕；同样，在理想的财政家的心目中，他所经办的是国家的公务，所蕲求的是社会的公平，手经万亿而视同无物，亦无丝毫爱憎存乎其间，又那儿来的爱？对象虽有不同，同以极客观的精神和素养以处理之，理财的国手和治病的国手，用心初无二致。

骗了钱而害人的庸医和贪了财而病民的税吏，均将在进步的时代和清明的环境中，无所容身；随着社会的要求，科学化的医师和现代化的财政家，同样地为人们所认识而尊重。

民国三十年六月十五日于渝州

整顿地方财政[*]
——勖第三次全国财政会议

（一九四一年六月十六日）

国民政府成立以来，全国财政会议举行过两次。第一次是在民国十七年七月，承北伐成功，全国统一之后，清算过去财政为军阀账房的旧习，开始使财政发其协助各级政府建设事业的功能。所以会议乃以划分国家及地方收支系统为主题，在适应当时的时代要求上，有莫大的意义，也有极堪欣慰的成功。第二次会议在民国二十三年五月中举行。当时世界经济恐慌延及中国，百业凋敝、财政困难。政府为求打开僵局，乃召开该会，以裁撤厘金，废除苛杂为主题，以赋税改革的办法，刺激国内的企业，使能复兴。这在适应当时的时代要求上，也有极大的意义与成功。

今日抗战即将满四周年，在"七分经济三分军事"的第二期抗战中，时代的要求，又需要再集全国财政的负责者及学者专家，彻底作一次检讨。因此自今日起，财政部特召开第三次全国财政会议，集财政负责人员及专家三百余，以预定八日的期间，商研改进财政系统及田赋改归中央的主题。这是集全国财政界英彦对当前局势作一个大的协力，求得解决一切财政问题的办法。会议的成败、决议案之能否顺利推行，都与我们抗战建国的前途有相当重大的关系。所以我们以国民的立场，对该会寄无穷的热望。希望该会能够努力以慰国民。

此次会议讨论的范围相当广，即就改进财政系统，划分为国家财政及自治财政两大系统而论，亦有许多不同的子目。在这一方面，我们先请该会注意到切实整顿地方财政的一点。

第二次财政会议决定裁厘并废除苛杂后，废除之苛杂已达七千种，款额年约六千八百十九万余元，成绩尚堪满意。但是，我们却也不能不指出：抗战以来，因为地方军事、建设、及其他费用支出的增加，各省又有乞灵于苛杂的趋

---

[*] 此文系作者为重庆《时事新报》撰写的社评。——编者注

势。于是所谓消费税、特种消费税、通过税以及各种附加及捐税等层出不穷，以致国民经济及国家财政都受其影响。所以整顿地方财政，实刻不容缓。

地方增加苛杂，以及采取其他饮鸩止渴的办法以求增加收入，其最大原因是在支出的浩繁，地方无力担负，故出此下策。要解决这个问题，我们必须针对其困难的根源。首先将地方的军费支出，改由中央统筹支配。临时供应要有合法的支付手续及补偿办法，而确保地方财政之健全。建设方面，除与抗战有关者外，均不必大规模去办。即有必要者，亦应与金融界取得联络，由各银行投资办理，而由官方加以监督，可收事半功倍之效。其与国防有关者，则应直接由中央去办，地方不必代庖。

这两个严重问题能够釜底抽薪地解决后，即应彻底废除不合理的及有害一般民众的苛杂。省营贸易应由中央加以监理。地方兑换券之发行，更应加以注意，切实控制。

省财政应该由中央控制，统筹支配，决不可如过去之各自为政。统筹支配之后，中央财政与省财政当能有较佳的联系，有良好的配合，不扰民，不害民，分工合作，促进抗战建国的大业。至于自治财政系统，则以县为单位，培养税源，以应需要。在这一方面，中央亦不可任其自由，必须严格执行预算审查考核制度。一切原则由中央指导，由县制作细则推行。如此，地方财政有了直接主管的机关，可以随时加以整顿。当能重上轨道，民生国计，亦当能蒙整顿改革之益。

厉行赋税政策*

（一九四一年六月十九日）

一个国家的战时财政，主要的在筹措战费，使军事力量能够因财力的充足而长久维持并且逐渐强大。同时还要维持民生，使生产不致凋疲，负担能够合理。足食足兵之后，战事才有把握。所以，最后胜利的到来，将以财政经济为其主要的决定因素。

筹措战费的方法，不外增税、举债和发行三种。为一个资源贫乏、组织机构强化的国家，除增税、举债外，在有力控制下的发行，也可尝试。但是为一个资源蕴藏虽丰，却很少开发，同时组织机构不强，财政缺乏伸缩性的国家，则只能依赖于增税及举债二项。我们中国是属于这一种的。所以抗战以来，我们的战费多半依赖于举债、增税及他方面的撙节来维持。

在第一期抗战中，政府因为一般国民的纳税能力，受战事的影响难有增进，所以军费的筹措多赖举债。到了第二期抗战，因为军事上已成相持之局，变化较少。同时后方的开发亦日见进步，国民纳税能力已见增进，于是除举债外，兼以增税为筹措战费之方。

这里面占有重要地位的，除去间接税中关税增加转口税，盐税严加整顿外，统税改为从价征收，田赋决行征实。直接税项下，则增加战时利得税、遗产税等。因为经征的得法，直接税的收入较战前增加至二三十倍。不但加强了一个战时收入的财源，而且建立了战后优良的税制。这是极可欣慰的。

但是，我们却也不能不指出：我们赋税政策的执行，却还未能彻底。在财力的负担上也未能平衡。一切抗建经费，似多由平民负担，有力者出力又出钱，有钱者力固然不出，钱在比例上也出得很少。这不但在表面上是一个令人不平的现象，在实质里而且是一个破坏社会广大基层的生活力量，动摇其对国家的信仰，终而使他们生"偕亡"之念的有害国本的危机。我们现在正处在存亡兴衰

---

* 此文系作者为重庆《时事新报》撰写的社评。——编者注

的歧途上，我们决不能犹疑，不能推诿，不能敷衍，时机一纵即逝。此时此刻，必须立即以大刀阔斧、硬干、快干、实干的办法，整顿税收，厉行赋税政策，使负担能够合理，社会的各阶层能够因抗战而团结，不致因负担之不合理而对立，最后胜利的把握，亦不致因出力出钱之不均而遭破坏。

关、盐、统等间接税的增加，在战时为筹措战费，固为必要。但是因为转嫁作用的原因，其负担终久落在广大的消费者的头上。对一般商人这不过只是一种垫付的性质。所以间接税的加征固然可以增加财源，但是在实行合理负担，建立良税系统上，却还不能发生作用。特别是若干苛捐杂税的复活，直有贼害国民生机的危险。所以苛杂必须废除，间接税的增加也应该适可而止。

战时的赋税政策，我们认为应该着重于直接税的增收，在这里面，所得税的起税额应该适应环境，立即增高至足以维持个人生活之数，同时因为赡养家属的需要，亦须按照赖以为生的家属数目规定免税额。可是，在所得数目较大的一方，却应该将税率提高，使有钱者多出钱，我们的现行所得税率对有钱的人太客气，对没有钱的薪给阶层太苛刻。现在应该立即改善，我们应该使有钱的人出钱，为社会大众谋福利。关于这一点，在遗产税的征收上也适用同样的原则。

我们坚决主张重征战时利得税。战时利得税的本身说起来即是不义之财，这是由于战时特殊环境所得的利润，严格说来，这是多少将士抛头颅，洒热血，多少义民弃田舍，走关山而代他们挣来的钱。这种血汗钱决不能让安居享乐的后方商人或企业家去赚，这种利得必须归之于国家。我们过去的战时利得税率太低，免税的办法太松，财政会议应该立即纠正这种错误，使发国难财者不得遁形，使前方将士所洒的热血，不致因这一般发国难财者之缺乏天良而虚掷，战时利得税的起征额须低，屡进的增加须速，免税的规定须严，现在各公司商行以"增加资本"的方法来逃税，也应制止。除去其生产直接与国防有关，而且因国防的需要而加资外，其余一概不准加资，改以"工商业提成"的办法，存放国家银行，作为准备金，于必需时支付，不能由该公司商行直接支配。至于以经营货物之买卖为目的者，尤须严加管制，以免有操纵物价之弊。

公司商行有以各种方法逃税或甚至抗税者，我们主张严征。其逃税之情节重大或直接抗税者，应以破坏抗战建国的汉奸论罪，处以极刑，并充公其财产，绝对不加丝毫假借与怜恤。因为一家哭总愈于一路哭，一人亡总愈于一国亡。情节较轻者,亦应按律治罪,人情面子须一律丢开,我们不允许人情面子在财政经济上使我们亡国,我们要求以铁面无私的精神,厉行合理的赋税政策。

暂行租税系统划分标准蠡测[*]

（一九四一年六月十九日）

五届八中全会关于改进财政系统统筹整理分配以应抗战需要而奠自治基础一案，其中第八项规定："全国租税应由中央管理，分别性质、类别为各项租税系统（如直接税系统、消费税系统等），每一系统之租税应确定一共同标准"，实属革新税政之要图。查租税系统之划分，与收支系统之划分，稍有不同。收支系统之划分，系根据原案第二项之规定："全国财政应分立国家财政与自治财政两大系统"之规定，将从前之收支系统法加以修正，系着眼于财政之运用。而第八项所称之租税系统，乃系着眼于赋税之管理。着眼既有不同，标准自难相混。谨以研学者的立场，参照各国经验，斟酌吾国国情，权衡当前需要，预测将来发展，试测租税系统之划分标准，用备研学与施政之参考。

租税系统，一称赋税体系（tax system），自理论上观察，有单一税制（single tax system）与复合税制（multiple tax system）之分。西方学者亦尝有单一税制之主张，如土地单一税或所得单一税之类，亦颇言之成理，倾动一时。唯以社会繁复，经济进步，各国实际所施行者，概属复合课税之范畴，以若干种赋税体系，参伍配合，刚柔相济，长短互补，务使全体国民各准照其负税能力，对于公团体之生活需要，各作合理之输将，斯乃租税之究极理想。

惟是赋税，系之分类，学者间既有不同之主张，各国间亦多出入的规定。即以直接税一端而论，何者应属于直接税？聚讼纷纭，莫衷一是。美国在一九一三年国会第十六次修正宪法之前，且称所得税为间接税。至于税务行政，在英美各国，尚未以直接税三字冠于税收机关之上。吾国当民国二十九年财政部所得税事务处改称之际，所以改用直接税三字者，并非十分恰当。不过权衡各种称谓，与其效仿英国，称之为内地税务局（inland revenue bureau），尚不如采用直接税处之称呼之较为易解。此所谓酌合国情，以期行政上之方便

---
[*] 此文系作者为重庆《大公报》撰写的文章。——编者注

（expediency），而不必以拘牵之理论绳之也。倘必刻舟求剑，削足适履，既非国家立制初意，且与实际行政相扞格，作为理论上之商榷则可，作为实际上之准循则不可。英美学者如达尔顿（Hugh Dalton）、薛赟时（G. Findlay Shirras）、亚当士（T. S. Adams）、康斯脱（Alzada Comstock）对此均有详瞻透辟之论断也。

大处着眼，而小处下手，理想期其高远，而入手之际，则求其切实可行。初步成功之余，再继以进一步之推动，永远有一理想，悬于事实之前。如此之理想，方不落于空想，而如此之现实，亦能步趋理想以日臻于进境。爰本斯旨，试测暂行租税系统划分标准如次：

一、依据课税对象之性质与税收管理之方针，将全国租税划分为下列六大系统：（一）直接税系统；（二）消费税系统；（三）关税系统；（四）盐税系统；（五）田赋系统；（六）营业税系统。

二、国民所得与国民财产俱属纳税能力之直接表现，凡以此为课税对象者，俱属直接税系统。

三、直接税系统所应包括之税类，为现行之各类所得税、过分利得税、遗产税及兼办之印花税。

此外农业所得，财产租赁转移所得，应属于所得课税之范围；资本税、财产税、地价税、临时财产税等，应属于财产课税之范围；举办之际，应划入直接税系统。

登录税之类，与印花税有密切之关联，举办之际，应与印花税同划归直接税兼办。

四、凡以货物之消费为对象，间接测定国民之担税能力者，俱属消费税系统。

五、消费税系统所应包括之税类，为现行之统税、烟酒税、各省现行之各种消费税及兼办之矿税等。

六、凡以国境及津隘设关，管理货物之出入口，以实现国家之保护政策、公益政策同时兼顾收入政策之租税，俱属关税系统。

七、盐为有关民食之消费品，同时为工业制造之原料品，寓政为重，课税为轻，应特设盐税系统，以专责成。

八、吾国田赋，历史最久，积弊最深，改制之举，涵义重大，况于足兵之际，足食所关尤重，应专设田赋系统，以资整理。

九、营业税为省收入之大宗，此后由中央统筹改革，并整理屠宰牙当各税，以及营业牌照税、使用牌照税、行为取缔税等，既欲收整齐合理之效，又应使省收入之协济与县财政之分配，不虞不足，须特设营业税系统，以宏实效。

十、此外各种租税以及嗣后拟办之各项新税，均须分别纳入上述六大系统之内，由国家统筹管理。各系统间，遇有相互关联之处，尤应以整个税政之眼光，由国家统筹决定之。

窃意国家行政，树规不可不远，而求效不可太急；办事要具革命精神，而更张不可太骤。尤以作战期间，应以当前所急切需要者为目标，而不可远涉将来，徒唱高调。前哲有言："卑之无甚高论"，举事期其可行，特贡刍言，以当芹献。

直接税与行政管理*

（一九四一年七月一日）

不仅直接税，一切行政部门，成败的关键，已不是计划的问题，而是管理的问题。天好的计划，如果在管理上不得其人，不得其法，结果可以适得其反。而且一种新政的推行，总要经过相当的时间，才可以收到若干成果。督其事者，最忌求效太急；负其责者，最忌有初鲜终。每见新政初办，大抵兴高采烈，稍经时日，在上者既因新政迭起而分心，在职者不免把注渐疏而生怠；结果则花样愈翻新，成绩愈渺茫，计划愈繁琐，实施愈扞格，谨愿者疲于奔，巧黠者资以腾挪，求治愈殷，去治愈远，此西汉言治，所以有取于悃愊无华者之日计不足而月计有余也。

直接税在中国，自民国二十五年十月开办至今，仅有四年余之历史，以视英国自一七九八年，美国自一八六二年，即行创办，至今已有百四十年或八十年之历史者，诚不免望尘之感。无论是所得税、利得税或遗产税，都是前无古人的新工作。按照十八年美籍顾问甘末尔在《税收政策意见书》中所发表的主张，尚以为中国现存的政治、经济、技术等条件，还不够实施所得税及遗产税的资格。彼时尚属承平，国土完整，行政统一，企业茁长，社会安定；而甘氏之意见且如彼。但是我们政府，自从民国二十三年召开第二次全国财政会议之后，即行揭橥改革税制，虽在抗战开始以后，必欲排除艰阻，以促成新税的推行，用能于播迁转徙区区四载之中，将直接税体系中若干主干，次第树立。

惟甘氏所称推行条件上之困难，并不因吾人之决心而减去多少，尤以抗战后所增添的新困难，更属花样百出。即以一时营利而论，社会各方人士，一方受物价暴涨的压迫，同时受过分利得的诱惑，赚得少的想多赚，赚得多的因为开支多想大赚。或在经常营业以外别有组织，或以服务公职资格，另有企图。看准就做，得利即收，牌号诡谲，行踪倏忽，前月在衡桂，次月在渝蓉，既无固

---
* 此文发表于重庆《大公报》。——编者注

定住址可寻，亦少确定路线可索，控制之难，宛如流寇。做这行生意者，亦自知其不合理，有违领袖取缔囤积居奇之原意，惟大利所在，人争趋之，有非严刑峻法所能遏止者。平抑物价，既不能十分奏效于前，课征过分利得，再不严厉执行于后，岂不与国家之战时政策太相刺谬乎？

直接税处于此，施行登记制度，以资管理。其属于经常营业以外之一时营利，复须觅取当地铺保，或提供若干成之保证金，以为纳税之保证。所谓跟货寻人，因保责主，应付此等一时营利，亦属不得已之办法，明知此种办法，对于善良之商人，不免偶有阻滞，但对于大多数之投机射利趋时取巧之流，倘再广开方便之门，岂不愈行助长物价之腾贵，增加逃税之成分？上损国库，下害民生。

亦有人主张利用公栈制度，以减少登记之手续者。殊不知公栈网不能咄嗟立办，而交通路线又时有变迁。商人为便利运输所发现之新路线时有所闻，纵有公栈，而狡黠之商人，为避免检查之故，故意不落公栈，山陬水涘间，土屋数椽，常是隐藏大宗货物之所。利用公栈，仅为控制方法之一，未能以此为取消登记制度之理由。

亦有人主张利用同业公会制度，以资控制者。此亦方法之一，但亦未能整个控制。战时一切，均属变态，同业公会亦不过普通商号共同组织之机构耳，应付空袭，观察市场，自顾不遑，安有许多时间，控制到行踪飘忽之一时营利商人。加入公会，系对正当商人而言，恃此以控制投机射利之徒，尚感不足。

惟在直接税处，亦时时刻刻注意到登记手续之化简。对于正当商人之利益，时刻尊重，必为之图谋种种方便，不久即将有更简便之登记制度，颁行各处。一方控制税源，不使有损于国家，同时简化手续，务使便利于民众。对于人事管理方面，不惜时时告诫，谆嘱办理此类事物之员生，务须和平对人，迅敏从事。惟从事一时营利者，既为雨后春笋，则前来办理登记者，不免如潮水之坌涌而来，国家尚未能以充分之经费预算，使直接税能充分用人，则以少数人力，办理潮涌之业务，亦自应有前后之次序。到有前后，同欲早办。人情之常，一有不遂，怨怼以生，此亦无可如何者。但在直接税处，亦颇虚心接受社会各方之指教与报告，如有管理欠周之处，欢迎各方直接指示，以图改进。如此广泛之事业，自非一朝一夕所能克臻健全者。

税务行政管理之困难，以上所举，不过一端，此外千头万绪，更仆难数，此等困难，吾人早经料其必有。随时发生，随时处理，微论不能见谅于人人，有时亦难令自己满意。惟吾人相信，直接税自有其应守之正义！当此变态经济畸形发展之时，国家要尽量运用课税手段，以消灭社会之不平，而国家岁收尚在其次。持此以为管理税务行政之指针，昭勉以赴，精益求精，信诚求之，不中不逮。经国家考取训练之税务员，心地是坦白的，性格是爽直的，经验是可以渐次充实的，而方针则系牢守不变的！这些青年的财政战士，要把直接税的行政管理，从艰难困苦的环境条件中，提到较高的水准。

中国经济史之划期的展开*

（一九四一年七月二十三、二十四日）

一

剑桥大学经济史大师克莱滂教授（Professor Clapham）所著《英国经济史》（Economic History of Great Britain），其第一册，始自一八三零年曼彻斯特与利物浦间铁路初开之日。册首小题，特别标明"铁路时代"（The Railway Age），如此断代，真是目光如炬，落笔如铁，把握时代精神，为英国经济史之著作别开生面。经济史家（economic historian）之任务，不仅为描述史实，尤贵能穷其演变，明其段落，烛于几先，以昭示于国人，籍学术之研究，使人晓然于新时代使命之来临，以期共肩重任。古人云："博学而笃志，切问而近思。"感于吾民迫切之要求，特揭出"中国经济史之划期的展开"一课题，略陈蠡测，以就正于当世。

近年吾国各大学经济系之课程，照例列有经济史之部门。但所谓经济史者，关于西洋者反详，关于本国者反略，甚至并"中国经济史"之课程而无之。何也，西洋经济史之课本易得而中国经济史之材料难辑故也。全国学术机关，仅北大经济系有中国经济史资料室之设备，中央研究院社会科学研究所有中国经济史集刊之刊行。点滴以蔚沧海，拳石以崇华岑，所取途径，所采态度，所收成果，颇能值得吾人之尊敬。年来战乱相寻，学术播迁，此种功夫，无形停顿。念世变之日艰，惧学殖之荒落，忧深虑远，极盼志学之士，拾此余绪，努力而续成之。世间之益人神智者，莫如书；书之益人神智者，莫如史；史之切于人生日用足为社会组织之基者，又莫如经济史。中国经济史之著作、之研求、之了解、之阐发如此之贫且乏也，吾人倘有所见，岂可自秘而不为国人道之乎。

---

* 此文发表于重庆《大公报》。——编者注

二

世人有言：一部二十四史，不知从何处说起，此言治史之难也。史之中，以关于经济部门者，治之尤难。史迁《八书》，孟坚《十志》，写真识卓，邈焉寡俦。史才如陈寿，且不敢问津，嗣起笔谢不敏。有唐杜君卿，独奋橼笔，皇皇《通典》之作，一振史笔之衰；而马贵与之《文献通考》，复能远绍君卿，启沃来轸，为吾国经济史之著述，永葆灵光。虽其治学方法，尚未能与近代西洋经济史家相提并论，然其搜检之勤劬，考据之精审，识能之超卓，揆之今人，其度量亦远矣。

惟是吾国历史过于悠久，疆域过于辽阔，世变过于纷拏，记载过于散佚。且国人习性，长于谈玄，而短于征实，盖自孔子之时，已有文献不足征也之感。史家记载，关于一人言行，一事起讫，稍有出入，尚无大碍。然裴松之注《三国志》，对于各家记述之抵触，仍感抉择之苦。若夫田制之变迁，户口之登耗，国用之盈朒，税制之因仍，泉币之通滞，商权之兴废，动与数字有关，又岂骋玄谈驰臆说之士大夫所能肩荷。或记载而不详，或逞臆而失真。无书期其有书，而信书又不如无书。去古愈远，真相愈湮，爬梳愈艰，抉择愈难，良史临此，亦将却步，此"中国经济史"之研究，所以不克昌于吾国之学界也。

治史之难，既如前述，而事又不可以已，无已惟有先就"近代中国经济史"，理出端绪，以次推及前古，较易为功。既云"近代"，则去古未远，材料较丰，文献纵有失真，不难旁搜博考，参伍错综以求之。记忆犹新，老成尚在，所以补史之阙文者，不一而足。失此不图，或归湮灭，旷日愈久，搜集愈难，赐不可惜。

但对于治近世史亦有持慎重之论者。盖年代既迩，对于一事之是非，一政之得失，或未能尽泯好恶之念，有失是非之公，不如留待后人之为愈。是说也，似是而非。龙门之史记，非下逮汉武乎？陈寿之国志，非述及己身乎？历史之良，要在能面对现实，无偏无党，为太史简，为董狐笔，书及现代，岂可逃避？只要不作魏收，更足以觇良史之劲节。而况经济史所纪者，非关个人之言行，而为客观之现实。只要严守客观立场（objectivity），多则纪多，少则纪少，黑则纪黑，白则纪白，数字形态之间，岂容史家上下其手？则对于"近代中国经济史"之研究，更无所用乎踟蹰与迟顾。

三

近世中国经济史之研究，以时代言之，诚未有更适于今日者矣！自一八四二海军之日起，迄今恰及百年。此一世纪（one hundred years or a century！）中，中国经济之演变，恰为一个阶段，直至最近抗战，始将此阶段告一结束。至于此种结束之工作，能否彻底？此后之开创工作，能否遂行？是否即能藉抗战之力，将中国近代经济史，由旧世纪跻入一新世纪？在今日则尚属疑问，未可遽抱乐观。但可断言者，旧时代必须结束，新时代必须展开，抗战之使命早经注定，吾人必须如此。顺是则存，反是则亡，中间绝无留恋通融仍寻故辙之余地。旧时代之必须结束早已昭然若揭，不容丝毫否认者矣。

值此旧幕既落，新幕待启之际，宛如黎明远眺，黎与明相衔接，昧与旦相交替。吾人正可藉此朝气，以窥既往，以测将来，倘亦有觉悟之国民所应有之事乎。

"不识庐山真面目，只缘身在此山中"，景近则认识不全，事近则分析难周，吾人非不知之。但今日则已跨入一新时代矣，以新时代，回顾旧时代，则来龙去脉，历历可寻，鉴往知来，当有足资深省者。了解时代，把握时代，推动时代，此真今日研学之士所应有之事也。

四

过去百年来中国经济史之特征，果何在乎？一言以蔽之，即遗教所称之"次殖民地经济"是也。"次殖民地"云者，无自主之主权，无完整之壁垒，经济命脉，操之于人，民族生活，仰人鼻息。但亦与纯粹之殖民地不同，仍拥独立之虚名，仍为条约之对手，所有国度人口历史，均非任何单一国家所能独吞，于是在门户开放机会均等之美名下，供列强角逐之场。盖自一八四二年南京条约五口通商以来，即已造成此种命运。勾心斗角，愈演愈烈，直至此次抗战为止。

依于此种历史支配所造成的经济形态，自与其他国度不同。既不比独立国家之自由，亦不似纯殖民地之简单，形成一种特殊机构，至为西方经济史家所聚讼（如 Saharoff, Wittvoegel 诸学者，皆其显例）。而国内之讨论中国经济形态者，又复讯涉社会各方面，见仁见智，持论各殊，所谓社会史论战，徒使世人，目迷五色，不得要领。

吾人今日，说实论事，则百年来之中国经济，可以三语简括：以趋势言之，为自外向内；以分量言之，为外重内轻；以态形言之，为"次殖民地"。盖自五口通商以来，吾国已成消纳过剩商品之最大市场。人为生产，我为消费，人事加工，我供原料，形格势禁，必不许吾人由农业生产进而为工业生产，以动摇列强商品之广大市场。吾国直至晚近，仍不能工业化而逗留于农业国者，非重视农本而有所不忍舍也，乃欲进为工业化，而有所不能得也。且进步国家，如苏如美，其经济内涵，农业亦非不重。但彼之农业，乃工业化的农业（agriculture industrialization），而非逗留于原始生产之农业。列强为工，中国为农，以吾国所出之农产品，供彼工业国家生产之需，制成则又销之吾国，此列强之如意算盘，行之百年而未见其害者。

在此过程中，中国经济亦非无些许工业化之踪迹。但史家要着眼于大凡，而不可徒囿于一隅。吾国沿江沿海各大城市，非不见矗立之烟突，非不见结队之厂工，非不见乃精乃仓之制品。但在中国整个经济体制中，何啻九牛一毛？未可以此自诩为工业化。即此区区工厂，属于外人自有者一大部，属于外人投资者一大部，属于买办资本者又一大部，其余属于纯粹之民族资本，经营独立之工业生产者，能有几何？即此少数之民族生产，仍复备受压迫，不克与外厂相竞争，风雨飘飘，日濒危境。盖在此"次殖民地经济"机制之下，势不许吾人从容走上工业化之途。倘不将历史车轮转捩方向，而欲在滔滔洪流中苦力挣扎，其终亦归于沦没而已。

亦有若干工业而为列强所容许以遂其发展者。但亦以整理原料，造成半制品，以供高度工业生产者为主。假使民族工业之产品，一旦与列强进口之商品，取得市场竞争之资格，则此项工业必且立受打击，震撼而无以自存。以舶来品所盘踞之通商口岸为重心，所有病态之工业与稚态之农业，则环绕此等重心，以偷生于旦暮，此非百年来中国经济史之缩照乎？

此中亦非无进步可言也。消纳过剩商品，亦须提高进口国家之购买力，不然则大量生产，奔轶绝尘，而消纳能力，牛步迟迟，舶来品之销路，必且大受限制，增加列强间相互间之斗争而低减其利润。感于此种要求，稍有远识之列强，必且协助中国之开发，增加其人民之购买力，为自家制品确保市场。甚至不惜以最新之制品，供给吾国，如在一九三九年，即可坐到一九四零年新牌摩托之类。他如汇兑之稳定，交通之开发，铁路轮舶之所屈，亦即舶来品杀到之处，倘仅以消费形态言之，何让巴黎、纽约？据此而自诩为现代化，其可乎：然则生产机构与技术之为决定的因素，审矣。

五

此种趋势与形态，续之百年，不为不久。列强之间，亦既习而安之。在此种均衡之下，中国政治亦得以名义之独立，拖延岁月。而不知列强之中，竟有不甘久拘于此种局面者，于是而有十年前"九·一八"之发动。日本处境既狭，人口又稠，高度工业生产之结果，一方需要更多之原料，同时要求更大之市场，需要更多之土地，以容纳过剩之人口，此种野心，燃之已久，禁窗在望，岂容白色列强之长此阻塞？于是日本近年对吾国之国策，第一步为经济提携之磋商，不获则为武力侵略之占领。西洋绅士，以为日本未必即敢冒天下之大不韪，方且从容暇豫，派调查团，作报告书，提联盟会，期以此种方式，维持百年来远东经济之大局，而不知日本军阀，业已剑及履及，侵入华北，侵入长江，甚且侵入华南。此种突击战略，将百年来中国经济史所形成之形态，一举而碎之，欲以日本为纯粹工业国，以中国为纯粹农业国，打破列强均占之商品市场，完全置诸日本独占势力之下。中国于此，不甘自屈，奋起而抗抵之，此则四载抗战之最大动因，而为此后史家所不容忽视者。经济为其主因，其他则为附因，轻重之分，事理自明。

日本既已决心发动，果能实现其夙愿，而使中国经济再降而为纯殖民地乎？则将应之曰：绝对不能！惟既往之局，一经打破，此后必且开拓一新局面，展开自主经济之新姿。纵令中国不知自爱，以抗战之牺牲，仍返昔时之窠臼，则远东列强间经济斗争之因素，依当未清，仍植异日战争之毒素。即在日本方面，诚如美国裴斐教授（Nathaniel Peffer）在《奠立远东永久和平的基本条件》一文中所述（见本年一月五日《大公报》），眼看西方列强，始终未肯放弃特权，自亦难戢日本之愤怒与馋涎，待时拨起战争之火焰，更作第二次之尝试。若是则远东之浩劫，仍难幸免。中国固然无幸，列强又有何利？盖必促成中国经济之独立与健全，始能裨益人群，永绝经济侵略之妄想！

六

然则一九四一年以后之中国经济史，其趋势亦可观矣。日本侵略，既已打破过去百年之旧局，中国抗战，亦已奠定此后转捩之新机，而列强间有识之士，亦已烛照及此，主张列强立刻放弃一八四二年以来在中国所攘攫之特权，促成中国经济之完全独立与发展。此种趋势，如阪走丸，不可遏止，为中国谋，为列强谋，甚至为日本谋，均以此为无上善策。与其箕豆相煎，对耗国力，终不能夷中国为附庸，则何如改弦更张之为愈。日本纵不肯如此输口，而事实终将如此成行。日本既悍然打破旧局面于前，自难禁制新局面之形成于后。中国之纯殖民地化，既渺不可能，则惟有走向自主经济之一途。不仅中国民族有此自觉与决心，即列强之间，亦当认清趋势，急起促成。一八四二年至一九四一年，忽忽百年矣，忽忽一世纪矣，百年史迹，沥血斑斑，流毒所极，演成最近四年来远东未有之大战，此种血的教训，犹不足供世人之猛醒乎！

三届财政会议剪影*

（一九四一年七月二十五日）

> 引言——民国三十年六月十六日，财政部召开第三届全国财政会议于重庆，会期凡九日，不佞亦参加其间，朝夕奔驰，复须照顾所经筦之公务。徒以研学积习，于奉公之余，每思于学术之阐发，贡其绵薄，值兹盛会，岂可无言以纪。惟开会期间，百务纷集，节宣劳逸，无取庄言，乃拈"财会剪影"一题，摭取要节，寓庄于谐，谈言微中，籍发深省。楮墨所及，曾大略发表于接近多数民众之新民报。顷承《财政评论》主编索稿，乃复加以整理补充，取以应命。觌面为新，交臂成故，雪泥鸿爪，用志不忘，倘亦会后应有之作欤。
>
> ——民国三十年六月二十五日闭会之翌日草于渝州

一、有雨此有财

《大学》上讲："有土此有财，有财此有用"，怎么说有雨此有财呢？这句话有典故。此次财政会议，在十六日开幕的那一天，大会主席致辞之后，已经发了警报。如果日机入空，不知何时解除，下午的大会，恐怕有些恍惚了。而孰知多日渴望的霖雨，居然淅沥而来，而且越来越大，日机不得不在某地小扰之后，废然而返。于是下午四时的大会，准时开成，晚间嘉陵的招宴，群贤毕至，主席擎杯之余，欣然以及时霖雨为会议成功的预兆。成功不成功，最初还说不一定，但是开会的这几天，如果没有雨的话，就要取消了许多次的会。这个会是财会，岂不是有雨此有财么？

而且这次财政会议第一个大题目，就是田赋改制。我们毕竟是农业国，真到了紧关节要，国家的财政大计，还是要我们找到土地和从土地所课取的田

---

* 此文发表于《财政评论》杂志第六卷第一期。——编者注

赋，于是相沿二千年的老调——"有土此有财"，又给她被上一件时代的新装，而为三届财会的主题。时来运转，我们也应该给土地爷贺贺呢！（注：外国也有 Mother Earth 的称呼）

　　事情还得深入一步的观察。中国的农业经济，还未曾作到机构化，就是较完善的灌溉制度，也还差得远，干脆的讲吧——靠天吃饭！天不给你下雨，干瞪着眼睛，看着地皮发干，长不出苗，打不出谷子。所以光说有土此有财，还不够，土的里边，总得渗透了雨，才能说有土此有财。

　　这次财政会议开头讨论土地和粮食问题，巧的很，接连着来了几天雨，于是这问题，也就觉着有些轻松了。只要雨水足，收成好，大家有的吃，有的用，什么中央财政，地方财政，还成多大问题么？所以说：有雨此有财！

　　十六日下午散会的时候，一位研究财政的先进，步出大会会场，践着石径上的积潦，笑着对同人讲：三分会议七分雨。当我转述的时节，故意说成一分雨，于是一位盐政专家立刻辩着说：怕不止一分吧。雨对于现代的中国，还是这样的可贵！

　　假使雨不来，就叫它影响我们的开会么？对于雨水不足因而歉收的场合，我们不应该早就准备着迎接它克服它么？"天无绝人之路"，不是等在家里就从天上掉下来，还要靠着肯迈健步的去寻吧！

二、天时不如地利

　　前两届财会开会的地点，都在南京，这次却在重庆——一为国家抗战庆，二为人民生活庆。说实在的，为了抗战，有时就不能顾到生活；着眼生活，有时却妨碍抗战，这是矛盾的一点。但是抗战所以保存民族的大生命，因此而牺牲小己，亦所不辞；同时保障民生，培养民力，实在是抗战的根本源泉，这又是调和的一点。怎么能使双重目的，相成而不相克，以期不负此重庆两个字！应该是与会诸君所时刻不可忘记的吧！

　　未到庄严的会场，先过嵯峨的复兴关，这三颗悬空辉煌的红字，深深地印入吾人的眼帘。这次抗战，是我们民族的生死关头，少康氏有田一成，有众一旅，复兴夏室；乐毅乘胜下齐七十余城，而田单以二城之力，卒破燕师。战争第一要钱（money），第二要很多的钱（more money），第三要更多的钱（still more money），怎样才能善筹战费，以应军需，凡是经由复兴关头的人们，都应该切实地想一想！

说来很巧，本届财会的议场，也就是将来国民大会的会堂，也就是以前参政会开会的议场。参政会是国民大会的缩形，而这次全财会，也该站在全国人民的立场。尝考财政一事，古代为皇室财政，中世为贵族财政，北伐以前为军阀财政，国府成立为国民财政，换句话也就是大众财政。参加财会的人们，有公职的也好纯学术的也好，一论一议，应该代表国民的利益，而不以官衔的拘束和一己的偏见羼杂其间。固然像路易十四，也曾称"朕即国家"，今人曷尝不可讲：我即民意。这里的分别，就看你能否扬弃主观而着眼客观了！客观的着眼愈广，则所代表的民意成分亦愈多，而所照顾的方面，亦因而加密。"毋意，毋必，毋固，毋我"，又是莅会者所应该提撕警醒的吧！

三、还是人和

会议需要发言，发言容易动气，动了肝气，伤了和气，结果闹个脸红脖子粗，事情还是办不了，纵有天时地利，也是没用。

许多人把"和"字都懂错了。和者不必尽同。晏子说得好："君所谓可，臣有否焉，臣献其否，以成其可；君所谓否，臣有可焉，臣献其可，以去其否，是以政平"。从前朝廷，尚且如此，而况现代的会议？所以会议之中，大家尽可提出不同的意见，彼此商讨。调和水火盐梅，乃成佳味，配合高下清浊，始有和声，大家要从不同的意见中找和谐（harmony）方是会议的正道。

先不要汝南月旦，漫施臧否，就看这些三山五岳形形色色的各路英雄，便可找出许多和谐的对子。有一次清华大学考学生，曾在国文的课门中，出过对子，而以孙行者三字命题，有人对以胡适之。现在忙里偷闲，在这次大会中，找些人名的对联，似也不为唐突，无伤大雅。

杨粲三对朱通九，两位先生都是从事金融，陈豹隐对毛龙章，两位先生又都是老当益壮。此外赵志垚对徐学禹，罗霞天对郭锦坤，杨兆熊对张振鹭，冯天柱对陈国梁，卢郁文对陈炳章，陆崇仁对戴铭礼，王平对李锐，这几位先生，在字面上，都是很和谐的对子，尤以何廉、胡迈二先生，对照起来，更饶深韵。

本届会员中有两胡迈，一九九号之胡迈厅长，湘人；二一二号之胡迈处长，苏人，同名同姓，煞是难辨，令人有孰湘乎？孰苏乎？同乎？异乎？之感。

一九九（胡　迈）二一二（胡　迈）居然二位

二〇四（刘不同）二四一（刘　异）好像一人

凑巧的对子，不一而足。

刘不同郑亦同趋舍异致

傅坚白夏坚白名理同归

坚白异同之辩，与杨朱三九之标，似乎有些先秦战国的味道，无怪有人主张《战国策》的重演。

黄卓黄通通而且卓

严宽严庄庄矣能宽

这四位先生的大名，对照起来，颇也有些意思。

协理民天仲韬仲植

回翔学海季陶季高

熊仲韬曹仲植两先生，均担任过粮食管理局的副局长，刘大钧先生字季陶，任国民经济研究所所长，财部顾次长字季高，久以学术著作蜚声。

何北衡罗北辰云山北向

刘振东李震东风雨东来

江苏财政厅长李寿雍字震东，适自前方来渝，颇合东来之旨。

张导民唐寿民导民于寿

高培德冯华德培德能华

借用四位先生的大名，聊表三祝华封的微意，倘亦贤者所不拒乎？

国立中央研究院曾有一位研究财政的千家驹先生，和这次出席的万国鼎先生，又是一副对子。其尤为本届会场生色，形成一列风景线者，为庞松舟、徐柏园、赵兰坪、钱荔浦、相菊潭诸位先生。身莅大会，仿佛遨游于园林山水之间，悠然遐想。其偶然感到肃惕之意味者，只有和严庄、雷震两先生打招呼耳！

四、人和高于一切

财政是微妙而扎实的一种机构，故步自封，固属不可，任意更张，亦足偾事。精进而能燮和，就要有赖于主持者的人事了。

这种责任，不能仅责之于二、三领袖，所有中央财政各部分之长官，与地方财政各方面之领袖，以及财政以外之行政部门与行政以外之社会岗位，均有通力合作的必要。这台戏，要大家唱。唱得好，是大家的；唱不好，也是大家的。真懂得人和的人们，决不说自以为局外的风凉话。

这次会场中，人的方面，最惹人注目的，应该是两位绘声绘影的美髯公。专司报告的美髯——黄天如先生，音节是那样的嘹亮，句调是那样的清晰，佩上光光的脑门和飘飘的拂胸，仿佛是听单刀赴会的昆曲。至于领导摄影的那一位——张敬德先生，初看，以为和担任报告的是一个人，细看，只是顶门和眼神略有些区别。而短装捋袖，手挟机箱，时而向主席瞄准，时而向会场放射，缓步从容，举重若轻，游龙倏逝，顷刻而毕，真是"有根"的样子。髯乎，髯乎，誉之为超群绝伦，不亦可乎。

五、漫话田赋

无论是一个人，或是一件东西，当行出色，都要凭一点运气。就说田赋两个字，是多么古香古色！好比老树年轮，新轮内茁，旧轮外拓，嵯峨皱皮，望之却步。但是这次财政会议，田赋却列在开宗明义第一章。与会诸君的若干脑汁，多少液津，都灌注在田赋上面。大家想，想田赋，大家谈，谈田赋，现阶段的财政名词，还有比田赋摩登的么！

现行各种租税，皆以税名，用赋字的很少。收支系统法虽有"特赋"的规定，尚未实施，所以用赋字的，只有田赋。自从禹贡载有"因田制赋"一语，田赋之称，相沿已三千年，这真是赋税行中的老大哥，支应班中的大老板，遇到盘根错节的当口，还得这位大老板，出来压压台。

赋字从贝从武。古代财政，筹了款或是抽了东西，主要的用途，就是打仗。所以《左传》上讲"国之大事，在祀与戎"，戎就是武备就是打仗。经书上用赋字的时候，不仅有财政的意思，许多地方就是指着军旅之事。孔子称许子路，"可使治其赋也"，这个赋，是说子路好勇，能治兵。如果办财政，恐怕还得招出"亿则屡中"的子贡。子产有一次对晋国抗议，也有"悉索敝赋"的句子，意思是说：晋国再要压迫，郑虽褊小，也要拉开队伍干一干。这些赋字，都是指着武事，现在因为抗战，中央接管田赋，依然不脱从贝从武的意思。

井田是古代军事力量的本源，寓兵于农原是农业经济国家好的自卫手段。同时租税的来源，也要受经济条件的支配。我国经济机构的重心，既在农，所以租税收入的大宗，也不得不首推田赋。战前中央收入，虽以关税为最多，但若通全国而计之，当然要以田赋占第一位。不要说为作战，为解决食粮，就是为整顿税政，当这以全国力量争取全民族解放的当口，也该由中央接管，负责统筹。

从前赵充国以军事家讲屯田；曹操争衡汉末，扫荡群雄，得力于屯田许下；诸葛武侯出师祁山，亦以屯田为重。"足食，足兵，民信之矣"，现在我们的抗战，有这样的领袖，民信足兵毫无问题，只是足食问题，尚待筹措，这真是本届财会的最大任务了！

六、说省

这次财政会议的两大议题：一个是田赋收归中央，酌征实物；一个是重划收支系统，省并中央；这在民国财政史上，都是划时代的改革工作。余曾有"省即中央中即省，百韧堂中有太平"之句，爰就省之一字，有所解析。

遵照建国大纲的规定，省立于中央与县之间，执行联络之任务。又在地方自治开始实行法上，规定以县为自治单位，方针早定，无待赘言。即以历史演化之经过言之，省之一级，实为中央之代表。元代初行此制，设立行中书省，掌理国之庶政，统郡县镇边鄙，与都省为表里，其丞相皆以宰执行某处省事系衔。嗣后嫌于外重，改为某处行中书省，简称行省，此行省制度所由起，而行省之为中央代表，亦于此可见。

军阀时代，省之地位，俨同藩镇，割据土地兵马财赋之大权。以此为厉阶，扩而大之，则为巡阅使，分而小之，则为防区制。贪者思兼并，狡者标自守，内战之祸，此实其因。自北伐成功后，渐次统一领土，统一军权，抗战以来，深资得力。惟财权之统一，方面甚多，端绪纷繁，自非一朝一夕，所能达其理想。

自民国二十四年实施法币政策，于是五花八门各行其是的货币制度，一朝统一于中央之手。币权统一，白银国有，乃能奠定全民抗战的钱的条件。吾人试思：假使法币政策，未经施行，仍是从前自由发行各自为谋依例兑现各思自保的通货制度者，吾敢断言，开战不数日，即可看到金融市场的极度混乱。银行乃"经济体的心脏"，货币乃"经济体的血液"，颠倒混乱，张脉偾兴，生理必失常规，金融亦见崩溃。前例俱在，斑斑可考，此以钱币一端言之，已可见统一集权的必要。

本届财会，更进一步，筹划到整个财政的统一。遵照国父遗教，盱衡当前需要，重行规拟财政收支系统之划分，而以省之一级，归并中央，形成国家财政与自治财政之两大系统。此真抗战所必需，理财之根本，存亡所关，不容稍忽。前文所谓"省即中央中即省"，即反应中央财政与省财政之实际关系，亦即统一财政之紧要关头。实施之际，只要富有韧力，调剂适宜，自不致有失平之感。故人云，"百忍堂中有太和"，此语尚失之消极。窃为更替二字，以韧代忍，以平代和——百韧堂中有太平。凡物之富于弹性者，必可收平衡之效。吾人试看最好之摩托车，行驶如飞，而毫无颠簸之患者，即因摩托车之各部分，俱有最好之弹簧，各具最丰之韧力，太平之致，非偶然也。

七、有诗为证

二十三日上午九时许，大会将第一组第二案——孔兼部长交议遵照行政院决定田赋酌征实施之决议判定实施办法案——之审查报告，提出讨论，大家先后表示意见，或用口头说明，或用文字补充，颇尽详谂之致。终以抗战要需，无取繁文迂曲，全场以勇决之态度，一致通过，这是本会最好的表现，也是最大的收获。此案通过后，即因警报，临时休会，大家步出会场，来到防空洞附近的江边，或坐，或立，或谈，或笑，遥瞩江天，别是一番风味。小休无事，漫成俚句，既抒胸臆，且志鸿爪。

（一）
彤云四布雨滂沱，大计商量此日过，
尾声在即笛声起，笑尔么么可奈何。

（二）
霖雨连朝雾气笼，一堂和气语生风，
浮图关上祥云起，寄语姮娥报上穹。

（三）
工国亦复倡归田，农邦自古食为天，
民信足兵还足食，众擎齐看凯歌旋。

（四）
同气连枝一脉荣，未因枝节起纷争，
省即中央中即省，百韧堂中有太平。

（五）

浃背沾衣唤奈何，回旋颠簸过盘坡，

只期有补匡时业，何计劳形耗血多。

（六）

洞中石壁荧荧烛，座上顽躯耿耿心，

时艰未肯悠悠遣，兴至犹堪苦苦吟。

有了完善的办法，还要勇决的执行！昔贤所说：为政不在多言，顾力行何如耳，毕竟是颠扑不破的真理。即如本届大会最动人的标语，"石城十仞，汤池百步，无粟不能守"，可谓精警。但是下了雨，打了粮食，问题便算解决了么，未必吧！

"囤积十仞，投机百步，虽有粟，吾得而食诸！"

八、江上数峰青

本届财政会议，会期原定六月十五日至六月二十三日，迟开一日自六月十六日起，顺延一日至六月二十四日止，前后凡九日。聚首方忻，匆匆已过，同堂诸君子，朝夕晤对，惟日不足者，忽闻骊歌，不自免黯然惜别。从此凌空策马，各奔前程，手挟大会决策，各图实地推施，国计民生所关，要显回天身手。其负有研讨弼成之责者，又能以领袖之心为心，多方筹策，九仞为山，群体朝乾，共纾旰食。行见会议种子，播殖滋长于山崖海角之间，诸君子为不虚此行，在国家为不虚此会，"壮别宁为儿女颜"，黯然且转为欣然矣。

闻鸡方共舞，策马忽远行。

猛翩思霄汉，飙轮忆节旌。

夕话随梁绕，晨谈共日明。

曲终人不见，江上数峰青！

开会之日即落雨，闭会之日雨最大，闭会之翌日即放晴，今日执笔，窗外青山，历历可见，不能不为本届财会祝福也。

闭会之朝，大雨滂沱，开数日来雨势最猛之记录。车停复兴关，距会场约二里，沿坡历级，石磴盈流，两侧夹沟，雨水充溢，杂以赭色岩屑，倾斜激荡，宛如黄龙奔赴，夭矫之姿，眩人神目。道经小桥，奔流悬注，岩床下激，洞之声，不绝于耳。既入会场，襟履浸透，须眉带露，相顾桀噱。淋漓尽致，彻底贯注，天时人事，若相呼应，世上快事，一至于此！

　　道涂泥泞，兼以屋漏，而座上佳客，不为少减。窗外檐流杂语声，豪兴不减豪雨，不崇朝而议案肃清。往复之论议，宣言之斟酌，复极审慎之致。中午小休，乃于午后四时，举行闭幕典礼，当由赣财厅长文群老壮士，领导全体会员，敬谨接受大会决议，竭诚拥护，努力奉行。仪节既终，复由蔼然可亲之大会主席，赐陈别宴，一饮一啄之地，亦即一论一议之场，念此离筵，不负初言，坐言起行，其庶几焉！

财话·二黄对映

（一九四一年七月二十六日）

以前我看过一幅西洋讽刺画，在一座富丽堂皇的建筑物的前面，停着一部很考究的汽车。车门开开了，走出一位很摩登的马达姆。身上穿的，除了项链条脱而外，自然只是些极灵透的服装。袒胸露臂不必讲，就是鞋子，也只是挂上几个脚趾头，充分豁露着天然美。当她踏出车门，举步登阶的当口，站着一个乞讨的女孩子。除了以天然丑代替天然美而外，身上穿的，足下踏的，以至于散乱的披发，手中的提囊，其轮廓简直和那位马达姆一样！这是一幅很写实的艺术对照。

我还记得看过一幅。意思是描写文明进步的极度，可以和最原始最野蛮的生活形态画个等号！内容是描着一个野蛮部落的女子，身上的装束，不用说，除些项珠条脱而外，只是压上两颗乳罩，围上一幅草裙，此外更没有什么。和这野蛮女子相映照的，却是一位"摩登歌儿"（modern girl），如果不是肤色上有些差异，简直叫你认为是一对姊妹花。这又是一幅很真实的艺术对照。

这类的例子，你留心吧，真是不一而足。"无巧不成书"，无巧也不成世界。这副大千世界的万花镜中，叫你怵目惊心，不叫你会心微笑的对照，可多着呢！希特勒和他的同辈，不就是一些凶残的虎狼？捷克、荷、比等地的民众，不就是婉转被噬的羔羊？这些文明的国度，和野兽的原野，不又是一幅很艺术的对照？

"博学而笃志，切问而近思"，我们看看眼前的现象，总觉着华尔街（Wall Street）——纽约的银行街、隆巴街（Lombard Street）——伦敦的银行街——一类的地方，所透出来的橙橙黄色，和那些面黄肌瘦的公务员的队伍里所透出来的惨惨黄色，不也是一幅很艺术的对照么？

---

* 此文发表于重庆《时事新报·财政与金融》周刊第六十八期。——编者注

新财政政策的推行*

（一九四一年八月六日）

粮食库券条例，已经国府明令公布了。我们乘此谈谈我国的新财政政策。

抗战以来，我国财政已经建立了战时财政的奇迹。而且事实上证实了捷斯（Chase）所谓"人第一，金钱第二"的原理，用人力克服了一切金钱上的困难。目前国际情势一天天紧迫，同时秋收在望，正是实践新财政政策的时期。如何运用"人第一"的原理，在技术上使财务新政做到国利民福的程度，是当前全国上下应该注意的课题。

第一，大家要认识推行新财政政策。除确立行政系位是属于财务行政人员的职责以外，其余如实践田赋改征实物、推行粮食库券等等，所有党、政、军、警各机关及其人员不仅应该共同负责，如果要推行尽利，并且非赖大家的努力不可。田赋征收实物，本来是中国旧有的老办法，粮食库券的推行，有粮的人自不应该斤斤较量。可是新政初行，多少总有人民不完全了解的地方。需要党、政、军、警各机关及其人员的共同协力。随时随地要扩大新财政政策的宣传，而且更随时随地协助各级财务行政人员，使他们在新政的推行上不致发生困难。因此，不能不要求党、政、军、警各级公务人员对新财政政策的内容予以相当的研究。自己有了相当的了解，才能够负起宣传和协助的责任。

第二，地方士绅的责任更是重大。新财政政策，在基本上是直接达到老百姓身上的财政政策，是使一般国民与国家的关系更进一步而同时是"平衡负担"的政策，我们不能不特别要求地方的士绅，不要忽略"一乡之善士"就是这一乡人民马首是瞻的人物。自己有财产的人，应该首先依法应征，绝对不可意存规避，同时还要出来仗义直言，对于地主豪富加以劝勉以外，并用种种方法帮助新政的推行。自己没有田地的士绅，不要以为事不关己，视为无关痛痒，更要出来努力宣传，尽力协助。这种以先觉觉后觉的宣传责任，所有的士绅是应

---

* 此文系作者为重庆《时事新报》撰写的社评。——编者注

该自动的担负起来。

第三，实际执行财务政策的人员，自然更不必说，责任十分重大，尤其是负领导责任的各省财政厅长。简明的说，所有的财政人员应该自"行政技术"上多多考究，不要以为不贪污即算是尽职。必须更进一步，如何防止一切的流弊，杜绝一切的恶影响，立定一些最便利老百姓的方法。这个说起来只有几句话，做到实际的效果并不容易。苏联五年计划，一切宣传都好，斯大林却不能不说"官僚主义到处存在"。我们如果不用"现代工作的精神"来代替"官僚主义"，必然的会使征收的手续、征收的量器、量粮的手法、粮食的成色、收粮的时间、数额的分配等，处处成为问题，件件事都可以出麻烦。所以如何在技术上详加改进，因地制宜、因时制宜的加以改进，如何发动士绅青年共同协作，如何可以杜绝一切的弊端，事先都要充分的在技术上加以研究，充分的加以准备，临事还要审慎的周到的技术地实施。

总而言之，抗战既到了今日的这个最高阶段，也正接近争取最后胜利的时期，贯彻中央既定的财政政策，是一个胜利的大关键。财政行政人员，固然要在"行政技术"上多多尽力，而所有党、政、军、警各级的人员以及全国民众都需要站起来，共同努力！

研讨专卖问题之指标*

（一九四一年八月十七日）

> 根据八中全会的决议，中央举办专卖，责成财政部着手筹备，此实抗战财政与经济的大问题，研究不厌求详，藉收集思广益之效。经与若干友朋谈及此问题，为谈话便利、集中思考、段落分明、综絜大体起见，曾拟定问题研究纲要，大家认为尚可作为研讨之出发点。不揣谫陋，特为发表，抛砖引玉，于新政之推动，或亦不无小补也。

专卖问题研究纲要

第一，专卖政策问题

1. 收益政策与分益政策之比较，两种政策将兼重乎？亦或有所偏重乎？其适用于各种专卖品之分别如何？

2. 专卖与课税之分别与联系，课税作用渗透于专卖制度者究应如何？

3. 专卖与国营之分别如何？联系如何？如何以专卖为国营之始基，以达到"企业国家"（unternehmer staat）之理想？

4. 专卖与平抑物价应如何联系，以收"社会化的财政"之实效？

5. 专卖与计划经济之联系如何？如何以专卖实现财政与经济之融合的平衡的合理的发展？

第二，专卖品之分类问题

1. 根据八中全会决议，筹办盐、茶、糖、烟、酒、火柴等日用必需品之专卖，各种专卖将同时举行？抑规定先后分别举行，其先后之次序如何？

2. 前项列举之专卖品，各国施行之成绩如何？在吾国实施后，将发生如何

---

* 此文发表于重庆《时事新报·财政与金融》周刊第六十九期。——编著注

之影响？

3. 斟酌吾国目前之需要，前项列举之种类外，尚有应行专卖之品类否，其必要性与实施的可能如何？

4. 应行专卖之物品，每年之生产量、制造量、消费量以及分配情形、储存状况等所需要之统计记载，应如何调查、搜集及整理？

5. 专卖品对人生之需要，因种类而有不同，何者应充分供给？何者应隐寓限制？以实现计口授物统制消费之理想？似宜有所准备。

6. 专卖物品之生产消费，着眼于国内，但对于某种专卖品，应注意于同种类或代用品之外国进口，在此抗战时期，又须注意于沦陷区域所来之供给，其事前之调查与临时之统制应如何？

第三，专卖经营方式问题

1. 对上列各种专卖物品，何者应采全部专卖制？何者应采局部专卖制？何者应采委托专卖制或混合专卖制（即官商合办）？

2. 各种专卖物品之产、制、运、销，各有不同之情形，则专卖之经营方式，即须个别规定以资因应，其应行准备之事项如何？

3. 无论全部委托，或一部委托，等于将官专卖变而为商专卖，应如何严格立法，严格统制，严格监督，严格制裁，以免商专卖之流弊，似应早有规划与准备。

4. 采用民制官收方式时，因收购有主无从竞争之故，产制方面，易致忽略改良、偷工减料，粗制滥造之弊。应如何实施产制技术之监督，以确保专卖物品之品质精良、供给充分与准时供给？

5. 产制与消费之间，分配运输为一主要枢纽。将以商运为宜乎？抑以官运为宜乎？无论官运或商运，而交通工具之筹划与配备，亦须筹有办法，始能收"货畅其流"、"各取所需"之效。

第四，执行专卖之人材与技术问题

1. 专卖管理技术，可分为三大部门：第一为产制方面所需要之技术，包括原料生产与工业制造等。第二为经营方面所需要之技术，包括产制之管理监督、运输之接洽配备以及人事之运用督饬等。第三为计核方面所需要之技术，包括产制时之成本会计与预算统制（budget control），对于各种程序所必需之记账与记录，以及统计图表之编制与工作成绩之考核等。所有各种技术，均应如何事先编制整个之方案,方足以资因应?

2. 人才储备,应严格采用考试训练制度。根据刘晏理财必用士人之精神,所取人才,绝对以学有专长为主,而加以半年或一年之训练与实习。此为专卖事业之成败关键。将如何严格做好,以收实效?

3. 办理专卖人员,应优其待遇,严格保障,特订专卖人员服务规程,详为规定。其规程应如何制定?

4. 各种技术人才,尤以成本会计之技能,特感必要。应与各大学及中政校洽办成本会计特种讲习班,以宏供给。应如何促其迅速实施?

5. 在服务规程中,对于奖惩规定,应较一般之公务员及财务员为重,有劳绩者,应破格之奖励;有失职者,受特殊之制裁,方足以树之风声,健全专卖之基础。其内容应如何规定?

专卖是一种新事业,但是一个旧问题。远者如管仲相齐,官山府海,西汉桑孔举办均输及刘晏之改革盐政,荆公之推行新法;降及近代,如张之洞之奉办四厂,盛宣怀之主持邮传,其成败之迹,亦颇足供今日举办专卖之参考。将如何搜讨而整理之?以供他山攻玉之资,均为负责专卖及留心专卖者所应留意之大节目。语有之曰:"前事不忘,后事之师",前人之成规,慎勿漠视;而前代之覆辙,亦不容再蹈!慎始善终,以开财政之新纪元,非可等闲视之也!

尤有进者。专卖制度之成败,第一固看改策如何、设计如何,但是天好之政策与设计,如果不得其人,不得其法,结果可以作到极端相反之地步。不佞特别提出"人才与技术"之口号,以为在专卖事业,更应特别注意。财政之净购,要以专卖经营为尺度;人才之干净,要以临利不苟为界标,而所谓技术者,并非析入毫芒孳孳为利之谓,而要有真实之学术基础与切实办事熟练,以"商业基础"(on commercial basis)办理国家事业,就是赔,也要赔个明白,此尤不可忽视者。

财政统一的础石[*]

（一九四一年九月三日）

新财政政策之实施，全国财政之统一当然为重要目的之一。行政院除公布各省编制下一年度概算统一办法之外，最近复为各省分别编订"假预算"，根据去年度预算数目，斟酌损益，将各省概算，按照实际需要，作一统一之规定。最多者为一亿数千万元，少者亦六七千万元、五六千万元不等。力求事实与理论并重，支出与收入平衡。此虽为编制全国预算之技术问题，而实则为统一全国财政之创举，同时前途可能发生之问题尚多，故不得不提供若干之意见，供各省当局之参考。

第一，省应负起统一之职责。自抗战以来，国家岁入虽因关税、盐税、统税大量减少，入于相当困难之阶段，而地方财政（过去为省财政）反十分活泼，各省每年年底均有大量结余。因中央过去偏重间接税，以关、盐、统三税为主，如民国二十四年国家总预算收入九亿五千七百余万元之中，关、盐、统三税占百分之六十六点七五；民国二十五年总收入列九亿九千余万元，三税占百分之六十四；民国二十六年列八十亿元，三税占百分之七十七点三。军兴以后，海关沦陷，盐场失守，工业凋敝，此每年占百分之七十左右之税收，即失来源。各省则因利用政权经营各种事业，或新立名目增加税收，致有结余达千余万元者。此种畸形状态，当然非健全财政之表现，现今既改为统一之财政，各省方面，自感不如过去之左右逢源，举措如意，是以必须仰体政府统一财政之用意，及国家利害之前途。彻底了结过去省自为政，以邻为壑之办法。与民争利，助长物价，终非正常财务行政之道。不宜斤斤计较数字上之短长，尤不宜与他省求机械之平等。省财政厅长因宜认识为财政部之一员，各省主席自亦负起推行国策之重任。财政统一为建国基础，既经开步，非上下一贯，各省一体，不足以完成之。此种责任，实在各省之当局。

---

[*] 此文系作者为重庆《时事新报》撰写的社评。——编者注

第二，县乡财政与统一之关联，新财政政策除统一财政外，当然重在自治财政系统之健全。而当此自治财政系统建立之襁褓时期，有待于扶持助长之处，必至繁多。中央固早已注意及此，而真正能执行此项任务者，仍为各省当局。故各省当局编订概算之时，固应注意及于扶助县财政之发展（县预算自然另行编订）。而如何自行政技术，达到扶助之任务，以及如何切实负对县乡财政监察指导之职责，亦应予以严密之考虑。因县乡财政固然与国家财政另成一系统，然此不过为财务行政上之划分。实际上仍以作到统一于全国财政之内为理想之标准。关于新财政政策中规划，地方税收仍由财政部所设税收机关代征及各税收之规定各自成为税收系统，即可以概见国家财政与自治财政在行政系统虽然各自独立，而在整个国家立场上仍然属于统一之型态。此点如经误会，各省财政厅长对县财政不闻不问，影响所及，将不仅剖裂国家之财政体制，且有不堪想像之恶果！

第三，建设统一与财政统一。各省今后一切建设事业，因财政既经统一，经费由中央统收统支，必须勿再范畴一省区之内，而应依照国家人力物力之分配及国家整个之需要，斟酌先后缓急，因事制宜，因地制宜，因时制宜，以"计划经济"之方式展开之。各省当局，尤应审察一省之生产能力与生产对象，不断对主管部会为详细之商洽。再由主管部会按照计划经济之原则分别判定建设之步骤，成为合理之实施。战时财政本以经济建设培养税源，而现代财政已由"税收时代"转入"企业时代"，此点亦与统一财政有绝大之关系。

统一财政，正在开始，各省概算统一编制，为附立基础之础石，故特申论之，希望各方面予以集中之注意。

税收与税政[*]

（一九四一年九月六日、二十日）

在战时财政中直接税所应负之责任，自然为税收，但有一件亟应注意之前提，即为税政。本税政策在试办初期，因限于人力、财力与时间，仅能做到向外打开，尚无余力作到对内整理。如果对内整理工作，尚有若干不能使吾人满意之处，无宁认为时代之当然，而非某一二人之咎也。但本税进入民国三十年度，已有四年之历史，对外打开，略具规抚，对内整理，实有必要。所有税务之会计基础与税务之人事基础，设有缺欠，亟宜完整，设有不适，亟待健全，盖必吾人自身，先立于坚固完整颠扑不破之境，而后可以应付外缘。故整理工作，急不容缓，务须于本年内完成。且胜利在望，转瞬即将展开局面，所需人力更感不足，所增税务更觉纷繁。此际如不从整理上下功夫，此后将永无整理之时。是以本处长官特别注重此点，根据此种税务政策，始有最近各省区调整人事之举，此与个人之去留升黜毫无关系，完全出自大政方针，以实现适才适所之原则。

本税既注重税政，而不徒以税收见长，故在边远贫瘠税源不丰之区域，不必太汲汲于税收。纵令在事人员废寝与食，析入毫芒，试问在税收上，增益几何，徒使边区人民，感觉本税何以亦如此苛细，殊失良税本旨。本税所执行者，为国家政策；所抚育者，为工商事业，经济发展，文化提高，社会事业发达，税源自可源源增益。一时虽收获有限，而此后则受益无穷。吾人为新税植基，务须将眼光放远，树立百年基础，岂徒争得失于一时者可比。

本税职在征课，对于税收，自须夙夜在心。但亦须把握要点，集中以赴。窃意各省局，应选择二三处税源较丰之局，充实其人力，宽筹其经费，集中征课速查速核，速发速缴，使一省之预算，能有七成以上之把握，奠定基点，其余自可应付裕如。必欲全盘顾到，分散人力，扼要之点，既难尽量把捉，而次要之区，反令徒占人力，则岁入预算，即难有实现之把握。

---

* 此文发表于重庆《时事新报·财政与金融》周刊第七十二、七十四期。——编者注

最后复有应注意者二事：第一，各省税务方针，需把总处统筹，此乃总处职责，无可旁贷。一方须将税务上各重要问题妥为解决，同时对于各省经济动态，应严密注意，详为规划，勤为指示。而省与省之间、分局与分局之间之税务联系，尤应由总处负指挥之责，此其一。

本税查账，在初期阶段，只能用粗放查账法（extensive method），粗枝大叶，捉到即可。现在即不能仍用此法，而应进一步，做到集约查账法（intensive method），所有各商进货、销货、盘存、开销，不能以账面合拢，遽予相信，而要尽量运用经济调查与商情报告，多方核对，以明真象。如此深耕，必能发现更多之纯益与更大之税源，其裨益税收，当非浅鲜。但在边区与贫瘠区课税时，仍应酌用粗放查账法，不必定用集约办法，以免费力甚多而收获有限之弊，此其二。

先哲有言："莫问收获，第问耕耘"，耕耘非不顾收获之谓，但必耕耘之功夫，作到好处，方能期收获之结果。税政之与税收，亦犹是耳。

吾国举办直接税，不能说不为税收，但其主要精神，实在税政。自从德儒瓦格纳（Adolpf Wagner）揭橥租税的社会政策（socio-politicae theory）以来，进步国家的财政，早已扬弃了"课税仅为收入"（taxation for revenue only）的旧观念，而以厉行直接税为平衡财富分配的新标尺，近如苏联，且以课税为"实施计划经济的杠杆"（a lever for planned economy），则税政之施行于先进各国，早已如日中天，见贤思齐，不容吾国仍以故步自封，而应有急起直追之决心与勇气。自民国二十五年七月一日，政府开始筹备，所有直接税体系中之主脉，如所得税、利得税、遗产税，业已先后实施，嗣且兼办印花税。即以税收言之，已由五年前之襁褓婴儿，蔚成今日中央税收的第二位。在民国二十五年度开征所得税的时候，岁入预算为五百万元，年度终了，实收超过一百余万。嗣后岁入预算，年有增加，至民国三十年度，岁入预算较之民国二十五年度，约增二十七倍以上。查英国所得税自一九一四年至一九三四年前后二十年中，亦只增加六倍；美国亦不过增加十倍；吾国在抗战开始后，推行新税，人民转徙，企业破坏，税源分散，征收困难，居然能有这样收获，一方证明政府有推行的决心，同时表现人民有拥护的诚意，方能于四载之中，突飞猛进，蔚成国家收入大宗，前途发展，正未可限。

现行直接税的机构，在中央有财政部直接税处，管理全国直接税事宜。各省设立省局，省局之下酌设分局，分局之下因交通之情形及经济的状况，酌设查征所。全国省局现在计有川康、甘宁青新、浙江、陕西、广西、江西、福建、湖南、贵州、河南、云南、广东、湖北、安徽十四省。各省局所辖分局，以川康所属为较多，计重庆、成都等十九区，以征收机构言之，颇感不足，此后急待充实，增设查征处所。惟此事亦与经费预算有关。

民国三十年度各种国税岁出预算对岁入的百分比，盐税为百分之十三点四四，关税为百分之七点七一，统、矿等税为百分之六点一七，直接税仅为百分之五点八零，其中所得税、利得税、遗产税全部岁出，占岁入百分之四点三二，印花税因系接管，原定经费较高，计占百分之十三点七八，以上四税所需经费百分比，尚不达岁入百分之六，较之美、英进步国家，并不多费。本来直接税在中国，事属初创，能否成功，尚未可知，倘即骤行扩大组织，多糜经费，一如从前衙门式的作法，一定不会有今日的成绩。所以直接税的作风，是从近处下手，渐次充实，做一步是一步，不取铺张扬厉，一俟推行渐有把握，再行扩大预算。

直接税自民国二十五年开办之初，即采行公库制度，自己不经收税款，另行委托中央银行及该行所委托之银行、邮局代收。现在全国国库分支库，共有一百五十六处，中央、中国、交通、省银行及邮局之经收机关，共有一千零五十处，两共一千二百零六处。所有纳税人应征税款，完全不经直接税处之手，一直缴入代理国库之银行或邮局，此为直接税特色之一。

此外直接税还有一个特色，即是自民国二十五年七月一日筹备之日起，关于用人，即采取公开考试制度。取录之后，加以训练，分布全国各省分局，使担任查账、会计、统计等工作。高级税务员以大学经济、商学等系毕业为合格，税务助理员以高中毕业为合格，税务生以初中毕业为合格。五年以来，一本此旨，未稍间断，此种作法，第一要使学用一致，作什么总要学过什么；第二要采取公开考试，一洗过去任用私人的陋习。本来直接税中的所得税、利得税、遗产税，均系科学化的新工作，没有学过财政学、会计学、统计学等课程，来办直接税，真是格格不入。就是学过一些，而学术的进步是一日千里的，总要跟着时代跑，才不至于落伍。以学术为出发、以学术为前导，这又是直接税特色之一。

直接税对于抗战中的政府所负的使命，原不限于税收。在所得税，所以实现应能负担，按照一个人的担税能力给国家纳税。过分利得税所以平衡变态经济，取缔商业的畸形发展。遗产税所以节制资本的蓄积，减少社会人士的依赖性。印花税所以树立登记制度，使人事的变动、财产的移转，都要藉着推行印花税，渐渐走入很合理的登记程序。综上四点，税收之外，尚有税政，要藉新税的推行，为国家实现最高政策。

各种直接税，因抗战期间，人民爱国情殷，踊跃奉行，并没有遇到若何阻碍。设在承平的时候，也许收不到今日的效果。此后抗战进展，胜利匪遥，企业发展，收益日丰，则直接税的税源，更将扩大。战事结束后，直接税必有更大的发展，可断言也。

打破"畸形经济"*

（一九四一年九月十日）

目下各省的经济建设及事业的经营，虽然很有成效，可是毛病也不能说没有。最明白的，如种种地方只顾各省自己的利益，不问别的省区所受的影响，不问整个国家的利害，因此，尽管许多省份库存动辄一两千万元，可是对整个战时经济说，不仅太不健全，而且有极严重的妨碍。最近中央有鉴于此，所以正极力设法对此种"畸形经济"状况加以调整。如统一财政、省贸易的监理、战区经济工作改善等等，都是改进的开始。

可是"畸形经济"要达到彻底改善的结果，前途的问题非常之多。

第一，需要各省当局的了解。畸形经济对于整个国家、整个战时经济，乃至整个抗战，固然大有妨碍，而对于各省目前的财政经济，至少在表面上是有利益的，因此，不容易使省当局心悦诚服接受中央的调整。实这种"竭泽而渔"的经济状态既可以阻碍省际间的协作，又会使物价提高，致省府的经济在表面上虽然库存很多，而实质上所值日少，国民生活也有趋于恶化的可能。久而久之，必致构成窒息现象，影响不仅及于战时，抗战胜利以后，也会在经济上永远留下祸根，所以各省当局必须了解，非接受中央的意旨，彻底调整不可。

第二，中央方面对于现有的调整办法，应技术地执行。据我们所知道，中央此次关于省及县财政的改革，已经有多方的考虑，尤其关于省编制预算的办法，行政院方面有各种很技术的措置。而省贸易的监理，最近也有派人到各省实地指导的决定。不过，现代的行政，技术最关重要。而各省的情形，也千差万别，如何调整到最善的程度，避免一切的无谓的争执，在行政技术上的问题非常之多。所以今后居于指导调整地位的人们，如何研究他们的行政技术，达到其应有的任务，这是一个很重要的问题。

第三，应再进一步加强调整的办法。畸形经济，积重难返，现在的调整方

---

* 此文系作者为重庆《时事新报》撰写的社评。——编者注

法，老实说并不够。至少应再加：（一）经济部及经济各种行政机构如资源委员会之类，应在经济会议指导之下，经过详细的研究，立定一个指导推进各省经济事业的方策。（二）中央应令各省本着"因地制宜、因财制宜"的原则拟定发展事业的计划，尤其注意其建设计划与本省特产及需要相配合。（三）各省应立即成立"经济检察"机构，随时检阅各该省对于中央经济之法令是否奉行，是否切实的奉行。这个经济检察机构，不光是对各省负责，合起来要使全国完成一个"经济检察网"，由经济会议执其纲。（四）树立"巡回技术指导制"。调用各机关富有经济行政技术的专家，分赴各省及各国营事业机关，实地考察，实地指导，并且实地解除他们的困难。

上面三者都非常重要，尤其是第二、第三两项。前者行政技术运用之好，存乎一心，需要当事者仔细考虑，悉心研究。后者内容比较复杂，在实践的方法上，待详细说明的地方尚多。此地仅提示大要，如果不详加研究，而贸然行之，也还是徒有其名。所以如何改善今日的"畸形经济"，大家还要切实的考虑。

冻结资金与物价[*]

（一九四一年九月十七日）

英美冻结资金，平准基金开始运用，好像政府又展开"金融外交"，取得金融政策上各种的成就。如国人在外国冻结的资金，可以由中央银行解冻，与外商银行成立君子协定，撤销外汇黑市，使敌人无法套取外汇，以及由滇缅路内运的物资不受资金冻结的影响。种种事实，都是金融外交的成就。对于国内经济前途，当然只有正面影响，不会发生负面的作用。可是，也有人顾忌到或者有相反结果的可能，提请政府的注意。不过现代的金融问题，是比较专门的问题，尤其是今日中国的金融发展，与心理上的因素有若干关系，于此我们颇愿多加研究。

第一，近来有人说，由政府发行法币，收回私人存在国外的外汇，虽然合算，但如果政府发行巨额的法币，以掉换外汇，而不对已流通的法币加以吸收，则对物价上腾的刺激作用，实在应该审慎的考虑。我们虽共鸣于法币的吸收，可是对于这种由此会增大法币发行的理解，却不敢苟同。（一）平准基金的目的，是拿巨额的外汇作本钱，维持外汇的价格。成立之初，即马上提高法币的价格。换句话，即是购用以前等量的外汇，可以用比较较少量的法币。事实上即减少了法币的流通额及其流通速度。假定依照货币数量加流通速度影响物价的公式，那末对物价当然是良好的。而同时法币价格的提高，至少可以刺激舶来品及代用品的减价。（二）大家知道，今日一般事实，是需要外汇比较迫切，而同时政府并没有无限量的外汇借给各方的需要。平准基金的巨额外汇，在原则上是作为维持外汇的本钱，并不是供大家消耗。所以政府左手用法币收入外汇，必定右手又用外汇吸取法币。政府绝对不会把外汇"囤积居奇"，只管发出大量的法币，收入大量的外汇，而不供大家的外汇的！因为如此，民间需要外汇更多，更失掉平衡的现象，法币价值也更低落，平准基金委员会的工作根本失了意义。所

---

* 此文系作者为重庆《时事新报》撰写的社评。——编者注

以这一点，不是凭空猜想，而是必然的事实。所以恐怕因此法币流通额更多，而刺激物价的上涨，未免有些过虑。

第二，有人以为上海敌人禁止十一种货物的内运，可以减少后方的物资，又担心原料供给的困难。这一点当然有相当理由。可是大家或者不会忘记，由上海到大后方的运输力量是有限的。我们当前的困难，不是没有物资供我们的营运，而是有无运输力量运进我们的物资。如果运输力量加强，不仅物资可以内流，原料乃至机器都有办法。敌人禁运十一种货物出口，我们如果有运输力量，还是可以自他方面取得。目下大家已经明白，运输力量方面，因为美国方面帮助我们的运输工具，英国方面有利我们的运输通路，而同时我们自己又彻底地调整了我们的运输机构，力求改进我们的运输技术。可能的，不久的将来，可以加大运输力量两三倍。那末，后方物资必定只有加多，至少不会因资金冻结而减少。而且外汇如果转向正常状态之下，我们的物资固可增加，同时因为生产工具与原料的输入，生产也可增加。后方物资的加多，更可乐观。

话说回来，物价问题是与心理上的理解有重大的关系。最近金融政策之展开，当然有利于物价。只要我们拥护推进，决不会生相反的结果。新近成立的外汇管理委员会担负有重大责任，我们希望此会拿出全副精神，达到金融政策的目的。

舆论与财政*

（一九四一年十月四日）

> 引言——顷者湘北再度大捷，国人闻之，莫不欢欣鼓舞。从此抗战更入于光明之途，闻胜勿骄，我人正当乘此朝气，淬励奋发，敬恭厥职，无使前线健儿，专美于前。我人负有经济财政之责者，将何以朝乾夕惕，剑及履及，使经济财政之力量，能与前线之军事相配合，此盖不容须臾或忽者！集思广益，是在纠合多数人之意志与力量而促成之，方不负此胜利之结果。因此提出"舆论与财政"一课题，一以提醒国人之自尊心，一以激发群众之意志力，善后百端，众擎易举，慎勿以为财政一事，仅属政府之职责也。
>
> 民国三十年十月三日于湘北大捷之后

国人积习，因多年国力衰弱，自施政以及研学，率少一种自信力。每以国际一言以为重，亦尝以国际一誉以为荣。外重者内轻，趋誉者忘实，纵延虚誉，其真实之价值能有几何？且道高和寡，大朴若拙，钟吕之音，未必即能博得听众之喝采，倘使阳春白雪属而和者不过一二人，其将降而为下里之曲乎！此昌黎所以有取于"举世非之力行而不惑"者也。

且舆论为物，不仅要针对现实，而且要领导现实。领导现实者，其思想、其眼光、其主张要能站在时代的前面，至少要比现实前进一步（one step further）！站在时代前面之主张，往往不为时人所认识、所谅解，甚至而招致时人之误会、之非难，甚且为时人所唾弃、所攻击。"未妨举世嫌迂阔"，古今如荆公者，能有几人？于是举目滔滔，以毁誉为是非，以爱憎为毁誉，小而行事，大而国政，乃以群众一时之情感为评断决策之指针，其不误人误国者几何？舆论于此，要能独具炯眼与卓见，而以劝说之艺行（art of persuade on）出之，为政

---

* 此文发表于重庆《时事新报·财政与金融》周刊第七十六期。——编者注

治家之改革事业，导其先河，此于一国政治之进步，贡献至大，且亦为舆论于特有之机能。昔者子产治郑，最初尚未能取得民众之认识，于是有"孰杀子产，吾其与之"之诅咒。倘使当时有今日报纸之舆论机构，而又能站在时代的前面以教育社会，吾知必可为进步之政治家，减去许多无谓之误解与初步之困难，以促成政治改革之急速进步，可无疑也。

先进国家之报纸，类有经济的背景，所谓舆论实代表其所属阶层之舆论，而未能代表最大多数民众之舆论。至于吾国，以经济未臻于充分之发达，于是在社会舆论上，其经济之分野亦不显。办理善良之报纸，所代表者，乃为古已有之之"清议"。清议者，第一为在野，第二为读书明理之人所发，第三颇能代表大多数人民之意见。盖封建社会，所以表现民意者，浅者为歌谣，高者为清议。清议所是，虽去官于朝廷，而见重于社会；清议所非，虽尊显于禄位，而见薄于群众。自孔子作春秋，为之首倡"一字之褒，荣于华衮，一字之贬，严于斧钺"，遂树立清议之楷模。嗣世如郭林宗，以布衣而臧否人伦莫不竞劝者，固其识鉴之精，亦其持论之正，而在技术方面，亦不为危言激论，致流于意气之傅，其精神实与今日舆论所需要之条件，若合符节。故在吾国，言舆论，即不能忘清议。中国之舆论，实应认清古之所谓清议，发挥而光大之，而不必撷拾西洋之余绪。今日所需要之舆论，以能发扬真正之清议，为第一要义。盖吾国舆论所应表现之特有风格，实在于此也。

此次世界大战，英国财政随战事之进展，颇有进步。主要原因，即因英国朝野，素重舆论，开战以后之财政设施，或臧或否，舆论界均可自由发抒意见，无取于讳疾忌医，用能除旧布新，渐臻上理，广征博采，择善而从，斯盖健全之民主国所具有之特征，而为我人所亟宜效法者。忠于信念，慎于思考，勇于发表，以期有补于国计与民生，岂非吾人今日应有之事乎？

直接税与中国财政^{*}

（一九四一年十月十二日）

一

吾国现行之直接税，包括民国二十五年十月一日创办之所得税，民国二十八年一月一日开办之非常时期过分利得税，民国二十九年七月一日开办之遗产税，与民国二十九年六月一日接收兼办之印花税四种。此中开办较久之所得税，亦只有五年之历史，以视创办于一七九八年之英国所得税与创办于一八六四年之美国所得税，诚属瞠乎其后。须知吾国之经济体制，与西方各国颇有不同。财政制度仅为经济体制之上层形态，以西方工业革命后所形成之直接税体系，而欲移植于百年来拘囚于次殖民地之吾国，自有扞格难通行不得也之苦。以故清季以还，数度提出所得税法草案，而均遭挫折。迨至民国十八年美籍顾问甘末尔提出其有名之税收政策意见书，尚谓现代之所得税与遗产税，以经济的、政治的、技术的等条件之不备，未能行之于吾国。征之美国经验，其联邦所得税，百分之四十之收入，俱集于工业发达之纽约州及宾夕法尼亚州之事实，亦非无故。

假使近代中国民族意识之觉醒，不因强邻压迫而咆哮；假使争取民族解放之神圣抗战，不因卢沟桥之炮声而展开，纵令国民政府于民国二十五年提出所得税条例而勉强推行，亦必遭遇百年来缠绕纠结之帝国主义势力与其所诞育之畸形资本势力之阻挠，使不得逐其发展，则直接税之在中国，能否如今日之略有收获，亦无把握。曾湘乡有言："赤地新立，尽丧所有，始别有一番文境"，文章且然，而况国家之大政？故谓直接税在中国，因抗战之开始而开始，因抗战之持续而进步，因抗战之胜利而完成，当非过论。

---

* 此文刊载于《新经济半月刊》杂志第六卷第一期。——编者注

回顾直接税五年来之发展，实随抗战之演进，而分为三个阶段。自民国二十五年十月至民国二十六年十一月南京撤守为第一阶段。此时以京、沪为重心所在。但实际所开征者，仅为第二类薪给报酬所得与第三类中之公债利息所得。民国二十六年十一月至民国二十七年八月武汉撤守为第二阶段。此时以武汉为重心所在。开始征收第一类营利事业所得与第三类中之存款利息所得，渐次触到所得主干之工商事业。自民国二十七年八月至现在为第三阶段，此时以渝、蓉为重心所在。随抗战之持续，看到直接税之长足进展。民国二十五年度岁入预算，仅列五百万，实收六百四十八万。民国二十六年度实收超过二千万，民国二十八年度实收超过三千万，民国二十九年度实收超过八千万，民国三十年度岁入预算一亿三千五百万，截至本年双十节宜昌克复之日止，实收已达预算。以民国二十五年度与本年度之岁入预算相比较，增收二十七倍。依照薛赉时教授（Professor G. Findlay Shirras）之统计，英国所得税在一九一三年至一九一四年度，收数为四千七百万镑，至一九三三年至一九三四年度，增为二亿八千一百万镑，二十年间，所增亦只六倍。美国之所得税在一九一四年度，收数为七千一百万元，一九三四年度增为七亿四千六百万元，所增亦只十倍。吾国推行所得税，仅及五年，作为所得税补充之过分利得税，实际征收不过二年，艰难得此，亦堪自慰。此种发展阶段所表示之意义，说明直接税之基础，要自资源深厚之大后方作起，而不依赖洋场置办之收益以为新税之主源，内地根基既固，然后随抗战之胜利，翻转头来，自内向外，渐次推施于收复后之下游与沿海，此种"内重外轻"、"自内向外"之健全发展，实足反映抗战之成功，转捩一八四二年年至一九四一年整整一世纪之历史车轮，扬弃次殖民地之经济与财政，跻至独立自主之经济与财政。（参阅本年七月二十三、二十四两日《大公报》连载拙著《中国经济史之划期的展开》）

二

现行直接税之机构，在中央财政部设有直接税处，总揽全国税务。各省设直接税局，其税源较少推施较后之省份，亦有并入一局者。现在计有川康、浙江、甘宁青新、陕西、广西、湖南、江西、福建、贵州、河南、云南、广东、湖北、安徽等十四省局。省局之下设有分局，较多者如川康之十九分局，甘浙之十分局，陕桂湘之八分局，闽赣之七分局，贵州之六分局，滇粤之五分局，河南之四分局，鄂皖之二分局，总计一百零一分局。分局之下，按照地方经济状况，设置查征所。较多如川康计有二十八查征所，全国共有一百二十一查征所。以"自由中国"而论，直接税之稽征机构，仅有此数，自感不足。但在经费预算方面不能为飞跃之增加，在考训人材方面，亦不克为大量之供给，与其贪多务广，财才两缺，反不如稳扎稳打之为得。但亦因此而有若干税源，未能触到。此非熟视而任其遗漏，权衡气力，势不能不有所偏重与集中。嗣后随税务之推进，增设机构，势不容缓，国家对经费预算上，不能不予直接税以较裕之扩充余地。盖方在苜长之新兴事业，不能与成年事业，等量齐观。每年核定经费之际，须为之充分增益。成功既有把握，无庸虞其浪费。否则去年长衣，今仅及膝，足趾既长，仍予小鞋，必有衣履不充行不得也之苦。

直接税之人事，自民国二十五年十月开办之日起，即采用学用一致考试训练之制。昔者刘晏理财，重用士人，英国财务行政之克收业绩，亦得力于"文官服务制度"，故直接税于开办之初，即把握此点，虽经播迁转徙，而遵行不懈。高级税务员必须大学专科毕业，税务助理员必须高级中学或商业会计学校毕业，自民国二十五年七月举行训练于南京之孝陵卫，截至现在，高级税务员业经考训者十期，合计四百七十三人，税务助理员业经考训者十期，合计七百三十二人。此外之税务生，亦须初中毕业，由总处授权各省局，随时考用。其籍贯遍及全国各省，较多者如川籍之一六九，浙籍之一六一，赣籍之一二五，闽、粤、苏、湘均在八十以上，他如热河、吉林、冀、晋、康定等地之大学生，莫不毕集。用贤无方而必合标准，不缘请托而事必公开。区区此数，何能应直接税今日之需求，但亦不便滥收，致令破坏考试训练之轨道。至于高级税务员之年龄，在四百七十三人中，二十至二十五岁者八十二人，二十六至三十岁者二百三十七人，三十一至三十五岁者一百三十五人，三十六至四十岁者十六人，四十岁稍超过者三人。新税所需要者，为朝气、为专学、为纯洁心情，而无取于久更事故暮气颓唐之辈。若以聚敛之技巧言之，初出茅庐之大学生，诚有不及税吏之处，但为新税奠定人事基础起见，则刘晏重用士人之经验，诚有不容忽视者在。

直接税税款之征收，并非自己经手，在全国税收机关中，首先采用公库制度。纳税人之应纳税款，直接缴入国库。故在直接税，其经征机关与经收机关，分离独立。经收机关属于国库分支库系统者，计有中央银行、中国银行、交通银行、农民银行及邮局，全国共有一百六十三处。其尚未设立国库分支库而由中央银行委托代收者，计有中国银行、交通银行各省银行及邮局，合计一千零四十五处。总计一千二百零八处。所属省份遍及全国，且深入游击区以内。经征与经收分立制度，不仅使办税人员不经手税款，免致许多过去流弊，且可使税款早达国库，根本杜绝以前坐支截留、侵蚀中饱等不良现象。此实为前年施行之公库制度导其先河，而为中国财政划时代的改进工作，惟今日所谓公库制度，大抵仍注意于经费支用方面，尚未将直接税以外所有之税收机关尽纳入此新轨范。

直接税之成本——亦即经费对税收之百分比，在各国国税中为最经济。历年以来，从未超过百分之五。民国三十年度各项国税岁出入预算之比较，盐税为百分之十三点四四，关税为百分之七点七一，统矿税为百分之六点一七，直接税为百分之五点八。此项百分数中，印花税因系旧税，接办仅及一年，故其经费百分比，尚沿成案为百分之十三点七八，而所得税、利得税、遗产税三项直接税之经费比率，则为百分之四点三二，仍未超过百分之五。以视进步国家直接税之征收费，并无愧色。直接税之征收费，所以较少者，第一因创办之初，即持谨慎态度。对于机构人员，无取扩大。即如去年立法院审查直接税处组织法之际，院方颇有何不称"署"而仅称"处"之议论。但在直接税处，则以本税仍在生长时代，未届成年之境地，遽锡以堂皇之称号，深恐有夸大虚浮难符实际之虑。所有机构设备，一本抗战国策，竭力从简，切避虚糜，故其支出，得以较轻。第二，直接税所考取之大学生，系自战前开始，在民国二十五六年之际，大学毕业就职者，每月能有八十元之收入，已不为菲。历年加薪，究有限度，是以人事费之所费，每较其他机关为低。但因此亦不免发生若干困难。即如人员待遇一事，近年因物价之飞涨，若干机关均将人员薪俸，大量提高，或优给其津贴，尤以国家银行为著。直接税因有战前考训之起码限制，复有经费预算之拘束，无论如何设法提高，终有望尘莫及之感。从事直接税之人员，虽以吃苦为社会各方面所勖励，但吃苦亦自有其限度，尤以税收机关为然，此种状态，必须设法改正。盖"经济"之含义，与"啬减"固有不同也。

三

战前财政中直接税所应负之责任，固为税收，尤以身负税务职责之人员，不能置税收而不论。但国家所以施行直接税，税收而外，尤注意于税政，英国财政学家巴什帖布（C.F.Bastable）曾谓："财政不只是打算盘，财政乃国家大策之一"。吾国推行直接税之最高意义，在所得税为"实现应能负担"；在过分利得税为"平衡变态经济"；在遗产税为"节制资本蓄积"；在印花税为"树立登记制度"。以前之租税负担，诚如伊立老教授所言，大抵"落于弱者与无防御能力者的肩上"，此后随民族意识觉醒，"有力出力，有钱出钱"之原则，业已深入人心，凡有巨额之纯所得或纯利得或纯财产者，对于依照客观标准所应负担之国税，当不应有所疑难，以尽准力输将之责。此乃社会正义民族抗战所要求，如阪走丸，莫能遏止，三民主义之租税政策，实应以此为基石。

筹措战费之工具，无论何国不能舍增发纸币于不用。惟纸币增发之后，能有方法以收回之，或收回一大部分，至少可以减轻恶性膨胀之流弊。第一次欧战，英国亦曾增发纸币，但未流于恶性膨胀者，论者率归功于直接税之吸收。盖泉币之作用，贵在流转而深忌壅蓄，倘使有发而无收，或聚壅于少数人之手，必使货币之交换价值，趋于低落。同时在政府方面，仍须续发大量货币，以济其穷，辗转推演，益无底止，其贻害于国民经济者，岂有既极？吾人常见长袖善舞一攫万金之辈，其消费能力，至足惊人。违背抗战之国策，助长物价之暴涨，流弊何堪设想。于此再不以课税之方式，节制其消费，并移转一部购买力于国家，则前方无量数之牺牲，适足造成后方分配之不平，当非社会正义之所许，老子有言："天之道其犹弓矣；高者抑之，不及者举之"，不此之图，则政府之功用安在？

且中国向为数字缺乏统计幼稚之国家。人口究有若干，国富究有若干，地亩究有若干，"国民所得"究有若干，其正确数字，概付缺如。西方学者如包雷（Arther Bowley）、斯丹浦（Joseph Stamp）、克拉克（Colin Clark）对其本国之"国民所得"，均有极科学、极详尽之探讨。此后吾国既须努力造成现代化之政治，正可藉此推行直接税之契机，致力于此类学术之研究，使中国不复为不相统属不知数字之一盘散沙，庶足以克享胜利之佳果，而跻政治于光明之域。

释税徽*

（一九四一年十一月一日）

"高山仰止，景行行止，虽不能至，心向往之"，此言人之立身行事，树标不可不远大也。"念兹在兹，释兹在兹。名言兹在兹，允出兹在兹"，此言国之用人行政，意志不可不集中也"思之思之，又重思之，思之不得，鬼神将告"，此言精诚所感，金石为开，乃任何事业成功所不可缺之原动力也。直接税为我国新兴事业之一，筚路蓝缕，创此始基，要看吾辈税人之努力如何。盖必集中意志，而后可集中力量，必先集中视线，而后可齐一步骤，此税徽之所以作也。

国有国旗，税有税徽，象征标志，其用正同。惟寓意虽深，而表现之方式，则不可不深切著明。凡在本税服务之人，一见此徽，即将了然于本税之内容，与其所应负荷之使命，此又拟制税徽之际所应注意者。

本此意旨，乃于民国二十九年年终本处召开业务会议之际，先行试拟，并请川康省局统计股股长蔡芸制图，经处长核阅后，提交大会研讨，最后则于民国二十九年十二月五日兼部长招待会议同人之际，郑重核定，于是直接税之税徽，于焉确立。

徽之形，外廓圆，其色蓝，质地白，其色纯；税字双钩为之底，其色红。直字正楷为之表，其色青；一览之余，尚合简单明了之旨。惟涵意颇深，依次铨释于后：

一、税字作底，直字在上，笔画明晰，色彩纯穆，一望而知为直接税之税徽。

二、直字可作正直解，直字在上，表示"正直高于一切"，说明本税尊重公平正义之意。

三、直字横平竖直，自上彻下，自左彻右，四通八达，说明本税之普遍性。

四、税字作底，布满圆周，双钩所及，丰亨豫大，以示"遍地是税"、正待税人努力。

---

* 此文发表于《直接税月报》杂志第一卷第十一期。——编者注

五、以施色言之，税字用红色，表示税款来自人民之血汗，直字用青色，表示清白乃心，与天同谨。

六、以书法言之，直字阳文，税字阴文，直在上而税在下，直在前而税在后，表示吾人本分难为办税，而无时无刻，不以正义为先。

七、直字书法近于刚，而税字书法近于柔，办理本税，失之刚，必多扞格；失之柔，必生巧玩；故须刚柔并济！

八、徽之轮廓为圆，而徽之中心则方，以示外圆内方，智圆行方之意。

九、直字为直线，而税字则多曲线，表示能屈能伸之意。"周道如砥，其直如矢，无偏无党，直道而行"，自是本税之主要精神；但于运用之际，则须富有伸缩。且直接税之税源，富有弹力，亦为世界学者所公认。

十、本税税训为"廉能勤毅"，税徽即与此四字相暗合。直字色青，意谓办税要净心地，表示廉。税字色红意谓办税要费心血，表示能。遍地是税，断非懒人所可安坐而得，故又以红色之税字，表示勤，最后则新税初办，艰阻必多，参加本税之人又须有骨气，有担当，而后可以理繁在剧，故又以横平竖直如梁如栋之直字，表示毅。

十一、本税工作人员有进修会之组织，所以为进德修业之资也。选德如何？中心为直，修业如何？中心为税，故以税徽，表示进修，亦无不可。且古之书法，德每作悳，税徽以直字为中心，望之俨然悳字也。

十二、国旗彩色之配合为青天白日满地红，本税税徽所含色彩，质白税红直青，亦与国旗同其内涵，表示税政要以国策为指归，办理直接税，即所以实现国家政策。

以上十二义，俱容纳于税徽之中，"一之中有多，多之中有一"，(many in one, in many)放之则弥六合，卷之则退藏于密，持此道也，将无入而不自得，奚止办税而已乎！

赞曰：

　　　　税之为累，准力输将；
　　　　徽之为用，示我周行；
　　　　临之在上，鉴之在旁；
　　　　税政发皇，直道永彰！

奖励资金内移[*]
——兴办实业的实践

（一九四一年十一月十日）

行政院五三八次会议通过奖励资金内移兴办实业办法，在现阶段这真是一个极贤明的措施。凡有资金在国外或口岸各地经营实业或有游资在手的，应该赶快遵照政府这个期望，踊跃向内地实行投资。不过我们以为政府须有进一步的措置，建立具体负责的机构，才能达到实际的效果。

第一，应该实践计划经济国策，使整个建国经济体制能够完成，计划经济国策早经立定。因为没有实施，而局部统制层见叠出，致造成今日之畸形经济。抗战经济姿态既无由完成，建国经济体制也莫由树立。投机式的病国害民的商业资本利市万倍，工业资本，除少数外，反而获利较微。而且困难多端，发展不易。如果要打开今日之经济局面，唯一可走之路，为实践计划经济，而就奖励资金内移开发实业说，更非造成建国之经济体制，改进今日之经济环境，调整当前货币累积律与再生产过程不为功，实践计划经济实为奖励资金内移兴办实业的重要条件。

第二，加强战区经济机构，配合奖励政策之实施。目下大后方的经济环境，兴办工业固然极为相宜，可是奖励政策果真生效，势必所有工业不可都集中在大后方一隅，宜乎按一定计划作一个合理的分配。各个适宜工业建设之战区，实为工业发展之良好地带。由此，各战区经济机构，如战区经济委员会之类宜于加强。将来并入军事范围之内，改为经济作战处也需要维持高度经济行政成分。如果军事气氛太浓厚，对于民营事业之指导协助，反多阻碍。因为现代军事战，已经需要军民合作，而经济战尤其有赖于民间实业家及企业者，技术人才的协同一致。Lloyd 说：第一次大战时，英国统制经济如果没有民间实业家协作，必无成就。而伦敦经济周报最近说，德国经济战之成功，完全在平时的

---

[*] 此文系作者为重庆《时事新报》撰写的社评。——编者注

准备与战时民间企业的一致。现在谈到奖励资金内移兴办实业，当然希望加强抗战力量，这个教训值得记取，而且非如此也不容易达到奖励的目的。

第三，应建立切实负责的指导机构，现在居留在国外或者国内口岸的资产者，对于国内企业的实际情形，明白的固然很多，可是不能说所有的人都能够明白。所以要有一个具有高度服务精神的指导机构，能够把（一）国内产业界的实际状况；（二）那些产业适宜于经营，最好能够就实际资料作成许多个别的产业计划，进行方式、程序、资金数量盈亏估计，种种不厌求详；（三）办企业的实际手续，作成一定的具有诱导性的指导计划，而且努力向外宣传，随时可供询问，负责解决各种疑难。主持人不必太多，但必须具有高度服务精神，而且对于经济上的常识充足。这个机关设于经济部之内也可以。最好还是属于行政院，因为经济部现在只管工矿及一般商业，农林、贸易、交通均不在内。范围比较小了一点，自然以属于行政院比较适合，易于发生效果（最低限度，如不设机构，也要指定专人办理）。

总而言之，我们对于行政院这个决议案，非常拥护，而且觉得办法也很周详。不过以为"徒法不能自行"，此种企业的倡导，也不是"悬赏"即可以得到效果，国家推行一个政策，即需更有切实推行的方法，所以我们特别提出上面三个建议。希望负责者予以考虑。

平价问题的重心*

（一九四一年十一月十四日）

物价最近又发现波动。照近三年来的事实看，每年秋末冬初总是物价上涨，以后并且继续升腾。所以各方面对于这个问题非常注意。负责任的当局也正在筹划的中间。可以说，研究到了最高的阶段。我们愿意提供几个主要的意见。

第一，不可只重视理论而忽略方法。战时物价上涨，当然是"多元的"的原因，决不是普通经济学上的某一个理解可以作为单纯的根据。Grey 说："战时物价是各种社会现象交相织成，不是普通价格法则可以理解的"。所以有通货数量说、商品成本说、粮食领导物价边际效用说、平均利润说，一直到各种各样的生产力上的学说，都可以用得着。执一说以为今日物价上涨的解释，固然不会把握当前物价上涨的重心，而一定要另执一说以批驳某方面的意见，也永远摸不着目前物价问题的边际。事实已经老早横在前面：因为战事的展开，通货数量加多；因为工业区的沦失，生产力减退，因为交通的困难，形成运价的高昂与货运的阻滞；因为劳工的缺乏，力价上涨，一切生产品的成本增加；而运输困难，粮价上涨，空袭损失，一切的一切，平均社会成本的加高更是明显。因为货物的稀少，价格的看涨，私人窖藏，商人的大量囤积，自然也是铁的事实，种种色色，并不止此。而且上述事实互相牵引，彼此错杂，构成物价上涨的现象，决不是某一个单纯的原因。也不是某几个原因，事实上有些原因，明明白白在理论上已不必辩论，可是实际上也没有方法解决。绝对的不如经济学者的理想，原因明白了，即可以对症下药。有些药，在战时根本买不到。何况症候又如此复杂。应该不要用理论来忽略实体的诊断。尤其不可以执一偏之见，来阻碍正确方法的建立。

第二，方法不可执其一端，要成为整套。说到方法，目下也有许多人在提供。甚至还有些书生式的专家，在反对现行的各种平价政策，以为只要能够紧

---

* 此文系作者为重庆《时事新报》撰写的社评。——编者注

缩通货，即可不平自平。与其那样说法，不如说停止战争，即可平价。战争是涨价的原因，而在战时也绝对的没有方法紧缩通货。这个说法，在形式逻辑上虽然说的通，而在国策上、事实上都是不攻自破。战时物价上涨既是多元，方法也必须多元。战时物价上涨既是各种因素交相织成，平价方法也必须有一整套而且互相连贯。由原料到生产，由生产、运输到消费，由个人生活到社会生活，由财政金融到市场活动，由外汇管理到节约运动，由都市以到乡村，由前方以到后方，必须四处通风，八方周到。反对实行某个或某几个方法，说他力量不够，固然不可以。而没有一整套的方法，枝枝节节的执行，也是没有方法发生决定的效果的。举一个小例：譬如说，棉纱每件的价格限定五千三百元，我们把平价纱售予商号，限定只准取一百元的手续费，当黑市到了八千六百元的时候，我们有什么方法维持公定的价格？所以必须由棉花、棉纱到布匹，由原料、生产到销售，有一贯的办法，并且对整个商品市场有互相连贯的配合与统御，才能发生平价的实效。眼光必须顾到八方。而且顾到未来的变化。方法必须纵横连贯，才是平价正当的方式，也才能够走上平价的大道。

第三，机构必须体系完整，系统分明。战时物价上涨，既为多元，其方法也必有一贯的整套。在这个纵横错杂的中间，求其发生实效，必须有一个统一管理，多经执行的权威机构。政府一再昭示大家，统制必须"系统分明，体制严整"，并说要做到纵横完密的程度。而当前的物价行政，依地域说，是在分区进行。各省各自为政，甚至还"以邻为壑"。中央则各司一事，互不相谋，而全国并没有一个统一的机构。照河合良成的研究，物价统制是需要（一）满足一般社会活动的要求；（二）求各种商品间的价格均衡；（三）农业物价与工业物价的均衡；（四）国民大众生活的确保；（五）各种矛盾的调和。照行政技术上说，关于行政效率之如何加强，行政上弊病如何防止，种种方面，都不是没有一个统一指挥的机构可以做得到的。尤其是中国政治社会，人事复杂，物价行政的范围又牵涉极广，更加不是没有一个权威机构，可以为力。所以凡是控制物价效果最良好的国家，物价的中央行政机构也必定最完备。如德国物价总监部之类。中国情形特殊，老早即需要建立一个统一的物价机构，置于行政院之下。内部组织不必过大，可是权威必须绝大。不仅对于物价行政可以绝对指挥，而与物价行政有关的各种因素，也要相当的可以控制。并且需要配合一个专家会谈，一个经济警察总队，一个秘密的"业务调查"组织。对于平价品的购运与配销应分为两个附属机关。详细的检讨虽非本文可能尽，但这个总机构却为必要。

"人"的问题，当然更为成败的关键，容后再来讨论。这里我们的三个理解，可以说是今日平价问题的基调。总而言之，今日的物价问题，严重与不严重，不在物价的本身，而在政治上的措置。所以本文的建议，颇具有极重大的意义。

平价与"人第一"*

（一九四一年十一月十九日）

"法治"运动抬头的今日，"人治"问题每每被人们所忽略，其实"法"固然重要，而"人"尤为一切行政的成败关键。所以美国社会经济学家捷斯（Stuart Chase）力反欧美三百年来"金钱第一"的原理，而说是"现在世界潮流，是人第一，金钱第二"。平价问题是当前抗战的要政，而且纵横错杂，情势特殊，自然需求"高级的政治卓见"和"高度的行政技术"，决不是一个普通人员可以做好的。所以解决当前的物价问题，固然需要一个适当的机构，一整套适当的方法，还更需要一个真正的人才主持之，并且需要有一套的真正人才。

真正的人才，不应当没有，只要符合下面几个条件就够了。"千里马"总是有的，何况标准还不到千里马的程度。

第一，操守问题。廉洁是一切行政人才必具的条件，说道平价行政以及一切统制业务，这个操守问题，特别重要。因为营私舞弊，假公济私，在这类行政上实在太容易。例如说某种物品黑市价格与公定价格相差太远的时候，谁能明白其中偌大的好处到底入了何人之手。又如某种必需品，故意压低市价，大量收买，又谁能担保不作转手生意。将来如果实施整套连贯的办法，固然舞弊不致如此容易，可是机会总是多的。操守发生问题，好的办法，自然无用。平价效率，又何能提高，所以这一点，在平价行政上比较一般行政更重要。

第二，理解力问题。皮固（A.C.Pigou）教授说："战时平价犹如作战"。想要发生很大的效果，争取这个行政的胜利，主持的人需要有高度的理解力。必具的条件是：（一）对经济理论，尤其是经济政策，需要有充分的研究。（二）对统制经济、计划经济有融会贯通的知识。平日反对统制经济，既无研究又无信心的人，固然不可以。而一知半解，食"洋"不化的所谓专家也是用不着。换句话，必须是研究中国统制经济、民生主义统制经济、计划经济的真正专家才

---

* 此文系作者为重庆《时事新报》撰写的社评。——编者注

行。（三）对中国经济情况要有澈底的了解，平时对中国社会问题有充分的研究，并且明白市场活动及社会经济动态。这些理解力，在各国专家并不难。而在中国真能了解中国本身的专家真是并不十分容易找到。而误事的原因，每每是在这个上面。所以平价人才更宜用这点为衡量的尺度。

第三，技术问题。所谓行政要能"守正以持经，权宜而应变"，平价行政尤其要注意。所以执行的技术十分重要。所谓技术是实际运用上的问题，"运用之妙，存乎一心"，当然不是文字上可以尽述。原则上说，必定：（一）有执行政策的各种方法；（二）具有实践方法的技巧；（三）能够预先看到未来的变化；（四）能够把握良好的时机，更能够当机立断；（五）能够预先看到执行上的困难和可能发生的阻力及副作用，而且能够事先有防止一切恶影响的措置。总之，要能够具有技巧，自积极和消极方面达到应有的任务。

上面是平价人才最低限度的条件。希望将来设立总机构，实施整个平价政策的时候，谨慎地选择这种人才负责执行。不然，有机构、有方法还是"不能自行"。"人"的问题是成败的关键。

物价与货币[*]

（一九四一年十一月二十五日）

　　平价机构，刻已决定设立。如真能得其法，得其人，赋予事权，而技术地系统地执行，经济政策和物价前途必有办法。在"无"的国家，每因管理得当，即令通货膨胀，还能减少或阻遏其对物价之影响。况且中国是一个"有"的国家，得其法，得其人，前途必定大有成就。不过大家不要忽略一个流行的见解，以为今日的物价问题，完全是货币问题。这个见解，如果不加以检讨，将使人轻视平价政策的推行，对物价前途不免要发生负面的反应。

　　"货币数量说"，即是货币数量与流通速度加高，必会减低货币的购买力，提高物价。这个在"静"的自由主义经济理论中间，自然有他的相对的真理。固然他的本身上有若干的破绽。而在今日计划经济与统制经济时代，在实践上的价值，更成了问题。例如德国的货币在平时不过有准备金1%。这次战争发动以来，他在初期大陆战争中间，支出预算反比较英国为大。这是去年五月间伦敦经济周报上所说的。固然纳粹财政家有榨取人民的方法，可是通货之膨胀，必为不可避免的事实。然而他的批发物价，假定以一九一三年为基准作一百，一九三八年为一零六，而战后的一九三九年为一零七，战后一周年一九四零年为一一零，农产物也不过一一一。以他们"无"的国家，因为管理得法得人，还可以阻遏通货膨胀的影响。当然那，战争资源，有人估计，民主国家要占百分之七十以上，所以纳粹集团，最后势必崩溃。不过此地可以证明即在资源缺少的国家，如果管制得宜，物价也不随通货数量而上下，由此可以了解货币数量说，在自由主义之下虽然是必然的原理，而在计划经济之下，最多只能相对的存在。

　　我们中国是不出产金银的国家，又不是一个高度金融的资本主义国家，作战四年余，国家信用，如此坚定，西欧各国均叹为奇迹。发行额之增多，自为

---
[*] 此文系作者为重庆《时事新报》撰写的社评。——编者注

不可避免的事实。可是政府无时无刻不本既定的政策，在金融政策上谨慎发行而维持法币的信用。而目下物价之高扬，并不与货币数量及外汇汇率成一定的比例，又为铁的事实。尤其农产物价格，本质上是民族货物市场，绝对不是国际市场。按之过去事实其高下阶段，均不能与货币购买力成一定的反映。即日用品如棉纱，也复如此。例如最近棉纱黑市忽然高扬，有什么理由把他与货币相联系？平心而论，在今日对物价没有施行全面管理的阶段，我们固然不能完全否定物价与货币的关联。而第一，战时绝对的紧缩通货，为事实上常识上不可能。固然要设法紧缩，政府也在设法紧缩。第二，战时物价波动是"多元的"原因，不是执某一项因素可以解释。第三，如果对物价，最好说对整个经济作全面的管理，而又得其人才，得其技术，必然的可以减轻或阻遏通货对物价的影响。如果死守着自由主义经济学理论的师承，必定要忽略今日的新的经济学理解，而且无视"多元的"经济的、政治的、军事的、社会的与心理的因素，专门只把这笔账写在金融财政政策上面。问题不在是否失其平，而在有妨碍正确平价方案建立的危险。所以当大家注意全面平价的当前，不能不作一个理论上的检讨。

紧缩平论[*]

（一九四一年十二月四日）

最近物价非常高涨，民众生活因而受到重大影响，特别是恃薪俸为活的人痛苦尤深。于是忧时之士发为危言，在币制金融方面主张收缩通货与信用，在财政方面主张紧缩；甚至怀疑到最基本的国策，认为"不能再说一面抗战一面建设"，"要等抗战胜利后再谈建设"。这种爱国热诚，虽值得国人的称赞，而从理论与事实来看，这种议论似乎根本没有触及问题的核心，不仅不足以解决当前的物价问题，以安定民生；抑且足以动摇既定国策。我们站在抗战时期国民立场上，至愿贡献拙见。现在先提出三个基本概念来，以为论据：

一、抗战建国同时并进，是不容动摇的国策。

二、最近物价的非常上涨，原因复杂；通货膨胀并不是物价高涨之惟一的原因。

三、信用膨胀与通货膨胀的影响，绝不相同。

先从第三点说起，金融业的票据，虽可代替通货，却不就是通货。票据流通的范围远比通货为狭，所以对于一般市场的影响也小，尤其不足以刺激一般日用品的价格。不宁惟是，平时信用膨胀恒在市面筹码不足之时；现在信用与通货同时膨胀的原因，由于民众心理重视实物过于货币，而战时的交通条件，又不足以达到货畅其流，所以实物（即货品）的转移，集中于若干都市；在这些都市中，就需要信用的融通。现在各大都市利率一般的提高，就可以说明这一点。假定银行放款集中于抗战建国所必需的事业，而不是一种商业放款，那么信用膨胀应是一种良好现象。现在有些放款的用途，简直是予奸商以便利；即以商业放款论，这也是不正当的。至于农贷工贷完全是正当的放款，我们只应追问其效率，即事业的进展如何，或农工生活究竟改善了多少。如其有效率的话，我们应该积极提倡；否则亦应促其提高效率，而不应根本的怀疑到农贷工

---

[*] 此文系作者为重庆《时事新报》撰写的社评。——编者注

贷的本身。

再说第二点，物价上涨的原因复杂，已成为一种常识，毋庸列举，就可以明了通货膨胀不是物价上涨之惟一的原因。今天解决物价问题最主要的目标在求稳定，所以最急切的治标方案在根绝一切操纵居奇。通货膨胀虽是事实，而问题的症结，却在判断膨胀的程度是否已达到或超过饱和点，这个问题今天只有发行当局才能答复。但如上述信用膨胀的现象来看，至少可以说明在若干地方还感到筹码不足，就是一般所谓银根紧缩。而况战时通货膨胀，是一种不可避免的现象。各国战时货币政策，大多以统制物价工资，来节制通货的发行。现在英国就是采用这个政策的，但有一要点，上述统制是事前的，即在物价工资未上涨前，已予以统制。我们提到这一点，是在说明物价与通货的因果关系。现在一般人士，只看到循环现象，而不深究因果关系，所以不能触及问题的核心。假定一年以前，就严格的统制了物价，今天一定已收到相当效果。现在虽则稍迟，而行政院经济会议，目前公布了调整平价机构，彻底平抑物价的工作实施大纲，只要切实执行，我们相信稳定物价是绝对可能的。

现在进一步说到我们不容动摇的国策了。中国国民党临时全国代表大会宣言就明白指出："非抗战则民族之生存独立且不可保，自无以遂建国大业之进行；而非建国则自力不能充实，将何以捍御外侮，以求得最后之胜利"。而"为排除建国障碍而抗战，为加强抗战力量而建国"，尤其足为抗战建国不可分的关系，一种最简单最明了的说明。这个国策虽由中国国民党提出，曾又获得全民一致的拥护。四年五个月中，中国抗战所以愈战愈强，就由于这个正确的国策。今天有人回过头来，主张"抗战胜利后再谈建设"，这早为临全大会宣言所驳斥。宣言中明白的说："世人于此有所未察，以为建国大业，必有俟于抗战胜利之后；此不惟浪费中国之时间与精力，且不明抗战与建国之关系"。这是最正确亦是最坚定的国策，绝对不容随便加以摇撼。自然，一切建设事业，是要有计划的进行。换句话说一切不急之务，未举办的固不应举办，即已举办的亦应停办。其当务之急，如未能达到预期的效率，更应研究原因所在，促其改善，以提高效率。但是，这种急与不急的标准，亦绝非我们所能轻议。如民国二十年以后，政府对于公路建设积极推进，特别注重西北、西南各省。在纯经济的观点上，这种公路，比起东南各省的公路，客运货运较少，亦即经济的价值较低；而汽车汽油，都仰给舶来，在国际收支上，又显然成为新漏卮。及抗战开始，任何国人都可恍然大悟于这种公路建设的重要性了。

最后应提出讨论的，就是财政政策。平时只有两种标准：一是量入为出，就是一般所谓紧缩政策；一是量出为入。战时由于浩大的战费支出，紧缩政策几乎是不可能的。不过，在战时，国家对于国民，尚且要求一般的节约，政府在财政方面支出虽然浩大，而惟一原则，在于不浪费。同时，国家对于国民的要求，除节约外尚须努力生产，以期增加国民所得。这也就足以说明政府对于一切迫切需要的建设事业，必须积极推进了。说到这里，问题从经济而转入政治了。依照国策，我们的经济建设，应该是一种计划经济。而任何设计工作，所最感缺乏的，就是必要的基本资料。即以物价问题论，我国初期的物价调查，目的是在修正关税，以求关税自主的；其后各地方的调查统计，又大多各自为政，没有一贯的系统，这些资料已不足为今天统制物价的根据。其次，今天一切效率不彰的根本原因，在于守法行法，亦即法治的素养不足。所以一方面有不守法不行法的现象；而另一方面，在守法行法时，又往往遭遇意外的障碍。我们必须针对这两点，痛下功夫，才能消除今天一切病态，才能向建国大道迈进。愿我同胞，勿以迂远而忽之！

紧缩平论补*

（一九四一年十二月八日）

四日本报发表《紧缩平论》一文后，有几位读者来函表示同意，也有不大了解，提出质询的。因此对于紧缩问题，再加点补充意见。

本来一切与抗战没有直接关系的，以及不能迅速完成的建设事业，应该停止进行，确属必要。不过有人主张并一切农、工、矿生产事业，以及所有为扩大农、工、矿生产事业的放款，不问其生产是否与抗战直接相关，是否迅速可以完成，也要一律停止收束，这个，却大有商榷的必要。

第一，不要以为投资直接关系抗战而可以迅速完成的生产事业，也可以刺激物价上涨，也就是通货膨胀。通货是否膨胀，固然与通货数量不可分，可是假定生产真的发达，物资加多，通货数量随着物资而增加，那么，通货既不会膨胀，也不会提高物价。反过来，生产退减，通货即不增加，也自然膨胀。生产锐增，而通货数量如旧，则会发生通货收缩。信用之是否膨胀，也是如此。所以有些国家通货数量比我国要大不知多少倍（例如一九二六年美国为二百六十亿美元），也不见膨胀，原因即是物资充足，社会有此需要。至于我们必需品不够用的国家，在大家节约之后，假定仍然要向外购入方能生活的时候，与其用大量金钱去采购消费品，当然远不如直接增加必需品的生产为好。真的用一万万元从事生产事业，而迅速的能够产生一亿元以上的生活必需品，即等于收缩了通货，绝不致形成膨胀。问题是必需品的生产不够，须向外购运，而同时又因无管理的正常方策，转相囤积的时候，必然的形成通货的膨胀。假定停止一切工业放款，让必需品的生产量减少，通货数量尽管减少，在社会上的比例还是增加，决不会因此而收到收缩的效用，也决不会因此而减低物价。

第二，不要忽视停止农、工、矿放款退减生产的严重性。抗战凭什么？老实说，完全凭自己的物资。要有物资维持前后方的生活，才能抗战。如果停止

---

* 此文系作者为重庆《时事新报》撰写的社评。——编者注

一切农、工、矿的放款，窒息一切生产事业，百分百的危险立刻呈现出来。举两个例来说吧，假定停止开煤矿，煤价如何呢？价格问题还小，根本没有煤如何是好！又如停止开铁矿吧，停止炼铁事业吧，那一件使得？事业的收束和放款的停止，是专指与抗战无关或者不能迅速完成的而言，并不是一切都要收束，都要停止。进一步，我们还是主张要扩大与抗战直接有关而能够迅速完成的农、工、矿生产事业，要扩大这些事业的放款。当然，不是"立异以为高"。平心静气说，中国的生活必需品，有许多是数量不够的，例如棉花、棉纱之类。如果不赶快想办法，将来必定会要发生比价格更严重的问题。至于与兵工有关的工矿业更不必说了。又如前方许多物资，因为运输和比较成本的关系，许多被敌伪方面夺取，据汇丰银行一九四零年的报告，上海稻米、棉花、煤炭、面粉等进口总量一九四零年由一九三六年的百分之十三增到百分之五十一。即是一个明证。说我们一定要停止获取这些物资的营运商的放款，而反谓不如用外汇自别的地方购入，谁也不会赞同的，反过来，世界风云一天天紧急，我们要节约交通线的运输力量，多运我不能生产的必需品，而后方可以生产的必需品，又能迅赴事功的生产，那么，这种放款还是应该扩大。无疑的，应该增加这类的放款。目下一般的通货虽然膨胀，而工业资金则遭受紧缩的厄运，正是一个抗战的严重问题，假定再火上加油停止工贷，没有达到收缩通货的效果，相反的，因为后方物资的减少，膨胀的现象，适更成其严重。缩小生产，尤其是缩小马上可以出货的必需品的事业，只会提高物价，决不会减退物价，不过目下的工贷、农贷也未必都放在直接增加产量的上面，这个是值得当局的注意，应该严格加以检查。而且目下的漫无计划的放款，不分别轻重缓急的盲目的放款，则万万要不得！

第三，不可由此联想到所有的战时经济建设都要停止，甚至因此对抗战建国的国策，也要怀疑起来。要了解抗战建国是一个整个的国策，并不是两个政策。一面抗战，一面建国，也不过是一个政策的两面，绝不是各自孤立的两个国策。要建国必须抗战，要争取抗战的胜利才能建国，自然是没有疑问。而中国是一个物资贫乏的国家，战前生活必需品的大量入超，已经显而易见。连维持生存的建设，并补充前方必须物资的建设，也一并反对，天下决没有赤手空拳，饿着肚皮而能致胜之理。所以孤立的离开抗战的建设，不直接加强抗战必要力量而且不能马上见效的建设，固然要停止，离开抗战，而单言建国，"你抗你的战，我建我的国"的误解，更要纠正，可是假定有人因此而还以为维持生存的建设事业也要收束，大家想想是不是自杀？病中因为受了吃大鱼大肉的祸害，难道由此即最低限度的营养也都不要吗？

第四，不可由此忽视"整个平价政策"之重要性，以为只要走通货收缩一条路，即可以平抑物价。通货膨胀，固然可以刺激物价上涨，而战时物价上涨的原因却是"多元的"。由国际情势、交通运输、生产消费、生活方式、财富分配、政治措施，一切的一切都可以影响物价。通货充其量是主要因素，而其主要程度决不能超过其他因素之和。在平时只要收缩通货，物价无不近平，而在战时，漫说收缩通货有相当的限度，必要品的生产、军火的消耗、军费的支出，是没有方法完全收缩的，在收缩政策的本身上所能发生的效果已经有限，而其他的原因又纷至沓来，如果不用政治力量，全面技术的平抑物价，老实说，是不会有结果。如果没有整套的平价政策，停止生产事业的放款，游资那里会向公债找出路，还不是囤积货物或者私人普遍的窖藏用品，物价也只有看涨，不会看落。

总而言之，一切与抗战无直接关系而又不能迅速产生效果的公私事业应该停止，即已经通过的建设计划、通过的预算，应该再加严密的检讨。我们无条件的赞同，也正是实践民国二十八年九月八日国民政府所公布的《金融办法纲要》中"党、政、军机关不必要之事业及科技机关，要严格裁减"，及"各主管机关应节省不必要的支出"的各项规定。全国上下，应该下一个最大的决心，使这种舆论发生力量，赶快的生效。不过，我们不可误会一切直接与抗战有关又能迅速有效的农、工、矿事业也要收束，任何农、工贷款也要停止。这就不免"因噎废食"，会要发生更严重的后果。

当前一战中的人·物·法[*]

（一九四一年十二月十五日）

抗战四年半，中国艰苦备尝，终于打出来国际间无数的伙伴。以前是孤军奋斗，以后则是并辔前驱。孤军有不磨的光荣，并辔更有严重的责任。今世之战，形成一个目的，两个壁垒，暴力与正义黑白分明。不是侵略者的暴力蹂躏反侵略者的清白，就是反侵略者的正义洗刷侵略者的污黑。谁生，谁死？为人，为奴？就在这当前的一战。

现在要问：在这当前生死人奴的一战中，我们如何竭尽我们所有的力量？一个国家的力量除去土地外，是人力、物力与组织力的总和。所谓人力，不仅在人数多寡而要人尽其才。物力也要物尽其用（包括财力在内）。组织力则是机构与法制的表现，可以法字为代。那么就是说当前一战的成功，要看我们的人、物、法三种力量的发挥，分述如次。

人是决定一切的主脑，"人第一"已成定理。所以我们无论在那方面，如发现任何不满意的缺点，首先应当反躬自省，是否已尽人事？中国的人事问题，至今还是问题。从客观说，教人、用人、养人都不够。近二十年教育总算进步，可是真能作事的多半还出于社会的磨炼。而且没有亲戚友好之汲引，能自致身于青云的也实在太少。用人始终未上轨道，养人更不必提，抗战后普通薪给生活者最感痛苦。从主观说：自学、自知、自动也不够。有的浅薄轻浮、眼高于顶；有的不得位恨天怨地，一得位昏天黑地；有的说起话来一人赛十个，做起事来十人抵不上一个。这种种缺陷，言之痛心。幸而上有政府的号召，外有敌国的侵凌，总算还能敌忾同仇，共赴国难。然而今后我们再不能长此因循，尤须对于用人和自用两点先加改进。至少注意下列四项：（一）放宽考试资格，变通任用办法，拔取真才。（二）公务员待遇须设法能与战时生活相适应。（三）人人须以不由考试或按级升迁出身为可耻。（四）选定职业后须尽力以赴，不可见异

---

[*] 此文系作者为重庆《时事新报》撰写的社评。——编者注

思迁。

物在当前最为严重，包含生产、分配、购运三问题。除去大部军用物资涉及购运外，物的问题不关有无，而为生产之如何增加，分配之如何灵活。此二者皆在人为，尤在人为的统制。换句术语说，就是应该实施统制经济或计划经济。八中全会曾有"实施统制经济以保抗战胜利"的决议，足见中央已有决心。但我们不能否认实施的办法尚未尽善，以致物资不能普遍统制，演成物价飞腾的现象。我们绝对不相信，中国人没有舶来品不能过活。现在太平洋局势演变，正是试验中国人自给自足的机会。谈到物，自然联及货币。战时货币发行的增加，任何国家都不能免；但要有一定限度，不能超过社会的需要，达到饱和点以上，否则不免恶性膨胀。我国法币的发行额，据负责人表示并未达到饱和点，目前不成问题。所要注意的是明年的预算如何，是否还要增加发行，适合预算。兹就物资统制与国家预算两方面，我们提出如下的主张：（一）物资局仍须设立，物价必须全面统制，不可因办法之难而不办。今日物价之高，或许就是前两年忽于统制的结果。（二）有关抗战生产事业不但不可收缩，且当尽量扩大，但对实际的效能，必须严切注意。（三）农工贷款继续办理，但要防止所放的资金不用在增加生产的方面。（四）军事预算不能缩减。其他部门，以减少为原则，但应增加者亦须增加，不可削足适履。（五）法币发行适可而止。如明年预算不敷，一面酌量增税，一面倡导节约储蓄，以便通货回笼。

法在前面说过代表组织力。因为有法制才有组织才有机构。我们觉得过去颁布的法制，并不为少，而能有效的实施却不见多，例如我们八日社评所举出。民国二十八年九月八日国府公布的《金融办法纲要》内就有"党、政、军机关不必要之事业及骈枝机关应严格裁减"及"各机关应减少不必要的支出"各规定，早应依法办理。岂知时逾两年，还待提出裁减的口号，可见法之施行，不为一般所重视。甚至时日稍久，法就变为具文。中国常被别人讥为一盘散沙，毫无组织，正可反映大多数人没有奉公守法的习惯。法既不能充分实施，难怪组织不密，机构不灵。至于今日机关之多，办法之杂，重床叠屋，互相牵扯，确属有碍政治的进展，我们不必自讳。因此也有我们的意见：（一）检讨已经颁布的法制，适合于现在需要的严厉施行，不合需要的一律废止，有须修正的速予修正。（二）嗣后要多就已有的办法加以改善实施，少订新法。（三）现有机关应裁应并，痛快决定。非遇万分必要，不可新设机构。如有新办事业，以交已有相关的机构办理为原则。(四)中央与各省机构的关联,应再加检讨。因为有许多机关渐渐失去或减少了效能,而名义如故,例如中央直接管理税收,各省另设税局直辖中央,则将来财厅的任务相应减少,很可注意。

总之,人才之引用,物资之增加,法制之实行,才能集中所有的国力,贡献于当前生死人奴的一战,而求得他日光荣复土的胜利。谨以上述平凡之见,献于中央及读者之前。

平价的机会*
——太平洋战争所引起的机会

（一九四一年十二月十八日）

太平洋战争扩大了。物价不免上升，但也是平价最好的机会。问题是不可再有成见，而要有大的决心，强的力量，良好的人才，作全面的平价。

战争扩大，外汇当然看落，似乎物价可以低，我国日用物资本是自给，尤其不致上涨。可是因为海上运输比较困难，物品的来源也会减少，舶来品当然看涨。至于农产品，将来伴着战争的好转，本来看落，但这是说有全面的平价总机构与方法，才有可能。据四联总处之研究："战后物价上涨，层层相积，物价一度上涨即不再行回跌，有时当初促成物价上涨之因素早已消灭，而物价仍继续上涨"。何以如此，简单的说，即是因为没有机关来有计划的平价、全面的平价，所以物价上涨的原因虽去，仍然有上涨的怪现象。我们不可奇怪，通货膨胀，通货加多的比例，那有今日物价之高，外汇也赶不上物价。而且各种物品上涨程度相差有到几倍的，各地更不同，通货少的地方，物价有时反而高。例如万县的棉纱二十支每包即比重庆黑市高四十元。说运费吧，只有一天多的水路，说通货吧，万县的通货总不比重庆多，决不会比重庆更膨胀，一定把物价向通货账上写，实在太冤枉。今日的物价之不能平，不是单纯的通货问题，也不是单纯的任何一个孤立的问题，是一个极复杂、绝对多元的因素的综合。处理一个复杂的事态，除开提纲挈领，全面把握之外，没有第二个法门。惟一的办法，即是全面的平价。

全面的平价，不是一个什么美丽的轮廓，是一个"粗线条的行动"，重在行动，同时又重在有力量的、有技术的粗线条行动。所以必须有一个像样的具有权力的总机关。直隶行政院，其行动更能够与军事、交通、经济、财政、农林……以及各省市政府互相联系，互相配合。而且要"体制完整，系统分明"，全国是

---

* 此文系作者为重庆《时事新报》撰写的社评。——编者注

一个体系，要一整套切实可行的方案，包括范围要广，半点也不可以是空谈。自然还需要一批真正能做事的人才，至少主持的人要既懂理论又明事实，复有行政技术，事先要有预见，临机要能应变，自己的操守固然要紧，还需要有控制部署操守的方法，三者缺一不可。可是不要畏难，事实上一点一滴都是有办法的，所谓"都有办法"，是自若干年事实中间体验出来的，并不是一种理想，也不是一种空的希望。天下事，事先知其难倒有办法，畏难则有办法也等于无。国际形势如此，没有办法，也非有办法不可。若有办法而不肯行，畏首畏尾，将来为势所逼，终于不能不行，时间上不免延误。因为物价问题是愈早平愈有办法，愈迟缓愈困难，而且"只能大成，不能小试"。一件大事，只想小小巧巧去作一点，企望操豚蹄而视丰年穰穰，必无结果，正如对敌作战一样，零零碎碎攻击一下，必有恶劣的结果。平价是经济作战之一种，岂有小小巧巧而能制胜之理。明白了作战之不能小试，即可以了解今日分物统制、分区统制之不能有成，是客观的必然，谁也莫怪谁。

太平洋战争，民主国家同制暴日，一切对我们都有利。经济方面是否有利，要看全面的平价政策是否实行。我们反对多设机关，我们也反对多办与抗战无关的事业。可是科学的说来，要紧缩预算，不是空言主张所可能，因为那是一个事实，不是理论。乌托邦式的玄之又玄的理想，没有行动是终归无效的。设平价总机构，全面平价，即是缩减预算有效的办法。一个实际事件的解决，必需一个实际的行动。希望大家再多多考虑一下。注意，太平洋扩大战争，是货物涨价的机会，也正是平价的机会。成、败、利、钝，关键完全在行动，完全看我们的行动！

吸收游资的正道*

（一九四一年十二月二十日）

一般人认为社会上游资太多，刺激物价的上涨。近来世局变化，游资更易内流，颇引为虑。其实问题还在对于物价及资金没有作一个全面的管理。资金的运用，没有走上合理的途径。有许多方面还是缺少资金，尤其是工业方面，经营的人常常感到周转不灵的苦恼。所以对于资金的运用，应该有正确的办法。

据我们的看法，资金的合理运用，最好自下面几点下手。

一、控制商业银行的资金，对放款的性质更加以严格的管理。

二、提倡工业股票或公司债之买卖。

三、国家银行应用蚀本的方式，提高长期存款利息及一般存款利率，而减低放款的利率。

目前管理商业银行，虽有许多办法，可是对于商业银行的放款，事实上并没有周密的管理。因此商业银行的放款，是否直接、间接参加囤积居奇，是一个很大的疑问。至少的限度，现在商业银行的放款，没有与平价政策相配合，总是事实。至今还没有平价总机构，如何配合本来也是疑问，所以我们与其主张收束停止，或者玄学的要求商业银行停业，存款都买公债，何不用科学的方法对商业银行存款的用途，作一个合理的分配。最好是采用"资金总汇制"（capital pool system）把所有商业银行的存款，都转解国家银行去支配。如一时不如此直截了当，也不妨加强已有办法，使商业银行的放款，专走到生产事业及必需的营运上面。切不要误会，以为生产事业的放款，也是提高物价。必需品的营运，自然也是于平价有利的。

其次，说到工业股票及公司债的买卖问题。我国的工业金融市场，至今没有建立，立刻办交易所也不会有好影响。不过社会上私人的游资总是要找出路，向工企业方面投资既有许多顾虑和困难，势必走向囤积一途。所以政府除

---

* 此文系作者为重庆《时事新报》撰写的社评。——编者注

开对必需品的生产工业应加以保障外，并应该由国家银行办理股票及公司债买卖的业务。使私人资本因银行的介绍而走入生产事业的正道。银行固应减少，而目下工业金融之应该活跃，则为正确的见解。甚至工业银行的提倡，都可以考虑。

最后，说到利率。今日放款的利率太高，也是提高物价原因之一，所以要实行"资本价值的统制"。平时这种统制是减低存款利率，自然也压低了放款利息；战时因为物价总是看涨，游资不入银行，大半是囤积物品，国家银行应该特别提高长期存款的利率，对于一般存款也相对的提高。假定政府实施整个的平价政策，有一个总机关权威的技术的在执行，私人资本作不合理的用途，既感到困厄，而又能把国家银行的利率提高，自然，大部分游资会转入库存。不过生产事业还要扩大，直接加强生产的农、工、矿放款，减低其利率。假定国家银行用二三千万元，（能更多自然更好）来损失在这个一增一减上面，对于游资的吸收和生产的扩大必定有贡献。生产扩大，物资加多，此类放款增加，不会使通货膨胀的，而是"生产性"的加强，不必担忧。

总而言之，今日物价问题是有办法的，游资也是可以吸收的，可不要玄想的去企求，应该作科学的全面的打算。

上述三个办法，是会打算中间的一个例子。

物资管制的初步要求*

（一九四一年十二月二十二日）

物资局已决定设立，并已派员负责积极筹备。本报对全面平价及全面管制物资，过去已有多次的主张，而对于人、法以及各种技术问题，尤多所论列。现在既到了实践的阶段，对于初步应行注意的事项，特再提供一点意见。

统制经济虽然早已定为国策，由抗战建国纲领一直到各次全会的决议，都有很明白的决定。可是各方面怀疑的人士，还不在少数，就是就物资局的问题而论，也经过许多的顿挫。中国客观情况，实施统制，固然有若干的强点，可是弱点，亦复很多。而且因为过去管制的成效并不显著，流弊又所在多有。现在既实践，一定要用高级的执行技术，在工作上行动上求到效果的显著。皮固（A.C.Pigou）教授说，"统制经济本来是技术的"，所以在初步的筹备上应该切实树立技术的基础。

所谓技术的基础，不外组织、计划与人事。这三点是决定一切事业成败的关键，而对于物资管制事宜，更有决定的力量。

先从组织说起。统制经济必须"系统分明，体制严整"。尤其要做到"纵横完密的程度"。物资局的组织，必须能够统辖一切，直接与物资管制及平价的各有关机构，在纵的方面构成一定的体系；而横的方面要能够贯通一切间接有关物资管制及平价有关的行政部门及事业部门，达到完密的联系。所以这个机构，宜于直隶行政院，权力才能够大，贯通才能完密。如果局促于一个行政部门之内，在工作技术上必致运用失灵。德国物资管制的成功，条件固然很多，而其经济总监之为战时经济的综合一元组织，亦为重要条件之一。我们当然不必要求如此之大，可是至少不可以局促一隅，难于施展。这一点，也许此刻办不到，可是我们本"知无不言"之义，不能不请当局予以考虑。

其次，说到计划。别的建设事业，我们主张事业集中、财力集中、人力集

---

* 此文系作者为重庆《时事新报》撰写的社评。——编者注

中到某几点上面，而反对面面俱到。可是管制物资与平价事宜，都"只可大成，不能小试"。局部统制，本身即是一个矛盾。尤其是物价的升降，绝对是多元的原因，彼此之间又互相影响，不断循环。执其一端，不仅不容易有效果，而且流弊滋多，反不如不统制之为愈。过去黑市之不合理的发展，商人只求享受合法待遇，即可坐获巨利，种种事实，都是因为办法不良、计划不周的反应。那末今后立定的计划，必须自全面着眼，要绝对的完密周到，不可留下一点漏洞，而工作上都要切实可行，不仅精密入微，而且要有"先见之明"，能够使计划作为实际工作的纲领，不是纸上的文章。所以方案必须"整齐"、"切实"而执行宜精密周到，半滴不漏。

最后，说到人事上面。这个问题，是成败关键之关键。无疑的，这个事业的成就，一定要有一批的真正人才，在原则上说，必须纠正过去专家政治的观念，即是不要以为专家事事都专。也不要把学术的专门知识与工作技术分不开，更不要以为专家可以不受空间和时间的限制。统制经济是一种专门的学术，尤其是一种专门的技术。不是研究经济的人，即可以从事。必定要对统制经济政策有充实的研究，同时有经济行政的经验，平日又能审查商品社会的实质，富于中国社会客观的理解，且具有高度工作技术的人，才算合乎最低的条件，并且要以"一人一职"为原则，不可以身兼若干要职（兼任空头职务，当然毋妨），致在空间与时间上没有办法全力应付。至于操守问题，是任何公务员必备的德性，不必多论。总而言之，捷斯（Stuart Chase）的"人第一，金钱第二"的原理，此地特别的用得着。如何集中人才，的确是物资管制成败关键的关键。

上面三点意见，我们认为是物资管制最起码的要求，也是管制物资的技术基础。想当局决不致"河汉斯言"！

一九四二年

生产"重点主义"*

（一九四二年一月七日）

　　过去生产建设没有一个系统的计划，以及生产资金的配合上不免有许多的问题，引起社会上收缩通货、节约生产的一些主张。我们虽然同情他们用心之苦，可是事关国家物资及抗战胜败的前途，我们不能不提出对生产事业一个正确的主张。即是生产建设的军事"重点主义"。

　　首先我们不要误解，以为扩大生产资金，是通货膨胀。更不要误解以为收束公私事业，停止农、工、矿放款，或者节约生产，即可以紧缩通货。那种办法，老实说，是"适得其反"。所谓通货膨胀，并不是单纯的通货数量加多。固然 S.S.Nichoison 说："通货膨胀是通货数量之异常的增加。"可是一般经济学者却认为不正确。正确的解释是 Bendikoe 的"过剩货币的创造。所谓过剩，就是货币的创造，超过商品的程度"。而 Nuemazk 更明白的认定通货膨胀，是因为与通货增加相对的社会生产物并不随之增加。我们也并不是高谈理论，事实上本来通货是一种筹码，是代表物资的一种筹码。物资与筹码，当然是相对的。物资加多，筹码即相对的减少，物价提高，筹码即相对的加多。彼此互相关联，事实上不能离开物资，专谈筹码，更不能以减少物资来作为收缩通货的手段。而且生产的最后目的，虽然在消费；节约消费，却是因为物资的不足。必需而不足的物资，一方要节约消费，一方仍然要扩大生产。如果以为节约消费即要节约生产，也是不合普通的逻辑。

　　当前的问题，不是空谈收缩通货，是要调节生产。要把生产事业的重点，放在"军事第一、胜利第一"的目标之上，实行生产事业的军事重点主义。在这个重点主义的范畴中间，我们实践上应该注意下列几点：

　　（一）所有一切公私事业，其已经兴办的，应该重新检阅一下，如果不合"军事第一、胜利第一"的要求的，应该分别加以停止或改编，使他合乎"重点主义"。

----

* 此文系作者为重庆《时事新报》撰写的社评。——编者注

（二）所有一切公私事业的投资，包括贷款放款，都应该重行计划、审查，在重点主义之下，分别加以收缩或扩大。

（三）商业银行的存款，应采用"资金总汇制"（capital pool system），所有放款及投资完全受中央金融机关的控制，必须合乎"重点主义"。

（四）任何新办事业，无论资金大小，均应事先呈请审核，非经批准不准开办。而审核的标准，则完全按照"重点主义"。

上面四点，是实施重点主义的方法。基本的观点，是我们对于生产事业的资金要合理的加以扩大。大家都知道，暴日是产业相当发达的国家，可是自对我们发动侵略战争以来，虽然根据他们的"资金调整法"，对于私人企业采用核准政策，而对于工业资金及贷款，仍然是设法增加。如贷款一项由昭和十二年的十亿零五百四十六万元，到昭和十五年增到三十五亿四千七百六十三点九万元。并合各种资金，则由昭和十二年的十亿六千三百一十六点六万元增到昭和十五年的八十二亿八千二百三十二点七万元。人家是一个"无"的国家，生产又比较发达到相当的饱和点，尚且如此求生产的发达。我国为"有"的国家，资源充实，可以开发的经济上的"潜在力"非常之大，而战时的日用必需品，供给力又不大。正需要发达生产，假定我们误于一时的通货现象不甚良好，即意识到要节约生产，假定节约生产是节约生产的力量加以扩大，妥为运用，还可以。如果与节约消费并举，一误再误，危险之大，难以想象。所以我们特别根据战时经济政策的理论和当前战时真正的需要，特别贡献这个产业重点主义的意见。相信今后的生产事业真能放在军事的重点上面，各方面又能节约，统制物资又得其道，通货收缩是有办法的！

物资局的前瞻*

（一九四二年一月十日）

物资局即将成立，这个在中国经济政策上是一个很大的转折点，我国战时，应有一个总机构，统制全国物资，主持全面平价事宜，本报过去大声疾呼，极力主张，现在虽然幸而蒙政府的采纳，实地进行，可是前途的困难，还非常之多。我们仍然应不断地予以注意。

先就物资统制的客观方面说，过去执行经济政策的人们，大半不大赞成统制，同时过去的管制经济，因为是局部的，而且又不是真正的统制经济，流弊非常之多，也是事实。今日物资局虽然设立，可是统制物资，是需要各方面的共同协力。所以我们首先希望，各方面也应该负起各个应有的责任。一、在执行经济政策或办理经济行政有关系的人们、地位较高的机关，应该不断地予以指导和协助；地位较低的，更应该协同一致的动作。在物资管制政策之下，共同协力。二、各级官吏及各界人士，应该认识，当前已到"三分军事，七分经济"的紧要阶段，而物资管制是争取七分经济胜利的关键，人人都有切身利害，无论反对统制经济的人们，或者赞成的，都更一致拥护政府的物资管制政策。牺牲个人过去的成见，甚至还要牺牲个人的利益，赞助这个政策的成功。三、可是我们并不是主张无条件的拥护，除开竭诚拥护之外，还应该予以严重的监督，对于物资管制的各级人员，无论有任何的毛病，都不可以放松。不过，应该向其主管人员告发，严密侦察。上面三点，是旁观方面的人员和机关应有的努力。

物资管制当局，自然更不应该放松自己的责任，更应该加强自己的努力。一、管制物资的人员，无论为上级及低级人员，都应该有统制经济的了解和信心。如果根本不懂，或者虽然一知半解，而又无信心，自然在执行上也就不易发生很大的效果。二、这个政策的实行，是需要有革命的态度的。如果从事的人员是

---

* 此文系作者为重庆《时事新报》撰写的社评。——编者注

一个官僚，没有事业心，没有革命性，那么，必然的会敷衍从事，甚至还舞弊营私。三、主持物资管制的人们，应该特别看重"技术"即"行政技术"，也就是国父之所谓行政的"能"。Pigou 说："统制经济本来是技术的"，中国情形特殊，社会情况复杂，尤其随时随地需要"高度的技术"。许多办法、许多计划，在外国能够实行的，未必即可行之于中国；在纸上写得清楚的，未必即利于实施，实践过程上的成败，完全在技术，在行政技术。技术之妙，也和战术一样，"存乎一心"，当然没有方法详述。四、"人事"之不良，是一切行政失败的总原因，统制经济，更属重要，"人事"真的是成败关键之关键，我们以为：（一）应有志同道合的人合作，非其道的人，不可用。（二）用人不宜太多，宜看事实上的需要。（三）用一人即应维持其最低限度之生活，古人说："俭以养廉"，我们今日要注意"饱以养廉"，各级人员必须注意他们的操守、技术和才识。人事问题，一言难尽，当局应该特别加以研究。

总而言之，物资管制的实施，是我们经济政策的转折点。社会人士固然不可放松，当其事的人，尤其不可以放松。

物价问题的再检讨*

（一九四二年一月十二日）

太平洋大战爆发后的物价问题，已为政府和社会人士所重视，本报也屡次提及。万一新加坡不守，这个问题自然更趋严重。为着防患于未然，我们应该再加检讨，希望当局注意下面几点意见：

第一，务必增加后方各种必需品的供给。物价高涨的原因之一就是物资缺乏。美日宣战后，物价所以更形飞涨的原因，就是大家尤其是商人已臆想到外来物资之不易得，所以增加后方各种必需品的供给是平定物价的重要方策。增加必需品的供给有许多方法，其中最重要者厥为两端。

（一）由沦陷区吸收必需的物资。敌人早就禁止必需品运入后方，去年七月二十九日，江海关已宣布禁止化学品、机器、五金、棉花、棉织品及棉纱等六种出口，八月二日，更将禁止出口物品增至十五种。故今后由上海进口的物资，欲经由沦陷区输运后方，殆极为困难。正因如此，我们才要在战区建立特殊机构和应用特殊方法，去吸收沦陷区的必需物资。这种机构的目的非常单纯，就是尽量收购后方所必需的物资。收购物资在某种意义上也就是推广法币的流行区域。这对于物价问题的解决也是有帮助的。

（二）计划生产。所谓计划生产，就是一方面估计各种物品的原有消费量，及各物品按其必需程度所应有的消费量；另一方面指导管制和建立各种生产，使其能够按需要的缓急多寡来满足应有的消费量。有时必须强迫某种产业改变工作性质，使其生产最重要的必需品。新的生产事业也要按需要的缓急和多寡有计划的建立。最迫切需要的事业不妨由国家保证其较高的利润，资金的通融也给予特殊方便。不过，那些物品最为缺乏，那些物品需要最切，他们的储存量有多少，他的分布情形如何，平衡各地供给量的运输工具如何，这些问题都须事先有明确的解答，才能够有计划的去管制生产和建立生产。

---

* 此文系作者为重庆《时事新报》撰写的社评。——编者注

第二，务必使法币尽量回笼到国家手中。通货加多游资充溢，这种情形不但降低法币价格，抬高物价，而且助长囤积居奇的行为。所以收缩通货使法币回笼到国家之手自为必要。况且今后新法币的印刷比以往更为困难。如果旧法币能尽量回笼，这便多少解决了这个困难。使法币回笼到国家的办法甚多，其中最重要者厥为下列三端：

（一）将国营事业之基础稳固者开放，允许私人投资。国家对于这些事业仍然握有过半数的股票，以便施行指导和管制。国家保证这些事业中的私人资本获得相当高度的利润，如果因为施行国家的经济政策而有所亏损，国家负责如数赔偿。这样，人民自然愿意投资于国营事业，而建立国营制度的原则并未违反。

（二）将国家所存储的金银售与人民收藏，甚或由美国运回美现币或黄金交中央银行任人民自由兑换。黄金和美现币比较可靠，凡是不愿囤积居奇或投资生产的稳健份子，都可以把他们的剩余资金以这种方式储存起来。况且美现币甚为稀奇，能够而愿意购买一两块的人自然很多。运输黄金或美现币虽然很困难，但是我们有克服困难的办法。这是不足为虑的。

（三）提高国家银行的存款利息和禁止私人银行利用存款作投机买卖。国家银行的利息提高，存款自然增加；投机买卖禁止，正当营业自然兴盛。如此，法币既可回笼，生产亦可有计划的推进。现时私人银行或钱庄已多，似乎不应再允许其成立，因为据传他们多和囤积居奇颇有关系。

第三，厉行节约储金和严禁囤积居奇。消费过度，则需要增加；需要增加，则供给相对减少，物价自然高涨。何况外来物资日见稀少，物价本有上涨的趋势。这是问题的一方面；另一方面厉行节约则私人经济可以出入相敷，其余款目可存储于银行，所以节约和储金是有连带关系的。现时应酬送礼的风气仍然风行，一般公务人员的进款并没有多大的增加，而送礼的份金则由二元或四元增加至十元或二十元，这种现象值得注意，应当严加禁止。厉行节约的最有效办法是登记物资和实行合理的凭证购买。

仅仅厉行节约储金还是不够的，必须同时严禁囤积居奇，因为囤积居奇的利润高，余资自然不愿投入生产和存放银行，黄金和美现币虽然稳妥，无奈其不能蕃殖高度利润何。所以严禁囤积居奇是平定物价的关键，因为他不但直接上影响物价的高涨，而且间接上阻碍其他平定物价的办法发生效力。要严禁囤积居奇必须发动民众、组织民众和训练民众，使奸商在民众的监督下无从施其伎俩也不敢施其伎俩。

　　总之，物价日见高涨，在太平洋战争延长的情形下，平定物价是我们当前的急务。上述三办法仅其荦荦大者而已。

统制经济的现实问题[*]

(一九四二年一月十九日)

统制经济现已转入大规模实施的阶段。目前大家所重视的经济问题,有十之八九属于统制经济的范围,这些问题的不能圆满解决,也可以说大都由于统制经济的不得其道。所以我们愿乘此机会将统制经济的问题重新提出来作一番检讨。

已经讨论统制经济者,多数偏重于抽象原则的研究,对于统制经济的现实问题——尤其在中国的现实问题——似乎缺乏深刻的认识。于是统制经济的议论与设施虽多,而其实际效果距大家的期望很远。物价的统制便是一个最明显的例子。所以今后谈统制经济者应少研究抽象的原则,多检讨现实的问题。当前的统制经济至少有四个最基本的现实问题亟待合理的解决,兹略论于后:

一、统制的范围。统制经济范围的广狭,至少应取决于两个条件,即:(一)客观的实际需要与(二)政府机关的统制能力。前者指某种经济事业或活动的调整或合理化是否在某种情形之下非靠政府的统制不可;除政府的统制之外,有无其他方法促其实现;这些方法是否易于运用;其困难比之于政府的统制如何。后者指政府机关的人才机构以及其他设备宜乎担任少量或大量统制经济的工作。政府决定统制经济的范围时,不但应将这两个条件的内容分析得很清楚,并且应对于这两个条件的实现作好准备。如果政府机关的能力不十分充足,最好将那有限的力量先集中到少数最需要统制的经济事业或活动上去,易言之,最好将统制经济的范围尽量的缩小,使易于发生效力,而树立政府的威信,等到统制的人才机构以及其他设备都充实后,再逐渐推广统制的范围。

二、法令的拟定及执行。法令之能否行得通往往取决于两个条件,即:(一)形式与内容的系统化,(二)内容的合理化。所谓形式的系统化系指法令形式之整齐,申言之,即指法令的制定须依一定的程序,法令的名称不可混淆,法令的

---

[*] 此文系作者为重庆《时事新报》撰写的社评。——编者注

文字须彼此连贯衔接等等。所谓内容的系统化系指法令的基本原则彼此一贯，没有矛盾，最好先确立几个共同遵守的基本原则，然后根据这些原则参酌各个较小范围的实际需要分别制定各种单行的法令。所谓内容的合理化，综括言之，系指法令的内容切合时代与地域的需要，分析言之，最要紧的为下列三点：（一）其条文细密而不繁琐，保有相当的弹性以适应特殊需要；（二）其原则仅在必要范围内与人民一向的良好生活习惯抵触；（三）制度之推行不过于困难；即有困难，而实际上所得的利益足补偿损失而有余。上述的原则不仅适用于一般法令，而对于统制经济的法令关系尤大。现行统制经济的法令合乎这些原则者固属不少，但忽视这些原则者未必尽无。我们应该检讨一番，如果发现这类不大合理的法令，应该设法补救。讲到法令的执行，其重要性当然不可否认。因为法令的有效执行，是统制经济的最基本条件。不过问题是在怎样使法令有效的执行。分析的讲起来，法令的有效执行当然有许多因素。如统制范围的广狭、统制机关的设备、统制法令的拟定，都与其有关系。不过最重要的还是执行法令的决心。我们应该根据国父的大无畏的精神与中央历次的指示，下最大的决心使统制经济的法令能得着有效的执行！

三、机构的调整。经济机构的需要调整是公认的事实。不过问题是在如何调整。我们以为目前调整统制经济机构最基本的原则不外乎（一）系统化与（二）集中化。这就是说：各种统制经济事项应该划归少数主管机关管理，其单位应该尽量归并减少，使易于收层层节制与统一监督之效。我们很希望关心统制经济者能切实的注意这个原则并且以最大的决心来促其实现。

四、人才的选择。关于人才的问题，本报已有多次的讨论，其中一些毋庸赘述。现在所要促国人注意者，只有一点，即：统制经济的推行需要何种人才？关于这一点，因限于篇幅，只可举几个简单的原则如下：（一）统制经济虽然有时少不了技术人才，但需要管理人才的地方特别多，应该尽量的使管理人才参加这种工作；（二）统制经济所需的人才在精而不在多，重质而不重量，应该罗致一批真能担任这种工作的人，最好将待遇提高，用几个得力的人才，使工作效率真能增加；（三）统制经济的人才不但要有充分的能力，并且还要有纯正的思想与健全的人格，用人时应对于这一方面特别注意。

以上所举的几点，诚卑之无甚高论。不过这几点与统制经济的推行有极密切的关系，并且往往为关心统制经济者所忽视。因此有些人难免认不清目前统制经济毛病的所在，而乱投药石。我们希望大家不要把统制经济看作一个太玄妙而不可捉摸的问题，因而畏难或失望。我们只要将几个基本的现实问题研究明白，然后以沉着的态度和坚强的毅力切实作去，那一定可以克服困难，达到预期的目的。现在是胜利年的开始，愿大家以除旧布新的决心检讨过去，为统制经济的前途共同努力！

经济检查之重要*

（一九四二年一月三十一日）

经济会议经济检查队成立以来，在短促的时期内，迭次破获囤积巨案，使投机取巧者，无法作波动物价的工作，贡献国家，协助平价，颇有成绩。不过管制物资，统制经济之推行，与经济警察关系很大；而经济检查队又是经济警察的摇篮，襁褓时期，行动不免困难。我国社会情形复杂，奉公守法的精神又不甚普遍，先天不足也是事实。所以在这个推行的初期，我们很愿在技术上贡献一点意见。

首先我们觉得应该始终贯彻，继续不懈。过去许多的政令，在最初每每是雷厉风行，过了几个月，就呈再衰三竭的现象。结果一个好政令，因为时间的展开，即完全休止。经济事态情形复杂，受管制的奸商，尤其明白此中密钥，稍后时日，死灰复燃。再从而实践这个政令，也就困难万端。所以希望当局及主持的人们，对于这个经济检查的工作，采十二万分的坚持态度，始终如一，到底不懈。那么，对于稳定我们全民的经济生活，以及建立我们的经济警察基础，必有更大的贡献。更严格一点说，还希望一步一步的前进，达到日益强大的程度。

其次，即是绝对守法奉公，毋枉毋纵。这个虽然是题中应有之义，也是老生常谈。可是对经济检查工作，却有特别的意义。因为经济检查，每每涉及几百万、几千万的财产，对于人民方面关系重大。而罚款奖金，数目也十分可观。利之所在，问题自然繁多，不是普通理论可能范围。所以更有十分谨慎的必要。举个例说，譬如取缔囤积居奇。有些运商，货到河下，即行查封。当然不是囤积，运商也不必在社会局登记，如有确系商人之证明，即应启封发还。可是涉及报告者的奖金问题、国家的罚金问题，固然奖不应奖，罚不宜罚，可是问题未必有如此简单。所以办理的人，真正困难。在这些地方，只有绝对尊重法律，审慎事实，勇于处理的一法。以期切实的做到奉公守法、毋枉毋纵的程度。

---

* 此文系作者为重庆《时事新报》撰写的社评。——编者注

复次，即是要做到协助管制政策之能事。国家经济政策，有时注意这方面，有时注意到那方面，不免有时间的倾向。而就一般情况说，也有轻重缓急之分。这个就是"事有本末，物有终始"的意思。目下警察检查工作初办，能力有限，当然不能做到处处周到，事事严密。所以只能够先从比较与国家经济政策关系最密切以及与国计民生息息相关的先下手。至于非必需品的取缔，可以稍缓一步。切忌以全力用到不急之务上面，又反而放松了紧急的事物。轻重颠倒，力量误用，那么，在人力为浪费，于政策为失调，这个也十分的重要。

上面三点，卑之无甚高论。说来容易，做起来甚难。尤其是在奉公守法一点，情节异常复杂，稍一不慎，就可以出乱子。个人损失事小，而影响到政策的推行，关系太大，希望主持者严加注意！

调节供求关系*

（一九四二年二月三日）

物资局已于前日（二月一日）正式成立。本报强调设立物资局的主张，先后评述已逾十次。尤其在中途一度搁浅之时，我们曾据当前需要的情势尽力争论。因此对于物资局工作的展开最为欣慰；对于物资局前途的希望也最为迫切。当此成立之始，愿再贡献我们的意见。

物资局之主要目的，当在调节供求关系和平定物价。但我国素来缺乏各种统计，例如人口统计、物质统计等等，所以调节供求和平定物价的工作是当前最难的工作。究竟应当怎样进行以达到工作目的，最值得大家的研究。

先就调节供求关系来说，必使供求平衡，物价才能平定，供求关系才得调节。但这又须分供求两方面去探讨。在目前缺乏物资的状况下，供求两方面是以"供"的方面为主体，而以"求"的方面为副体。首先必须计算重要物资的储存数量及其可能生产量或入口量。因此重要物资的登记工作极其必要，如有任何物资主权的转移均应通知物资局或其附属机关。如此，物资局对于全国重要物资的储存量及其分布状态，生产量及其可能的入口量都能明确知道。其次，就是查明"求"的范围和程度。在缺乏统计的情形下，我们只能根据以往的经验来作估计。譬如某一城市在战前供给周围数百里居民的需要曾经消耗重要物资若干，在战时该城市有何变化，人口是否增加或减少，购买力是否增加抑减少。根据这些因素，物资局便能够估计该城市对于各重要物资的需求量。用上述同样方法，物资局可以把后方各城市的"求"的范围和程度作一个估计。这样在明了"供""求"状况的情形下，物资局便可以决定对于某城市应供给某重要物资若干。

这是在全国的范围内调节供求关系。但这还不够，必定要在各地方上也能调节供求关系。换言之，某城市在调节全国供求关系情状下所配得的重要物

---

* 此文系作者为重庆《时事新报》撰写的社评。——编者注

资，究竟应当怎样合理的卖给该地区居民以平衡当地的供求关系，这是非常严重的问题。物资局必须根据当地士农工商在战前对于各重要物资的"求"的状态和战时变化来决定各界应配得的分量。同时各界应各有合作社或其他共同的组织以便配给各重要物资。如果是物资局自行经营的物资，则应直接分给各该界合作社或其他共同的组织出售，如果是受物资局统制而由私人经营的物资，则应由各该界合作社或其他共同组织发出购买证，使各消费者凭证购买。

这便是调节供求关系的基本办法。

在上述情形下，各城市间的供求关系和各城市内的供求关系均可获得平衡。但说话容易做事困难，怎样把上述计划付诸实行是值得我们讨论的。为着确定供求的程度，调查统计工作极其必要；为着登记物资和管制物资，物资局应有健全的组织机构；为着合理的把物资分卖给消费者，各界应有健全的合作社或其他共同团体；为着使人民有守法的精神和习惯，并制裁非法行动的能力，必须动员民众和组织民众；为着获得供求的平衡，务使凭证购买的制度能够切实执行，务使有钱无证者不能购买；为着各城市间的供求关系能够迅速调整，物资局应有运输机构的设立或尽先使用国家运输工具的权利（军需除外）。如此，供求自然平衡，物价亦不致过分高涨。

所以平定物价的基本办法之一乃是调节供求关系。因此，物资局的两种重要工作，应以调节供求关系为出发点以收平定物价和合理分配的实效。如果不此之求，而仅仅注重规定官价和平价购销工作，则物价决不能平定，供求关系亦无从调节。

物资局如能掌握生产来源如织布厂等并有雄厚资本代政府各机关购买重要消费品或多设平价购销机关，自然会提高其调节供求关系和平定物价的作用，但是比诸上述调节供求关系的基本办法，不过是次要的办法。

我们盼望全国人士促成物资局的工作开展！同时也盼望物资局本身的努力！

经济动员的基调*

（一九四二年二月九日）

英美对我大量借款之告成，对于我们加强国家总动员的工作，自有绝大的帮助。可是"一则以喜，一则以惧"，友邦期望我们既如此之殷，当然更加重了我们的责任。"有钱还得会使"，如何才可以适当的使用这个金钱上的外力的援助，配合到国家总动员运动，这个是财政经济行政上的技术问题，也正是我们屡次所引用的"人第一，金钱第二"的原理之实施。所以今后加强经济上的总动员，必须处处提高行政上的人力，强化行政技术。

总动员中间经济动员居于最重要的地位，就经济动员的技术说，重在善于运用，把死的经济事态，变成活的经济事态。德国军事家鲁敦道夫将军在所著《全民族战争论》中说："所谓经济，并不是死而不变，乃是活而能变的东西"，他的意思是说，一切经济事业，都由人造成，都靠着人的技术，否则，力（kreft）即没有方法造成。他又进一步的说："技术与经济同，也不是死而不变，乃是活而能变。"这是明白的说，一切经济行为的人力、技术，要能够灵活运用，才能发生最大的力量，也才能达到经济动员。过去有许多措施，也许有把"活"的经济，变成"死"的地方，如运输方面之未能改善（指过去而非现在），省统制之畸形发展，运商之被无端取缔，货到河下被作为囤积论罪之类，都做到货畅其流的反面。虽然都是过去的事态，今后应该引为切戒，先把制"死"的方式杜绝，进一步再加强灵活运用。

所谓灵活运用，并不是一件简单的事。最基本的有几个基调：

第一，灵活的奖励营运。即是对于经营转运物品的商人，要一律按照政府的指导，分别作各种必要的营运工作。指导的机关应该具有极大的服务精神，对于资本方面、采购方面、运输方面予以绝大的便利。如系向沦陷区或其他特殊情况地带抢运货物，尤其应该在军事上、政治上予以各种的援助，减少他们的

---

*此文系作者为重庆《时事新报》撰写的社评。——编者注

困难。

第二，技术的奖励生产。不可误听紧缩生产，或者节约生产的主张，反过来，应该按照军事"重点"主义，极力扩大生产。在"军事第一、胜利第一"重点之上，对生产事业无限的扩大。可是政策上的决定或者条例上的决定，用处不多，主要的还在执行的人，能够富有技术，做到一定的效果。战时无论什么事，都有困难。办事的人员，每每容易因此而以为可以减轻其职责，而不肯想办法去克服困难。不能克服困难，在战时说，即是没有尽到责任，当然更谈不到灵活运用的增加生产。所以必须主持其事的人，提高服务精神和执行的技术，切实的做到扩大生产，例如巡回技术指导制，工具及原料的优先制度，都是灵活运用之一法。

第三，全盘的立定计划。要把死经济变成活经济，上面两点，还是局部的，最重要的还在全盘的打算。有一个全盘的计划，把整个的经济事态、交通运输以及金融财政成为一个良好的循环，使整个的经济力量能够互相配合，这个不是一篇短文章可以说明，真的需要有"卓越的经济行政技术"。

总而言之，经济动员的基本原则是要把死的经济变为活的经济，活的经济使它成为一整套的、国防的、国民经济的良好循环，因而完全是技术问题，不是其他的问题。把技术与困难对立起来，技术可以突破一切的困难，才能做到经济动员。

借款运用方法总检讨*

（一九四二年二月十九日）

这次英国和美国对我的巨额借款，如何运用的问题，各方面发表的意见，已经非常之多。总和起来，大约有下列各种：（一）发行金公债，国家银行收受外汇存款；（二）无限制准许买卖外汇，并由英美银行在后方设分支行；（三）运入美钞在后方流通；（四）在我后方市场出卖外国公债或有价证券；（五）在美国设立工厂而将其股票向国内售出；（六）用外汇向沦陷区抢购物资。现在我们对于上述意见，应该加一个总检讨，因为如何运用这笔外债，已经快到决定的阶段，这个检讨的工作，刻不容缓。

现在我们分条来说明。

一，发行金公债以及国家银行收受外汇存款，这个办法过去曾经实行过，因为没有像现在有这样巨额外汇作为担保，当然效果不大。现在自外汇本身上说，固然情形不同，可是国际的情势，不如过去的稳定，时局的动荡，每每影响到金融上面。所以有利的方面固多，而相反的心理亦不免略有。要求效果加大，一定要在技术上多想方法。最主要的，当然在统制经济的加强，使资本不正当的用途减少，同时严密地防止"战时暴富"风气的再现。游资用途既加阻塞，转入库存及购买公债的风气自然比较易于提倡。再自公债的利率、偿还的时期以及劝募的方法上多加改进，那么，金公债的发行，一定比较容易。至于外汇存款，除开利率应与一般存款相似以外，短期存款、活期存款，亦宜举办，多予存储者以便利。自然可以达到法币回笼的一部分目的。

二，无限制自由买卖外汇，并由英美银行在大后方设立分支行营业一层，自表面上看，效力不小，可是流弊不可不防。假定真的如此，敌人需要外汇，虽然在资金冻结之下，用途减少，可是因为南太平洋战争的发展，需要之处正多。无限制的买卖，可能会予敌人以套取的机会，此点万不可不慎。而且这次借款的

---

* 此文系作者为重庆《时事新报》撰写的社评。——编者注

数量固然很大，但数量究有一定，何能漫无限制的买卖，所以多少总应该加以限制。大体上说，对于真正需要外汇的人们，固然尽量供给，而对于购存外汇的人们，却只可以定期存入国家银行的为限，不允太无限制的买卖。英美银行在后方营业一点，实在没有什么必要。买卖外汇，国家银行固优为之，私家银行也可以基于委托协同为力。外商银行，并无必要，而且外商银行很难得叫他把法币大量的库存起来，也绝对不能达到法币回笼的目的，自然不如直截了当由国家银行办理。M.Young 早已说过，中国因为有租界及治外法权的关系，金融管制不容易发生效力。目下后方已经容易管制，一定要再自找难于管制的麻烦，大可不必。

上面两个办法，大家所以急切主张，也未尝不知道其中的困难与毛病，问题只在大家太重视货币与物价的关系。老实说，今日的物价，固然不能说和法币无关，可是早已不是完全跟着币价走，稳定法币信用，使法币回笼，减少发行，固然对物价相当的有利，可是仅是"相当的"有利。平价工作的重点，还是依存于物资管制的技术上面，正统派的"货币数量说"，在统制经济的学者看起来，并不十分神圣。固然法币发行额应该设法减少，可是不可以执此一端，去平物价。因此，也不必不顾一切利害而求法币回笼。

三，运入美钞在后方流通，表面上固然轻而易举，可是也要谨防流弊。流入敌手，固然有背本旨，而对于国家体制上说，也多少有关。如果说一定要用外汇钞券，才比较易于吸收小额法币，我们不大理解为什么要把这些小额法币吸收。如果说吸收了这些小额法币就可以减少法币数量，就这一点说，似乎有理由，可是要知道"货币数量说"，并不是"法币数量说"。减少法币数量，增加了美金钞券数量，筹码还是一样，"暮四朝三"和"朝三暮四"并没有区别。万一说对于心理上稍微有点关系，也不妨以外债为担保，发行美金本位的临时兑换券，作用一样。而对于国家的利益还多一点，并且因为不能直接作为美金，敌人攫去也没有外汇的价值。

四，在后方出卖外国公债及外国有价证券，因为国际交通的困难和国际局势的动荡，一般人民不容易了解国际产业界情形，效力一定太小。而且这个举动除开吸收法币以外，毫无其他的作用，严格一点说，还有资金外流的毛病，宜于再详加考虑。

五，在外国设立工厂，股票向国内发售，这个办法我们也不敢苟同。因为中国正缺乏物资，如果可以设工厂，尽可以设在国内；如果说工具不易运来，那么工厂的成品，更没有方法运回。如此仅仅只能减少一部分法币，而把人家好意借给我们的钱，在外国增加物资。固然礼尚往来，未尝不可，但是总不是最善的用途。老实说，现阶段是一个紧要的时期，这个可以说是一种"不急之务"。

六，用外汇向沦陷区抢购物资，大体上我们可以同意，不过要严密的加以管制，必须购进我们十分缺少而且目前急需的物资，尤其要配合到物资局方面，使购进的物资，作最妥善的运用。否则，就外汇说，既是一种浪费，而就流弊方面说，也有把大量的外汇转入敌手的可能性，不可不绝对的慎重。

总而言之，这次英美对我们的大量借款，并不是单纯的友谊，主要的目的还在加强我们的物力，帮助我们争取最后的胜利。所以我们运用这笔巨额外汇的重点，不可以专门放在"法币回笼"一个意义上面，尤其要了解今日的物价，不是单纯的金融问题。大家要纠正法币太多为物价上涨的唯一原因，或者是最主要原因的错觉，赶快正确的认识物价上涨的多元性及管制方法与技术的改进，而把外汇用到正确的用途。换句话说，即是要按照我们上述的意见，分别的个别运用之外，可能范围以内，在国内按照"军事第一、胜利第一"的"重点主义"扩大生产。而先自多多制造生产工具上面着手。把外汇的运用与物价、生产及金融政策作一个妥当的合配，才能发生最大的效用。

课征直接税问题[*]

(一九四二年二月二十八日)

吾人站在征课直接税之立场,第一件即欲将自己苦楚向诸位一谈。吾人受责难之方面有三:一为最高领袖,终认为战时财政按照理论应注重直接税,而现在直接税收入,如此微少,责望吾人设法多收。譬如民国三十年度全国征收数目为一亿六千万,已超过原来预算;但尚有人在委员长前提出意见,谓若按照战前币值合算,数目不应如是其小,法币贬值若干倍,即应增加若干倍;故尚须督促吾人增加征收数目。二为社会舆论,据参政会之意见,目前吾国金融市场,无论上海、香港,几已全部沦陷,募债之基本条件已失;发钞亦已达超过饱和点之程度,在政策不能改变之时,此两种方法,均已不能适用。财政来源,只其恃征税之途;故应责成吾人多多征收。三为站在纳税人立场之工商界,终认为课税太重,时时要求减低税率或免税。以上各方面之责难均是;不过吾人在如此场合,办事欲面面顾到,比较困难。惟吾人可以告慰诸位者,第一,吾人决无若过去征收自肥之事;第二,吾人对各方面之要求与困难,终尽量考虑顾到,凡能予工商界些微出路之处,决无不尽力以赴。工商界对吾人亦颇了解,此为吾人所欲提出感谢者!

以上为关乎办理直接税一般的困难情形;而今后情况,恐更将难办。民国三十一年度以后之国家财政政策,恐将偏重在直接税上。今年税收预收,定为三亿元,恐尚须增加。抗战愈久,课税愈高,为自然之趋势。在上次欧战时,大学教授与学生原可不充兵役;但以后战局扩大,战期延长,人员牺牲至最后地步,此种办法,不得不加以变通。财政方面,亦是如此。原应加以保护而可以不纳税或少纳税之事业,至必不得已时,亦只得多纳税矣。关于此点,应站在整个国家立场权衡办理,希望各方多多指教,使吾人措置适当。这是第一点。

---

[*] 此文系作者于一九四二年一月十六日在中国西南实业协会举办的第五次星五聚餐会上的讲演,刊载于《西南实业通讯》杂志第五卷第二期。——编者注

第二点需要与诸位一谈者,即是方才马司长所提及之提存特别准备纳税问题。按会计学而言:凡事业之纯益,均须课税,准备系由纯益中提出,当然不得免税;故财政部主张必须纳税。不过特别准备性质,稍有不同,将来对于工商界应给予一种如何优厚之待遇,此系另一问题,不能与牵涉免税,混为一谈,是应请工商界特别谅解者。

　　最近尚有一点欲提出报告者,为纳税负担与税率问题。按现在征收税率,所得税最高为百分之十,而利得税为百分之五十,共达百分之六十,在表面上似已相当繁重,但按外国情形以观,税率更高,每达百分之七八十,此当然因我国经济基础比较薄弱之关系。在此更欲声明者,即利得税税率系超高的经济制度,分成数种税级,盈利超过某一税级时,方就超过之百分数施用高一级之税率,并非谓盈利一百万,即抽利得税五十万。同时,如按照货币贬值之倍数而言,虽目前征收之数字极大,但实际犹较过去轻微。吾人一方面亦注意到国防工业之重工业及与民生有关之轻工业之抽税,务使其负担减轻,而使一般事业之负担加重。关于此点,需大家具体研究,交换意见,然后拟具具体方案。吾人正在加强人力,预备今年特别作此方面之调查研究,尚希望大家提出高明之意见!

消费节约与后方物资[*]

（一九四二年三月）

一、今日后方之畸形消费

处非常之时期，遇非常之局面，必有非常之办法，而后可以克服非常之困难。生值非常之时，而仍持"安常处顺"之心理以应付之，其结果必为环境所征服，所牺牲，终必走入沉沦之境地，而莫由超拔。

今日大家见面，莫不同声叫苦，深感物价之压迫。终月之俸，不够一袭毛衣，夙夜之勤，无缘以问新履；过屠门而大嚼，望酒旗而愁酤，欲买衣而望门，将市履而却步。金风萧瑟，落拓人间，积兹众苦，成彼独笑，世相之怪，宁复逾此！

少时读《水浒·雷横传》，载有一段歌词："新鸟啾啾旧鸟归，老羊羸瘦小羊肥。人生衣食真难事，不及鸳鸯到处飞。"当日读之，爱其警逸而已，未经人世之艰辛，不知"人生衣食真难事"之句，果作何解。稍长涉世，事畜劳人，负米樵薪，渐纷意绪；但尚未觉人生衣食之真为难事。今也，抗战方及五载，后方依然安定，而人生衣食问题，业已岌岌不可终日。甚至平日手头宽绰之友人，今日相逢，亦不免以愁眼相对。

"山掩江城雾气笼"，空袭渐稀后之市面，亦曾表现浮薄之繁荣，但适与实际人生，恰成对比。经旬累月，亦尝涉足餐馆：座上之便便大腹，粉白黛绿者，虽不乏人，稍经慧眼分析，大抵吸髓饮血之徒，剥削多数之脂膏，以供少数之餍饫，只为一时之享乐，侵蚀有限之物资。太白之句有之："金樽清酒斗十千，玉盘珍馐值万钱，停杯投箸不能食，拔剑四顾心茫然。"吾人处此，真不觉其停杯投箸，真不禁其拔剑四顾，茫茫天地，竟有此等"庖有肥肉，野有饿莩"，不平衡不合理之现象。

---

[*] 此文发表于《金融知识》杂志第一卷第二期。——编者注

论者以为今日之物资,并非有无之问题,而是分配与流通之问题,此意诚是。但"有""无"之对比(haves or have-nots),亦未有如今日之甚者!一方奸肮之囤积,高可没人,一方良善之众生,饔飧不继。所有物资供应之数量与划定价码之高低,一视商贾之持筹握算以为衡。物资非无有也,而为少数私人所占有;物价非必贵也,而为占有操纵所劫持;昔日操生杀之大权者为人君,今日操生杀之大权者为占有物资之商人。"经济主权"(economic sovereignty)之旁落,其害且过于政治主权之丧失。如何由国家确保"经济主权",使物资之"有",能由国家有之,而不为少数私人所占有;物价之"定",能由国家操之,而不为少数私人所玩弄?此皆政府之职责。吾侪国民,当此时期,所急待实行之任务,则为消费节约。

二、吾国社会消费之特质

转型期之经济形态,不仅在生产方面,失却平衡,在消费方面,亦迭呈哀敝。旧时代之衰象,与新时代之敝风,交织助长,形成数十年来之病态消费,并未因抗战而予以廓清。在纯粹农业经济社会,人生最主要之信条,惟勤与俭。持勤以事生产,持俭以衡消费,此种消费哲学,自天子以至于庶人,莫不视为无上教义。守此者兴,违此者亡,小而一家,大而天下,牢入人心,历千百载。积大众之意识,蔚成学术上之理论,终且成为人生哲学之精髓。孔子以克己为仁,孟子以寡欲养心,老子以日损相揭橥,墨子以节用相号召。后之学者,承风阐义,家喻户晓,所谓"俭,德之恭也;侈,恶之大也";盖无人能加以否定。此以学言之也。更以政言之:桀纣之亡天下也,以暴以侈;文景之毁刑措也,以俭以勤;晏子之敝车瘦马,萧何之田宅取恶,诸葛武侯执蜀之大权者数十年,而身没之后,不使内有余帛,外有赢财,以负其君。从政之首要曰廉,而所以养廉者曰俭,此俭之适用于政者也。政学殊途,莫不以俭为中心,此盖农业社会意识之必然成行,西方历史,亦曾如是。

历史之递嬗,有治有乱;因之社会之风习,有俭有奢。俭与治为缘,而奢与乱相结。大抵开国之初,甫经世乱,身历艰难,君相之间,自然相勖以俭。且丧乱之余,地广人稀,在社会下层,能生产者渐多,专消费者尚寡。而在政治上层,寄生阶级,其数尚微,侯王贵戚,毕竟有限,时政尚俭,宁属当然。

传世既久,官职浸多,贵戚繁衍,寄生阶级,日见庞大。为君上者,生长深宫，罕亲稼穑，不知物力之艰难，自不免渐染奢侈。而在社会方面，承平日久，物力丰牣，逐末者众，渐事纷华。所谓"乘坚策肥，履丝曳缟，因其富厚，交通王侯"，商贾与官僚，往还交煽，遂将初期俭朴之美德，逐渐扫荡，一转而为奢靡。相习成风，恬不为怪。此时朝野两方，纵有一二俭素之士，欲挽狂流，亦属无济。汰侈日甚，物力消耗，横征暴敛，以奉上供，巧取豪夺，以填私欲，天下遂不得不乱。

民国以揖让继逊清，中间并未经过如何之战乱，朝野之消费意识，仍延续从来封建之残存，尤以京朝士大夫及都会中之知识分子为甚。同时，海通以后，帝国主义者挟其大量之消费商品，以"次殖民地"之吾国为其尾闾，广告传播，深入穷乡，海舶波澜，荡及边壤，于是封建残存之消费与资本商品之消费，交流波及于此一时代之中国人，形成一种"二重消费形态"！以言衣，则狐裘与西服相更替；以言居，则胡床与沙发相掩映；以言食，则珍馐与大菜实庖厨；以言行，则摩托与大轿相迭乘。甚至婚丧之际，鼓吹与军乐杂揉，饮宴之间，花雕与香槟并酌。旧时代之衰，以奢为尚，新时代之敝，以侈为归，新旧交流，奢侈毕集，抗战以前之消费形态，莫能外此。

如能保持旧时代之优点，以俭德为依归，则生产纵不能追踪列强，亦可不致消耗太甚。如能发挥新时代之优点，大量增加生产，则水涨船高，无妨奖励一般消费之扩充，两时代之长处，未曾把握，而两时代之短处，则尽量发挥，此在平时，尚且不可，况战时乎？

三、吾国战时物资短缺之由来

战时物资之短缺，乃必然之现象，其在吾国，尤属不可避免之事。因前方之撤守，公私物资不能挟与俱行，一至后方，损失平日所资，而不得不从新取给，此其一。抗战开始前，公私各方之资用，多仰给于舶来品，以前土产，坐此萎废。一旦海港沦陷，进口困难，平日依舶来品为生者，顿失所依赖，而土产又不能遽起相代。于此青黄不接之际，物资供应，倍感其少，此其二。空袭频繁，随时疏散，稍趋宁静，又复归来，存者遭震毁动荡之厄，迁者多遗弃废置之举，公私所需，不得不重新购置。内地物资，本已不丰，既多毁损，复遭废置，纵使物价不贵，亦感不堪，此其三。俭德既消，浪费成性，古人一裘三十年一被十余载之美德，早不为世人所省视。公私各方，对于物资之使用与保存，大抵不甚措意。时尚所趋，未敢先弃，物非己有，漠不关心，道树攀折，公廨涂刻，衢路秽溺，逆旅污积，求如郭林宗之躬自洒扫，去如始至者，几如凤毛麟角。暴殄天物，蔑弃公德，相与熟视，习而不怪，物力消耗，遂尔加速，此其四。抗战稍久，若干意志不坚之份子，不免颓废，妄生"我躬不阅遑恤我后"之念。肆意享乐，以事麻醉，追求汰侈，以娱旦夕，长图远虑，概非所计，物力浪费，势所必至，此其五。近顷以来，囤积云涌，群趋若鹜，费力有限，攫利至厚，来头既大，所费亦钜，一掷千金，概非所惜，此其六。积此诸因，遂致后方物资，更形竭蹶。此病不矫，将使五载抗战，终归虚掷。

四、战时节约之意义

抗战未至结束，生产未能充分，运输未复常态，吾人应付后方物资问题，惟有厉行节约。换言之，处今日非常时代，每一国民均应恢复吾民族固有之俭德，以克服当前之困难。立刻放弃流俗经济学所主张之"发展欲望，扩大消费"之理论。立刻根绝数十年流传之"二重消费形态"。今日之生活虽苦，仍有许多节约之道可寻，要吾人诚意求之，决心守之，上下相勉，公私相维，裨益抗战，必且无限。

拉丁之谚语有之："节约之本身，即系一种大宗之收入"（Economy is a great revenue in itself）。吾人主张俭，主张节约，非徒有消极之意，此种行为之本身，即含有积极之作用。吾人主张节约，其意并不在少费与不费：第一要费之得当，第二要所费之物，能用在抗战所最需要之方面，而又能持续较长之时间与发挥最大之效果。西谚有言："一针适时，可省九针"；古哲亦有言："曲突移薪，不费牛酒，终无火患"。此等道理，久为世人所漠视。节者如水之有闸，大用则大启，小用则小启，不用则不启。动用节制，曷尝只是不用？约者综理集中之意，炉火以集约而炽，灯光以集约而明，庄子谓"用志不纷，乃凝于神"，荀子谓"鼯鼠五技而穷"；约者乃不纷之意，非不用之谓，故节约含有积极之作用。

五、厉行节约之道

消费节约之提倡，已非一日，顾何以实施未广，收效未宏？此后欲其收效，果遵何道？窃以为厉行节约最宜注意者，有二事焉，其一在上重于在下，其二公家重于私人。先释前者。

甲、在上重于在下

中国毕竟是中国，中国古哲之名言，依旧可适用于中国之今日。"君子之德风也，小人之德草也，草上之风必偃"。提倡节约之显宦名人，其自身尚不能节约，而欲社会之风行草偃，岂非梦呓。"其身正，不令而行，其身不正，虽令不从"，毕竟还是颠扑不破之真理。昔者顾亭林先生，身遭易代之痛，胸负济世之才，以其余绪，写为《日知录》，其中曾有一段："国奢示之以俭，君子之行，宰相之事也。汉汝南许劭为郡功曹，同郡袁绍，公族豪侠，去濮阳令归，车徒甚盛。入郡界，乃谢曰：吾舆服岂可使许子将见之？遂以单车归家。晋蔡充好学有雅尚，体貌尊严，为人所惮。高平刘整，车服奢丽，尝语人曰：纱縠吾服其常耳，遇蔡子尼在座，而终日不自安。北齐李德林，父亡时正严冬，单衰徒跣，自驾灵舆，反葬博陵。崔谌休假还乡，将赴吊，从者数十骑，稍稍减留，比至德林门，才余五骑，云不得令李生怪人薰灼。李僧伽修正笃业，不应辟命，尚书袁叔德来候僧伽，先减仆从，然后入门，曰：见此贤，令吾羞对轩冕。夫惟君子之能以身率物者如此。是以居官而化一邦，在朝廷而化天下。魏武帝时，毛玠为东曹掾，典选举，以俭率人，天下之士，莫不以廉节自励，虽贵宠之臣，舆服不敢过度。唐大历末，元载伏诛，拜杨绾为相。绾质性贞廉，车服俭朴，居庙堂未数日，人心自化。御史中丞崔宽，剑南西川节度使宁之弟，家富于财，有别墅在皇城之南，池馆台榭，当时第一，宽即日潜遣毁撤。中书令郭子仪在邠州行营，闻绾拜相，坐中音乐，减散五分之四。京兆尹黎干每出入，驺从百余，亦即日减损，惟留十骑而已。李师古跋扈，惮杜黄裳为相，命一干吏，寄钱数千缗，毡车子一乘。使者到门，未敢送，伺候累日，有绿舆自宅出，从婢二人，青衣褴褛，言是相公夫人，使者遽归告师古，师古折其谋，终身不敢改节。此则禁郑人之泰侈，奚必于三年；变洛邑之矜夸，无烦乎三纪。修之身，行之家，示之乡党而已，道岂远乎哉"？

此种宝贵之史实，吾人均须切实记取，身体力行，无论在名位上，在文化上，为世瞩目之人，均须以身作则。"身便是风俗"，慎勿忽略一己之修为，而徒委过于风俗也。

乙、公家重于私人

所谓公家重于私人者，私人节约，有时迫于利己之观念，行之尚易。且今日多数人之生活，亦已濒于饥饿线上，节无可节。今日所最应努力者，乃在公家！吾国人民，从来缺乏公德之教育与素养，对于公用物品，从来不知爱惜，不知保管，任意损坏，任意抛弃。尤以空袭频繁之际，稍有震毁，一不经意，即行弃置，重新补充，立縻钜帑。倘使即时检视，即时修理，费工不多，仍属成物，一出一入，所差甚多。又后方公务员之文具，等于前方士兵之枪支。士兵失落枪支，罪有明文，而后方公务员对于一己所用之文具，则可任意损失，不负任何责任。须知今日一笔一墨之微，一印泥一笔尖之细，均已涨价倍蓰，集小成多，所需浩繁，公家于此，岂可漠视。吾尝谓公务员而失掉文具，应以士兵丧失枪支论。服务公家之人人，能以此种见解，爱惜公物，其一岁之所省，当可惊人。进步国家之政治，亦咸注重于"行政管理"（public administration）。今日抗战时代，仅恃预算之管理金钱，已无多大作用，要须恃"经理"而管理物资，始能作到综核名实之效。政府为消费最大之单位，英儒霍布斯氏早称之为吞噬无厌之"利维坦"（Leviathan）。故欲谈消费节约，必须由公家着手，使行政机关之各部门，均能切实实行"经理"之精神，则后方物资所能节约者，必且无量。

惟机关之经理制度，亦须由各机关之首长负责作起。倘一机关之首领，尚以旧时代之意识，恣意享用，而徒责所属之下级人员，厉行节约，其事亦有所不通。子路问政，子曰："先之，劳之。"欲人作者，我先作；欲人劳者，己先劳；复能持以恒心，而继之以"无倦"，相信必能风行草偃，焕然改观。

六、矫正社会奢靡风气之关键

至于一般社会之奢靡，矫正之道，亦视中心人物之表率如何。倘使政治上文化上中心人物之个人生活与其家庭生活，俱能率之以俭，不为"机来品"扩充销路；然后以政府之力量，禁止奢侈品之运入与供应，则社会浪费之风，亦可消戢。倘使所谓名人显宦者，尚非机来之领带衣履，不足以供服御，则节约之说，纵令继此而宣之若干年，亦只说说而已，于实施无补也！

《礼记》曰："大臣法，小臣廉。官职相序，君臣相正，国之肥也。"故欲正君而序百官，必自大臣始。然而王阳黄金之论，时人既怪其奢，公孙布被之名，真士复讥其诈，则所以考其生平，而定其实行者，惟观之于终，斯得之矣。季文子卒，大夫入殓，公在位，宰庀家器为葬备，无衣帛之妾，无食粟之马，无藏金玉，无重器备，君子是以知季文子之忠于公室也。相三君矣，而无私积，可不谓忠乎。诸葛亮自表后主曰："成都有桑八百株，薄田十五顷，子孙衣食，悉仰于家，自有余饶。至于臣在外任，无别调度，随身衣食，悉仰于官，不别治生，以长尺寸。若臣死之日，不使内有余帛，外有赢财，以负陛下。"及卒如其所言。夫廉不过人臣之一节，而左氏称之为忠，孔明以为无负者，诚以人臣之欺君误国，必自其贪于货赂也！

感怀时事，有念遗型，故复摘取亭林先生之《日知录》，以终吾篇。

民国三十年十二月七日于渝州

再论英美贷款的运用*

（一九四二年三月七日）

关于英美贷款的用途，本报前已有所论列。闻政府除将发行金公债和金储蓄券外，其他运用办法尚在研究中。金公债和金储蓄券的发行，其目的本在使法币大量回笼，但事实上能否办到，须取决于下面两个条件。

第一个条件便是物价能否控制，不至于有过度上涨的趋势。如果物价过度上涨的趋势很明显，一般人民都愿意多购买物品，仅仅在好奇的动机下购买小量的金公债和金储蓄券。第二个条件便是囤积居奇的行为是否继续。如果物价既有过度上涨的趋势，而囤积居奇的行为又能继续，则游资都从事囤积居奇以候物价的过度上涨，因为他的利润高过于购买金公债等，那么金公债和金储蓄券的出售就很困难。

由此可知，如果政府要善用英美贷款，使金公债和金储蓄券能够大量销售，必须调整供求关系以控制物价，使物资虽告缺乏，亦不至于价格过昂，同时还必须严厉禁止囤积居奇的行为。这两宗事做到之后，游资便无利可图，以其存放银行不若购买金公债或金储蓄券更为可靠，更为有利。

苏联销售公债的办法可为借镜。当着苏联政府要动员富农和小资本家的资金的时候，他们便鼓励富农和小资本家购买公债，并担保本利的按期偿还，同时又限制富农和小资本家的投资利润。结果，富农和小资本家因无其他更高利润可图，群起购买公债。我们虽然不必采取同样办法，但其意思是很可采用。日本也曾使游资无高利可图而转向购买公债，日本公债所以深入民间，这是重要原因之一。

所以调整供求关系以控制物价和严厉禁止囤积居奇的行为是大量销售金公债和金储蓄券的先决条件。

如果我们在办法上更进而管制利润和实行强迫购买，则金公债和金储蓄券

---

* 此文系作者为重庆《时事新报》撰写的社评。——编者注

的销售必然更多。所谓管制利润便是规定最高的批发价格和最高的零售价格使工作效率较高的生产机关和销售机关能够获得更多的利润，而其利润的最高水准亦须预有规定。购销的体制亦应规定，总以简单化为原则，务使物价不至于因多数中间商人之各增加其合法利润而腾贵。过分利得税的征收应当严格而恰当，务使无一逃漏。

至于实行强迫购买的有效办法，则为根据银行存款和纳粮的多少而以合理的累进方法强迫购买金公债或金储蓄券。凡能检查出来的游资亦须受同等待遇。

发行金公债和金储蓄券的意思自然很好，但是必须履行先决条件，即调整供求关系以控制物价和严禁囤积居奇的行为，并厉行前述有效办法即管制利润和强迫购买才能够大量销售金公债等，以达到法币回笼的目的。

英美此次贷款对于我国的援助很大。我们之所以一再陈词，端在希望政府运用贷款的方法，事先多加考虑；同时对于日在高涨声中的物价，予以切实有效的管制。

物资管制新阶段*

（一九四二年三月二十三日）

最近物价又有波动，大家特别关心，这是自然之理。希望物资管制当局加强工作，也是应该有的要求。可是物资局的成立，究竟为时不久，物资管制的行政，还在摇篮时期。我们一面希望当局的人赶快站起来负起责任，技术地工作，满足今日客观的要求；一面也希望社会各方面共同的予以勖勉。因为物价既关系国家的前途，同时也直接影响到每个人的实际生活。

第一，大家宜督责各方与物资管制行政协作。物资管制关系门类太多，不仅在资金运用上关系到金融，即在物资管制的效果上与金融财政也没有办法分开。粮食行政更不必说了。粮食自某一个观点看，也可以领导物价。一般的经济行政，如生产的扩大，生产奖进政策的趋向，工矿调整政策之实施，以及一般社会行政，如节约之倡导，合作事业之推行。一切的一切，都与物资管制合而为一个大循环圈。正如一串锁链，没有办法区别那一个环的重要与不重要。彼此协作妥适，联系适宜，循环不已，日趋善良。否则，一环之弱，影响全局。统制经济专家之反对局部管制，认为统制经济必须是"全面的"，意义即在此。这一点是物资管制成败关键之一。

第二，大家应该鞭策当局者的前途，不宜望其气馁而后退。物资管制行政，完全是技术的，人才本为难得。而现代经济行政的组织与计划，是一项卓越的学问。门外汉固然动辄主张与事理不符；即经济专家，如果是一个自由主义者，也没有办法了解统制政策。到底要如何组织才算完善，中外专家也没有定论。舆论方面，最后鞭策其向前努力，就现在已有的机构、已有的人才，督促其技术之增强，方法之改善、工作之进步。却不必把话专门向后面说，拘执成见。例如有人反对多设机构，物资局事实上已经成立，而且据专家的建议，政府的明断，非成立不可，即不必再说可以不设的话。因为那种成见在理论上未必是正

---

* 此文系作者为重庆《时事新报》撰写的社评。——编者注

确，而在事实上既明知无效，也是一种浪费，不如在积极方面多多主张，多多督责。

第三，物资当局应该特别精进，把握物资，细大不捐，求其有成。物资管制到了今日，无疑的是一个"新阶段"。不可因市场上的威胁有所畏缩。苏格拉底论为将之道，说一个良将"必须观察敏锐，永不疲倦，精明机警。既要慈悲，又要毒辣；既要单纯，又要狡猾；既要做卫兵，又要做强盗；既要豪奢，又要吝啬；既要慷慨，又要珍惜；既要激烈，又要保守"。老实说，今日管制物资的人，也要具备上述那些相反的条件才行。可见临机应变，因时、因地、因事制宜的重要。而同时要有极高度的行政技巧。希望当局的人，快些从苏格拉底上面所列举的那些气质中间去体会，去运用。物资管制本来是"守势的经济战"，而在某些场合又带有一点"攻势"。正与疆场之事，没有多大的区别，一点也不能放松，一点也不能懈怠。时时刻刻要针针见血的工作。用卓越的技术，用高度的服务精神去工作。

上面三点，是今日物资管制新阶段社会各方面及管制当局应该注意的。当然，这也不过说到一点原则。可是原则的正确，在实践过程上也具有十分的重要性，是十分必要的。

财政之紧缩与动员*

（一九四二年四月二日）

一

抗战进入第五年代，国家的财政政策，迫于环境的要求，不能不有划期的改进。以往的作战，范围仅限于远东的两个国家，关系较为简单，自从去年"一二八"之后，暴日发动对英美的战争，吾国乃成为世界战争之一员。自兹以后，中国所应履行的战争义务，与其可以获得的国际援助，均和以往不同。意义是更神圣而严肃，而责任也就更艰巨而酸辛。以前所用的财政方法，随着国际环境的剧变，有的不得不放弃，有的不得不暂停，有的可望而不可即。质言之，过去的财政政策，尚可多方取给于外援，此后则要回转头来，决心拓取于内力！犹忆民国二十七年九月间纳粹将攻捷克之际，不佞即于《时事新报》撰写《国际风云与中国财政》一文，说明中国战时财政应有的特质：

"我们如有办法可以从友邦找到财政的协助，自然也是很好的事情。德不孤，必有邻；得道者多助；我们设若从战争类型的分类上去认识吾国抗战的性质及其与国际分野的联系，我们一定可以得到友邦之财政的协助。但是我们不要把他算在自己的账上！得到时，是意外；得不到，靠自己，是本分！国人好言自力更生，假使因为得不到许多国际间的财政协助，反而促成我们自力的启发，那更是民族更生所需要的。"

以后到了民国二十八年九月间，英德战争迫在眉睫之际，复于《时事新报》撰写一题《欧战与中国经济》，当时曾这样地发问——"假使欧战这样延长下去，其影响于我经济者如何？"不佞曾主张："现阶段的中国经济如同中国军事一般。第一步为战略的稳退，第二步为后方的稳扎，第三步为自内向外的稳打。……我

---

* 此文发表于《财政评论》第七卷第三期。——编者注

们因为抗战的赐予，才把经济的重心建设在后方的内地，再从内地向外发展到海口。在此发展过程中，设遇世界无事之日，我们能否和舶来品相竞争，征诸上次的欧战经验，很没有把握。但是今日的欧洲，是要长期的战下去了，其对外贸易的力量自然无暇顾及远东，这岂不是我们振兴工商树立独立经济的良好机会？"

这些分析和推测经过时间的淘洗，证明了还算正确。不过当时的中国财政，还有香港和上海的金融市场足资运用，还有海外的侨汇尤其是南洋的侨汇足资补充；犹有西方与东方的国际自由运输足资协济。外延的资助既是可以源源而来，不会关上门加以拒绝，因而也就迟缓了我们自力更生的工作。福兮祸所伏，祸兮福所倚，人们都知道这个道理，但是很少的人能够参透了这个道理，制于机先的加以运用。

单就财政来讲，自从太平洋战争爆发以来，上海和香港的金融市场不复能由我们运用了，蕴藏深富的南洋侨汇被无情的战火摧毁了，东西洋的国际运输不复像从前那样自由了。"望人者不至，恃人者不久，君欲治，从身始！"真到了曾湘乡所谓"尽丧所有，赤地新立"的境界了。因而我们的战时财政，也该进入一个新阶段。

二

如果认为中国的战时财政，在太平洋战争爆发后便陷入无办法，则自开战最初，我们就不是有充分办法的。但是我们并不因为财政的力量不充分便对于敌人不抵抗，四年多的抗战经验告诉我们，许多财政上的成功都是当初所不曾想到的。水尽疑无路，花明又一村，意志所在，也就是出路所在。

随着时代的演变，我们的战时财政应该有划期的展开，约如前述。默审近顷大势，很显然地开展了两个动向：一个大题目是"紧缩"，又一个大题目是"动员"。一个是有所不为，一个则是有所为。必须有所不为，而后能有所为，两个动向，同具有积极的作用。说来倒是很凑巧，事实上也是不能不走的路。

这两个大工作，都是要从人民和政府自身想办法，深入一步作到自力更生的实际。吾国的多数人民，似乎有一种不大荣誉的毛病，便是"好吃懒做"，也许是受地大物博取精用宏的影响。但自抗战延续直到今天，地没有以前那么大，物没有以前那么博，我们还要好吃懒做，便觉着有些不行了。战争本是力的决赛，最后的决胜者，要把这份儿力量延续到最后一分钟，活跃到最后一块土，断不许任着"好吃"的习惯而随便消耗，任着"懒做"的习惯而坐失事机。随着事实的需要，于是发动了两个运动——紧缩与动员。以紧缩针治好吃，以动员针治懒做，这是最简单的解释，可也是最巧合的对照。

好吃是要举一反三的说法，总而言之是好享受。封建时代有封建式的享受，资本主义时代有资本式的享受，转型期则又有封建与资本相杂糅的享受，论到好享受，我们中国人在世界上真是属一属二。就是外国人来到中国，一尝到这种滋味也是舍不得离开。我们抗战五年，在后方所看到的，依然是到处享受，触目奢靡。你不说重庆的物价贵么，但是怎样贵的东西，在重庆还是可以找得到。享受的生活意识，深种于人心，弥漫到公私生活的各方面。小而影响个人经济，大而影响国家财政，一直到抗战的第五年代，依然流行于抗战的后方，这就难怪深思远虑的识者，要提出紧缩的口号。

紧缩仅是消极的作用么？决不是！紧缩乃是积极的工作！拉丁谚语有之："节约的本身，便是一笔大宗的收入"（Economy is a great revenue in itself——Latin proverb）。我们把不应该浪费的力量省下了，立刻可以移到最需要的方面去，这岂不是以消极的形式而发挥积极的作用么？战争是消耗最大的工作，我们以较为贫弱的财源，一方供应战争，同时又要开销到许多方面，势必务广而荒，减低抗战的力量。所以浪费的事项并不限于奢靡享受而已，事属正当而为目前财力所不能并举者勉强为之，其结果亦与浪费无殊，自然也成为紧缩的对象。

三

本年度开始以来，舆论方面曾发动紧缩的论战，从国家预算的紧缩推论到社会生产的紧缩，因而见仁见智，主张各殊。不佞以为大的趋向是没有什么疑问的。我们没有法子不紧缩！取法乎上，仅得乎中，照着紧缩去做，还不免有所浪费，手下一松，更不知伊于胡底。所以花钱的单位要少添，花钱的事情要少动，花钱的标准要降低。拿出过苦日子的心情撑他几年，这真是要咬定牙根去做的事。

在今日物价高涨之下，行政机关的行政费，惟有不足，不会减低，又怎能做到紧缩呢？但是我们也曾看到许多衙署，屋宇的修饰、室内的陈设，依然是上海南京的样子，要有讲究的台子，要摆舒适的沙发，保持从来雍容华贵的姿态，抗战延续了许多年，空袭破坏了若干次，若干衙门也不免断壁颓垣，因陋就简。但是这些衙门，还是竭力的找钱，时刻打算恢复以前的局面。得舒适且舒适，得光彩且光彩，始终没有造成合乎抗战时代官衙设备的新标准。这就难怪财政上要浪费了！买一个略为考究的台子，要许多钱！修一回适于观瞻的门面，要许多钱！大家认为这是当然，而不知已经是加重了浪费的速度。以安常处顺的心理适用于今天，以在上海在南京的生活形式适用于此地，这就是很显然的浪费了。

再谈到人事费。今日各机关人员生活之苦可说很普遍，人事费所需惟有加重，以维持其最低水准的生活。但在这里，也颇有浪费的地方需要我们去节约。战时的行政组织，是要减少层次，减少呈转，组织单简，行动敏捷。但是今日一般衙署，依然是重重叠叠地层次那么多，曲曲折折周转那么繁，这里浪费的人力可就多了。管官的人多而管事的人少，牵制的力大而负责的力微，这里边的浪费可以想象而得，摆上许多层的人，事情未必做得好，而且大家都吃不饱，不断的来，不断的跑，人力实在是不经济。倒不如选精汰弛充分供应，则一人可抵二三人之用，这是人事上的浪费急待矫正的地方。

还有物品上的浪费也是触处皆是。从前英国有名的财政家格莱斯顿（Gladstone）身为计相，竟注意到公文袋的消耗，吾国历史上以忠勤著称的陶侃，曾注意到竹头木屑的保存。运用物力到这种地步，难怪其盛业赫赫，永作矜式。去年秋，不佞曾在《时事新报》财政与金融副刊上，提出《经理——今日财政之核心》一题，说明节约物力的必要。今日之从政者，如果这层做不到，经费预算无论怎样增加，永远是不够用，那么更谈不到紧缩了。

今日真是需要一些刻苦自砺的人物。像陶桓公那样主持方面的人还肯注意到竹头木屑，真是今日所最需要的。有了这种认识，一切方法和制度，方有所附丽。不然的话，任凭你把西洋的行政管理学讲的怎样好，也不会发生实效。

厉行紧缩仅是一个出发，加强动员才是当前要政。打了四年多的仗，现在还谈动员，很显然的，过去动员的工作作得太不够，即以财政动员而论，如前所述，外延的取给颇为方便，以至迟缓了内力的启发。此后的局面不同，便不得不从内力的动员想办法。本年三月二十九日公布的国家总动员法，就是反映时代的迫切要求。题目虽旧，意义惟新，我们要从全国总动员寻求抗战的最后出路。多年搜索，搜索到本身上来，这才发现了我们"自己"。

总动员法的根本精神，是要将全国的人力、财力、物力总集在民族抗战的一个旗帜之下，此中步骤约分为三：第一，全国人民为个人利益的活动，因抗战之故，要有一个限度。在此限度之内尚可自由，超越此限度便为国家所不许。第二，为抗战之故，有若干事件，根本不许人民自为，以免为小己而妨害了全体的利益。第三，有若干事件，为抗战之故，国家有权可以强迫人民去作，而不得不服从。这些事实行起来自然千端万绪，但是施行的步骤则要有先后、有打算，竭力避免烦扰与轻率。现在公布的总动员法，颇能提洁大纲，并未失于繁碎，但是施行的机构与联系尤有待于静镇的布置。

专就财政来讲。最重要的是要努力推行课税制度！战时财政的主要方式本有增税、募债和发钞三种。过去因为财政的来源方面尚多，政府对于增税的方式并未曾严厉去推行，一般国民亦狃于承平时代的积习，动辄要求税负的轻减，这种心理施之抗战时代，根本是错误的。蕴藏在私人手中的大宗购买力，国家为抗战之故有权加以严厉的征课，这是财政动员最主要的项目，必要时国家可以征发或没收。我们看现在存于私人手里的社会资金，曷尝不在那里尽量的活动，但是这是私的动而不是公的动，是为小己的动而不是为全体的动。同是一个鸡鸣而起，但是孳孳为善与孳孳为利，其影响于民族利益者便有不同。我们的敌人早把全国总动员的法令实行了，早把自由经济的活动范围大大的缩小了，但是在我们抗战的大后方，自由经济依然在那里猖獗，发挥个人的私图，危害全体的公益。这真需要全国总动员法出来加以制裁！这种根本大法，所以迟至今日方始发表，本出于政府慎重之意，不愿以空的法律，丧失政府之威严。现在既是毅然决然把这份最后的法宝搬出来，我们希望确能严厉的去执行。

五

财政的紧缩与动员，确乎是本年度国家政策的两大动向。不紧缩无以树立动员的始基，不动员无以发扬紧缩的真义。这不是个人的私见，乃是有鉴于当前的事象和一般的要求不谋而合的，将这两桩事联在一起，这真是我们抗战的生死关头。一方要不浪费，不享受，同时还要作得快，作得多，这真不是常人所能忍受。但是我们希望在这非常时期，能够造出若干非常的人，表现"苦行僧"的精神，以为天下倡，方足以克负艰巨，突破难关，把握最后胜利。

这种工作要政府和人民共同来作，先要从政府作起。政府中先要从上层作起,以为天下先。昔者子路问政于孔子,子曰:"先之,劳之。"请益,曰:"无倦。"寥寥六字,已经把紧缩与动员的要义说的很清楚了。"劳之"是紧缩的精义,"先之"是动员的精义,一时的紧缩与动员还容易作,就看是否能持久,故又继之以"无倦"!现在一切要返求诸己,无妨把我们古已有之的训条,展开其时代的新义。

推销美金节建储蓄券*

（一九四二年四月十五日）

本年三月二十一日中美间基于美国参众两院通过之五亿元财政援助中国案，成立协定。三月二十四日我行政院通过发行美金节约建国储蓄券办法。此项办法共九条，业经公布，此项储蓄券亦已于本月一日开始发行。半月以来，各方踊跃认购，在重庆、成都、昆明等大都市，成绩显著；最近期内更将推行于各县乡镇。现在正是此项储蓄券推销期间，我们愿趁这个机会，将此项储蓄券发行意义，为全国同胞告。

今天我们正在抗战建国的中道，每一国民都有为这神圣的大业而贡献其力量的义务。抗战必胜，建国必成，不但我们具有坚定的信念，就是各盟邦人士亦莫不抱着诚恳的期望。美国政府既予我以巨额的财政援助；而现在美国又正举行中国周，为援助中国难民而募款。盟邦朝野所给予我们的援助必须善为运用，才足以证明我们诚意接受其鼓励，亦即中国人民对于人类自由的一种贡献。因此，我们应首先指出，美金节约建国储蓄券正是美国对我财政援助的一种最善运用。现在简单的加以说明：

第一，与战时财政的关系。各国战时财政本来只有三途，就是增发钞票、增加租税与发行公债。近更有人主张于上述三途外，强制人民储蓄与延期支付。中国在抗战中建国，所以战时财政不能不兼顾适应建国的需要。这就是说，扩大生产、节约消费应是抗战建国的经济原则，战时财政亦必须与这原则相配合。无疑的，强制人民储蓄，是一种适合于这原则的方法。一方面以储蓄来鼓励节约消费，另一方面大宗储金可以运用于生产事业，即足以扩大生产。现在美金节约建国储蓄券的发行，并未采取强制方式，只是以可靠的基金及其它种种便利于人民的条件，来奖励人民储蓄。

第二，与当前物价的关系。今天物价高涨的原因虽极繁复，而通货毕竟是

---

* 此文系作者为重庆《时事新报》撰写的社评。——编者注

主要的原因之一。通货增加本为战时必然的现象,问题就在增发的钞票,能否为发行机关所控制。发行公债和推行储蓄,都可以吸收民间钞票。现在物价高涨由于法币不能回笼,已为一般所公认。事实上因抗战而增发的法币,流入民间成为游资,囤积居奇的现象亦即由此而发生。然囤积居奇,政府早经取缔,人民所握有的法币,苟有适当的运用途径,除极少数丧心病狂者外,断无自蹈法网而争趋于购买物品之一途。上述储蓄券对于人民既有种种便利,即为人民开一条报效国家之路,而政府亦正可藉以吸收流在民间的法币,促其回笼,自可渐收稳定物价之效。

第三,与生产事业的关系。散在民间的法币数量虽大,并不能成为生产的资金;必须吸收而集中起来,才能运用于生产事业。抗战以来,生产事业虽有相当发展,而尚不能完全适应抗战建国的需要。就今后趋势来看,生产的发展,虽不妨为人民保留若干自由经营余地,以刺激其企业心;然为建国大业计,必须由政府统筹,确定整个计划,然后缓急轻重之间,足以与国家的需要相符合。而美金节约建国储蓄券足以尽一部分集中生产资金的运用。

我们回顾中美借款协定,此项借款的效用,在使中国:(一)增强币制货币与银行制度,(二)以资本供给生产事业,并促进一切必要物品之生产获得与分配,(三)阻止物价上涨并促进经济关系之稳定,制止通货膨胀,(四)防止食粮与其他原料之囤积,(五)改良运输及交通工具,(六)实行促进中国人民生活及其它社会的经济的措置,(七)供应租借法以外之军事需要,并采取业经两国政府认可之其他一切作战力量中之适当措置。上述美金节约建国储蓄券的意义与此七项中之一、二、三、四、六各项一相对照,即可发见其间接或直接、全部或一部之关系,亦即足为中国善为运用美国财政援助之证。自然,此项储蓄券全部基金不过美金一亿元,与之并行的有同盟胜利金公债一亿元,尚非美国借款全部的运用。而这种适宜的运用,已足为必胜必成的保证。我四万万五千万同胞对于神圣的抗战建国大业,本负有无保留的贡献其力量之义务,而踊跃购买此项储蓄券,正是实践这一义务的表现。愿我同胞勿失此救国救世之良机!

今日财政之核心——经理*

（一九四二年四月十六日）

"经理"一语，为军事上常用之名词，今则普及适用于一般行政。本来在英语之"government"，即含有经理之意，其执行经理之职务者，亦即称之为"governor"。近年西方学者，对此致力研讨者颇多，遂蔚成"行政管理学"（public administration）之发展。尤以晚近经济思潮，注重计划与统制，而战时体制，复要求组织与动员，吾国处此时代，以抗战争生存，以贫国御劲敌，更非彻头彻尾彻上彻下之"经理"不为功。湘乡曾氏亦有言："规模远大与综理密微，二者缺一不可"，此在抗战第五年代之今日，特感必要。

吾国今日之从政者，多属读书之人，而中国读书人之传统习性，则为"不善治生"。治者经理之意，个人生活尚不善于经理，其能经理国家之生活乎？嗜旧者明心见性，骛新者崇美推欧，以言享受则优为，以言经理则不足，书生积习，大抵如斯，原无足怪。至于下里纵横草莽杰特之士，又多如刘季之"不事家人生产"，挥手万金无吝色，此盖泱泱大国之遗风，亦有未可厚非者。然而以此辈人管理国家行政或财政，其不易走入现代化或合理化，又无容疑。历观往史，大抵开国之初，物力优良，官少政简，贵族寄生，其数有限，不事经理，尚可优游。稍传数世，便已捉襟见肘。降至叔季，地力已尽，财力已殚，而统治阶层之享受欲望，方且无穷，即有经理，亦已无济。

吾国今日之大病，即在能花钱之人太多，而能管钱之人则太少，能善用钱如达尔顿（Hugh Dalton）所说之"to spend money wisely"者则更少！再进一步，能耗物者太多，能管物者太少，能善用物者则更少！个人生活已然，机关生活尤甚。此在抗战时代确属一大问题。本来作战一事，即系一大浪费，倘于作战本身而外，复继以行政之浪费，内外交伐，其何以堪？

---

* 此文发表于《财政知识》杂志创刊号。——编者注

今日财政之核心——经理

英国财政家希尔敦·杨(Hilton Young)常称财政为"国家管家术"(state house-keeping)。"管家术"一语，饶有意趣。其一，就家字讲。在爱国思想发达之国民，爱国等于爱家。若在吾国，尚不敢说现已作到此等地步。一般现象所昭示于吾人者，大抵爱家胜于爱国。同此几椅，同此文具，用之私家，可延数年者，用之公门，不能持数月之久。空袭振荡之后，若在私家，可以稍加修整仍行使用者，在公门则已委之瓦砾，而以重新购置闻。倘能以缮家者缮国，则财力物力免于浪费者，当有几何！其次就管字讲，俗谓胡花乱花者为"不管三七二十一"，若是管，则须有个数字。俗语又谓"管了三尺门里，管不了三尺门外"，若是管，则须有个尺寸。管理一家，要有数字，有尺寸；管理一国，更要有数字，有尺寸。数字是愈清楚愈好，尺寸是愈准确愈好，倘能以管家者管国，则财力物力之花于虚耗者，又当几何！

政事非财莫举，任何行政机关，莫不有"财政管理"(financial administration)一部门。勒茨教授(Prof H. L. Lutz)曾谓："政府之一切职务，无不为财政管理之活动所接触、所影响，其感受绝不下于其职务本身之活动。"因有主张，"自广义言之，财政管理乃政府任何单位之善良管理所必需，下自最小之保甲，上至全国之政府"❶。此真一针见血之言。今人竞言"节流"，其意若曰"少花"，甚者且主张"不花"。实则"节流"之节，乃"节制"之意。如水之有闸，大需则大启，小需则小启，不需则不启。一启一闭，有节有制，非可任意为之，积极与消极并重，此乃节流之真义。此种工作，凡属行政机关，均所优为，且为责所当为，非必职掌财政之机关始有财政管理也。

然则节制之道，启闭之关，果以何为准则乎？于此又不得不求之于达尔顿氏所主张之"最大社会利益原则"(the principle of maximum social advantage)。所称"社会"者，取其公，所称"最大利益"者，又有赖乎衡量。苟能以公家之立场，而权衡于缓急轻重之间，以之理财，则财得其用，以之轻物，则物呈其功，程度虽分，亦不远。

所谓经理，第一当然是经理钱。今日经理金钱之术，如预算制度，如公库制度，如会计制度，法令如毛，汗牛充栋，属于形式者且不讲。岳武穆有言："阵而后战，兵法之常，运用之妙，存乎一心。"预算制度等之当守，奚待赘言？今所欲言者，乃在——守合法之范围，尽运用之能事！用钱所以为办事，钱之运

---

❶ H. L. Lutz, *Public Finance*, 3rd eition, 1936, p.851.

用，须能配合事业之进展。苟为事所必需，不惜用最敏速之方法以赴之！尤以上级机关对下级机关须能运用人力机构与时间，将调拨款项和事，作到最快。宁使钱等事，不要事等钱，事应作而钱不来，钱既来而应作之事已成过去，最足害事，而钱亦虚掷。譬之饮食，腹已饥而食不至，食至而已病莫能兴，岂非以西江之水救涸辙之鲋乎？故用钱如用兵，贵在神速，贵在因应。反之苟为事所不必需者，不惜用最固闭之态度以临之，一如用兵之深沟高垒，不使国家之金钱，随便从公库跑出去。凡属不急之兴作，少数之享用，以及不合会计程序之动支，粉饰门面之举措，不能配合大时代大环境之开销，虽分文亦不任其溜出！此事并不难做。第一，只要宅心公，第二，只要知所权衡，尽之矣。但亦有程度之差，此则看诚意之深浅与经验之丰啬。日就月将，虽中材可跂及焉。所谓匹妇拯溺子，则勇溫贲育，庖丁解千牛，则动中腠理，是也。

  所谓经理，尚需更进一步而经理物品。近年研究财政管理者，以为仅恃"金钱预算"，未足也，乃复有物品预算。当此世界各国此次卷入战争漩涡之时代，任何国家之币值，不能无变动。金钱预算，数额有定，而货币之购买之力，则随日月之逝以递消。数月前所拟订之经费预算，转瞬而货值全非。经费所以遂行事业，倘必拘守形式之金钱预算，势必阻碍事业之进展。预算所以配合事业，而其结果如此，岂不太背原意。是以进步国家，早有物品预算之编制，以物品之需用为衡，而不应受金钱数量之拘束，此以编制预算言之也。再以运用预算言之，今日负财政管理之责者，只求金钱不浪费，未足也，尚需更进一步，而注意于物品之经理。抗战持续到今日，物力艰难到今日，为公家打算，虽一草一木均当珍重视之。一笔一砚之微，一针一钉之细，均应使其耐用之时日与度数，超越从前，方足适应今日之抗战时代。一纸而任意涂鸦，一椅而随身摇撼，其罪等于前线士兵之浪费子弹。吾人试思：当电线震损油灯度夕之际，荧荧一线，亦已安之，然则当电炬复明之际，而任其空室辉煌，可乎否乎？仆柱欹栏，不思重整，而剥拆作薪，可乎否乎？空袭后纷散之公文用纸，不思捡存整用，而掣以覆酱瓶包油条，可乎否乎？公用毛笔不思保润濡泽，而任其风干截挫，不数日而投弃领新，可乎否乎？诸如此类不知爱惜公物，不知保管公物之举动，虽不及没取公物转手私卖之罪大恶极，已足表示其人之无良，不知国家为何物，不知抗战为何物，尚得齿于今之民族乎？多少年来之衙门恶习，深中于人心，竟认此等举动为当然，如无足深怪，虽有人矫之规之，而竟未能收澈澄之效，岂非今日抗战政治之耻辱乎！今日所需要之物品经理，不仅在购买、保管、发放、登记各方面，作到合理而已足，必须一个政治单位内之人人，均能负起经理物品之使命，而身负行政之责者，尤当以身作则，有方法，有制度，使行政单位内之人人，皆纳于轨物之中，即其善用一国之物力，保全一国之命脉，必且无垠。

难之者曰：子之论诚是矣，但"放饭流歠，而问无齿决"，何子之见小而遗大也？吾则应之曰，不然！盖廉洁不贪污，乃政治之起码条件，即在今日之政治，亦颇有多数自好之士，足以办此，故吾人须更进一步，努力发挥经理制度与精神，虽一钱一物之微，亦必作到抗战之最大效用。国策谓"战胜于朝廷"，所以策应前方浴血之健儿，此盖不容稍忽、不容或缓之工作也。

生产管制问题[*]

（一九四二年五月二日）

物资管制当局在"控制物资"原则之下，对于管制生产非常注意，如几个大的纱厂、大的煤矿以及与此相关联的大小织布厂、纺织合作社、大小煤店都已经完全入于管制之下。这种由管制生产事业，把握物资，进而管制价格的办法，在原则上我们是赞同的，可是管制物资的问题异常复杂，而且经济事态是一个绝大的循环，稍一不慎，即可以使效果适得其反，所以我们有"心所谓危"的地方，"不敢不告"。

第一，要使商业资本转向生产。战时生产应该扩大，在战时经济常识上早有定论，学理上更是应该加速扩大，不成为问题。而必须由于管制，其扩大才无流弊而合于军事"重点"也是必然之理。不过目下商业资本畸形发展，加强其管制也不是一时一刻可以完全达到理想的境界，所以一般投资，由商业而转到生产事业，尚非其时。在这种情况之下，控制生产，应该首先注意到如何造成一个新的投资环境，使一般游资走到生产的正当出路。必然的，要把生产管制与商业投资管制、金融管制以及一般取缔囤积居奇经济检查的工作切实配合。目下财务行政上金融管制机构与行政正待加强，而经济检查工作在总动员机构成立以后，当然亦将有所改进。切实配合也比较容易。容易是客观的，究竟能达到如何的程度，还希望当局主观上的努力和共同的协力。切记，必须严格管制商业资本，才能使游资转向生产事业。而所谓管制商业资本，也并不是妨碍商业，是说要使商业活动与物资政策一致。

第二，不可因管制生产而阻遏生产。管制政策用之不善，每每变成阻碍政策。目下商业资本还相当活跃的时候，生产事业的利润率比较的低。当局应该处处注意及此，多多维持生产事业的正当利益。换句话说，即是在管制的过程中间，法定的利润和法定的便利不妨加多。可是非法的或者与物资政策相反的

---

[*] 此文系作者为重庆《时事新报》撰写的社评。——编者注

个人利益,却一点也不宽假。例如说,这次物资管制之管理纱布,办法即比以前进步。首先把纱价由五千三百九十元提到六千九百余元,同时派员驻厂管理,另方对发纱收布,定有二分之一至三分之二的缴布办法。是法定的利润加高,而暗中不合理的利益倒反而减少。将来势必还有所更变,可是其进度不可太快,免得人家有"朝令夕改"的感想。而且无论如何,对于一切生产管制,所对商业活动没有一定有效的限制以前,应该特别从宽,才不至于反而阻碍生产,这一点异常重要。

因为当局为掌握物资,正向生产管制路上走,上面两点,是开路应有的基本条件。不过这还是生产管制上直接的条件,间接的问题更多。如(一)如何充实生产资金,(二)如何突破生产贷款的困难,并扫荡其流弊,(三)如何相对实行原料或工具的"新优先制度"及"分配制度",(四)如何实施技术的巡回指导制度及一般的技术指导制度,(五)如何管制资金内移的工作,使内移的资金能够走上生产事业的正道。上述那些问题,大家都知道已经颁布了法令,甚至还专设有管理推进的机关。可是老实说,在行政技术上如果不能有所革新同时服务精神不能特别提高,必然的,衙门自衙门,事业自事业,彼此不会发生关系,效果也就更谈不到了。而这些问题不解决,生产管制即不会有大的成就。

大算盘与小算盘*

（一九四二年五月十八日）

社会人士对于生产事业，往往趋重于大单位，换句话说，就是爱打大算盘。近来也有很多人持相反论调，希望大家多打小算盘，因此我们对于打算盘问题，愿贡所见。

中国过去打所谓大算盘的人，的确苦于太多，尤其苦的是打所谓大算盘的人，不仅不打小算盘，而且专门破坏小算盘。过去某一时期许多省份，一说统制，即把中小商人及中小生产者弄得走投无路。若干管制事业，专顾到大的方便，把民间小企业打得头破血流。一说取缔囤积居奇，连河下的货运，连大江中间的货运，也要查封。好像以为专打大算盘，小算盘无关宏旨。其实小算盘既被破坏，大算盘也折本打不通。

太平洋战争发生以后，大单位的生产事业已没有方法进行了，大家应该转而注意小算盘，自小的经济事业下手，才是当前生产政策的天经地义。不过我们要进一步注意的，即是大算盘与小算盘是不可不连成一起。在第二次世界大战中间，已经把过去的"算盘原理"重行估定了"质"与"量"。即是第一，大算盘与小算盘不可分。第二，必须打大算盘而同时也必须打小算盘。第三，无论大小算盘必须有充分的技术。有"人"才有"技术"，有技术，才能把大小算盘联贯一起，也才能打通算盘。不然算盘不问大小，都是打不通的！

何谓大算盘与小算盘联为一体"不可分"？例如"全面统制"是大算盘，可是如果不能控制一般大小物资乃至私人生活，算盘就打不通的。德国一九三九年九月四日公布的《战时经济法》，把国防、民族、经济一切的一切包括在内，是何等的大算盘，可是他如果不管制到个人的日常生活，甚至打小算盘到每个女人用多少汗巾、多少衬衣；每个小孩应喝多少牛奶；算盘由天上打起，一直打到锱铢计较丝丝入扣，才有他们经济行政的成果。反过来如果专打小算盘，没

---

* 此文系作者为重庆《时事新报》撰写的社评。——编者注

有大计划,例如说,专打一个不大不小的中算盘,发展工矿贷款,贷款出去,物资是加多了;因为没有管理成品,任私人抬价发卖,利用公家的资本大发国难财,自然物价日高,助长通货膨胀。假定有一个大算盘,把贷款标准置于军事第一、胜利第一"重点"之上,同时管制成品,管制市场,管制平价分配,管制利润,管制存款;贷款出去,加了物资,平衡价格,分配消费,再进一步控制存款;物资既加多,法币又回了笼;周转不息,生生不已,构成一个良好的循环,自然是好现象。再实际一点说,此刻当然需要小生产的加多。假定专门打小算盘而不与大算盘贯通,没有重点,没有组织,没有技术的改进,散漫游离,大小皆是不利。假如此刻放纱收布,假定放给分散的小机户,他本月领一二包纱,赚了万把几千元,下月可以再换一个名号另外领用,未必又达到收布的目的。过去农贷,大半"一去不返",今日放纱收布,如不注意及此,也许会上零星机户的当。小算盘不夹在大算盘之中,单打小的,必然也会失了大的。所以大小算盘必须一同打,方打的通。至于打算盘的技术更不必说,大家可以体会得到,当然十分重要而必要。因此,我们要建立"技术的大小算盘合一论"。

财政真义与新税政*

（一九四二年六月十一日）

今日社会人士对于财政的解释，只认识了上边一个字——财，而忽略了下边一个字——政。中国如是，西洋亦然。十九世纪英国一位财政家詹姆士·威尔逊（James Wilson，1805—1860）曾讲过，"财政不仅是打算盘，财政是国家的大政"，意思就是要注意这个"政"字。"政"之一字，可作政策解，亦可作整理解。"政者，正也"，就是"子率以正，孰敢不正"，矫不正而入于正的意思。无奈从来的一般见解，总是看到财，而未能看到政。于是上焉者，持消极的态度，主张"德者本也，财者末也"，"财聚则民散，财散则民聚"的论调。认为国家财政和社会经济，站在相反的地位，即在具有现代知识的人士，仍不免如此设想。下焉者，则持龌龊的观念，以为办财政，不是给政府发财，便是给个人发财。遇到办理财政的人，总以为是"财政机关的人，有的是钱；不说贪污，便是提成，也会发财的"。此种意识，固有其历史的背景，亦有其眼前的事实，然而，积非成是，因仍不改，吾敢断言，国家财政就不会有改造的一天。我们要认识中国的一切，都要随着抗战这个大时代，而彻底翻新。环境的条件，业已具备，就要拿出主观的意志，适应客观的要求，纵有若干渣滓，迟早亦必被大时代的激流，冲刷以去，使国家财政，脱却"敛""财"的旧范畴，展开"树""政"的新生命。

赋税是财政的一部，赋税的理念，自然要受财政理念的支配。从来对于赋税的看法，以为不过是敛钱的一种勾当。看到税务，而看不到税政，这在西洋，也未能免此。十七世纪法国一位政治家科尔伯Colbert（1619—1683）曾讲过一句俏皮话，他说：最好的办税技术，只是"拔最多的鹅毛，听最少的鹅叫"，这确足以代表从前的赋税理念，只要你收税收得多，而不至于惹乱子，这便算办税能手。流弊所及，凡是办税的人，俱以掊克为能，以聚敛为尚，好像爱尔兰的

---

* 此文发表于《财政知识》杂志第一卷第二期。——编者注

一个乡巴佬，到当泥溪去赶集（Dormy brook fair）拿着一根小竹杠，见着人就要敲❶，敲得民怨沸腾，害及国家。所以《大学》上早就指斥"与其有聚敛之臣，宁有盗臣"。世之儒者，纷纷以言利为戒，而唐之名臣阳城，且以"抚字心劳，催科政拙"自诩，演至宋室，也就是因为惩羹吹齑，才酿成元祐之祸。此中症结，就是大家只看到税务，而未看到税政。只看到办税就是敛财，而不知推行税制，乃为国家大政方针之一。大家总还记得，"孔子尝为委吏矣"，不要认为税吏不是人干的，不要认为办税就是发财，好人不干税吏，税怎样会办好？现在的时代，已经不是从前的时代了。正在廓清的政治氛围，新时代的赋税观念，还不该步入一个新阶段么！

我们政府在抗战开始前，看到这种改造的必要，在民国二十五年即毅然决然施行直接税。五年之间，先办所得税，次办过分利得税，次办遗产税，复令兼办印花税，接办营业税，至是而直接税的体系，大体树立。国家办直接税，光为的是筹款么？筹款自然也是目的之一，尤其是负责办税的人，不能说不注重收入，但是国家办直接税，于收入目的而外，尚有更重大更神圣的使命，所得税所以实现"应能负担"；过分利得税所以平衡变态经济；遗产税所以节制私人资本；印花税所以树立登记制度；营业税所以平均社会财富。更自税制的发展言之，国家税收，不要只是靠着间接税，而要取给于直接税。以赋税原则言之，应该注意于能力负担，尽量发挥公平普遍的理想。以战时财政政策言之，应该尽量运用课税机构，以免滥发公债膨胀通货的流弊。以金融政策言之，要运用直接税课税的机构，将大量法币收回国库，以保持货币制度的安全。以民生主义的经济政策言之，要运用直接税制度，藉以平衡国民负担，节制资本私蓄，避免经济的畸形发展。以社会政策言之，要藉直接税的运用，防止苦乐悬殊，减少心理不平，预绠暴富不祥，勿使因齿焚身，以维护个人之福利。孔子云："爱之，能勿劳乎"，国家要靠着征课直接税，以实现爱民的理想。"税政"所以贯彻大道理，岂徒增加抗战收入而已哉。

开办直接税不是为了收税，而是为了建制——故创办之初，即本"履端于始"的精神，在直接税的税务行政中，树立两个原则：第一，即为公库制度的实行，将经征机关与经收机关分开，税收机关自己不经手收款，从开办之日起，即将税款交由代理国库之中央银行或中央银行所委托之银行邮局代收。老子

---

❶ 见十九世纪末年美学者维尔斯（David A. Wells）的《赋税论》。

云："不见可欲，使心不乱"，财政打算作到廉洁，光靠着"臣门如市，臣心如水"的唯心论，是不够的。一定要给他树立起健康的制度，税款不叫他经手，凭什么"经手三分肥"，"揩油"也得要过手，手之不过，揩于何有，纵令有心，也不过望着经收机关，"过屠门而大嚼"而已。所以说：改造政治，先要改造制度，不肯改造制度，只言"清白乃心"，可以责之于圣贤，又岂能责之于庸众？所以公库制度之推行，乃改造财政的中心工作。直接税从民国二十五年起，就这样作，也就办通了。大家都认为不错，所以才有前年十月普遍施行公库制度之举。不仅岁入要这么办，岁出也要这样办，不独直接税要这么办，直接税以外的其他各税，也都要这样办。

第二，即为考训制度的确立。昔贤重人治者，辄曰徒法不足以自行，重法治者，又曰徒善不足以为政。吾人对于法治与人治，固然不主张偏重，但是要为之下转语，纵令确是治人，亦须经过治法的程序，成为"治法化的治人"。定出考试训练的客观标准，使具有专长的人才，无论识与不识，亲与不亲，均能以平等的机会，参加新政的推行，然后"用贤无方"和"天下为公"的理想，始能实现。此在直接税，已经不是理想，而是一种事实，且已行之四年，集合三山五岳之有为青年，努力于一个目标之下。打破"一朝天子一朝臣"之多年的陋习。此在用人行政上，可谓一种革命。财政学者，群推英国之财政管理进步最早，即因十九世纪彼邦之财政家如 Northcots 之流，尽力推行"文官服务制度"（civil service system），自常务次长起，至最下层之税务人员止，都要守此种制度。现在英国最知名的财政学者如斯丹浦爵士（Sir Joseph Stamp）就是这种人（civil service man）出身。作始也简，将毕也巨。初行纵觉生硬，久则收效必宏，经验昭示，已足坚定吾人之信仰。

税款要公库征收，税人要公开考试，这是直接税之两大支柱，自民国二十五年创办以来即已如此。值此抗战多难之秋，担此前无古人之业，许多方面，自未能俱合吾人之理想。且理想之制度，亦非一朝一夕所能奏功，欲速助长，揠苗反槁，尤为智者所不为。是在认清目标，持以定力，复能继以耐心，一本先哲"笃信好学，守死善道"之教训，迈往以赴之，则对于财政改造之前途，当亦不无小补也。

证券交易所设立问题[*]

（一九四二年六月二十三日）

关于证券交易所的设立，赞成和反对的人们都各言之成理，头头是道，但是一种制度应否采行不取决于书本上的理论、危险的预测和功效的万能，而应取决于对于当前环境是否有所补益。万事都是利弊兼有互见，不能因为有危险便裹足不前。任何办法的功效都不是万能的，尤其在现代中国绝无应用万灵药的可能。

在这个原则下，我们以为证券交易所配以适当的统制和商品投机的制止，未尝不可以成立。因为在相当范围内，它确实可以吸收游资于生产，以增加产业资本，推行公债使法币回笼以减轻膨胀；鼓励证券投机代替商品投机以安定物价。

证券交易所何以能吸收游资于生产以增加产业资本呢？第一，证券交易所能够把后方各产业的重要营业情形（如编辑行名录）公诸大家，以为他人投资参考。第二，证券交易所便利资本及证券的转移，投资固易，脱手亦不难。在压低商业利润和禁止囤积居奇的情形下这倒是游资的良好出路。第三，证券交易所提倡发行保红优息分先股票自然可以吸收一部分游资；如果国家对于某些与抗战有密切关系的企业，保证较高的利息与利润，则该业的股票更容易在证券交易所内推销。这种类似的配合办法（如囤积居奇的制止和商业利润的压低等）是使证券交易所发生效果的重要措施，我们不可忽视。

证券交易所何以能推销公债，使法币回笼以减轻膨胀呢？第一，证券交易所能够使公债的潜藏性变为活跃性，因此它是宣传公债的绝好机构。第二，公债持有者出卖公债，对方必有买进者，一进一出，正负相消，表面上法币并无回笼现象；不过，这种过程却相当的减少了法币在物品购买上的流通速度，这对于物价不无相当的良好影响。第三，外币公债均可加入市场开拍。如果美金

---

[*] 此文系作者为重庆《时事新报》撰写的社评。——编者注

债券能注明"金条文"(gold clause)规定金公债之美元为现在之美元,即每盎司美标准黄金为三十五美元。这便是说美金公债是以黄金为计值单位,亦即以现在之美元金成色为标准。这种规定预防了金公债因美元贬值而受损失的危险。这对于金公债的销行和开拍均有良好影响。至于已发之国币公债以暂不上市为宜,证券市场目前只推销新发之国币公债。如此,公债行市暴跌的风险是不会发生的。

证券交易所何以能鼓励证券投机代替商品投机以安定物价呢?第一,证券交易所便利有游资在手的人们公开在产业证券上和美金公债上投机。这种投机对于大多数人民的影响较少,且为法律所允许,而商品的投机则为法律所禁,稳健者流必舍商品投机而作证券投机。第二,证券投机当然可以吸引一部分法币以减少法币在物资购买上的流通数量,其所减去的数量不能仅仅取决于证券买卖所需的货币数量,而须取决于想在证券交易所购买证券的法币数量,这不但减少了商品投机,而且改变了法币在购买商品上的流通数量和商品数量的比例,使商品价格纵有上涨之势,亦相当和缓。证券投机如果政府善为监督是不会有什么大流弊的。

根据上述理由我们主张设立证券交易所,当然我们对于它并不抱什么奢望。不过,它既有上述相当利益,我们便应当设立以适合现时之需要。其困难和危险自所难免,但是如果在证券交易所内外部配以适当的统制(所外的统制为商品投机的禁止,利润的压低等),其流弊也就有限。现在我国是处在胜利第一的时候,凡能帮助胜利的些微工作我们都要去做。何况证券交易所对于战后建国筹集资金更有作用,趁此时期,培养其萌芽并奠定其基础不是极有意义吗?

保障人民财产所有权[*]

（一九四二年七月四日）

行政院最近通过保障人民财产所有权案，并在原文中两度提出"法治"，实有重大意义。

所谓法治国家，即是一国政府之施政、人民之行为，均受法律之规定。所谓法律之基本内容，无非是权利义务之规定。而人民之权利，自以生命财产为主。政府对于人民的生命财产负保护之则；同时，人民对于国家应履行若干基本义务，例如纳税、当兵以及其他国防及公益所必尽的义务。近世法治国家关于国家财产及人民财产的范围规定虽有不同，但人民法律所定的财产权，自应受国法的绝对保障。

但是，国民及其财产如有违法行为，或侵害他人及公共利益，国家自当予以查封没收。而一国在对外对内的非常时期，政府对于人民的财产，有部分征用征收的必要。此在强度保护私有财产的国家，亦复如此。例如，英国战时利得税征到百分之百，换言之，战时利得，全归国家。而各国战时总动员法，莫不征用国民财产以供战事之需。然而，无论没收或征用，均必有一定法律程序。

我国过去关于财产制度，与一般国家大体相同；而三民主义关于何者属于国家何者属于私人，实在划分得最为合理。此处姑不具论，但可以简单说一句，除了若干有独占性的事业以外，凡由土地资本及劳动力之所得，均受法律之保障，非经法律手续不得没收或征用，而即使征用亦有相当赔偿。这都有法令规定，与过去军阀时代豪强随意侵占民产绝对不同。不过近来"地方每因举办新政，或藉口公益，对于人民私有财产，辄任便予以处分，其有征用或征收之必要者，亦不依法定程序办理"。这是违反国法的事，不独使人民怨望，而且败坏官常。从来贪污均以人民为牺牲，而积极保护民产才能澄清吏治。行政院此次通过保护财产权案，具见政府爱护人民维护法治之至意，这自然是全国人民一

---

[*] 此文系作者为重庆《时事新报》撰写的社评。——编者注

致拥护的。不过我们还有三点希望：

第一，此案通过以后须广为宣扬，务使各级行政人员体会法治精神，恪遵法令，对于人民动产不动产以及合法正当之营业均能尽责保护，如有因缘舞弊恃势胁夺之行为，一经发现，严于惩处。而一般国民亦不当随便接受不法威胁，果真受到不法侵害，亦当依法控于上级机关。

第二，但大家应该知道，政府保护人民权利，人民亦当竭尽义务。保护产权决不是说人民对于国家不应有钱出钱，保产法令和总动员法是相辅相成的。国家对人民的基本财产权必定保护，然人民对于国家应以所余所有，尽力贡献。如果逃避义务，实与侵犯产权同样不法，而且没有国家，个人财产有谁来保障呢？

第三，如上所述，保护人民产权实为澄清吏治之道。不过贪污之道，一为侵害民产，一为侵害国产。为了保障国产，当须上级主管机关，加强监察效能，这是我们还愿加以补充的。

全面平价的实施[*]

（一九四二年七月二十日）

最近若干物价虽因管制信用之收效正在下落，而一般物价则仍在波动的中间。至于重庆以外各地，物价的波动更属厉害。这个不仅说明了管制物价的效果，而且也说明了有"全面平价"的必要。

专家说，平价政策"只能大成，不能小试"。过去许多人以为作一件算一件，不必作"全面的打算"，而且以为全面的打算问题太多。殊不知道，平价工作本质上本来是问题太多的事态，没有方法简单，而且在战时也没有方法偷懒。现在信用管制的收效以及没有平价机构的地方，物价波动太烈。大家才恍然大悟非"全面平价"不可。因此，有由点到线，由线到面的全面平价的拟议。

不过全面平价工作不是简单的。全面平价是一个课题，在这个课题之下，文章好坏还要看内容。老实说，全面平价的认识已经对了，如何去全面平价，人的问题、方法的问题、技术的问题解决了吗？

"金钱第一，人第二"的原理虽然在西洋已经支持了三百年，现在却转到"人第一，金钱第二"的世界。至于中国的理论上，素来是"徒法不能自行"，"人定胜天"的理解，本来祖传的是"人第一"的原理。但是事实上，差不多凡主张人事改革的，人事即不能改进，所以"人事制度改革论"才能成为时尚所趋。时尚所趋的，每每又是一个事实相反。别的行政需要人才暂不具论，而全面平价若不得其人，那么天下骚动真的"不知伊于胡底"！所以这点，希望多多考虑，这可以说是全面平价的第一关。

第二道关卡，即是方法。专家提供的"全面平价方案"固然很好，可是在实践进程上毕竟有些地方应该详加检讨。中国地方实情各别，社会情况各自不同，方法的问题的确相当严重。所以全面平价的方法，又是平价成败关键之一。大体上说：一、方法必须切合社会实况，而且能够分别切合各地方社会的实况。二、

---

[*] 此文系作者为重庆《时事新报》撰写的社评。——编者注

方法必须符合动员上的轻、重、缓、急的原则，切忌轻重倒置，缓急颠倒。三、周到而不易于逃避。四、本身上的作用如何，固然在决定方法的时候要注意，而由其作用而发生的影响，也要一律予以控制。上面还是原则，可是详细的方法，不是短文中间可以尽述。方法，是全面平价的第二关。

最后，即是执行的技术问题。执行的人是否为人才，不在学问，而在技术（非有学问却必无技术）。老实说，有执行技术的人，才是人才，否则学富五车，官高一品，也不算是能干。至于说到方法，其决定性也在技术。执行技术好的，好方法固然可以发生好效果，即使次一流的方法，也还可以不致为害。所以虽然不以成败论英雄，却可以"技术"评高下。执行技术的卓越是现代行政成败的基础。技术，是"运用之妙，存乎一心"，本报在原则上早已有所说明，也用不着再来细说。这是全面平价的第三关。

"全面平价"已经势在必行，而且这个政策，本报素所赞同。今日到了快要实施的阶段，不敢不再贡献一点意见。希望主持的人，首先能够在人事、方法、技术三个方面上多多考虑。这三大关能够通过，全面平价才可以成功。而且三大关是互相联系的，有一关打不通，必是连带的不通。所以本文虽然言之简单，用意则非常深刻。这是应该附带说明的。

税政与税负[*]

（一九四二年八月二日）

一

　　这样具有意义的民族抗战，决不是一年半载便可以了结的。"七七"以前，我们对于暴日，尽量忍耐，不肯轻于破裂。一旦决心抵抗，就要拼着整个的民族生命去进行。三年五载也好，十年八载也好，目的一日不贯彻，抵抗一日不停止。自从抗战开始那天起，每个国民都应该有这样的认识。打上三年五载，便以为日子太久了么？决不！受些折磨坎坷，便觉着吃不下了么？决不！具有五千年历史的中华民族，是容有悠久的气魄的。我们民族中，有留胡十九载仗节不屈的苏武，有万里寻经百折不挠的玄奘，有七擒六出鞠躬尽瘁死而后已的诸葛武侯。"博也厚也"，是中华民族的禀赋；"悠也久也"，是中华民族的气魄，自古已然，于今为烈。中间偶而有些认识不清意志不坚的民族渣滓，必定要受抗战洪流的淘洗，而不会影响整个抗战的进行。明白了这个道理，我们可以进一步分析现阶段的中国战时财政。

二

　　抗战要凭自己的力量，不能倚靠他人。先把自己的力量尽到了，得道多助，有德不孤，自然可以赢得许多友谊的协助。多年以来，国人盛唱"自力更生"之说，随着民族意识之觉醒，非此不足以应时代之要求。五载苦战，在人力方面，始终靠着我们自己的军队，并未指望外来的援军，必要时还能派队远征，协助友军作战，战果辉煌，举世钦重。但是，在财力与物力方面，说来很惭愧，朝野上下还没有做到"自力更生"的理想。筹措战费，本有增税、募债、发钞等各

---

[*] 此文系作者为重庆《大公报》撰写的星期论文。——编者注

种方式，世人论之已详。但在政治的惯例，总是朝着推行容易的方向去发展，吾国亦莫能例外。抗战初期的财政，偏重运用外汇，增发钞票，依赖港沪，推广募债，输出物资，换取军实，利用侨汇，以抵入超，重心所寄，在外而不在内。但自去年"一·二八"太平洋战事爆发以后，沪港陷落，外路阻隔，侨汇所寄，惨遭沦没，而膨胀通货，创深痛巨，又不可屡为尝试，于是财政政策不得不改弦更张，舍外而求诸内，朝野纷纷趋重于增税之举。

战时财政本以增税为最稳当而少流弊，尤合于自力更生的理想，但是手续较繁，阻力较多，收获较迟，未能适应战时紧急的要求。即在先进各国，一遇作战，也是趋重募债与发钞，其取给于增税者究属有限，但在眼光较远组织较强的国家，仍是注意赋税政策，努力推行，于增加收入的目的而外，尤有平衡国民负担、矫正变态经济、消弭通货膨胀、转移财富分配的种种作用，"税务"而外，尤注重于"税政"。盖在进步国家的赋税政策，早已打破"课税仅为收入"的旧观念。于平时，则作为"计划经济的杠杆"，于战时，则作为"应能负担"的准绳，卜式曾谓："国家有急，贤者宜死节，有财者宜输之"，从财力方面，实现自力更生的铁则。

三

从"税务"的观点，间接税的手续较易而直接税的手续较难。所谓间接税，如货物税、消费税之类，系采用外标课税法。从量者，洁长论短，衡轻较重，有数可指，不易隐藏。从价者，行有行情，市有市价，纵多波动，不难摘取。至于直接税之赋课，主要以纯益或纯值为对象。记载依于账簿，而稽考綦繁，评值依于调查，而统计素阙，加以商账制度，幼稚凌乱，或残缺不具，或赝造百出，有账且甚于无账。此在行政严密之国家，且视为不易克服之难题，甘末尔所以称现代的直接税不易推行于吾国者，盖非无故。

但从"税政"的观点着眼，又不能不趋重直接税。间接税之最大缺点，为容易转嫁，纳税者为商人，一转手间，则又转嫁其税负于消费者。战时增加消费税，因其易于转嫁之故，既足以助长物价之高涨，又足以破坏合理的税负，而征收苛细阻碍货运，尚其余事。至若直接税，因系征课于纯益或纯值，大抵不易转嫁，适合于能力原则，以负税能力之有无强弱为征免轻重之标准。强者负重，弱者负轻，无者或少而不及课税标准者负免。既征课于纯益，则合理之开支，必予扣除，既征课于纯值，则必需之用费，例予折减。根据"边际效用"之理论，以定累进税率之高下，根据不易转嫁之理论，以定合理负担的分配，手续虽繁，意义则重，现代税政，此为指标，各国行之，早已著效，吾国似宜急起直追，兼应战时财政之要求。

四

　　直接税既是不容易转嫁，于是相因而生的，便是逃税避税的问题。恶劳好逸，避重就轻，本是人类的恒情，原无足怪。惟在此抗战时代，实足妨碍胜利的争取，不可不加以严密的注意。逃税方式，可大别为二种：一种是不合法的逃税，另一种则是合法的逃税。不合法的逃税如逾期不报、隐匿不报、假造簿据、虚伪申报，进货则以少报多以抬高成本，销货则以多报少以隐匿毛利，开支则任意捏报以减低纯益，资本则虚增冒列，以减轻纯益对资本的百分比，藉以减轻税负。本业以外有兼营，住商之中有内号，公标之外有黑市，阳关之外多曲径。一时看利，则三五啸聚，得利朋分，则鸟飞兽散，行踪飘忽，宛如流寇，物价愈腾则获利愈厚，波动愈骤则攫利愈勇，贪欲既炽，更思逃税，变诈百出，遑不究诘。政府对于此等不合法的逃税，律有专条，国有常刑，首须严格执行法律的制裁，由各地方法院及警宪，切实协助税务机关，有犯必惩，有惩必速，使人民了然法制之尊严，憬然于犯法之可畏，而不敢轻于尝试。次则发动社会制裁，猾商蠹贾，众所共弃，多方报道，无使隐匿，为稽征机关展拓耳目，此乃社会正义的表彰，与过去之悬奖告密之观念不同。至于稽征机关，则又有其应尽之职责！直接税之征课，既属一种繁复之工作，首须充实机构，加强人力，锻炼技术，多方采探，严密钩稽，摘奸发伏。盖对于不法者的宽纵，便是对于善良者的不公，是以稽征技术必使其有力而有效。此层如能做到，即不加重税率，亦可大增税收，尤能发扬课税之正义。最后则以社会的力量，唤起国民的良知，使知"争取纳税荣誉"就是争取抗战胜利，人人勉为卜式之输边，则匈奴可灭，国耻可雪。盖当此紧要关头，逃避纳税等于逃避兵役，同样足以危害抗战的进行，妨碍胜利的争取。国民之不服兵役者，得以从容获利于后方，既有收获，则又非法逃避其应尽之纳税职责，其居心与行径，实与汉奸无殊，不仅国法所不许，且为民众所不容，纵令稽诛于一时，难逃最后之清算。

五

至于合法的避税，则又有其理论的依据。论其行径，固不可与前述之非法逃税同日而语，但其影响抗战的税收与战时的税政，则初无二致。考其主张之论据，亦多足供行政者之参考，但其流弊所及，则未免重视私经济的利益，而忽略抗战所要求的共同使命。盖直接税之赋额，毕竟以纯益为标准，在此长期抗战时代，果有纯益可获，又何惜依据法定的标准，提供其纯益之一部，以充裕抗战的财力，于此而犹斤斤计较，洁长论短，冀以减少或避免私经济之纳税负担，试问皮之不存，毛将焉附？早日促成抗战之胜利，则此收获致更大之利润，岂有涯既。若干工商企业，所以不避流离转徙，若干企业巨子，所以不避间关万里，以来后方，原计与国家共存亡，不愿淹留于敌伪势力之下，苟且图存，坐供吞噬。国家对于工商企业，既已尽其财与力之所能及，协济其迁移，助成其安定，驯致获得纯益，则对于战时税政之促成，更属义不容辞之举。至于原在后方之工商事业，因前方之浴血牺牲，始能换得后方之安定繁荣，衡诸"均等牺牲"之原则，提供一部纯益于国家，已觉甚轻，更何能踏跟不前，有失见义勇为之道！

近顷各方，对于直接税之改进，颇有主张提高税率者，但在工商界则又认为过重而主张减低。吾人以客观立场，平情而论，则吾国现行之直接税率，若与先进国家相比较，诚属低微，应有提高之余地，但亦须知：吾国之经济基础与社会条件，均与先进国家不同。效颦学步，反失所期，见贤思齐，亦有步骤。再从课税技术而论，英学者达尔顿氏（H.Dalton）尝称道绥夫特的名句——"二加二常少于三"。意思是说：增加了税率，不见得就增加国库的收入，或者还要减少。是以吾人意见，不甚同意于提高税率，而要先从严密稽征入手，舆论界亦颇有主张之者。严密稽征，果能尽量做到，既就现行税率，同样足以增加税收。至于认为税率过重，希望减轻，鄙意殊不谓然。现行所得税之一类税率虽系"全额累进"，但对于经常营业，最高只课百分之十。利得税的税率，最高虽为百分之五十，但又系"超额累进"，免税点以上，分成若干税级，分别课以较高之税率，并非全额一律俱按百分之五十计算，通盘扯计，最高只合百分之三十几。如此而认为过重，亦非情理之所许。

税负的轻重，本来是比较的，于是有人主张：经常营业、地址固定、营业有常，所担税负无可避免，而奸狡飘忽之行商，反可逍遥于法外，认为是税负的不平，此种意见颇值得政府之注意。但是此种推论的结果，是要政府对于行商的控制还要加强，而不是说，住商应有的税负便可减轻。直接税稽征机关，对于行商的控制，早经采用货运登记、联锁稽征、商况调查、交换情报等种种办法。一方对于货运之登记，期少遗漏；同时对于货运之阻碍，又须避免，双重目的，事等矛盾，颇有顾此失彼之苦。严密与简易同时做到，在今日环境条件之下煞是难事。但必努力为之，期使行商与住商对于国家同荷应有之税负。

税负的轻重，亦有从投资业别的比重着眼者，以为投资商业，获利甚速，尚可重课；投资工业，获利较缓，则应轻课，而对于公司组织尤有藉轻课以资鼓励的必要。此种主张，窃意亦以为未允。国家对于某项工业，倘认为有奖励之必要，其方式甚多，或为保息，或径补助，或供以运输之便利，或贷以应需之资金，而不能妄予以免税！盖国家税政，有一般的强制性，不可动开例外，示人以方便之门！最初之免税，纵令合理而必要，浸假而凭藉背景与势力，以左右执政之人，岂不与民权主义之税政相反！至于国防工业或重工业，各国或收归国营，或严加统制，何能更予以免税之特典，以加重其私经济的独占性，致与民生主义的税政相抵触！

六

此外尚有若干主张，或从会计观点，或从经济立场，初视之，亦各言之成理，而无形之中，则不免落入避税的窠臼。吾人以为当此胜利第一国家至上之时代，私经济的利益无论如何重要，亦应为国家之税政稍事牺牲。暴敌之侵，甚于匈奴。当代之英，贤于卜式，有力死节，有财输军，岂可让古人专美于前。而况分担"税负"，弼成"税政"，以应现阶段财政的要求，系属后方报国之起码工作，不得更以牺牲目之。倘对于身外之财帛，本外之盈利，尚且顾惜若此，则在前线绝吭断脰之万千将士，亦将大呼还我头来，吾之其将何辞以应？"勋业终归马伏波，功曹无复汉萧何"。军力之奔赴，壮烈若彼，而以财力之供应，迟顾若此，将何以保证抗战之胜利？吾人于此愿向后方郑重提出一个时代的口号——争取纳税荣誉！

理财与养耻*

（一九四二年八月八日）

进行抗战，争取胜利，最吃紧的东西，就是财。物力艰难，生计窘迫，最吃紧的东西就是耻。国于天地，必有兴立，耻是立年立国最后的一根柱！夷齐采薇，耻不食周粟，则殷为有人；王蠋断脰，耻不受燕封，而齐民奋起。顾亭林以旷代大师，所特为揭橥以昭告多士者，亦只"行己有耻"四字。但是古往今来，最足以坏耻的，又莫如财。抗战到第五年代，当前最繁重的工作，一个是理财，紧跟着另一个重要的工作便是养耻。

理财如治水。水是下流的东西，可为人利，可为人害，惟财亦然。治水的人，先要不陷于水，能使"水由地中行"；亦犹理财的人，先要不陷于财，能使财从轨内走。如果治水的人，先陷到水里了，任凭水的威力，淹没村庄，便不配叫作治水。同样，理财的人，如果先陷到财里了，任凭财的威力，左右人生，怎能还叫作理财？治水的人，先要站得高高的，乃能不陷于水；理财的人，也要站得高高的，乃能不陷于财。理财而不陷于财就要有赖于"养耻"的力量了。

财之一字，在国人传统的意识中，总是带着一些不干净的成分。鸡鸣而起，孳孳为利者，称之为盗跖之徒。为国家充府库实财用者，称之为聚敛之臣。一般士大夫，以言利为耻，以理财为讳，名士如王夷甫之流，口不言钱，故意呼之为阿堵。儒生学士，既不肯谈，更不肯管，只有委之于不学无术奸肮贪佞之辈，结果弄得乌烟瘴气，弊端百出。当丰亨之世，则由之无节；当艰危之会，又取之无艺，为民众所怨愤，为清流所不齿。稍知自好之士，更不肯为，好人不为，只有任坏人为之，于是贪污与理财，遂演为异名同体的称谓，积习相沿，以至于今。

但是人生终不能离开衣食，国计终不能离开财用。古时贤明的政治家，所揭之"六府三事"，于"正德"而外，特注意于"利用"与"厚生"。孔子也曾坦白地讲过："富与贵，人之所欲也，不以其道得之，不取也。"不以其道得之，固

---

* 此文发表于重庆《大公报》。——编者注

不应取，但若得之有道，取之则又何妨。"可以取，可以无取，取伤廉"，取与之间，是要有个限度。限度以外，取之伤廉，限度以内，取之何伤？圣人的教义，始终不为俗儒所了解，专从消极禁制方面下功夫。"孔子尝为委吏矣，会计当而已矣"，圣人不是也办过税，也当过出纳？一般自命为清流的士大夫，自己不会理财，不去理财，而对于理财的人，则又一笔抹杀，认为尽是一些贪污之流，聚敛之辈，尽情诉斥，不留余地，元祐党祸，可为寒心。

消极的理论，演为消极的政治。于理财之中，好人少，坏人多，好事少，坏事多，财本是最容易坏品的东西，而又委之于无品之人，于是贪污的行动，层见叠出。国家于此，不思正本清源，只从消极方面用功夫，于是法禁愈繁，反应愈甚，所以惩治贪污者其法愈密，而贪污之技巧反层出而不穷，前史所载，何可胜纪。孔子曰："道之以政，齐之以刑，民免而无耻"，贪污之人，只思苟免于刑戮而已，无耻之可言。比方一个治水的水工，已经落到水里，作些浑水摸鱼的勾当，不思拯之下流，置之高处，而徒责其摸鱼。彼已习于混水，怎能不做摸鱼的玩意！

毕竟是刘晏理财，独具炯眼，不用税吏，而用士人，重视理财的工作，提高理财的品格。所有理财方面的重要工作，都要选拔"通敏精悍廉勤之士"以担任之，"吏惟使其司文书而已"。因为士人是"名重于利"，虽说钱是好的，但是读书重品的士人，总觉着名誉比金钱还要重要，不愿因为要钱，随便把名誉糟蹋了。先把理财的品格提高，叫他站在高处，自然不肯往下流走。办的人干净了，所办的事也就随着干净了。所以今日改革财政，第一要严格树立财务人员的考训制度！重士以清其流品，公开以杜其偏徇，考训以粹其风尚，重士乃能养耻，养耻乃能理财，此其一。

金钱本是可欲的东西，最容易引诱人，尤以在这物价暴涨生活窘迫的时代。老子说过："不见可欲，使心不乱"，所以有治人，还要有治法。竭力推行公库制度，使理财的人，不必经手钱。经征与经收绝对分开，税务机关只管稽征，收款之事，则交与代理国库的银行。谚语有云："经手三分肥"，手之不经，肥于何有？公库制度树立起来，一定可以把侵渔中饱的弊端大大的减少。此外如会计制度、审核制度之类，必使之日趋严密，则理财之过程，均能纳入轨物，而不依附于人，养耻之道，莫善于此。此其二。

在一般公务人员中，税务人员所需要的技术特别难，所负的责任特别重，所担的干系特别大,则其所受的待遇也应该特别优,使其在经济的条件上,不必贪污,方是根本之计。过去的税务机关,常常拿几十块钱的薪津用些分局、所长,试问够什么用?"即要马儿好,又要马儿不吃草",是否为情理之所许?岂非迫着他走贪污之路?"既陷于罪,然后从而刑之",怎能希望他"有耻且格"?所以财务人员的待遇,总要合理地提高,并须予以保障,以释其后顾之忧,而愿终其身于理财的工作。财务人员想到他个人的终身事业,自然不肯走入贪污之路。自重之人,必能知耻,优其待遇,宏其保障,亦即所以养耻,此其三。

"羞恶之心,人皆有之",人生固有的素质,需要加以培养,发挥而光大之。古人教子,不轻于打骂,亦即养耻之道。常人之情,以好人待之,彼亦可勉为好人;但若以下流待之,彼亦将自暴自弃不往好人道上走。陈实对于梁上君子,并未打骂、送官,且以好言慰勉,于是穿窬之盗,也就变成了好人。"宁为刑戮所加,不为陈君所短",养耻的力量,且超过于刑罚。王烈对于盗牛者,使人馈之以绢,此人折节,终成善士,道旁守剑,美绩流传。一介之士,苟存心于养耻,俱可转移风气,而况操钧执柄者乎?

刑赏国之大节,赏滥则不勤,刑滥则不威。惩治贪污,乃当前之要政,罚当其罪,自须不分等级,严厉执行。但在一般意义上,不应以贪污二字,轻于指责。倘使制度完密,即不致有贪污;法治严明,即不容有贪污;贪污二字,有千钧之重,一经指出,即膺国法之诛,而不是信口说说,东风马耳,减消其严重之意义,不复觉其可羞可辱。一乡之中,如轻以不贞为骂人之口语,浸假将以不贞为常事。可以任意责人者,亦将可以任意自犯,殊非养耻敦风之道。此关于养耻之有待于意识之改变者,人人与有责焉,此其四。

耻之于人大矣。"行己有耻",尤须继之以养耻有方。决心抵抗,不甘屈服于暴敌,国之所以养耻也。抗御迫诱,不甘偷生于汉奸,民族之所以养耻也。"其身正,不令而行,其身不正,虽令不从";"苟子之不欲,虽赏之不窃",在位者之所以养耻也。不耻身之冻馁,而耻道不济于天下;有终身之优而无一朝之患者,士君子之所以养耻也。充此养耻之道,岂徒理财日臻于上理而已,抗战前途实利赖之!

国史上最成功的总动员

（一九四二年九月二十日）

> 引言——世之亡人国者，必先亡其史。民之丧其国者，必先丧其国之史。史者民族生命之结晶，先民所以启后，后人所以取鉴，发扬光大，乃能永续其悠久之辉光。今日当生死抗战之际，困心衡虑，每因国史之启迪，使人踔厉奋发，不容自己。窃怀鄙愿，欲就当前之要政，参以国史之往迹，发潜阐赜，以期共喻，既弘史教，兼供鉴往知来之资。人生惟有发展"历史的想象"（historical imagination）乃能于纵的时间方面，扩大其视野，而不为现阶段之事象所囚拘。世有识者，谅不河汉斯言。

"仁远乎哉？我欲仁，斯仁至矣"。国人对于总动员的认识，不是想到日本的先例，便是想到西洋的"mobilization"，总是想得远远的。术语是外来的术语，花样是外来的花样，人家有这一套，我们也要来这一套，仅凭外铄的力量来作新事业，一定作不到家。尤其是一般民众，对于总动员三个字，更是生疏的很，隔膜的很，认为是官人们玩弄的新名词，这样就很难把全民众的力量运用到总动员的目的上，因而总动员的效果也就很难希望其普遍而深入。实则总动员的先例，在我们国史上也曾有过许多，忘掉了珍贵的国史，驰骛于外来的新词，只靠外铄，不求内发，这不是富有自信的民族所应该有的事！

田单火牛破燕军，乃是遍民间妇孺皆知的故事，而且和今日的情事，有许多地方相近似，"能近取譬，可谓仁之方也已"，我认为颇有提醒点清的必要。我们不是说历史可以重演，模仿外来的把戏和模仿前人的陈迹，同样足以偾事。赵括徒读父书，结果坑了长平的四十万，而况两千年前的田单火牛，怎能和现代的总动员相比。但是有历史的民族，是不应忘掉自己的历史，"前事不忘，后事

---

* 此文发表于重庆《大公报》。——编者注

之师",把前人的经验熔化到现代的智慧里,自然可以推陈出新,造成崭新的史页。五胡石季龙,以草莽之杰,目不识丁,而使人读汉书。北魏拓跋珪,以游牧之雄,尚知书籍足以益人神智。富有历史的民族,如果先把自己的历史丢掉了,那是最痛心最可耻的一件事。

春秋时代,乐毅伐齐,长驱直入,下齐七十余城,皆为郡县以属燕,惟莒即墨不下。田单以二城拒燕,坚守数年。据《史记·乐毅列传》所载:"乐毅留徇齐五岁",以区区二城之凭藉,拒守五年。看到古人的五年,想到今日的五年,观照到这一点,不禁引起吾人无限的感奋!我们的领袖,很对得起田单,以更大的规模,造成不朽的史迹。至于民众方面如果有人觉着抗战的期间太长了,他可以温一温当年莒与即墨少数齐人的遭遇!以区区二城之力,当乐毅全胜之师,比较我们今日,该是怎样的困难。莒与即墨,非徒坚守而已,还要计划反攻,收复失土,这种企图,并不比我们今日来得容易。然而"有志者事竟成",二城的志愿,终于完全实现了,"齐人追亡逐北,所过城邑皆叛燕而归齐,田单兵日益多,乘胜,燕日败亡,卒至河上,而齐七十余城,皆复为齐"。这样的奇迹,究竟是怎样造成的?历史告诉我们,完全是总动员的效果。

《史记·田单列传》载:"田单知士卒之可用,乃身操版插,与士卒分功,妻妾编于行伍之间。尽散饮食飨士,令甲卒皆伏,使老弱女子乘城,遣使约降于燕,燕军皆呼万岁,田单又收民金得千镒,令即墨富豪遗燕将,曰:即墨即降,愿无掳掠吾族家妻妾,令安堵,燕将大喜,许之,燕军由此益懈。田单乃收城中得千余牛为绛缯衣,画以五彩龙文,束兵刃于其角,而灌脂束苇于尾,烧其端,凿城数十穴,夜纵牛,壮士五千人随其后,牛尾热,怒而奔燕军,燕军夜大惊,牛尾炬火,光明炫耀,燕军视之皆龙文,所触尽死伤,五千人因衔枚击之,而城中鼓噪从之,老弱皆击铜器为声,声动天地,燕军大骇败走"。这真是我们历史上最烂漫最辉煌的一页,不待和今日对照,已令人色动神飞,闻鸡起舞。

总动员的工作纲领,不外三大项目:一是人力的动员,一是财力的动员,一是物力的动员。关于人的动员,田单曾动员到自己的妻室,动员到老幼妇女,最扼要的还是"身操版插"以身作则。主持动员者,先能动员自己,自能风行草偃,鼓舞群伦,收到总动员之效。关于财的动员,田单曾作到"收金得千镒",这在区区即墨弹丸之地,可以说是作到总动员了,尤其难得的,田单能动员到一些富豪,而即墨之富豪,亦能尊奉其领袖之政令,不惜毁家输金,永留历史的荣誉。至于物的动员，更神妙了。田单妙想天开，动员到千余头的老牛。大家晓得，牛是最不容易叫它动的，于是田单动员到牛尾，而益之以火，动员到牛角，而益之以刃，动员到铜器，而震之以声，动员到绛缯彩绘，使牛之动俨然形成龙之动，这样妙到豪端的总动员，当然要发生伟大的力量，击溃强敌，追亡逐北，使齐七十余城，皆复为齐，这真是国史上最成功的总动员。

以区区二城之力，而欲战胜强敌，收复失土，真不是容易的事。所以田单于运用反间，使乐毅去燕骑劫代将之外，便致力于总动员之工作，使可能运用的人力、财力和物力，都运用到作战一个目的之上。力的数量是有限的，而力的运用，则随主持者之精诚智虑，而无限发挥。田单既用火牛之后，人皆见之，田单未用火牛之前，谁能知之？世人不知，而田单知也，非必田单之智慧夐绝等辈也，精诚所至，可以化腐朽为神奇，使老弱手中之铜器，有千军万马之声，使迟拙钝滞之凡牛，有神龙夭矫之用。

此外尤有须注意者一事。"燕之初入齐，闻画邑人王蠋贤，令军中曰：环画邑三十里无入，以王蠋之故。已而使人谓蠋曰：齐人多高子之义，吾以子为将，封子万家。蠋因谢。燕人曰：子不听，吾引三军而屠画邑。王蠋曰：忠臣不事二君，贞女不更二夫。齐王不听吾谏，故退而耕于野，国既破亡，吾不能存，今又劫之以兵为君将，是助桀为虐也，与其生而无义，固不如烹。遂经其颈于树枝，自奋绝脰而死。齐亡大夫闻之曰：王蠋布衣也，义不北面于燕，况在位食禄者乎！乃相聚如莒"。这真是沦陷区人士助成总动员的好模样，王蠋个人的行为，本是消极的，但其影响，能使齐之流亡人士奋而兴起，相聚如莒，以增强二城之士气，则是积极的。田单所以"知士卒之可用"，王蠋与有力焉。向使王蠋贪万家之封，顾惜一死，草间偷活而为汉奸，必不能发挥若是良好之影响。是可知：一介之士，一行之微，俱可影响于国家之总动员。则所谓总动员者，须合上下全体之节行智虑以赴之，各部配合，桴鼓相应，勿徒委为少数领袖或一二部门之责，则其发挥总动员之力量，必且如百川朝宗之汇于海，使抗战功业卒底于成。

阻遏生产逆势的狂流*

（一九四二年九月二十一日）

近来战时经济方面，有许多事态不免趋于逆势的发展。而最近这种逆势突然向生产部门袭击，构成"生产逆势"。在目下物价波动，物资管制成问题的时候，这个"生产逆势"的发展，值得特别的注意。

目下生产部门最主要的逆势，是价格过程上原料高于成品。换句话，即是用原料去卖，比成品还值钱。而且并不一定是官价与黑市的比例，有些商品，正是黑市与黑市价格的比例。其中比较明白为人所周知的，即花纱、布的价格逆势。多少时候以来，重庆市上是纱价高于布价。用一个某单位的纱，加上运输、人工管理费用织成布，其在黑市上所可以获得的售价，比用同一单位的纱不经加工出售的价钱为少。原因也很简单，因为物资局的管制是放纱收布，领纱的厂家必须交布，即有多余，也每留下来备周转之用，不敢出售，黑市上也就没有多少棉纱的存在。因此纱价高于布价。近来则棉花价格大涨，纱价有官价为之规定，因此棉花价格又高于棉纱。一个厂家如果停着工把他们的存棉直接出售，比较纺成棉纱所获为多。这个不是明明白白的"生产逆势"吗？

技术方面，也是逆势的发展。技术工人的缺少是普通的现象。因为缺少管制，任他们朝秦暮楚，工资是一天天的高，而工作效率则一天天的低。技术工人"随随便便"的结果，当然技术拙劣。首先表现的是造纸和印刷业。只要拿福建、江西、湖南的纸张和印刷来与川制的一比，即可以看出此间工作的技术拙劣之程度（当然其中也有好的，不过大多数如此）。陪都所在工厂大半自沿江、沿海迁来，技术应该高于闽、赣、湘各地，然而在生产逆势的狂流中间，他们是退化了的。

价格自然更与品质成一个逆势的对比。价格日高，品质日坏，而且有许多同时间在一个市场出售的商品，品质坏的价格反而高。我们加以考察过，简单

---

* 此文系作者为重庆《时事新报》撰写的社评。——编者注

的即使尽管是货色不好价钱较高，还是供不应求。当然又是一个逆势。

此外工资方面、资本方面，种种都是逆势的发展。这个狂流已经在开始，于增加物资的生产是"毒素"的作用，实在不可以不严重的予以注意，予以阻遏。

阻遏的具体方案，我们希望物资管制当局考虑。据我们知道的有几点是可以遏止这个狂流的。如（一）对原料的补充、分配，尽快计划妥当的办法。例如棉花，陕棉固已运来不少，可是鄂棉的抢运量还不到百分之二十。不可以说，就地收放已足，应大量的运向后方来。（二）对生产都应予以较好的待遇。如平价米的供应，以及厂地不同的转运等等费用，也应该由征购者予以补助之款。（三）对劳动者的管制应予加强，防止技术工人的流动。（四）成品管制不可专重形式，还应注意实质。（五）维持法定工资，禁止随便提高。这些事态，都是遏抑"生产逆势"应有的措施。可是说来容易，作起来在技术上如果不妥，也许正和过去许多管制事态一样，会发生不少的流弊，甚至其效果还比"不作"为低劣。这个"行政技术"是一切行政好坏的关键，是值得充分考虑的。在行政技术上以及方法上有了把握，阻遏"生产逆势"的狂流才有若干的希望。

发国难财者自赎之道*

（一九四二年十月十七日）

国是一个人群安身立命的组织，所以一国之兴亡盛衰，也就是这一人群的兴亡盛衰。这理由很简单，稍有知识者都能明白。明白尽管明白，但真能视国事如己事者恐怕要占百分比的少数。我们实事求是，不必多唱高调；可是国民对于国家起码的责任，必须担负，纵不能捐身以报国，也不应损国而为己。中国遭逢空前的侵略，国人奋起抗战，这是我们这一代的生与死、荣与辱，下一代的自由与奴役，以及全人类的正义与暴力、光明与黑暗的伟大之斗争。那么应该所有的辛苦大家共尝，所有的危难大家共当。除了丧尽良心的汉奸外，每个中国人，不会没有这样的感觉吧！

为解除侵略痛苦而战争，战争的本身却不免于痛苦。战时痛苦必须大家忍受，按理任何人不能有享乐的生活，换句话说，有钱的出钱，有力的出力，才算是同赴国难。不错，五年来我们将士的流血牺牲，民众的颠沛流离，造成多少可歌可泣的故事，才获得今日举世钦仰的地位，确是中华民族至高的荣誉。然而惭愧得很！我们也实在不能否认有若干人反因国难而发财，他们不但未受战时的痛苦，甚至穷奢极侈，超过平时的享受。

国难是大家蒙难，为什么能发财？第一个罪恶是投机，第二个罪恶是居奇。两种罪恶都不能不归咎于商业性的行为。平时谋什一之利的商人，战时至少想对本对利甚至于一本万利，这无异于剥削众人，也就是损害国家。利之所趋，效尤者众，大家都想发国难财，物价安得不高？物价高出不应高的范围，一般劳力就随之增高身价，地主的农产物变成了普通的商品，而永追不上战时生活水准的薪给者，也迫而同流合污，谋以自存。于是物价愈高而投机居奇者愈发财，投机居奇者财愈发得多，物价也就愈高。我们痛快地说，这是当前的危机！

大家想想：抗战五年的光荣，出于我们心血的培养品，能不能让这不合理

---

* 此文系作者为重庆《时事新报》撰写的社评。——编者注

的罪恶所摧毁？再想想，伪组织汉奸之流认贼作父，一口一个"皇军"，一口一个"大日本"，还有没有丝毫的人味？我们是不是只贪一时之享乐，使我们后世子孙，永作他人的奴隶？如果我们的良心不死，发国难财的人们就应当不寒而栗，应当痛切悔悟，而求有以自赎之道！

抗战以来，政府体念民众的负担，不曾过分加税，对于农民地主也不过改征粮食。战时发行的公债次数既不多，数额也不大。即以民国三十一年同盟胜利公债十万万元与同盟胜利美金公债一万万元而论，还是以美国借款五万万元作基金，前者为派募，后者仍为劝募。发行公债就是向人民借钱，指定可靠的收入作担保，按期支给利息，在一定期满以后本息归还，实际等于储蓄。我们知道战争胜利的成果，本是后代子孙世世享受的，现在我们购买公债，将来由子孙收回本息，也就等于留给子孙的遗产。

发国难财者要不要自赎呢？丰衣美食声色犬马的生活之外，是否顾及子孙的将来呢？我们借箸代筹，似乎以购买及推销胜利公债是他们自赎最好的途径。第一，利用国难机会而得来的有余财富，依然借给国家，以供战时的费用，良心既安，功足掩罪。第二，政府因公债之畅销，增强经济活力，一旦胜利早临，他日本息归还，仍为本身及子孙发展事业的资金。我们要以今年胜利公债的销路，来判断战时富翁们激发天良的程度！

川康营业税接办及调整经过纪要[*]

(一九四二年十月)

一、绪论

接收营业税原定民国三十一年一月一日实施,川康直接税局于上年二月初奉部令接收,遵照总处指示步骤,先向省政府张主席接洽,于十二月十三日谒之于嘉陵新村四号行邸,当将本局接收方针摘要陈述,张主席颇为首肯,惟谓川省营业税自民国二十五年开办以来,历经变迁,自有许多应行改革之处,但须行之以渐,以免更张太骤,影响税收。并谓详细节目,可与财厅甘厅长商酌办理,嗣即电甘厅长约定会谈日期,适伊于年底因公来渝,本人访谈之余,乃于十二月二十九日由总处高处长约与面商,当经商定接交办法九项,允于返蓉之后,即提省府会议施行,嗣经数度交涉,复与四川省营业税局王局长子骞谈商拟定于三月一日移交,当即准备手续,如期接收。

至于西康方面,宁雅两属与康定情形又有不同,宁雅两属仿照川省办法,由县政府代办,康定则有边关税之设置,其性质与营业税有别。先令康定、雅安、西昌三分局与康省府及有关机关商洽。亦因川省方面,接收事项颇多曲折,须川省办有眉目,始可进行西康。中经数度商洽,于本年五月一日由西康省府正式移交。

川康范围辽阔,人事繁复,且为中枢所在,执行政令之际,一方须积极进行,同时须妥为洽商,不可操之过急,致碍情感。幸赖层峰指示主持,逐步进行,接收之事虽稍延时日而能顺利解决,使收数最多事务最繁之川省营业税与远处西陲情形特殊之康省营业税,均划入国家财政系统。

---

[*] 此文发表于《直接税月报》第二卷第四、五、六期合编。——编者注

二、接收前省管理时代概况

查四川省营业税局成立于民国二十五年一月六日，直隶于省政府，受财政厅之监督，设有十四个分局，计特等分局二处，为成都、万县；一等分局三处，分泸县、宜宾。内江；二等分局五处，为乐山、涪陵、资中、遂宁、南充；三等分局四处，为绵阳、合川、江津、自贡；合计为十四处。分局之下，设稽征所，计全川有一等稽征所十七处，二等稽征所五十处，三等稽征所三十三处，四等稽征所十六处，合计稽征所一百十六处。所之下设有征收处，分为一、二、三三等，计一等征收处八十四处，二等征收处一百五十四处，三等征收处二百二十二处，合计征收处四百六十处。

重庆市又设有一稽征处，在系统上系归重庆市政府管辖，在事实上则由省营业税局局长兼任处长，内部员工亦由省局人员兼办。接收之际关于省局部分，须向省府洽办，关于市处部分则为市府及市财政局洽办。

关于人事，省局设局长一人，副局长一人，下设二科四室。第一科分为三股，一督察股，二总务股，三事务股。第二科亦分三股，一税收股，二出纳股，三调查股。四室为秘书室，会计室，审查室，视察室。另于视察室内，设人事股。分局设分局长，稽征所设所长，征收处则设经收员一人以主持之。接收以前，四川营业税局全体人员名额为二千九百二十一人。

关于经费方面，据接收前省府原编民国三十一年度经临各费概算，内经常费为四百零三万八千三百五十三元，临时费为一百八十二万一千六百四十七元，合计为五百八十六万元。经常费中，省局为八十三万九千二百一十三元，余为各分局、各稽征所及乡镇征收经费。临时费中计分七项，为：一，疏散防空建筑费，二，印刷费，三，服装费，四，行栈代征手续费，五，罚金提奖，六，解款汇水及旅费，七，警察协助催征津贴。关于税收方面，自民国二十五年开办以来历年实收税款，分列如次（单位元）：

民国二十五年度	853,797.19
民国二十六年度	2,840,195.55
民国二十七年度	8,388,303.98
民国二十八年度	13,580,814.84
民国二十九年度	30,597,011.33
民国三十年度	92,651,953.82

本年接收前省编民国三十一年度岁入预算数，则为八千四百万元。

关于业务，四川省营业税之征收，系根据民国二十五年三月财政部修正公布之四川省营业税征收章程暨民国二十六年十月一日省政府公布之四川省营业税非常时期暂行办法与非常时期征收标准办理，共征课标准分为两种，一按营业总收入额，一按营业资本额，每业限用一种。前者按月征收，后者按二、六、九各月每四个月征收一次。其不定期及短期或临时营业者以每次营业之卖货总额计算一次征收之。关于税率，中经数度变迁，在接收前已遵照民国三十年九月二十六日国民政府公布之修正营业税法之规定，以营业税总收入额为标准者，征收其百分之三；以营业资本额为标准者，征收其百分之三。所有税款俱由营业税各级机关直接经收，征入代理省库之四川省银行。直接经收之外，在省府管理时代于民国二十七年九月尚订有各业行栈代征营业税取缔规则。凡营业人经由有经纪行为之各业行栈居间买卖者，其应完之营业税，由各业行栈代征代缴。其代缴营业税之行栈，得于税款内扣取百分之五手续费。此种办法，本于便利商民之中，兼有取缔之意，流弊所及，乃有"官设行栈"之衍生，依例扣取百分之五为手续费，殊失征课正轨。

以前办理营业税人员，最重"比额"，此因为奉行功令达成任务之标准，此外尚有一实际之原因，则为"超额提成"之规定。盖在前营业税局时代，各分局所以及征收处之经费预算，为数过少。按照民国三十一年度省编预算之规定，特等分局每月办公费只有一千七百四十元，一等分局七百二十元，二等分局三百四十八元，三等分局二百四十五元。一等稽征所二百四十五元，二等稽征所二百零八元，三等稽征所一百六十元，四等稽征所一百三十四元。征收处之每月办公费，分为九十、八十、七十、六十、五十数级。上自特等分局，下至普遍民间之征收处，其每月额定之办公费仅有此数，在今日物价高涨之下，较之实际需要，岂非相差太远。然而参加营业税之人员，上自分局长，下至经收员，仍能四方云集数达三千者，即因有超额提成、乡镇提成以及罚金与代征手续费种种办法，足资挹注。其经费预算，不过为一种记号，有若无，实若虚，早失去预算之本义。在经费方面既失掉真实性，表面徒见其少，在税收方面亦失去其真实性，表面徒显其多，而不知经费之负担，则已潜移点运，侵蚀税收之大部。且此项提成在办税人员，已认为其各个人应得之好处，尽量朋分，其挹注于办公费者，究属有限。于是各层机构，对于办公处所，公用器具种种设备，均极简陋。机关有附设于茶馆者，家具有租自私人者，甚至必需之桌凳床榻，均付缺如，自然影响于工作之纪律与人民之视听。其因此而造成之贪污行为，乃成为愈惩愈多，滋蔓难图之现象。

三、会商交总办法之内容

川省营业税交接手续，系根据本税与川省财政厅甘厅长会商之交接办法，原文共分九项如次：

（一）此次部省对于营业税之交接系属管理权之移转，所有机构除总局仍旧或改为川渝区局或不设须经呈部核示外，其余仍旧。

（二）原有营业税局人员及省财政厅办理营业税人员依照移交清册一律加委，其办理结束人员须于结束任务完成后，分别到部局工作。

（三）属于民国三十年度应收未收之税款全数划归省库，民国三十一年度起应收之税款全数归国库。

（四）民国三十一年度营业税各局经费及财厅办理营业税结束人员薪俸及办公经费，由国库开支。

（五）部省双方仍以一月一日为交接日期，至实际接办时间应依命令手续之事实可能，分别尽速办理。

（六）关于民国三十年度以前会计整理结束事项，依据国库结算规定于民国三十一年度三月底以前办理清楚。如有特殊案件，事实上不能如期清结者，得酌延期限，专案办理。

（七）民国三十一年度营业税各级机关经费由部统筹编订，以应实际需要。在新预算未经颁布实施前，暂照民国三十年度十二月份川省府原定经费预算数，由国库支给。

（八）民国三十一年度起各级员工待遇在新办法未颁布前，仍暂照省府规定办理。

（九）民国三十一年度起税款缴库办法在新规定未颁布实施前，仍照旧暂由原经收机关代收。

根据上列九项原则，首须解决者，即为原省局之改制问题。秉承部处方针，以重庆市原有市稽征处之组织，且税收特巨，乃成立财政部重庆市营业税处，归部处直辖，其地位与省局等，划于川康直接税局之外。至成都营业税分局全年岁入预算在三千万元以上，责任重大，仍予保留，无庸与成都直接税分局合并。此外则一律合并，改称川康直接税局某地分局字样。方针既定，均于本年三月一日实行。

四、接收手续之拟定与实施

根据会商交接九项办法，复由总处规定接收四川省营业税手续八项如次：

（一）接收项目为印信人员票照文卷簿册表单财产物品暨自本年一月一日起至接收前一日止税收与经费收支清册。

（二）总局及其所属各分局、所与渝市稽征处分别接管，先通知原任王局长于事前将总局市处人员及各分局所主管长官分别造册送洽，连同其他应行移交项目，经洽定后，总局及其所属各分局所部分，由川康局接管；渝市处部分，由总处接管。

（三）总局部分由川康省局派员接收，所有人员即分别调在省局工作，其须继续留办移交者，俟办竣后到职。

（四）各分局所之接收，由川康局先就原任分局长与所主任分别加委，并就所在地川康原有分局所分别派员监交，其所在地无本税分局所者另就临近局所中，指派委员，前往监交。事前并应由川康局崔局长会同原任王局长会衔令知交接办法，并慰勉照常工作，迅速办理交接，积极推进税务。

（五）接收渝市稽征处以原任王局长为渝市营业税处处长，由部加委，并派员监交。

（六）处局所接收后应即改称名义，并由部局分别颁发印信。在新印信未到达前，暂仍借用旧印信。

（七）处局所接收后，渝市稽征处工作人员由总处加委，各分局工作人员由川康局加委，暂支原薪。

（八）接收以后应由川康局将新颁缴税办法公告，并确定实施日期。

遵照上项办法，逐次实施，顺利进行。其中改革工作最重要者，首推缴纳税款厉行公库制度。斟酌实际需要，经规定营业税税款临时缴解办法六项如次：

（一）在设立国库或其他代理机关之地方营业税税款一律由纳税义务人，持同税款迳自缴库。

（二）在未设立国库或其他代理机关之地方，委托直接税原有经收税款之邮局代为经收，按旬汇由邮汇总局，汇缴国库总库。

（三）在未有经收税款邮局之地方，委托未代理国库各省银行之分支行处或其他金融机关，代为经收，按旬扫数解缴附近之国库机关。

（四）在未有省银行之分支行处或其他金融机关之地方，则委托当地商会或同业公会，代为经收，按旬扫数解缴附近之国库机关。

（五）在原无代理国库之地方，如陆续设立时，前项经收机关，即停止代收税款。

（六）国库机关以外之经收费用，由国库主管机关核定发给之。

厉行公库制度，为中央接收营业税后之重大改革，并为其他一切改革工作之枢纽，自接收之日起，即日施行。

五、接收后机构之调整

本局接收营业税后，根据部处政策与实际需要，进行各分局所机构之调整，用符统一事权节约开支便利行政之旨。查川康直接税局原有十九分局，在西康者三分局，余十六分局均在四川境内。初步之调整，成立二十九分局，其方式有五：

（一）仍行保留原有组织及名称三处。重庆直接税分局仍办原有业务，关于重庆市营业税，则划归市营业税处办理，直属于直接税总处。成都直接税分局仍办原有业务，关于成都市之营业税则仍由成都营业税分局办理，但属于川康省局。于此有应注意者，即成都辖区之查征所，均划归成都直接税分局管辖，成都营业税分局仅辖成都市区。至本年十月底，成都营业税分局亦并归直接税分局。在重庆方面直接税渝分局所管之各查征所与市营业税处所管之各征收处，初属分立，其后则分别统一征收。

（二）将原有营业税分局并入直接税分局者，计有万县、涪陵、合川、南充、遂宁、泸县、宜宾、乐山、内江、自贡、永川、江油、绵阳等十三处。

（三）直接税有分局营业税无分局仅有稽征所而合并于分局者，计有灌县一处。

（四）直接税无分局仅有查征所，营业税有分局，而将所局合并，成立直接税分局者，计有江津、资中两处。

（五）直、营两税皆无分局，仅有一所或两所，而改设分局者，计有云阳、达县、彭水、綦江、叙永、邛崃、阆中、广元、富顺、广汉等十处。

以上共计二十九分局，连同康属三分局，合计三十二分局。嗣因合江、犍为两查征所税源日旺，亦经改设分局。最后则为充实机构调整辖区便利管理增辟税源起见，复增设眉山、三台、简阳、隆昌、广安、丰都等六分局，至是川康省局所辖分局，总计有四十处。

分局以下之查征所，在接收以前计有十九处，至最近止，以县为辖区独立设置人员之查征所计有九十五处，其与分局同在一县市因税源及货运之关系亦设有查征所者，计有十四处，合计一百零九处。所有营业税原用之稽征所名义，一律改称。

于此九十五查征所中，复划出三十一处（原全为三十二处，惟雷波一县，尚未设所，实有三十一处），为培养税源。其标准为年收在十万元以下者。概属边远贫瘠之区。特由总处规定工作纲要八项，其主管人员之考成，不以税收之多寡为标准，而以协助办理地方生产及公益事业之成绩为标准。每所人员名额，不得超过四人，而待遇及办公费则为之提高。所在地点如次。

双流	开江	大邑	蒲江	丹棱	名山
青神	峨眉	峨边	马边	井研	西充
蓬溪	罗江	平武	北川	新繁	崇宁
茂县	剑阁	南江	通江	苍溪	仪陇
古宋	典文	庆符	珙县	石柱	城口
监亭	雷波（尚未设所）				

此种办法，所以矫正过去营业税人员重视比额漠视税政之积弊，同时为贫苦区域之民众减轻诛求，并协助其文化生产事业之发展，于保护民力之中，兼寓培育税源之效，川康区已遵办。

所以下之征收处，从前订有乡镇提成办法，即每征起税收百元即可坐扣二十元，以作征收费用。各征收机关，以经费预算过低，恃此滋挹注，以故设立颇多，弊端百出。本年该项提成办法取消，经费太少，当由总处决策，凡乡镇营业税征收处所，除税源丰富每月收入能超出全部经费十倍以上特案呈准暂予保留者外，其余征收处一律撤销！以后各地乡镇营业税之征收，经规定乡镇营业税稽征办法十四条，通饬各分局所遵照办理。前四川省营业税局原有征收处四百六十处，遵照部处命令，除二十二处划归渝市处外，计裁撤四百一十三处，连同康区所裁六处，实共裁撤四百一十九处。

六、接收后人事之整饬

营业税接收后，首先厉行公库制度，以树立新风气，次则对于人事制度，着手整理，其主要方针有三：

（一）从前为推荐制，此后为考训制。接收后所有以前因推荐而任用之人员，逐渐予以考训之机会，使与直接税原有之人事制度，融为一体。

（二）川康辖区既广，单位众多，人事繁复，考察推进，有赖于健全之视察制度。关于视察方面，以前偏于形式的，此后则注重实质的。所有派出之时期、地点、任务以至旅费之报销，均重新规定，废除以前定区定额有名无实之积习。

（三）关于会计方面，以前为分离牵制的，此后则为分工辅助的。在技术与责任上，会计人员须有其完整性，但在税政与税务上，会计须能辅助业务之进行与开展。而在人事管理方面，须受分局长之指挥监督。

依据会商交接九项办法，原有营业税工作人员，均予加委。惟在机构方面，既有合并增减之情事，当然影响于人员之配备。始就高级职员而论，其初步调整之方式，即有下列六种：

（一）继任分局所长者；

（二）调任分局所长者；

（三）调总处工作者；

（四）调省局工作者；

（五）调市处工作者；

（六）调渝另候任用者。

如此一交一接，一迁一调，更有因职地之不宜人事之牵缠，不得不再迁再调者，在积年惰性交通困难之条件下，关于人事之调整，乃大感困难。多方督饬，犹有不逮。

初步调整之后，即继之以调训。于时本部适有财务人员训练所之开办，在第一期调训人员中，川康方面应调之营业税人员，即达七十名之多。以人事整饬之需要言之，诚属要政，但在各分局所正事交接整理业务之际，三分之二以上之负责人员又须离开岗位，放下任务，勉强觅代，来渝受训，实有顾此失彼之感。但为整饬人事树立考训制度起见，仍遵照部令，尽量抽调。参加五月一日开学之受训人员，计有营业税原任之分局所长股长等，数达六十人之多。至六月中旬始毕事离渝，陆续返防，其中因受训成绩不良，停止学籍，因而停职之所长，有十四名，又须为之补充。

从前营业税习惯，各分局所长，无论对于经费，对于人员名额，均不免有包办之意识。预算所定之人员名额，乃系表示一种限度，至实际委用，应随业务之需要，量为增减。但过去各分局所，于任用则务使足额，于报册则必求充数，至实际上是否有如许人员，则在不可知之数。本局接管后，为整饬人事计，乃厉行下列五种工作：

（一）令各分局所按期确报实有人数。

（二）超过定额者，限令裁减，停发薪津。

（三）就实有人员中，进行质的考核，分别提升或裁汰。

（四）新用人员，必须遵奉考试制度。

（五）责成辖区分局长及视察人员，作实地之考查，点名发薪。

但因川省范围太大，单位太多，而视察人员又不敷分配，尚未作到理想。

此外会计人员，从前自成系统，名义自称超然，但在实际，并未收控制之效，反成对立摩擦之形势，接收后极须改变此种心理。会计人员在行政纪律上，须受分局长之指挥监督，并将各所之会计人员，集中分局办公，业经全部实行。

七、接管期所遭遇之困难及其克服

国家规定政策，其事甚简，而实际执行，则因人事之不齐，条件之缺乏，惰性之蔓衍，交通之迟滞等因素，发生许多困难。本局接收营业税，在此转型期中，所遭遇之困难，举其大者，约有下列十二端：

（一）人事变动之频繁；

（二）人力补充之不易；

（三）合并或创设所需物力之艰巨；

（四）改制后人事造报之周折；

（五）坐支与提成取消后经费所感之拮据；

（六）坐支经费在年度上之混淆；

（七）新缴款书印制分发与使用之劳费；

（八）公库设置与通汇机关之未能普遍；

（九）交代案件前后任之牵混；

（十）交代未清负责人之无着落；

（十一）接交到达之迟缓与根本不到；

（十二）提成取消后之擅自提成与未经核准之擅自提奖。

此外在人事上、经费上、经征上所发生之困难，更仆难数，经办人员虽穷日尽明，犹虞不给，此乃事业改革之过程中不可避免之现象。吾人惟耐心竭力以赴之，关于整理步骤，亦分十二端如次：

（一）经征与经收之分立；

（二）税政与税源之注重；

（三）调查与审核之分开；

（四）经费与税款之厘别；

（五）经费之尽量增加；

（六）人力之积极补充；

（七）交代案件之赶速清结；

（八）会计积案之决心清理；

（九）控告案件之严格考查；

（十）征收处之裁撤与官设行栈之取消；

（十一）征收成本与人民负担之考虑；

（十二）纵的统属与横的联系之加强。

根据上述方针，逐项推进，先就税收较巨之分局及查征所入手，幸赖层峰指示与各级工作人员之协力，得以渐入轨道，在历月税收数字上，已足表现初步之成就。

八、接管后税务之进展

查民国三十一年度省政府原编岁入概算，为八千四百万元。接收后奉部处分配岁入预算，计川康全区共负担二亿元。嗣因渝市营业处分立，将岁入预算，划出七千八百万元归渝市处负担，川康省局所应负担之营业税预算数，全年共计一亿二千二百万元，截至本年九月止，查征数合计已达一亿零三百二十一万五千零八十一点六三元，计达预算数百分之八十四点六，预计年度终了，定能超过预算。（附表）

至川省各重要城市营业税接管调整前后税收之比较，亦可见进步之迹。例如自贡分局，接管前一月至四月，各月税收合计为九十七万五千元，每月平均数为二十四万四千元。至调整后之税收，由五月至九月，税收合计三百五十一万一千元，每月平均数七十万零二千元。前后比较，计合百分之二百八十八，约增三倍。其他各重要分局，其增收指数，最低亦达百分之一百二十三。（附表）

九、结论

川省营业税接收及整理经过，约如上述，至西康方面，大体规抚川省办法。惟边地苦瘠，商业远不如内地之盛，为事既简，推行亦应审慎。至川省方面，地处大后方之中心，土广民众，商贾骈阗，加以物价高涨，各业之营业收入额，莫不与日俱进。诚能多方控制，严密稽征，必能为战时国库增益大宗收入。

惟川省营业税，亦以范围太广单位太多人事过繁之故，管理上之困难，亦较他处为倍蓰。欲期征课普遍，不得不充实机构，加强人力。但在今日，添设一机构，无论为分局，为查征所，所耗费之财力与物力，至可惊人。至于人力，量的补充，未必即系质的增进。以今日生活之压迫，士风之不淳，人员之流转，以及教育素养之贫乏，有人未必能办事，办事未必能收效，而稽征之事，处处与金钱发生因缘，人员之操守，服务之风纪，时时刻刻，均在提心吊胆密切注视之中。临深履薄，不足喻其严重。值此抗战艰苦时代，计惟有多耗血汗，以报效国家，至于个人之功过，则非所计及也。

民国三十一年十月
记于川康直接税局

附表：四川省各重要城市营业税接管调整前后税收比较表
（接管前各月平均数=100）民国三十一年十一月编制

地区	接管前各月税收合计		每月平均数	调整后税收合计		每月平均数	百分数
	期间	金额		期间	金额		
自贡	1~4	975,000	244,000	5~9	3,511,000	702,000	288
合川	1~3	535,000	178,000	4~9	2,150,000	358,000	201
叙永	1~5	537,000	107,400	6~9	1,061,000	265,000	247
隆昌	1~6	433,000	72,000	7~9	580,000	193,000	268
合江	1~4	613,000	153,000	5~9	1,417,000	283,000	185

续　表

地区	接管前各月税收合计		每月平均数	调整后税收合计		每月平均数	百分数
	期间	金额		期间	金额		
遂宁	1~4	389,000	97,300	5~9	906,000	181,200	197
南充	1~4	627,000	157,000	5~9	1,346,000	269,000	171
宜宾	1~5	2,502,000	500,400	6~8	2,677,000	892,300	178
泸县	1~4	3,279,000	819,000	5~9	6,492,000	1,298,000	160
乐山	1~4	1,169,000	292,000	5~9	2,102,000	420,000	144
内江	1~4	2,546,000	636,000	5~9	3,912,000	782,000	123
万县	1~4	2,133,000	533,000	5~8	2,681,000	670,200	126
重庆	1~9	43,616,000	4,846,000	10.26	7,733,155	7,733,155	160

纠正平价的错觉*

（一九四二年十月二十六日）

平价问题的讨论，现在已经再燃了。可是过去讨论平价问题的理解，除开真正对统制经济政策有研究的人以外，大多数是具有一串的错觉，这一串的错觉不纠正，讨论必然没有结果，那么"后之视今"也一定"犹如今之视昔"。问题的解决，恐怕又要"以待来年"。

最大的平价的错觉，以为可以枝枝节节去平价。自以为这是切实，这是从曾文正公的"小处下手"。一点一滴主义在某些工作中自可应用。"行远必自迩，登高必自卑"也不容加以曲解。物价是整个大范围的生活循环圈中间的一个现象，本质上是各种各样社会经济生活的映影，本身绝不是一个单纯的事件，所以你没有方法像做普通的事一样，做一步算一步，办一点算一点，一点一滴主义碰到平价工作的壁垒上一定粉碎，不会成功。"行远自迩，登高自卑"的行动哲学，是指一个单纯工程的工作次第，并不是不计全程，乱跑一顿。所以曾文正公的"小处下手"，必须"大处着眼"。断章取义，百事不成。平价工作，是要控制一切物价因素，枝枝节节绝无成功之理。

第二个错觉，是以为应该用紧缩政策来平价。脑筋中只看到了一面，以为通货一紧缩，百物价格不平自平，一切事业皆可停止，生产事业的农、工、矿都应该收束。真在为此，正好像治肠胃病的医生，劝病人绝食一样，果真有如此的医生，又有如此的病人，只有绝食而死。今日如果我们抱着这个错觉论平价，也是等于绝食。一切物品没有生产，还抗什么战！当前的问题，必须转向加强生产、节约消费一条路上去，而不可以笼统的走紧缩的错路。

第三个错觉，是就平价而办平价工作。上面已经说过，物价是经济生活大循环圈中间的一个现象。平价必须控制一切与物价有关系的各种因素，所以平价工作必须能够控制社会生活的全面。仅仅抱着平价的灵牌而做平价工作，自

---

* 此文系作者为重庆《时事新报》撰写的社评。——编者注

没有成功的可能。必然的，需要统筹全局，有控制一切生产消费活动的全权。罗斯福总统那句："过去之经验，证明吾人必须先有全盘之统制，始能对价格作普遍的控制"实在有道理。而德国经济总监之必须指挥一切军事经济、军工生产、粮食农林、财政乃至国家行政各个机构，成为至高无上的经济一元机关，绝非无见。我们并不一定要学他人，正因为中国经济情势的散漫，一切行政工作应集中在平价上面，则是正理。因此，我们以为千万不可以就平价而平价。大家一齐动员，才能有结果。所谓大家动员，政府各方面固需要协作，人民团体、个人也是一样，我们尤其主张起用合作社，修正合作社不对外交易的条文。

上面三个错觉，是平价检讨工作心理上的"三害"，去此三害，正确的平价方案才能够产生。不过话说回来，有了正确的平价方案，必须严厉地施行，凡足以妨碍平价政策的，都应受国法的惩处。至盼政府不顾一切，采取断然的处置！

学术与财政*

（一九四二年十一月十五日）

一

学术与财政的关系，大体可分为三个方式：一个是属于批判的（critical），一个是属于解释的（descriptive），一个是属于创设的（constructive）。追溯历史的发展，大体亦可依此而划为三个阶段。当专制时代，以财政为剥削民众的手段，集多数人的供奉，充少数人的享乐，办理财政，用不着学术，只要工心计，擅聚敛，于事已足。此不仅古代为然，降及中世，亦复如此。此时在学术方面，对于财政，倘有论列，大抵是批判的、谴责的；纵有主张，亦多属于消极的。此阶段之财政理论，勉强比附于财政学，亦可称之为"财政病理学"（fiscal pathology）。

嗣后，国民经济逐渐发展，国家政治亦有进步，财政形态，不复如往时之横征暴敛，多少有些轨道。但是财政形态，是要支配于政治与经济的基础的。在经济方面，看到资本主义的抬头，在政治方面，看到官僚统制的发展，在此氛围中所形成的财政形态，只能为特权阶层的工具，最大限度亦仅作到财政或征课的技巧，由"苛政猛于虎"的吞噬，进而为吸脂吮膏的朘削。科尔伯（Colbert）所称"拔最多的鹅毛，听最少的鹅叫"，就是说明这种道理。此时之财政方法，纵可比附于财政学，亦只能称之为"财政技术学"（fiscal technology）。

嗣后，政治方面由特权政治进而为民主政治，经济方面由资本主义进而为社会主义，政治和经济的基础，有了变化，于是财政形态，亦不得不随之变化。以财政的机能，实现民主政治的理想，以财政的机能，助成社会主义经济的发达。美国蒲徕恩老教授（Professor C. C. Plehn）于《苏联之财政政策》（*Soviet Policy in*

---

* 此文发表于《财政学报》杂志创刊号。——编者注

Public Finance，1931）一书中，所指称之"计划经济的杠杆"，（a lever of planned economy）很足以说明新时代所需要的财政机能。什么是杠杆，可以借用老子的话来解释，"高者抑之，下者举之，有余者损之，不及者足之"，此时代之财政学，可称之为"财政机能学"。

从纵的方面，追溯财政理论的发展，很清晰地形成这三个阶段。阶段的划分，不必一定怎样截然，事实上的参伍错综，自所不免。但自大数观察，随着政治经济的发展，自有此不同之反应。吾人不能以现代的眼光，衡量古人，亦不能以古人的成说，拘牵现代。黑格尔（Hegel）有言："暮霭低垂，古刹枭飞"，理论跟着事实，事实随着时代，时代错误，乃论事治学之大忌，不可不察！

二

古代财政与学术分离，凡涉及财政的理论，大抵属于批判的、谴责的，此不仅吾国为然，西方亦复如是。许多学者论到罗马的财政，曾有过这样的说法："一些长于组织的天才，引着他们想出很详密的征课制度。但是这种制度的计划与运用，并不在租税负担的公平分配，而在收入方面的有效的聚敛。征税之吏，百端勒索，驱其良民，多数为奴，因百姓之困穷，遂致促罗马之文明，卒归于凋绝"❶。这比《大学》上所说的"与其有聚敛之臣，宁有盗臣"，还要严厉些。薛赍时教授（Professor G.F.Shirras）也曾引证过一部纪元前三百年印度最古的涉及财政的著作 *Arthashastra or the Science of Wealrhy Kautilya*，这里曾讲过："国家课税，好比园中采果，一朝成熟，马上尽量的摘下来"。这和我们的古语"取之尽锱铢"，意思也是差不多❷。降及中世，桓宽所著《盐铁论》，一方是御史大夫的主张，一方是贤良文学的辩难，针锋相对，尽情批判，学术与财政的分立更属显然。可见当时王权时代，以天下奉一人，以万姓养贵族，针对这种现实，所以儒生学士，纷纷主张"财聚则民散，财散则民聚"，比较温和一些的说法，也要主张"节用而爱人"，"取于民有制"，对于当时的现实，这些理念，无宁是自然的反响。即在一百五十年以前，法国经济学者塞逸（J.B.Say）还有这样的主张："一切财政计划中最好的，便是少费，而一切租税中最好的，便

---

❶ H.L.Lutz, *Public Finance*, 1936，p, 9.

❷ 参照 G.F.Shirras, *The Science of Public Finance*, 1936, p, 13.

是少取"（The very best of all plans of finance is to spend little, and the best of all taxes is that which is least in amount）。一八三零年英国一位财政改革家帕奈尔（Sir H.Parnel）也曾主张过："除对内维持治安对外抵抗侵略绝对必需以外，虽分文的支出，都是浪费，都是对于公众不正当而压迫的诛求。"❶这种批判的财政理论，无论中外，支配历史最久。

  我们以现代人的立场，对于这些财政理论，怎样看法呢？这要从两方面着眼。一种理论，如果在当时站得住，对后世传得下，一定是针对现实观察犀利主张正确深合人心的主张。传到后世，虽说是时移世改，环境不同，所涵真理，总该值得后人的借鉴。"以古为鉴，可知兴替"，就像帕奈尔的主张，在今日中国，也颇值得吾人的留意。政治进步无论达到何等境地，也决没有奖励浪费漫事膨胀之理，这是一种看法。同时，又要随着时代，针对现实，对于传统的意识和理论，另作一番新估定。有的要洁长弃短，有的要加以修正，有的要根本扬弃，不可为古人的奴隶，受传统的束缚。昔贤所以主张节用，主张少取，大都有为而发，或值王权太盛，或值特权统治，在财政上不能不如此主张，对症下药。降至现代，政治形态则进入民主的阶段，经济机构则进入社会的统制，于是在财政理论上，亦发生一种革命的转变。对于课税，则根据"国民所得再分配"（The re-distribution of national income）的原则，尽量征课大额所得。对于岁出，则根据"集体支出"（collective expenditures）的原则，尽量扩大集体的支出，以代替个人的消费。英国学者罗布森 W.A.Robson（The Relation of Wealth to Welfare）教授，曾有过这样的名句："伦市飞烟，沁人肺腑，无贫无富，同归于黑"（When the rich man dies, his lungs will be as black form London's smoke as those of any other city dweller）。这就是说，人生福利徒恃个人支出的方式，无论如何富有，未必就能办得到。必由国家从集体福利着眼，而以集体支出的方式行之。荣则共荣，枯则共枯，社会愈发达，此种需要愈迫切，于此即不能再以传统的观念，仍持节用与少取的理论，阻遏社会的进步。

三

  往昔财政学术，既是分立，于是演成"士耻言利"的风气。一般士大夫把

---

❶ Hugh Daltion, *Principles of Public Finance*, 1936，p. 195.

理财一事，看成污浊的勾当，批判之不足，继之以憎恶，憎恶之不已，继之以隔绝，遂使学术与财政绝缘，理财之事，只有委之于一般贪诈巧佞之辈，遂使理财之事，日趋于污浊。中间纵有二三特立之士，欲图振拔，而狃于积习，亦不克收取善果。李恕谷在《颜先生年谱》中曾经很痛切的指摘过："宋人但见料理边疆便指为多事，见理财便指为聚敛，见心计材武便憎恶斥为小人，此风不变，乾坤无宁日矣"！这真是独具炯眼洞明世变的主张。不佞尝拟理财于治水，"水是下流的东西，可为人利，可为人害，惟财亦然。治水的人，先要不陷于水，能使水由地中行；亦犹理财的人，先要不陷于财，能使财由轨内走。如果治水的人，先陷到水里，任凭水的威力，淹没庄村，便不配叫做治水。同样，理财的人如果先陷到财里了，任凭财的威力支配人生，怎能还叫做理财"？（参阅本年八月八日《大公报》载拙著《理财与养耻》)，我以为这个比喻，倒还恰当。你一定说财是好的么？试看社会上种种寡廉鲜耻败德丧名愤世误国的行为，多半从财上起。你一定说财是坏的么？则天生五材，民并用之，缺一不可，国家庶政，非财莫举，什么事业不靠着财？财犹水也，善用之则为人福，不善用之则为人祸。为福，财不任德。为祸，财不任怨。全看吾人运用如何！以前将学术与财政，打成两截，将士人和理财，弄成对立。这些意识形态，是要根本打破。务要作到以士人理财以学术善政的理想，而后国家财政，方能有划时代的展进。

"毕竟是刘晏理财，独具炯眼，不用税吏，而用士人。重视理财的工作，提高理财的品格。所有理财方面的重要工作，都要选拔通敏精悍廉勤之士以担任之，吏惟使其司文书而已。因为士人是名重于利，虽说钱是好的，但是读书重品的士人，总觉着名誉比金钱还要重要，不愿因为要钱，随便把名誉糟蹋了。先把理财的品格提高，叫他站在高处，自然不肯往下流走。办的人干净了，所办的事也就随着干净了。所以今日改革财政，第一要严格树立财务人员的考训制度。重士以清其流品，公开以杜其偏徇，考训以淬其风尚。重士乃能养耻，养耻乃能理财"，这是改革财政最基本的工作。（参阅拙著《理财与养耻》）

若论理财的技巧，士人也许赶不上税吏。尤其在今日社会，一般教育太差，腐恶势力未净，以纯直坦白之学人来办财政，当然免不了许多扞格难通之处。而在学人方面，生平惯于书斋学府之生活，一旦令与乌烟瘴气诈伪百出的俗世相周旋，自然也有些不耐。国家于此，倘不能认定指针，把定归柁，稍微有些动摇，以为财政这套玩艺，毕竟不是一些士人所能办得好，还是找那些税吏式的巧黠之辈，倒还可以适现时而收速效。这样，将使一国之财政，永远不会与学术合流，仍自拘囿于旧窠臼，不会走入新时代。

近代政治家以曾湘乡最能认识此点。所有用兵理财行政各方面，所需要之人才，一以"拙诚"为指归。对于罗罗山诸先贤讲学穷檐，出任艰巨，鼓舞多士卒建丰功之精神，推崇备至。拙者不取巧，诚者不诈伪，此皆学人之所长，而猾吏之所短，转移风气，非此莫由。欲使财政与学术相融合，自当以"理财重用士人"为第一义。

"文官服务制度"（civil service system）以英国施行最早，且最成功。在一八七零年代，当时财相诺斯科特（Sir Stafford Northcote）锐意主持，遂使此种人事制度，在财政管理上，表现最大之成功。凡服务于财政方面者，均系以一定之学历公开考试而来。最近逝世之英国著名财政学者斯丹浦爵士（Sir Joseph Stamp）即系此中人物（a.m, civil service man）。凡服务于财政官署，均系具有学术素养之学人，以其正确之理论，精湛之技术，应用于计政，故能表现惊人之成绩。美国预算学家柏克（A.E.Buck）于所著《各国预算制度》一书中，特别指出"这是英国财务人员值得自豪的一件事"。理财以重用士人为归，学人以服务财政为荣，财政与学术打成一片，财政方有真实的进步。

四

笔者于民国二十七年夏财政部直接税处税务人员训练班第四期结业之际，曾提出"四风"的理论。当时直接税处的处址，在渝城山王庙十六号，旧名"四风会"。犹忆暂别首都，沿江西上，初抵渝州，税驾新居，门前壁上，犹能依稀见此四风会三个大字，不佞即:有所感触。乃于税训四期结业之际，提出直接税四风，以相勖勉。所谓四风：第一为学校之风，重研讨；第二为家庭之风，重亲爱；第三为军队之风，重纪律；第四为宗教之风，重信仰。四者相需为用，缺一不可，尤以办理新税为然。其首先揭橥者，即为学校之风。

所谓学校之风，第一个意义，便是：理财办税的人员，要尽量取给于学校，实现"重用士人"的理想。这一点在直接税已经做到，而且始终一贯，继续至今。我们不是说从学校里出来的人，都是好的。上过大学的，出过洋的，不见得就没有败类。但是这种用人的风气，是值得提倡的。自从民国二十五年七月一日筹备所得税之日起，即开始税务人员训练班第一班的考试和训练。大家离开学校,来到机关,名称虽有变迁,而其空气完全是学校的空气,而不是以前老衙门的空气。学校的空气不一定都是健全的。浮嚣幼稚的毛病,是要拿军队之风来矫正,见异思迁的毛病,是要拿宗教之风来矫正,但从大体说来,学校之风,总是纯质的、坦白的,活跃而富于朝气,这和旧日衙门之风充满虚伪暮气者不同。这是改革税风的关键。第二个意义,便是:从前为学与从政,打成两截,学校出身的,不见得有从政的机会,纵有机会,也多是学非所用,"舍其所学而从我"。现在我们要实行"学用一致",学什么、作什么。从政是治学的延长,机关是学校的试验室,在校所研讨的理论和技术,整个拿到行政机关来,采其可试用于实际者,即刻见诸实施,这样才能证明学理是否健全,而健全之学理,亦有及时脱颖的机会,不致久锁于学宫,与人世相隔绝。如此,学术奠定了行政的正轨,行政也就促成了学术的进步。第三个意义,便是:学校里所学的一套,总不外是个轮廓,是些粗枝大叶,精研深造要在实际从政的过程中,深体力行。我们把机关认成学校,一边作,一边学,从实际的经验中,走入深研的途径。地位高些的,应该负起师长的责任,年辈长些的,应该负起学长的责任。以先知觉后知,实现"作之君作之师"的理想。这样,当长官的责任自然加重了,也惟有这样,才能督促着上下同人一体努力提高行政的水准。尤其在这战时教育设备不完备的条件上,行政部门更要分担学校中所办不到的一部分的责任。从教授集团中拉入行政部门的人士,就在行政部门里,仍叫他负起一部分的教育责任,以救学校教育之穷。这于作育人材储备新军的关系上,影响甚大。不佞在四年前所揭橥的学校之风,随着时代的进展,而愈感其必要。李斯所称的"以吏为师",不可以人废言,现在从事行政的高级人员,真要负起为师的责任!如此则学术与行政,更能作到合流的理想。

学术不是空疏的,空疏的不是学术。代表一个时代的学术,总能适应这个时代的要求,不能适应的,也失掉了学术之时代的意义。吾国财政正期待着空前的革新,一洗数千年来对于财政的旧观念,展开新时代所需要的新体制,这就要看对于学术方面的努力了。

一九四二年十月二十四日于渝州

扫除假账运动*

（一九四二年十二月三日）

新中国的建立，最低要具备两个条件：一个是"法"的条件，另一个则是"数"的条件。换句话说，第一要全国上下都"守法"，第二要全国上下都"识数"。这两件事若能做到，敢相信，中国一定有办法、有前途，建国一定有把握、有成绩。因为我们这群民族，好几千年最大的毛病，就是不守法，还有一个，就是不识数。古代行法，"避亲，让贵"，"刑不上大夫"，法律只是给被统治阶层预备的，而不是给统治者预备的。统治阶层用不着守法，自然不会注意法，于是曹孟德的割发代首，竟播为美谈，诸葛公的依法治蜀，遂名垂宇宙。这里不是谈法律，我们不必多说。至于"数"，则更为我们民族所忽略。因为此方民族，得天独厚，生事所需，俯拾即得，物质的条件养成一般人不注意数字的习惯。于是古之大臣宰辅，如周勃、丙吉之流，以不知钱谷为高。而一般士大夫，皆以言利工心计为耻。一直到今天，还是到处残存着这种陋习。所以在清之季世，和外洋办交涉，随便一割，便是一大片。黑龙江以北，鸭绿江以东，伊犁以西，岭海以南，一割再割，此中究竟有多少方里？多少人民？多少富源？简直是没走心。对于"数"的观念，太马虎了。因为多数人不识数，于是少数识数的人，也就养成恶化的趋势。在公生活方面，则包办钱谷，伪造报销，欺君罔上，蚀公肥己；在私生活方面，则孳孳为利，锱铢必较，重利盘剥，伪造簿据。流弊所及，有数且甚于无数！

不识数的儒生学士，竟把圣人的教训忘掉了。古圣教人以六艺——礼、乐、射、御、书、数——数是何等的重要。至于实践，"孔子尝为委吏矣，会计当而已矣"。圣人也办过税，而且把会计管的很好。周礼"献民数于王，王拜受之"。孔子亦曾"式负版者"。负版，持邦国之图藉者，有所敬虽乘车必俯而凭之，所以重民数也，古人之重数如此。以后便不然了。汉儒重考据，偶尔还考据到数理。宋

---

* 此文发表于重庆《大公报》。——编者注

儒重理性，简直与"数"绝缘。一直到颜习斋、李恕谷，卓跞百代，标彪炳六艺，以"六府三事"为治学治国之大经，"数"之重要，始复为儒生学士所认识。輓近会计科学，渐次推广，预算制度，日见确立，而统计方法之应用，亦逐渐普及于公私各方面，于是吾民族，始由"无数"之迷氛，渐入"有数"之朗境。

黎明时代，照例是光暗参半。一面透着光，一面也残余着若干暗影。一些鬼魅式的行动，仍然在这些暗影的掩蔽中，大肆其活跃。尤其是在这非常时期，一方因为生活的压迫，有几个能够"君子固穷"？许多还不是"穷斯滥"，堕落了道德的水准，加重了诈伪的普遍，做假数、造假账，乃其方式之最主要者。另一方面，因为非常时期，造成经济的畸形发展。囤积居奇，投机射利，因势乘便，动攫万金。食欲之念与诈伪之情，相因而生。诈以济贪，贪以起诈，攫利虽厚，仍嫌不足，更欲饰诈，以益其贪，于是作假数，造假账，遂普遍于畸形商业之间，败坏国民道德，低减社会信用，阻碍工商管制，偷漏国家正供，减削抗战力量，影响建国大业，流弊之甚，更仆难数。当此胜利在望朝气方新的过程中，断不许这些鬼魅的行动、阴霾的迷氛，阻碍民族新生的前进。

造假账的，并不限于商业。落伍的机关、不肖的官吏，造假账的技巧，颇有许多惊人之处。这在澄清吏治，厉行计政，严格执行审计与考核，彻底惩治贪污与渎职的最高政策之下，总要予以肃清。至于社会上一般营利事业造假账的恶习，演到今天，已为世人所注意，急待政府和社会各方面，开始扫荡的工作。最近重庆市会计师公会同仁，有鉴于此，乃于日前纪念成立十周年大会时，提出"扫除假账运动"，以社会的立场，扬起改造风气之呼声，此于刷新民族助成建国之前途，关系至大。不佞谨以一学人之资格，首先赞助此项运动。并盼公私各方面，均能重视此事，多方助成，使吾民族之活动水准，由无数进而为有数，由假数进而为真数。

建国之重心在经济，而企业之重心在会计。无论工业、商业以及其他营利事业，第一要先有账，第二要先有真账。记载正确，系统详明，成败盈亏，历历在目。恃此以检讨过去，策划将来，补救缺陷，发挥优点。譬如航海，此为罗盘；譬如行远，此为指标，健全之会计制度，实为企业成功与发展之基础。若夫根本无账，或虽有而伪之营业，实在不配叫做营业，那不过是穿窬越货行骗使诈的下流勾当，如何可列入营业之林！这些勾当，乘此经济动乱时代，国家法制未周，社会制裁未密，趁火打劫，侥幸一时，在势又怎能持久。但是不正当的商业得意，正当的商业就要吃亏。无账或假账的商人占了便宜，有账且真账的商人就要吃苦。国家为保护正当商人，制裁不正当商人，应该严刑峻法，以消灭无账与假账的存在。正当商人为自卫起见，亦不容此害群的毒菌，蔓衍传播，以危害健全的企业基础。

扫除假账运动，其主要工作，可从三方面着手。在政府方面，厉行商账管制办法，无账的都得有账，有账的都得有真账。对于应有账而无账，或是虽有账而不免假账、巧账、烂账、混账的行为，不惜加以极严厉的惩罚。第二，在营业方面，一般正当商人，要能以身作则，为之表率，同时藉商会及同业公会的力量，对于同业，加以周密的督策与制裁。其违反此运动者，摈之于同业之外，断绝其交易，进而禁止其存在。第三，在社会方面，其关系最密切者，当为会计师之业务。会计师为企业之辅导，管账之师资，今既高揭此扫除假账之运动，必能收"子帅以正，孰敢不正"之效。一代之治，必由许多方面之策动淬励以启之，必有许多远见之士见义勇为以成之，行见在此胜利日近建设方殷之奋斗中，因有此扫除假账之运动，必能为新中国之建立，别辟一新生面。

扶持国家的重要安定力*

（一九四二年十二月二十二日）

　　中产阶级为社会的中层份子，亦即社会的中坚份子，这是近百年来，乃至近数百年来一般国家的通常状况。中国工业化的程度较低，所以国父说，中国没有大富，只有大贫与小贫的区别。在工业化程度高的国家中，中产阶级的存在，为社会中一个极大的安定力。凡是中产阶级人士愈多的国家，其国家亦必较为繁荣，较为安定。中国工业化的程度虽低，因为没有大富的关系，所谓的中产阶级，在社会中尤其占有一个特殊的地位。

　　因为中国缺少大资本家，所以中产阶级，尤其中产阶级中的前进份子，实有左右社会政治风气的力量。国父所领导的中国同盟会及中国国民党，其中的中坚份子都是这般人物。北伐前的准备与嗣后的成功，也是有赖于这般人物。

　　因为中国的传统习惯，政教不分，"学而优则仕，仕而优则学"，所以从政者多为知识阶级，也就是社会中的中产阶级或中层份子。这些人不仅可以影响社会政治的风气，而且在知识上实亦居于优越的地位。

　　因为中国的文盲尚多，"草上之风必偃"的古训在实际上仍然发生作用。一般民众的习惯、风气乃至于嗜好，都常随着中产阶级的习惯、风气以及嗜好而转变。职是之故，所谓的中产阶级，在中国社会中，尤其占有一个特殊的地位。他们不仅只是社会中的安定力，他们而且是社会的领导者。中国的社会是否进步、能否进步，都要以他们是否进步与能否进步为转移。

　　中国社会的中产阶级或中层份子至少包括下列各项人士：学校教职员、中下级公务员、从事于正当工商业的人士以及自由职业者。抗战五年余以来，受战时经济状况的损害最大者，也正是这些人。美国外交政策协会于本年十一月发表对现时中国经济状况研究的结果说："中国现时物价的高涨，对农工等阶级为害为利，专家的意见并不一致，但对中国的中产阶级或中层份子绝对有害，这

---

*　此文系作者为重庆《时事新报》撰写的社评。——编者注

却是专家一致的意见"。该报告并指出："中层份子在中国实居绝对的少数，惟因彼等的知识程度较高，技术知识较优，国家思想较富，故彼等对于中国国家的影响却甚大"。

我们所要申述的，正是该报告中所指出的这一段。在战争期中，人人必须刻苦耐劳，废除奢侈习惯，那是天经地义。然而现时中国的中层份子，绝大多数已降低生活水准，以至于影响到他们全家的健康与精神，以及他个人的事业与工作效率。假若这次只是有害于他们个人与家庭，乃至于他们的儿童，那还可以说不甚重要。在伟大的时代中，牺牲个人与其所有的一切以为国家民族，那是应当的。但是目前问题的重心并不在此。问题的重心是，历来居于中国社会中坚地位，为社会重要安定力，并一向领导社会的整个中产阶级，已有完全趋于没落的可能。这在战争期中以及战后，对于国家民族的损失与伤害，将达到何种程度，殊值吾人严重注意。

物价高涨与生活困难，那是战争期中不可避免的现象。但是战时经济的损害若果只集中于全国人民中绝对少数的、知识程度较高、技术知识较优以及国家思想较高的中层份子，因之而扰乱了整个社会的正常秩序，损害了国家最有力的份子与重要安定力，那是值得我们以全力纠正的。

现时中国中产阶级的厄运是国家民族的一个不幸的事件，其遗害不仅限于他们的本身。那么，我们对于中产阶级应不应该设法扶持呢？

一九四三年

论美国战时财政政策*

（一九四三年一月十四日）

本月十一日美国罗斯福总统向国会提出《代表作战最大限度计划》一千亿元预算，同时，复向国会致词加以说明，在他的致词中，有值得注意的数点：

第一，战时财政本来只有三种财源：一、增税，二、募债，三、就是通货膨胀。现在美国财政的重心在第二点。罗斯福总统说："吾人不能使租税之收入与预算中之支出，作同样迅速之增加，或仅以财政措施吸收由此等支出，而造成之一切过剩购买力，如此，吾人所需资金之筹措，大部有赖于增加借款……"这已很明显的说明了这一个预算案的重心所在。他又说："以往一切战费，均赖通货膨胀，故最大担负均加于最弱者之身，卒至酿成战后财政之紊乱"。他用数字指出："至本财政年度终了时，公债总额将达一千三百五十亿元，至一九四四年六月三十日，将达两千七百一十亿元左右"。这至少可以说明当前美国战时财政重心在于募债，但这不是说不要增税，也不要膨胀通货。以美国国富，而战时财政尚且需要当局极度的郑重考虑。中国战时财政的措施，当然更为艰困。但美国实际作战不过一年，而中国抗战已经五年半了，在这一点上，中国财政当局的苦心孤诣，是应当为国民所了解的。

第二，罗斯福总统很注重平准计划，他说："战时课税与储蓄之决定的政策，可以减少继续借债之数量，并支持平准计划，因而使战时一切问题，易于控制"。经济的平准，以物价的有效统制为一重要条件。反过来亦可以说，统制物价是经济平准的一种必要手段。美国全面的限价令已有效的实施，所以它的平准计划，必然可以贯彻。平准的思想在中国很早就存在，这不是政府与人民争利，而是政府调剂整个市场，使得其平。我们相信平准计划的实施，需要一个经济的政府。换句话说，就是政治的权力必须贯彻于经济的全面。中国全面的限价，即日就是实施之期了。似乎美国平准计划，与管制物价的关系，值得

---

* 此文系作者为重庆《时事新报》撰写的社评。——编者注

我们研究。虽美国经济情形，与中国完全不同，然在原则上必然可以找出共同点来，这不仅对于现时有迫切需要，而对于战后亦可能有重大贡献。

第三，战时财政财源的重心，固应适当的加以确定；而支出的重点所在，亦同样值得注意。本来战时军事第一、胜利第一，所以战时财政支出的重点，必然是战费的支出。罗斯福总统指出："余之主张即为一九四二年财政年度中，联邦政府百分之九十六之支出，均将用于支付战费及还债之利息，仅有百分之四用于一切所谓非战争之用途"。这种百分比的分配，值得我们将本年度预算对照一下。确然，中国抗战建国，正在同时并进，建国所需，可以说与抗战并重，所以中国"战费"一词，应当包括建国所需费用在内。我们提到这一点，不仅着眼于财政，而且注意到一般国民生活。我们的战时生活，紧张的固不乏人，而松懈的，甚至继续其放僻邪侈的仍不在少数。我们从来主张政治上树立风气的重要，所以罗斯福总统宣布联邦政府支出的百分比，固然在昭示财政上支出的重点，同时，亦正给予战时国民生活以重大影响。

最后我们愿重述罗斯福总统的一段重要的致词，就是："吾人虽自生产事业中抽调数百万人员编入军队，仍可维持生产，若干人士以为此项计划近于妄想，余之答覆，则系此项计划可以实行。一切资源还会加以充分之控制，余深信此计划之目标可以达到，惟须一切管理人员、劳工、农夫、消费者以及公务人员，无论其属于任何政党，须完全认识全面战争之必要耳"。同时，罗斯福总统并希望："本届国会仅自限于一种集团，即全国集团是也"。一般人士以为民主国家人民团结，不及侵略国人民的坚强，这完全是一种错误的见解，侵略国家是将锁链把人民联在一起；民主国家不然，每一个人有其自由意志，每一个人对全面战争的必要有认识，亦即每一个人对国家民族至上大义有认识，所以只有民主国家人民的团结，才是最坚强的团结。这亦是我们争取最后胜利，共奠和平基础的必要条件。

今天以后的责任*
——违背限价等于自杀！

（一九四三年一月十五日）

中华民国神圣抗战史上的民国三十二年元月十五日，就是最可珍贵的今天，应该叫做国民经济节；因为它从此担起稳定中国战时经济的重任，而使"同一地区、同一时期的同一物品"只有一个价格！

这是中央于民国三十一年十二月二十七日所发出的"玄筱侍秘"电中规定的办法。这个排除万难毅然实施的疗养剂，从今天起注入每个中国国民的血管中，清扫一切恶劣的毒素。每个中国人要以爱己爱人、爱父母、爱妻子、爱民族、爱国家的恳挚忠实的勇气来接受这个治疗，不能有丝毫的疑虑与违背！

关于物价高度高涨的危害，我们真是说得舌敝唇焦！高涨的最大原因，我们始终认为是"平时谋什一之利的商人，战时至少想对本对利，甚至于一本万利。利之所趋，效尤者众，大家都想发国难财，物价安得不高？物价高出不应高的范围，一般劳力就随之增加身价，农产物变成了普通的商品，而永追不上战时生活水准的薪给者也迫而同流合污，谋以自存。物价愈高而投机居奇者愈发财，投机居奇者财愈发的多，物价也就愈高"。所以今年元旦献词中我们说："提高物价的危险，相等于敌人的飞机大炮。敌人的飞机大炮尚可防御，物价若泛滥不已，我们就全被毁灭。日寇是我们有形的敌人，物价却是我们无形的敌人。今年我们要对这两个敌人同等看待，必须平定物价，消减无形的敌人，才能发挥威力，扫荡有形敌人"！这些理论与事实非常简单，人人都能明白。可是多数人，尤其多数渔利不择手段的商人依然作阱陷人且以自陷。他们榨取战时一般的购买力，过平时骄奢淫逸的生活，表面看去似乎"得其所哉"，但忘了民族国家是众人的集体，集体苟有摇动，个人安能独存？一旦大家经济崩溃，他们更要招致严重的后果；害人害己害国家，将造成永远不可曲恕的罪恶。今天，是他们激

---

* 此文系作者为重庆《时事新报》撰写的社评。——编者注

发天良的一天,是他们悔过自新的一天,也是他们奉行国家法令致力抗战建国的一天。我们想着今天上午九时,全国各地省市县商会、各同业公会、各职工团体的负责人、各社团的代表、各公营事业机关及特种公司的主管人与代表举行绝对服从并拥护管制物价政策宣誓典礼,宣读:"余等谨以至诚宣誓,绝对奉行政府加强管制物价一切法令,严守政府核定价格,决不囤积居奇,非法牟利。如有违背誓言,愿受政府最严厉之处分,谨誓"!的誓词的时候,纯正者自然加强其精神,不纯正者也要洗涤其心灵!从此大家负起安定经济的责任,彻底了解过度高涨的物价不啻一把刀、一支枪、一碗毒药,而违背限价的就等于自杀!

　　进一步言:谁也不否认战时的环境是非常的,是艰难的;更不否认战时物价之涨也为艰难环境中应有的现象。然而战时的人民自须竭尽力量,忍受痛苦,集体的冲破当前的难关,方能谋得经济的稳定,俾抗战建国的目标,不被生活压迫所分散。本来物本无价,定价在人,与其说环境之困难,勿宁谓人谋之不臧!假如我们个个以国家复兴为重,个人享受为轻,当然商人不会抬价,不会居奇,减去这个特殊的原因,物价纵随自然之势而上涨,又何致涨得超过应有的范围?政府这次下最大决心,并为相当的便利,以各地去年十一月三十日的物价为限定标准,实在是管制物价最简捷而妥当的方法。我们知道事在人为,一切技术上的若干问题虽还值得重视,但只要人人负起责任,互相监督,必可获得宏大的效果!

　　战时的重庆市是大后方的指挥台,我们尤其希望从今天起,重庆市的限价成绩,为全国各地的模范!

平等新约与计划经济[*]

（一九四三年一月二十三日）

平等新约订定以后，不但我国法律上、政治上获得了平等，最重要的还在经济上的平等，民生上的平等，那才算是真正平等。因此，今后努力前进的第一个大道，即是如何实践民生主义的计划经济。

"计划经济"的开山祖师，本来不是苏联五年计划，而是国父的民生主义。从前不平等条约没有废除，计划统制无由实施。现在平等新约既经订定，中外人士已立于完全平等地位。内地杂居实现，彼此之交往及生活之活动，也居于更接触频繁的平等地位。有人认为是一种负担。其实，只要民生主义计划经济能够实施，同时对于人民的生产消费以及各种生活，有一定的指导控制，自然而然的一切都不致于受无谓的压迫。突破经济事实上的不平衡，这个是中外真正平等关键之所在，也是国父争取平等自由而必须倡导民生主义的真意所在。全国上下，万万不可再加轻忽。这是从理论上看，平等新约与计划经济之实施是不可分的。

再就事实上说。中国的战斗力量，因为我们几千年来杀身成仁舍身取义的教训，以及三民主义为革命的养素，已经诞生了无限的巨力。但就生产力量看，平心静气的说，当然远远还赶不上并世各个强国。内地杂居，中外人士固然难于在经济上展开平等的经营和发展，而在国际间平等竞争原则之下，也必然的会感到望尘莫及。Richo Lierd Strant 说："一旦休战，各国跟着就会要求关税壁垒保护国内的生产"。可是他接着说："若是听从这种要求，从远处着眼，就等于自杀"。所以我们不要以为平等条约订立之后，可以随便造成关税壁垒，再回复到闭关自守的时代去。老实说，我们决不会要求关税壁垒。而且如果我们实行了民生主义计划经济，也用不着关税壁垒。计划经济之下，国际贸易大半是国营，可是也不一定国营，不过至少私人贸易应该依照国家的贸易政策，通过国

---

[*] 此文系作者为重庆《时事新报》撰写的社评。——编者注

家贸易管理机构,向外合理发展,输入贸易在原则上也大致相似的予以控制。那么,国家自然可以对国内的生产予以保护,促进国内生产事业的发展。

说到国内的生产,绝不是一个简单的关税保护,可以使之与列强并驾齐驱的。企望"迎头赶上"的话,在政策上、资金运用上、技术上以及产、运、配、销各方面都需要有一个合理的打算。先就政策上说,例如提倡机械产业促进生产的现代化,可以说毫无问题,但在战争终了之后,机械工业不是可以立刻建立起来,即轻工业也非有两年功夫不可。另一方面,各国在大战以后,也需要相当时期,工业才能复员,并且因为船舶的关系,运输上也一定不如战前的便利,对我们的需要也不能有大量的供应。如何在过渡时期,维持现在战时长成的幼稚工业和手工业,实在是一个大问题。这是政策上的多种课题之一。资金运用上更为严重,现代立体工业,千几百万元,并不成为一个资金。战后除开妥慎控制私人资本,灵活运用国家资本以外,也许还需要利用外资。利用外资,苏联过去有很大的争论,许多人曾经误解,以为运用外资,等于为社会主义掘坟墓,后来已证明不正确。中国应该如何运用外资,一方面平等互惠,一方面不违背民生主义,当然需要计划经济的实施。技术上中国之落后,我们万万不可"讳疾忌医",自然需要坦白的大家自己承认。那么,需要自求改进和利用外国技术,又是一个复杂的问题。产、运、配、销的控制,在这次抗战时期,局部的管理与不健全的计划经济之下,始终没有做好,实在值得自我批判与严肃的反省,所以今后的经济国策,一定要走上"真正的"、"正规的"民生主义计划经济正轨上去。所有不健全的管理与统制,除彻底扫荡之外,没有第二个法门。

大战以后大家的经济被破坏,大家的产业都需要复员。平等新约订立之后,大家同样的在一条线上竞走。彼此友谊的比赛,有的是互助,有的是朋友,有的是啦啦队,只要自己的规则谨严,步伐清楚,自己努力,又懂得努力的方法。一定可以达到目的。至少也可以迎头赶上人家,不致望尘莫及。尤其在我们比较落后的国家,自己要认清自己,绝对不是各自为政、摇摆不前、自由竞争、重复冲突、力量相消的方式可以前进的。因此,民生主义计划经济的实现实在是必要,是争取真正自由平等的关键,也是三民主义建国的一个重大关节。

限价工作之改进*

（一九四三年二月九日）

限价实施以来，虽有相当成效，也不免发生若干不良的事实。前已有所论列，今天再就限价工作展开过程上应该注意的地方，贡献一点意见。

第一，应速作全面的通盘筹划。这次限政是全面的实施，可是在实际的措置上却是局部的。我们只要拿一两个地方的限价表看看，即可以发现不合理之所在。例如有若干种货物是外来的，必须自衡阳等地输入，而重庆的限价却与衡阳不相上下。又有若干东西，其限价甚至还低于出产地。显明的，这个很可以影响到货物的来源。至于运输、采购种种方面，更应该各个地方互相合作。有一个通盘的打算。不要忘记，全面限价，必须全面工作才有效果。

第二，切实掌握工商组合。中国任何管制的困难，即在缺少组织力量。这次限价，是以同业公会为基础，已经很有进步。可是过去官厅与这类组合联系并不紧密。貌合神离的合作，收效决不能长久。希望能够设法真正掌握到各个工商团体的核心。上次大战英国执行管制政策的 Lioyd 氏说："如果不是后来民间实业家的协同工作，统制绝不能成功"。德、意那些"无"的国家，能够掌握物资，完全是因为他们各级政府能够左右农工商的组合运动。这些教训是值得我们接受的。

第三，应予商人以合理的保障。商人以营利为目的，限价还是保护商人的合理利润，与商人绝不是对立，而且还要造成与商人合作的风气，才易于收到效果。因此，对于商人的合法利润及一切合法行动应予以保障。例如：一、零售商的利润，一定要酌予提高，因为目下的开支太大。二、批发与零售的价格，应作明显的规定。三、检查人员应彻底研究，不可因为自己不十分明白，而误人入罪。上述还是小处，大的地方如何减低成本，如何便利运输，如何疏通物资来源，政府都应该注意，必须与守法的商人合作，限政才能成功。

---

* 此文系作者为重庆《时事新报》撰写的社评。——编者注

第四，应充分利用合作社。合作社之非商店，于理甚明，可是还有许多人认不清楚。在世界各国，合作社本来仅对社员服务。所以我国合作社的管理法令，也严格的限令仅对社员交易。考其原意，无非是防止逃避税捐。现在我们实施限政，如果能够把合作社充分利用起来。因为组织比商店单纯，人员比商店整齐，管理查察也比较容易，一定可以发生很大的效果。至于是否逃避税捐，因为目下的合作社资本都不大，为数也有限。平价物品本来配分的数量很少，尽可以限制专对社员，也不致有套买的流弊。总之，目下中国商店太散漫，管制运用都很难。假定能够拿合作社作一个中心，因为合作社的领导，一般商店也不致高抬价格，或可以收到很好的效果。

归根到底，限政在管制物资政策中间，是一个高级型态，不容许其结果之不切实。却望大家特别研究，不断的改进，才能达到圆满的目的。

商人应负起限价的责任*

（一九四三年三月二日）

全国实施限价，已经过一个半月，虽有相当成绩，但并未达到我们理想中的程度。物价似乎还在继续涨，黑市的价格也似乎还没有完全消减，一般人民更似乎对于限价政策渐渐抱着怀疑的态度。这些事实好像在限价前途投下许多阴影，使我们不能不加重视，不能不再申述一点意见。

本来，限价是排除万难的工作，决非轻而易举的事。我们不否认限价开始以前的准备工作不十分充足，因之全面实施的技术上尚有欠缺。固不必为办理限价工作的官员讳，也不可过于苛求，而将一切责任完全归于政府。我们应当反求诸己，问问自身是否对于限价尽了应尽的责任？

限价首当其冲的自然是商人。我们谨以十二万分诚恳的态度，要求全国各地的商界，尤其是非商人而经营商业的人士作一番自我检讨，自己答覆几个重要的问题：

（一）战时商人究竟希望物价高而从中取利？抑希望物价平而稳定国家经济？

（二）战时商人既为争自由而辗转迁徙，确具有拥护抗战建国的精神，但是否能把发财的念头放在第二？

（三）国家经济到了今日如此艰难的地步，商人对于限价政策是真心拥护，抑还是口头的敷衍？

（四）物价之高低，虽有种种条件，但总出不了商人的掌握。商人是否仍然要与政府立于相反的方向，且以全力争取黑市，以促限价之失败？

（五）限价如果失败，不仅是政府官员的失败，而为整个国民经济的失败。那时生活现象，必更险恶万分，全国人民都沉在物价高潮中，商人是否独能跳出圈外？

---

* 此文系作者为重庆《时事新报》撰写的社评。——编者注

这些问题,在良心与物欲、理智与昏昧交争的结果,必使多数良善的商界人士憬然有悟于己身责任之重大,而拿出"放下屠刀,立地成佛"的决心,毅然协助政府,推进限价政策,纠正错误,改善方法,把安定战时经济作为商人报国的贡献。谁都知道,唯有商人能把握物资,唯有商人能操纵物价,只要商人能与政府合作,但图温饱,不谋非法之利,限价问题自然会迎刃而解了!

其次,我们每个人反躬自问,我们既拥护限价政策,我们能否忍受实施限价初期所发生种种的不便?物品缺少了,我们为什么不节约?为什么肯照黑市的价格购买不必要的物品?如果日用品的买进我们减少到最低限度,奢侈品以及无益的消耗品,我们绝对不予问津,那么黑市自然会寿终正寝,少数奸狡的商人,又何从施展其伎俩?

因此,我们可以断定,这次限价之所以未臻完善,最大的症结,还在商人不以全力协助政府,而一般人民也失于消极的旁观。为今之计,我们要激发天良,痛自改悔,以私人利益为轻,国家前途为重,必须尽其所能,维持限价,使我们自身不坠入经济崩溃的深渊中,充实抗建的力量,才能歼彼强寇,复我国土。这不是慷慨激昂的议论,而要展开真凭实据的行动。我们认为今后限价的工作,各级政府应与商人共同负责。并由各界人士尽力协助。全国各地均应组织限价委员会,所有产销的分配、物品的调查,各同业公会尽量以确实情形供给政府,研讨全面实施的办法。我们深信限价工作如能得商人自动的推行,毫无疑义可以顺利的进展。不过话说回来,少数奸商市侩以及所谓拥有巨资的豪劣之辈,既不可以理喻,更难动以感情,施政当局在一秉大公的态度下,正不妨严罚峻刑,杀一儆百,今日我们要毅然决然除去害群之马,澄清一切污浊,加强我们的活力!

限价的新办法*

（一九四三年四月十六日）

本报前曾载有如下的消息一则："重庆市政府消息：市府于奉到最高当局指示限价议价物品种类补充办法，及各省市重要物品价格联系调整办法后，经详加研讨，已定遵办步骤"。市政府所定的遵办步骤亦已披露。当此市政当局所定的限价新办法正在开始付诸实施的时候，我们愿意贡献一点意见。

详阅市府所定限价的新办法，我们可以知道此项新办法中至少有两点极为重要：（一）缩减物品限价的范围；（二）重视各地物价的联系。物价本来有两层意义：第一是物品与货币的关系，第二是各种物品间的相对价值。近年来，物品之货币价格本在继续增涨，因之而各种物品的相对价值，也不时的起着新的变化，而失去了原有的平衡。今日物价问题的中心，虽在物品货币价格的继续增涨，但是当我们着手限制一般物价的货币价格增涨之时，我们对于各种物品间相对的价值也必须兼顾。

对于各种物品货币价格的限制，不能只注意物品以货币表现的绝对价格，必须同时设法确定各种物品的相对关系。际此抗战时期，各种可能影响经济状况的因素，无时不在变动之中，因此而各种物品的相对关系，也必然的不时起着适应环境而为势所难免的变化。我们在现时，若仅对于各种物品的价格单独而个别的予以限制，殊难望获得预期的效果。

日用必需品，不仅直接有关民生；而且在通常的情况之下，日用必需品的价格也正是一般物价的基础。我们相信，政府若能控制日用必需品的价格，而其他的情况又无变动，则一般物品的价格当不至于过于上涨。

市政府决定"减少物品种类，除八种民生重要必需品仍继续限价之外，其他各种日用品改为议价；非日用物品暂缓议价，以便管理"。这在原则上，已得着了执简御繁的秘诀，而且其他各种物品既非限价，则各该种物品彼此相对的

---

* 此文系作者为重庆《时事新报》撰写的社评。——编者注

限价的新办法

关系，乃至于与八种民生重要必需品相对的关系，均可能产生适应的变化，以趋于正常或应有的状态。在管制物价的基本条件犹未完全具备以前，新的限价办法极值得吾人赞扬。民众亦应竭力予以拥护。

其次，同一物品在各地的价格，必须应有相当的关联。假若我们对于某种物品在生产地与消费地的限价，不尽合理，则同一物品在各地的价格，即将失去其应有而适当的关联。再若各地当局厘定价格的标准不同，或各地推行限政的真实性有异，则其结果，不仅只物品在地域上的分配与供应得不到合理的处置，即原有的自然调节力量亦将失去效力。现时政府限价的新办法既特别重视各地重要物品的供求与价格的联系，足见政府已把握住了管制物价的又一重点。

上述两点，在原则上，为限价的新办法中最值得称道的两点。以此为基础的限价新办法，必较前此易于发生效力。加以政府对于平价早具决心。我们相信此次的办法，定可收事半功倍之效。凡属国民，均应竭诚拥护。

不过我们对于限政还有两点题外的希望：第一，对于日用重要必需品限价的具体办法，最好是应能把不必要的中间商人逐出于分沾价格的范围以外，以免限价所引起负担可能落在正当的运销商人或生产者的身上，以致影响及于必需品的供给与来源。第二，物价是各种经济动力的象征。政府除采用限价的方法外，似尚应同时设法管制其他经济方面的动力，齐头并进，务使此次限价的新办法，易于迅速获得悠久的效果。

战时总预算的编审*

（一九四三年七月十四日）

在行政三联制检讨会议中，关于建议修改现行编造预算的提案共有六个。有的是由机关提出的，有的是由专家拟具的。例如内政部曾提出《请提早颁发各机关年度概算总数以利设计工作案》；社会部曾提出《改进民国三十三年度各机关岁出预算之编造暨审核以提高工作效率案》；交通部则有《拟请改善建设事业专款预算之编审办法以谋执行及考核之切合实际案》。由专家建议的，为《核定民国三十三年度国家总预算编审原则案》等。可见如何改进年度预算的编造问题，备受各方重视，并且确有妥善解决的必要。

行政三联制检讨会议，将上述相关的六案合并讨论，认为其中颇多可资补充《战时国家总预算编审办法》之处；又认为要使预算与计划真能相互配合，当将《战时国家总预算编审办法》加以相当修改。因此，三联制检讨会议便拟具并通过了《战时国家总预算编审办法修正草案》，呈请国防最高委员会考量采纳。这个草案早已送交法制及财政两专门委员会先后开会审查，略有损益。现闻中央已经加以决定。兹略论修正的要点。

其一，使预算与计划更能相互配合。就原则而论普通不是预算控制计划，就是计划支配预算，而两者的相互配合，当然是个最折衷最合理的办法。以往有此理想，而未能完全实现。这次修正，就是要逐步逐段，顾到编审预算与编审计划两项工作能彼此间发生密切的联系合作。这就是要行政院、主计处、财政专门委员会以及中央设计局，在编造预算的手续上有更细密的联系。这是一项重要的改进。

其二，使编造预算的程序，削繁就简。本来编制预算，是现代国家每年度最重要的工作。程序原不厌其曲折，手续原不厌其繁多。但是值兹努力争取胜利的战时，我们应当着重大纲巨目；至于一切繁文细节，能省则省，能并则并。现

---

* 此文系作者为重庆《时事新报》撰写的社评。——编者注

行办法将总预算的编审分为"各类岁出总数"、"总概算"、"总预算"三段程序,手续略嫌繁复。其实,各级概算在编审时节可称为预算;汇集编审时,即可称为总预算,这就可省却了另编总预算的程序。

其三,使编审预算的时限尽可能切合现实需要。在平常的时候,我们编审预算固可尽早进行,拖长讨论,从容决定。可是在战争的时候,尤其是在物价波动的今日,编审期限不宜过长,且不宜过早。庶几编拟也好,决定也好,更能配合时间,适应需要。这也是重要改进之一。

此外,闻关于各机关第一项预备金的比率将酌量增加,关于各机关公务人员的生活补助费与公粮亦将列入各该机关的预算之内,以分别表现其整个开支。凡此种种,也是照原办法进步而合理的修正。

取缔黑市问题*

（一九四三年八月十日）

黑市与物价，具有互为因果的关系。物价上涨，产生黑市；黑市猖獗，则又刺激物价上涨。二者恶性循环，永无终止。这是目前限价工作未能获得预期效果之重要原因。整个物价问题，千头万绪，牵涉甚广，暂置勿论。兹谨就黑市问题，略述所怀，以就正于国人。

所谓黑市，就是在公开的法定价格以外秘密进行的交易。就正常的市场情形说，每到法定价格低于市场价格之时，就必然会产生黑市。例如债券外汇早就有了黑市。但在平时，一般货物并无法定价格之限制，物资亦不缺乏，物价完全受供求律的支配，黑市自亦无由产生。战时物资缺乏，供不应求，政府为了保障一般消费者的利益，自不能不就人民生活所必需之货物规定价格，以示限制。但是政府维持法定价格，首须能够掌握物资，控制市场，否则政府的法令必无法制止黑市的猖獗。这便是我国目前市场的现象。

黑市猖獗以后，百弊丛生，不仅操纵物价，并且扰乱市场。有时若干货物，忽在市上绝迹，只有问津黑市，才能购到。但是既名黑市，自然不敢公开，大多数人民纵然有钱，也是无从问津。这对于一般人民生活，于物价高昂之外，又增加一层痛苦。一般唯利是图者，便利用黑市，囤积居奇，操纵物价，扰乱市场。这实在是一种最不合理的现象。

我们承认目前全面稳定物价，牵涉问题太多，绝非短期间内所能奏效。在物价尚未稳定之前，完全消灭黑市，自亦为事实上所难能。但是我们却坚信，用政治力量取缔黑市，以缩小其活动范围，并减弱其操纵力量，则是可能之事。目前黑市的存在，已不仅是法定价格低于市场价格的问题。一般不正当的商人求利之心，永无满足之时，故纵然法定价格含有合理的利润，这些不正当的商人亦必利用黑市，抬高物价，争取更大的利润。

---

* 此文系作者为重庆《时事新报》撰写的社评。——编者注

总之，物资是黑市存在的基础。物资如在商人手中，一切物价的管制，便绝难奏效。故我们建议政府取缔黑市，首须争取物资的掌握权。政府如能掌握某种物资，则黑市便无法操纵某种物资的价格，如能掌握一切物资，则亦必能控制整个市场，稳定物价，消灭黑市。

在目前的状况下，政府掌握全国所有的物资势不可能。但是假使政府能够掌握食粮、煤炭、油盐、布匹等无人可以缺少的物资，使其价格不致发生不合理的波动，则造福于一般平民，已无涯量。我们相信，政府如能集中力量，掌握几种人民生活所必需的物资，必较全面限价工作，更易收效。一俟少数物资控制生效，再逐渐扩大控制范围，则黑市的活动力量，亦必逐渐缩小。假如黑市仅能操纵一些非人民战时所必需的物品，则政府便让它存在，亦无大碍。

固然，黑市问题只是整个物价问题中之一种病态。取缔黑市，虽未必就能全面稳定物价，但至少可以减少物价波动，安定人民生活。这在目前，均有绝对的必要。我们希望政府能够郑重考虑我们这一个粗浅的建议。

筹划利用外资*

（一九四三年八月十九日）

日前行政院开会，曾提出筹划利用外资的建议，当经一致通过。提案的末段说："对于如何利用外资，聘致技术专才，以及其合法权益之保障，拟请由院令饬主管部会，预为筹划，妥拟办法，以完成建国大计，促进世界和平"。这个提案，这个政策，不特适合我国的建设需要，抑且促进国际的经济合作，所以实在具有重要的意义与伟大的精神。我们愿就大者远者，略抒所见。

现在战局好转，胜利愈近。战胜以后，我国复兴建设，百务待兴；大别言之，可说是两类，也可以说是双重。其一，即为经过了残暴日寇的破坏，原有的各项建设，无论是大小城市的建筑，铁路公路的修理，工厂实业的恢复，处处需要经费。这已经是规模不小。其二，即为再进一步，依照精密的设计，把全国工业化。当然，我们一向以农立国；故农业依旧重要，仍要改进；但我国工业化的刻不容缓，也是无人否认的。把人口如此众多、幅员如此广大的我国积极的迅速的工业化，其中所需财力物力的庞大，自然不言而喻。在这双重经济建设的需要之下，我国要外资的帮助，自然也是不言而喻了。

利用外资本来是国父的遗教。上次世界大战以后，国父原就想大规模利用外资，开发我国实业，并曾拟有伟大计划。可惜未能实现。到了此次世界大战，依照大西洋宪章第五点规定"力求各国之间，在经济方面实现充分之合作，其目的在使各国取得改善之劳工标准、经济进步与社会安定"。我们要知道，利用外资发展我国重工业，以及交通水利等项，实在就是国际间充分经济合作的具体办法之一。质言之，大西洋宪章第五点与国父利用外资的遗教，彼此完全吻合。因为国父当时的动机与目的，正也是利人利己，同时完成我国建设，增益国际繁荣，与促进世界和平。

我们务须认清：战后新世界必建立于新思想的基础之上。而新思想之一，即

---

* 此文系作者为重庆《时事新报》撰写的社评。——编者注

为各国必须共同繁荣。我国要复兴破坏的区域,要恢复固有的工商,固无论已;就是拿全国工业化而言,确实是对于公私方面来华投资的外国,可有造成共同繁荣的效果,宋外长最近在伦敦广播也说:"吾国人民今日正思索并计划,如何提高全国之生活水准。……一旦击败亚洲之纳粹以后,吾人行将动员,使战后之现代化工业化计划,能见诸实施,以为进行伟大社会建设之枢纽。……中国拥有四亿五千万人民,战后可为工业先进国之投资与推销中国本身不能制造之消费品的市场"。这也是说明:国际经济合作与共同繁荣的必要。

关于如何鼓励外资来华,事关技术,非本文所欲讨论。所可说的就是在平等新约之下,只要不损害我国主权,只要遵循三民主义,与依照我国一切法令,所有外国公私方面在华直接或间接的投资,一定是我人所十分欢迎的。

征实范围扩充问题*

（一九四三年九月八日）

租税由货币改征实物，实为一种战时应变之措施。此种措施，在战时有两点特别重要性。第一、政府以课税方法，征收实物，可以供应政府必需物资的需要。第二、政府取得必需物品，不必用购买方式，可以减少通货的发行和流通。前者具有调剂供需作用，后者具有紧缩通货作用。二者密切相关，均为稳定战时财政所必具之条件。近年政府采行田赋征实，对于供应军粮，节省发行，已收显著的成效。数月前，棉纱、麦粉两种统税。亦相继改征实物，麦粉征收以后，由粮食部之分支机关处理；棉纱征收以后，由花纱布管制局之分支机关处理，进行以来，亦粗有成效。最近又将实行棉花征实，似乎征实的范围，正在逐步扩充之中。

近来许多的人，一方面鉴于政府掌握物资之重要，一方面炫于过去征实进行之顺利，竭力提倡扩充征实范围，以为许多统税物品，及其他工艺品商品，都可用征实方法去征收，甚且有主张对都市的地主、房主，政府亦可征收一部分作为赋税的代价。此种见解，用意固在适应当前需要，但是详加分析，实在值得考虑。本来无论何种制度，难得有百利而无一害者，利多而弊少，固可采行，弊多而利少，自应避免。惟利害参半者，则须细加权衡。征实方法，固为战时应有的权宜措施，但其适用的范围，则不宜任意推广。就管见所及，扩充时应注意下列五点：

（一）征实的物品，必为战时军政方面所绝对必需且其所需之数量极巨者。例如粮食、花纱等项，为政府在战时所需要最多之物资。采用征实方法，以谋供应，即可节省通货发行。

（二）征实的物品，必须其品质之区别极为简单者。因为分级太繁杂之物品，采行征实，则不肖员司，容易以李代桃，长作伪舞弊之风，结果病商病民，而

---

* 此文系作者为重庆《时事新报》撰写的社评。——编者注

无补于国计。所以多数工艺品及商品,绝不可采行征实。

(三)采行征实方法,应特别注意保管处理等问题。保管处理,须有现成之机构可供利用,否则征收之后,保管不善,处理不当,容易蒙受损失。如为征收实物,而另设置一套新机构,则所花之征收保管费用必巨,结果将等于出钱收购。

(四)凡为政府严格限价管制分配之物品,不宜再采行征实,因为甲机关对某种物品,已严格限价,管制分配,则此种物品,已分配供应政府某方面之急需。使于此时,乙机关复进行征实,结果在价格上并无便宜可获,徒额外增加一笔保管处理之费用。从整个政府观点看,实无益而有损。

(五)一般日用消费品,不宜多征收实物。因为一征实物,便要增加许多征收费用。征收之后,发放实物,又将横添许多舞弊冒领转售牟利等情弊。

一种经济措施,无论在平时或战时,均应衡之经济原则,详究其得失与损益。以上数点,实为推广征实范围时所应特别考虑。年来政府采行之米代金制度,各机关均增添许多办理此项工作之人员,所费不为不巨。而上级机关,又往往因人手不敷,办理拖延,以致下级机关散布在各省者,一年以前所应领之米代金,一年以后,尚在因造册不合往返更正而未领到者。即所应发之实物,亦多因辗转核拨,稽时甚久。愆期发放,物是人非,因缘为弊,莫可究诘。且此种代金与发放实物,其用意原在补救战时生活困难,而发放不以时,还不如随薪增发补助费,受者较能获得实惠也。又不仅受者可多得实惠,即政府方面所省办理此项工作人员之开支,亦为数不赀。

总之,战时征收实物虽甚重要,然其征实范围殊不宜过于扩充。今后欲扩大物资预算,征收日用消费品,以供发放实物之用,证之年来实施经验,似非所宜。一种新办法,在创始期中,固难免有种种流弊期待逐步改进,但果经研讨,已知其不可行者,自应及早止之,不必待困难发生,始谋补救也。

国营与民营*

（一九四三年九月十二日）

十一中全会七次全体会议通过战后工业建设纲领案。要点凡十六项，规定周密，涵义精当，乃此次全会另一重大的成就。兹谨就国营与民营一点，略申述其意义，并略抒吾人所见，以供政府的参考。

战后工业建设纲领案，第五至第八诸项，规定国营与民营之涵义与范畴，至为详尽。要点如下：（一）政府采国营民营同时并进之政策，在整个建设计划中，分工协作，以达到各部门预订之产量；（二）凡适宜于私人经营者，应归民营，有独占性质者，应归国营；（三）国营民营均应提高技术水准，增进工作效率，以巩固工业之基础；（四）特别奖励扶助合乎工业建设计划之民营工业，予以技术上及运输上之便利。

（一）（二）两点，系国营与民营之涵义与范畴，完全遵照国父遗教的指示而决定者，从原则上讲，已是天经地义，无庸吾人加以申论。但该案第六项规定"国营与民营之种类，政府应予以列举之规定"。列举之际，自必须考虑到各种工业，何者应归民营，何者应归国营，实是一个颇费斟酌的问题。其中政府所必须考虑者，即对于决定民营工业范围，从宽抑应从严？此一原则如能决定，则列举国营民营的种类当无若何困难。此次全会对于此点并无明确指示，尚有待于中央之考虑与决定。在目前中国的环境中，我们以为民营工业范围应该从宽，理由如下：

一，政府在抗战期间，为了适应环境需要，增发通货，乃无可避免之事。但是增发通货的结果，产生许多流弊，亦是毋庸讳言。现在最感头痛的物价问题，游资作祟，至少是一个主要的原因。照我们非专家的看法，战后如不能控制游资的动向，则物价问题仍将不易解决。控制游资最有效的办法，莫若让游资游到生产的机构方面去。假使说，我们准备要大量生产，我们便不应该亟亟希望法

---

* 此文系作者为重庆《时事新报》撰写的社评。——编者注

币回笼。通货用到生产方面，便不是游资，而是增加生产的一种资本。所以战后解决通货问题最有效的办法，是鼓励人民投资于工业，因此必须从宽规定民营工业的范围。此其一。

二，三民主义的工业政策，自然是以节制资本为原则。但是扩大民营范围，并不足以妨碍资本的节制。政府可采用近代各国所采用的累进税制，以控制资本的集中。国父遗教中对于此点，已有详尽的指示。固然，有若干带有独占性的工业，例如军火工业，必须国营。至于其他轻重工业，似不妨从宽规定，适宜于国营者，亦不妨在政府之规定的条件下，允许私人经营。我们相信，扩大民营工业范围必可增加生产，使中国工业建设计划提早完成。此其二。

三，战后政府最大的任务是加紧完成复员。这是一种十分艰巨的任务。故在战后短期间内，政府在财力及物力方面，似尚未能从事大规模的建设。扩大民营范围以提早进行工业建设计划，确有绝对的必要。民营工业效能之高，欧美已有先例，苟政府指导有方，当更易表现成绩。欧美工业专家考察苏联国营工业计划的结论，认为它的最大缺点就是缺乏私人的自发精神，但是欧美的自由工业，虽能充分发扬自发精神，却造成资本集中的恶果。三民主义的中国，如果扩大民营范围，则可收自发精神之利，而无资本集中之弊。此其三。

我们基于上述三个理由，希望中央对于民营范围可以从宽规定，以利工业之发展。至于（三）（四）两点乃是对于工业建设的方针，如果扩大民营范围，当更易于贯彻。例如民营工业发展以后，竞争必烈，技术水准，必可提高，工作效率，亦易增进。政府之奖励与扶助，使全国民营工业完全合乎整个的工业建设，自亦不难。这是我们对于国营与民营问题一点平凡的意见，敬以贡献政府，藉供参考。

廉吏与浊世*

（一九四三年九月二十六日）

自从本年五月十四日读到《大公报》社评《我们敬仰廉吏》一文后，个人便有许多感想，思一倾吐，以就正于当世。继而一想，所要说的牵涉甚多，倘不能鞭辟入里，倒不如不说的好。最近在上月三十日的《大公报》，又读到一篇类似的题目《论养廉》，不禁引起多日的宿感。不得已，补充一些意见，以为清议桴鼓之应。

我一听到人们提起廉吏，便想到浊世。廉吏与浊世，是一副对峙的名词，如果没有浊世，一般社会都是干干净净的，也便无所谓廉吏。惟有在浊世里，才觉得廉吏的可珍。月亮的清晖，只有在笼照四野的夜幕里，才显豁出来。一旦晨光匝野，除了天际残存的稀疏淡影，很难找到月亮的踪迹。与其希望月亮，不如驱除黑暗，与其多求廉吏，不如肃清浊世，从个人的观点，我们是敬仰廉吏的，但是一想到形成廉吏的社会背景，便不免瞿然心惊，感觉到廉吏的背后还存在着更严重的社会问题。

在我们中国，自有文化的记载，便标榜着清廉的可珍和贪污的可鄙，一直到今天，还是这样。春秋时代的孔子，提倡君子固穷，提倡安贫乐道。令尹子文得庄王之贤君，握楚国之政权，身殁之后，子孙冻馁，遂使优孟衣冠流传"廉吏可为而不可为"之幽默。西汉取士，首重孝廉，扬震四知，炳耀千古，终无损于浊世的存在。降至近世，事变日乘，荐难迭至，斯世愈浊，愈觉清廉之可珍。数千年前，如此主张，数千年后之今日，还要如此主张，且尤有甚焉，吾民文化，何不长进若是！有心人能不为之叹息扼腕！但是不必，此中有故，细思自得。

吾国社会始终是一个农业经济的社会。虽说地大物博，毕竟不足供应生齿日繁的消费需求。每年生产所得，很难供应当年的消费，一有饥馑，灾祸立至，轻

---

* 此文系作者为重庆《大公报·星期论文》撰写的文章。——编者注

则流离，重则骚乱，朝代更易，此为契机。稍有远识的政治家，于此发为两种主张，在积极方面，提倡水功与积粟；在消极方面，提倡清廉与守分。前者所以增加生产，后者所以节约消费，守此则治，违此则乱，此乃农业经济的必然反映，支配吾国数千年的历史，以至今日。但在封建时代，贤君良相，旷世一遇，一般统治阶级，概以剥削享用为能事。既夺农时，使不得耕耨，而又取之无艺，以供无厌之需求，结果则当年的生产，不足供应当年的消费，而在分配方面，复以大众的饥饿，换取少数贵族的汰侈，遂令社会生产与社会消费，愈形悬隔。

尤有进行者，吾国虽逗留于农业经济，但是并世各国，多已进于工业化。大量生产与高度消费的潮流，交逼而来，吾人既不能闭关酸拒，复不能并驾齐驱，于是在生产上则依然落后，而在消费上则未能免俗。遂使封建式的贵族汰侈与资本式的高度享受，同时并存于吾国，形成"加速度的二重消费"。至是而社会生产与社会消费的悬隔乃愈甚。

一个社会的生产与消费，既失掉"平衡"，于是各个人对于生产成果的争取，势必愈感迫切。其争取之途径有三：第一，在股筋正轨上，加速努力，延长工作年限，兼事限外工作。眼前看到的这种人很不少，但在整个社会上，毕竟不多。第二，在经济行为的任何部门，利用机会与优势，攫取意外的盈余与收获。这个数目很大。第三，则为寄生乞丐与窃盗，确也不在少数。以上形态中，属于健全的只有第一种，属于不健全的却有两种。在数量的比率上，又复多寡悬殊，而且愈演愈甚。于是这个社会，只有横流滚滚，乌烟瘴气，形成一个浊世的阶段。

在这浊世里，生存铁律鞭策着许多人，高度消费诱惑着许多人，缮生正轨，愈走愈窄，而侥幸捷径，愈来愈宽，特立独行艰苦卓绝之行径，只能期之于少数之圣贤，而不能责之于一般之庸众，于是廉洁自守之士，乃如凤毛麟角之不可多得。在此大黑暗中，小者如萤火之一瞥，大者如彗星之扫射，倏忽之际，仍没于大黑暗之中，而无损于黑暗之存在，此诚人世之悲剧，可敬亦复可哀！

所以我们所需要的，并不在多出几个廉吏，而要从根本上改造这个社会。直捷地讲，中国非工业化，便无法解决贪污问题。非突破原始的农业经济，大量增加生产，单是靠着少数人的廉洁节俭，指望着藉此以挽回颓风，振衰起敝，结果仍是历史失败的重演，留给人们的，还是一个"幻想消失"！

非工业化无以建国,这是大家都晓得的,非工业化无以肃清贪污,似尚未普遍世人所注意。我们看世界上工业化的国家和社会,很少提到贪污问题。不是说那些国家就没有贪污的勾当,但是可以说很少,不像在我们社会里成了常态。工业化了之后,也不能说没有生产剥削的毛病,远识的社会改造家对此仍不能放心。但是生产剥削纵令不免,总还是先有生产,总还替社会增加消费的供应,不似"非生产的剥削"——贪污——之绝对有害。由此看来,打算肃清贪污,扫荡浊世,最根本而有效的办法,便是积极的工业化。这不是迂阔的打算,从各方面讲,都是亟待解决的问题。

但是我们的工业化,还有一个应该考虑的地方。战后的工业建设,应该注重充实国防,而不能注重于提高消费。就是有一部分从事于"消费财"的制造,亦只能以国民生活的必需品为限,而不许展费精力于享用品的制造。若是,则消费水准不仅不能怎样提高,就是现在社会上若干畸形的消费现象,还有集体节制的必要。因为这种病态不改正,就是走上工业化之后,还是免不了贪污的要求。所以在战后工业建设的最初数年,我们要求政府以"集体节约"的办法,扫除贪污的因素。然而根据人们的经验,这样的期待,还是不大容易实现。于此却有赖于以个人为出发渐次蔚成社会力量以促成政治改革的运动。在这种积极的意义上,我们才真正需要"廉吏"。我们相信,当国家走入正常建设之路,这种人一定是越来越多,不患不蔚为社会的力量。肯于走这样路的,才真是识时务者,否则便是落伍之徒,便是社会渣滓,迟早要为社会的激流所淘汰。

所谓"黎明",光之中还有黑。所谓"昧旦",清之中还有浊。贪睡的人,还不肯早些清醒,于此却需要特立独行之士,不惮夙夜,为天下先。这种人,各方面都可以遇得到。在这浊世的边缘,这才是我们所敬仰的廉吏——不是怜悯的对象,而是改造的先驱。

所责于个人者如是,然则政府就没有他的责任么?在此战后工业建设的初期,政府不用官吏则已,如果还需要官吏,便应该"禄足养廉","仕有保障",使人人皆为廉吏。这不是迂阔的期待,而有事实的可能,问题还是在积极的工业化。因为此后的工业化,倘能认真地去做,必有许多人才,吸收到工业建设方面去。青年有为之士,不必一定要做官,则官吏的供应,当较现时为少。国家在吏治上,可能做一番简练的功夫,贵精而不贵多,省出一些喂养闲曹庸才的俸禄,补充到精炼的部队上,度支上不必增加许多,便可收养廉之效,这是养廉最扼要的办法。我们所要求的,是集体的养廉,而不是个人的养廉,不仅事属可行,而且行之无弊。

我们要有究极的打算,同时也要有过渡的阶梯;要有理想的期待,同时也要有事实的可能;要有集体的革新,同时并不忽略个人的奋励;要有明确的主张,同时还是继续着沉默寡言的工作!

奖励外资与战后经济建设*

(一九四三年九月二十九日)

抗战建国是我们最高的国策。际此战争日益接近胜利之时,国人一致注意战后的经济建设问题,自无足异。完成经济建设最重要的一个条件,便是充足的资本。中国是农业国家,故民族资本亦最为脆弱。上海是中国战前工商业最发达的地方,但据战前上海社会局的统计,投资总额约二十亿元,其中国人的投资仅占百分之三十五。六年余的艰苦战争,后方工业虽有长足的进展,但大都基础未固,苟非积极充实资本,则不易有所发展。故战后需要奖励外资以完成建设,乃是不可讳言的事实。

奖励外资从事建设,苟能运用得当,本是有利无弊之事。国父遗教中对于发展中国实业,即主张国际合作,联合投资。利用外资的重要关键,全在国父所谓"操之在我则存"一句话。假使能够"操之在我",则战后利用外资不仅有利无弊,并可利己利彼,否则必将百弊丛生,重演战前外资危害我国民生计的惨痛情景。但是关于此点,现在业已不成问题。战前中国受不平等条约的束缚,故外人在华投资无法予以控制,因而产生许多流弊。现在不平等条约既已取消,我方主权在握,外人投资的流弊自可易于防止。

我们以为,关于战后利用外资所要注意者,已非外资威胁我民族资本的问题,而为如何奖励外人投资,使之不致误解我国策而视对华投资为畏途。我们应该让外人彻底明白。对华投资不仅可以获得安全的保障、公允的待遇及合法的利润,并且如国父所指示"中国天然财源极富,如能有相当开发,则可成为世界无尽藏之市场……",实是利己利彼之事。世人有以为中国经济建设成功以后,欧美即将丧失整个的中国市场,显然未能了解战后国际经济合作之必然的趋势。中国工业发达以后,中国对外贸易自亦必随之而日益发达,这是常识,故外人实无庸忧虑其后果。我们相信,友邦公正人士,自亦不再希望外人利用特

---

* 此文系作者为重庆《时事新报》撰写的社评。——编者注

殊地位及权利，在战后的中国作不公允的经济竞争。

此次中央十一中全会，通过《确定战后奖励外资发展实业方针案》中，对中外合资的限制，已予以宽大的修正。例如民国二十九年公布之特种股份有限公司条例，原规定：（一）公司股份总额过半数应为国人所有，（二）公司董事过半数应为国人，（三）公司董事长及总经理应以国人充任。全会所通过之决议案，对于外人投资数额之比例已无限制，合股公司中，除董事长外，总经理人选亦不限定为中国人。此外并准许外人经政府许可后，亦得投资为单独之经营。中央此一贤明的决定，并已获得三届国民参政会二次大会的"至诚热烈拥护"。足见中国朝野对于欢迎外人投资以促进国际经济合作，确具有最热诚的期待。我们相信，友邦人士对于中国朝野这种诚恳的表示，亦必有良好的反应。

最后，我们希望政府能够遵循全会所指示的原则，从速拟定全盘的战后经济建设计划。此一计划必须分别缓急轻重，分期分地循序进行，以适应环境需要而收获最大的经济效果。这不仅为利用外资最有效的办法，并可指示及便利外人的投资。老实说，外人投资最大的动机还是经济的利益。经济利益愈大，愈有保障，则外人投资自亦必愈益踊跃。他如外人可以单独投资之经营，最好列举，国营事业中，何者可由外国投资，何者应向外国借款，亦应分别具体决定。凡此均是奖励外资最切实有效之办法，希望政府注意及此，早日有所决定，以便利外人的投资。

利用外资的原则*

（一九四三年十月十七日）

我们在九月二十九日的社评中，说明战后完成经济建设必须奖励外资，惟以限于篇幅，未能尽所欲言。兹因利用外资问题，关系重大，愿再补充数言，申述吾人所见，以就正于国人。

战后经济建设所需要之资金，据经济部翁部长的估计，约为战前法币三百亿元，折合美金一百亿元。这一笔浩大的资金如何筹措，确是目前必须郑重考虑的问题。就现在中国的经济状况言，战后无论用何种方法，要想从国内筹出这一笔资金，均属难能之事。纵能成功，观于战时的艰苦经验，亦必困难重重，缓不济急，绝对无法在短期间内完成大规模的经济建设。故战后除要求国人节衣缩食以聚集国内资金外，尚须充分利用外资以加速完成经济建设，乃是无可避免的趋势。国人万不可因噎废食，再对利用外资的政策有所怀疑。

就战后国际经济合作的趋势言，先进工业国家对华投资的可能性甚大。中央业已决定对此予以奖励，故战后外人踊跃投资当可预卜。现在国人所应注意的，乃是如何利用外资的问题。因为如果利用不得其法，则外资成效未见，而弊害丛生。清末以至民国初年政府滥借外债之恶果，迄今国人犹未能脱卸此一沉重的负担，可为殷鉴。固然，今昔情势绝不相同，战后利用外资，其目的全在完成经济建设，自与从前之政治借款不可同日而语。但就经济建设言，如果未能有效控制外资用途，仍难收获充分利用外资的效果。故战后利用外资，亟应通盘筹划，确定原则，以发挥外资在经济上最大的效能。兹就利用外资的原则，提出以下几点意见，以供参考。

一，战后经济建设计划必须从速决定。此一计划在时间及空间方面，均应有一个先后缓急之分，并与外资的利用密切配合。所有外资，无论是政府或人民所举之债务，或为外人自动的投资，均应使之用于先办急办之事业中，以发

---

* 此文系作者为重庆《时事新报》撰写的社评。——编者注

挥其最大的效用。反言之，凡是政府决定缓办或是目前不宜举解之事业，不仅外债不予核准，并应阻止外人投资。此其一。

二，战后经济建设，经纬万端，全部计划之完成固为若干年以后之事，即每一部门，亦必经相当时间，始能收获生产的效果。故战后利用外资应奖励长期投资，而避免短期举债。短期债务的资金移作长期建设用途，不仅还本付息困难甚多，并将妨碍国家收支的平衡及整个经济建设计划的执行。此其二。

三，现在不平等条约业已取消，战后利用外资，我方主权在握，自不致发生战前外人投资的流弊。但是我们必须明白，外人投资最大动机之一还是利润。故在利润方面，似应在可能范围内，优予待遇，以示鼓励。例如关于外人自动的投资，似不妨于合资经营及特许经营（即指定某种事业于规定年限内准许外人独资经营）方面，从宽限制，以吸引外资的输入。盖如此办法，外资利润之厚薄，全视其所经营事业之发达与否。事业愈发达，外资利润固愈厚，对于我国经济建设，亦大有助益。此其三。

上述三点是我们对于如何利用外资所能贡献的意见。在原则方面，除上述者外，关于外资的分配及利用的方式等，均应具体有所决定，并由中央统筹办理。我们认为，利用外资是战后完成经济建设计划的一条捷径，希望国人能够对此予以密切的注意。

宪政实施与经济建设*

（一九四三年十月二十一日）

国民参政会上月开会，为适应当前需要，拟组织一促进宪政实施之机构，又表示希望，成立一推动经济建设之组织。兹者宪政实施协进会与经济建设策进会之组织法，已同时发表。前者隶属于国防最高委员会，后者则由国民参政会设置，两会会员名单亦已揭晓，皆系党国俊彦社会闻人。两会之设置值得我们兴奋。

第一点可注意的，是两机构之设置，在精神与实质上乃抗战建国同时并进之又一表现。努力作战争取共同胜利，固属目前急务；但胜利愈近，战后政治经济双方之伟大措施，亦须及时准备，不容延缓。以言战后建设，首要的两桩，莫若实施宪政与发展工业。所谓经济建设，固不限于工业化，惟工业化自为经济建设之主要工作。而实施宪政含意亦广，所有调整机构、提高效率等等，直接间接均有关系。最近美国罗斯福总统勖勉其国人，谓此时研究战后问题，以不妨碍作战努力为准。我们抗战建国同时并进，盖亦一向以并行不悖相辅相成为前提。

第二点可注意的，是实施宪政与经济建设之同时并提，具体言之，亦即上述两机构之同时成立，不是偶然，而自有其深刻的意义，密切的关联。实施宪政，所以加强民主政治。所贯乎民主政治，在能改善与提高一般民众之经济生活。苟不然者，纵使一人一票，官吏民选，而人民生活困难，贫富悬绝，那也不是理想。反之，经济建设所以发展生产，加速繁荣，使国计民生之水准，得与先进盟邦并驾齐驱。然而所贯乎经济建设，乃在发扬人民之公意，给予人民以自由；否则自上而下，民众经济生活全受支配，而未由自择，亦非现代应有之精神。因之有政治自由必同时有经济自由，而从事经济建设亦即同时必实施宪政。换句话说，民权主义与民生主义，务必同时推行。我们所以说，宪政实

---

* 此文系作者为重庆《时事新报》撰写的社评。——编者注

施协进会与经济建设策进会之同时成立，不是偶然而自具其深刻意义与密切关联。

第三点可注意的，是宪政实施与经济建设行将于战后发皇成就，自有其历史的必然性。宪政实施，即是民权主义；经济建设，自必根据民生主义；而我们六年多来牺牲奋斗，抗战求胜，更所以完成民族主义。国父讲述三民主义，以民族主义冠首，也不是偶然的。处现代世界，无民族主义难言民权民生。国家而不能完全自由独立，则所谓民主政治、建设经济，自将如"皮之不存，毛将焉附"。慨自辛亥革命以后，甚即北伐以后，宪政实施与经济建设之尝试与努力不是没有，而其所以事倍功半，成绩不著者，原因固非一端，而其主要关键，自在敌人谋我之亟，破坏之深。所以惟有在彻底打败日寇，消灭轴心之后，乃才有顺利成功的民权与民生！

上述三点，是我们瞻前顾后的感想。至于希望两机构之努力从事，顺利成功，那当然是不消说的。

新税人之期待*

（一九四三年十一月九、十日）

一、由税吏到税人

课税与征兵，为国家之特权；纳税与当兵，乃国民之天职。只要有国家、有政府，则税务与兵事二者，即随国家以俱来，中外如斯，未能或免，传曰："天生五材，民并用之，缺一不可，谁能去兵"？古之哲人尝有唱弭兵之论者矣，而兵之不能去也如故；赋税亦然。孟子不云乎："欲重于尧舜之道者，大桀小桀也；欲轻于尧舜之道者，大貉小貉也"，人类生存既不能复返于野蛮部落，而需要政府以营共同之生活，即不能无取于民。古之贤者亦仅主张"取于民有制"，有限度、有轨道，不可暴取、不可滥取而已，亦非根本不要赋税也。然则伊古以来，一般舆情对于办税、当兵二事，总是疾首蹙额鄙夷唾弃者，何哉？此中亦自有故。

封建时代，治时少而乱时多，万民唯正之供，常供少数统治阶级享乐之用，取之尽锱铢，而用之如泥沙，皇室奢侈而百姓困穷，此时课税行为，非复国家之正供，而为剥削之手段。办税之人，非复为国家服务，而系供皇帝驱使。利用威权，搯克民众，敲骨吸髓，竭泽而渔，税吏遂为民怨之府。故孟献子曰："百乘之家，不畜聚敛之臣，与其有聚敛之臣，宁有盗臣"。孟子曰："君不向道，不志于仁，而求富之，是富桀也"。冉求为季氏宰，无能改于其德，而赋粟倍他日，孔子曰："求，非吾徒也，小子鸣鼓而攻之，可也"。贤如冉求，一朝为强臣搯克，仍不免正义之指责，嗣后世衰道危，一般办税之人，不仅为皇室剥削之屠刀，且为虐民自肥之魔鬼，上蚀国课，下剥民众，凶焰所及，庐室为空，政乱民残，国祚随斩。西洋史家述及罗马之灭亡，即曾有如此之论断："收税之吏，百端勒索，驱其良民，多数为奴，因四海之困穷，遂致促罗马之文明卒归于凋绝"。此言何等

---

* 此文发表于重庆《大公报》。——编者注

沉痛！征之吾国史乘，朝代之兴，无不轻徭薄赋，及其亡也，无不横征暴敛，民力既瘅，国脉随之。税吏之为人痛恶，可谓由来已久。

办税为污浊之聚点，税吏为贪污之代名，稍知自好之士，均不肯与理财为缘，遂演成"士耻言利"之普遍意识。此中亦有流弊。盖人类生活，不能无政府；政府办事，不能无财用；办理财务，不能无税吏，税吏亦犹人耳，"孔子尝为委吏矣，会计当而已矣"，税吏之中，岂尽贪污之徒，而无廉洁之士。无如积习相沿，矫枉过正，办税之事，好人均不肯为，好人不为，只有任恶人为之，士人不为，只有任胥吏为之。世人既群指办税为污浊之聚点，于是参加其间者，亦无以自明。特立独行之人少，而意志薄弱之人多，一不作，二不休，索兴泥入贪污之大流，推波助澜，横流滚滚，遂使办税一途愈少清明之望，此固税务本身有以致之，而偏激之意识与论调，亦不少间接促成之力。

"长夜漫漫何时旦"！黑暗终有消去之时！幸赖此次抗战，雷霆万钧之力，转捩中华民族历史之车轮，使驱入光明之途。所有政治之各方面，均要彻底革新，税务为庶政之一，自莫能外。吾人迎接此新时代，万勿为过去之旧观念所拘束，而应大胆扬帷，正视光明，认识财政之新使命与税人之新任务，结束过去税吏之陈页，展开此后税人之新规。税务要好人来办！好人要来办税！以积极之态度，担任繁重之工作，斩断旧习，力启新机，号角已彻于长空，人队已列于征途，不容吾人再有迟顾之余地。

所谓新时代之税政，一方完成抗战，同时供应建设，前者所以维持民族生命之存在，后者所以助成民族生命之发展，与过去朝代之掊克朘酬戕贼大众以豢养寄生阶级者不同。倘有违背此大方针，而欲扭车轮、开倒车、眷恋于残骸、苟安于旧染者，必为觉醒之民族意识所摧毁，而不许其存在！此后之税政，乃划时代之革命工作，而不复是从前之聚敛；此后之税人，乃划时代之革命斗士，而不复是从前之税吏。合于此新税人之理想，乃能承担此后税政所赋予之新使命。

二、税人之法的基础

从前封建时代，对于税人之培养，亦有苦心孤诣，独出机杼思以理想之税人代替污浊之税吏，坚毅以赴，卒获有成者，厥为唐之刘晏。刘晏所处之时代，与今日大致相仿，身值安史之乱，朝野播迁，民穷财瘅，而克复大业，又复处处需财。军事方面虽迭出李郭之雄奇，而在财政方面倘无刘晏之擘画筹维，恐亦无以善其后。而其成功之枢纽，则在得人。刘晏尝谓"士陷赃贿则沦弃于时，名重于利，故士多清修；吏虽廉洁，终无显荣，利重于名，故吏多贪污"。关于钩检簿书，出纳钱谷，事虽至细，必委之士类，吏惟书符牒，不得轻出一言。而其取士之标准，复置重于"通、敏、精、悍、廉、勤"。通所以重学识，敏所以重效率，精所以重专长，悍所以重担当，廉所以重操守，勤所以重服务。扼要精当，确属办理财政所不可缺之条件，所取者士人，所重者六德，故能一矫从来之风气，树立革新之机杼，使当时之战时财政措置裕如，使战后之国库收入竟有余羡，唐室再造，其功诚不可泯。

惟过去之封建政治，缺乏法治基础。人存政举，人亡政息，刘晏所创制之重士理论，亦只昙花一现。孟子有言："徒善不足以为政，徒法不足以自行"，昔贤论政，原属人法并重，莫能偏废，又曰："上无道揆，下无法守"。道者政策方针，法者章则规程。儒家主张，亦属法治，无如封建之世，根本不适于法治之条件，于是一般观念乃趋重于人治主义。"有治人，无治法"，遂成为多年之信条，而深入人心，无形中阻碍法治之发展。今也，抗战行将结束，中国终须走入法治之大道，吾人对于多年之传统观念，亟须加以矫正。

"徒善不足以为政，徒法不足以自行"，孟子此言，实有至理。引而伸之，既须有法，又须有人，无治人固不可，无治法亦不可。此种人法并重之主张，本极精辟。惟吾人所欲补充之一点，即在治人亦能使之治法化！换言之，即所谓人治者，须是治法化的治人，以法治为基础的治人，然后治人在政治上，始能有其永续性与安定性，而不为人事所左右，吾人以为今日欲改造财政，首须彻底树立人事制度，师法刘晏之意，而更进一步，即在治人亦须使之治法化。此种办法，在以前之海关、邮局亦曾施行，但均由客卿主持，含有外铄之力。其他行政部门，虽亦举办考试训练，尚未作到理想。世之谈财务管理者，均推英国为健全，其得力之处，即在早年树立财务人员之人事制度（civil service system）。除财政大臣及政务次官随政党为转移外，自常务次官起，所有财务人员均须遵守此人事制度之轨道，丝毫不随长官之去留为转移。其出身也，既受相当之教育与合法之考试，其服务也，亦遵法定之程序与合理之保障。所谓治人之治法化，此乃最显著之例证。我国财政倘欲走入健全之轨道则树立健全之人事制度而普遍推行之，实为当前切要之图。

税务人员占财务人员之主要部分，税人之法的基础更有提前普遍实施的必要。办税为世所诟病，率从贪污而起。惩治贪污且为当前国务之要政，于此亦有深入观察之必要。曾子不云乎："上失其道，民散久矣。苟得其情，则哀矜而勿喜"。贪污之形成，如能进一步而分析其社会之背景，亦不免有哀矜之感。进步国家所以甚少贪污者，余以为得力于"三不"。在经济的条件，禄足养廉，仕有保障，不必贪污；在法律的条件，信赏必罚，尊卑共守，不敢贪污；在道德的条件，食足知辱，教施知耻，不肯贪污。尤以工业化的国家，大量生产之后，自足提高消费，正常生活不待取给于贪污，是以贪污现象在进步国家极所罕见。吾国欲肃清贪污，清明政治，仅恃事后之惩治，消极的制裁，窃以为未足。根本办法，除积极进行工业化之外，首须普遍树立税务人员之人事制度。吾人所以特别置重于税人之法的基础，意实在此。

三、税人应有之新风气

新时代之税人，既须根据健全之考训制度，与过去之税吏完全不同，故其应有之作风亦与从前截然异致。昔贤尝主张转移风气，吾人更需要创造风气，方能迎接此新时代而展开新史页。曾湘乡所谓"赤地新立，尽丧所有"、"另起炉灶，重开世界"，实今日税人应有之认识。今日税人所应创造之新风气，余以为有下列四种：

（一）学校之风　新税人既根据考训制度而来，其基本条件为学用一致，一矫从前所学非所用，所用非所学，学用脱节之积弊。一般青年将在校所研习之学理与技能，举而措诸行政，则行政机关不啻学校之实验室，而为学校之延长。同时办理税政所需要之理论与技术，复须与时俱进，不能墨守成规。税人于参加税政之后，仍须不断研讨，广吸新知，学问之功夫并不因加入税务而中辍。当年学校研讨之风，仍须时刻保持，始不为学术之落伍者。先圣有云："学而优则仕，仕而优则学"。不断地应用于实际，而不以空论自喜；不断地追求真理，而不为现时所囿，学用并进，辉光日新。税人应有之新风气，此其一。

（二）家庭之风　过去之衙门习气，关于用人，在长官为雇佣，在职员为混饭，上班则唯唯诺诺，下班则视如路人，冷冰冰只有利害关系，缺乏"人性"之意味。此后新税人应有之新观念，乃系在一定目标之下，共同为国家努力共同为改革奋斗。彼此之间，志同道合，在艰辛之旅程中，结为长途之伴侣，则亲爱自生，精诚自结，长者提携，幼者臂助，如手如足，情感盎然，家庭之风，此为极致。而况在合理的人事制度之下，团体生活日有轨道，公余则团体娱乐，疾病则团体救济，老衰则团体供应，整个生活，休戚与共，彼此之际，宛如家人，则其对于事业之推动，必能发生不可思议之力量。税人应有之新风气，此其二。

（三）军队之风　学校之风崇尚自由，家庭之风重在情感，用之不当，亦多流弊，故须继之军队之风。进步之财政理论，有所谓"财政纪律"（financial discipline）者，唱自苏联，而收巨效。今日税人担任改革财政之大任，首须尊重军队之风，努力提高纪律之水准。无论个人服务或推行政令，均须力矫过去泄沓敷衍之恶习，努力学习军队之良好习惯，务使抗战时期军事方面所表现之新作风，亦能实行于后方之政治。非作到此点政治永远赶不上军事，非作到此点税务根本得不到革新。更切言之，治法化的税人，必须表现法治精神，其遵守法令，一如前方军人之遵守法令。必如是，始能为此后之税政创造新生命。税人应有之新风气，此其三。

（四）宗教之风　吾人非尽信仰宗教，但任何事业之成功，必有赖于宗教之精神。所谓"意志集中，力量集中"，亦即宗教作风之表现。青年一旦参加税务，从事于财政改造之大业，即应坚定意志，凝集信仰，专心致志于此种工作，而终身以之。昔人有言："笃信好学，守死善道"。非笃信不能好学，非守死无以善道。又曰："执德不弘，信道不笃，焉能为有，焉能为无"。不执不笃，当然不能发生力量，而侪于无足轻重之列。庄子主张"用志不纷，乃凝于神"。荀子亦戒"鼫鼠五技而穷"。大禹治水，九年在外，手足胼胝，三过家门而不入，用志如此专一，自能表现伟大之成绩，吾人试看西洋之宗教家，本其信仰，深入蛮荒，宣传教义，死而不悔，卒能信格鄙野，影响群伦。今日之税人，果欲担起改革之使命，首须改变过去税吏之恶习，一洗从前"夜投石壕村，有吏夜捉人"之狰狞面孔，效法宗教之慈祥恺悌，叮嘱恳至，宣释调解，不惮烦劳，务使新税之理想尽喻于群众。最高之国策深入于民间，然后改革事业始能期其贯彻。税人应有之新风气，此其四。

以上四风，学校之风重研讨，家庭之风重亲爱，军队之风重纪律，宗教之风重信仰。四风备具，始能为税政树立新楷模。而四者之间，又复相互为用。如家庭之风，必济以军队之风，始能于亲爱之中，寓严肃之意，而不致流于狎慢。又如学校之风重在博学，而宗教之风则重在约守，作用相反而实相成，"风俗之于人心，始乎微而终乎不可御者也"。今日之税人，须以创造风气为己任，慎勿妄自菲薄。

四、税人于社会

新税人之养成,需要三方面之力量同时并进,缺一不可。一为国家法制的力量,二为税人自新的力量,三为社会蔚成的力量,而以社会的力量普遍而深入,关系尤为重要。过去税吏之为人诟病,岂尽税吏之咎?污浊之社会,以不可见之魔手,四面八方,迫之、诱之、欣之、羡之,包围而拨弄之,明薰而暗烁之,使办税之人,有意无意,直接间接,阑入贪污之浊流,而莫能自拔。此中不知有多少纯洁之青年,有为之志士,斫丧销毁于社会之洪炉。既陷之后,世人复从而指摘之,非笑之,冷嘲而热骂之。而对于季子多金亲戚得我之辈,则从而趋承之,揄扬之,前倨而后恭之,匍匐道左而从拜之。世情冷暖,社会丑态,倘使长此不改,吾敢断言:如此社会,决不会造成新税人!纵有少数特立独行之士,举世非之而不惑,亦不过如萤火之一瞥,或如彗星之扫射,倏忽之际仍没于大黑暗之中,而无损于黑暗之存在。

社会病态,中根已久,说来话长。倘以客观态度,加以分析,症结所在,仍然归结于原始农业之经济组织。数千年来之经济条件,既未如何改变,所形成之社会意识,当然不会有根本之变更。农业经济之政治道德,为"亲亲而仁民",由此演变而为任用私人与"亲戚得我",以此为契机,于是养成若干之寄生形态,"待一人而举火者数十家",晏子不过一显例耳。根据此种意识,于是"贫穷则父母不子,富贵则亲戚畏惧",激于炎凉之世态,喟然而叹息者,当不止两千年前之季子为然。此实社会条件促成贪污之主要例证,他且不讲。

社会病态之急待改造,尽人皆知,根本办法,仍在积极进行工业化,更须实现三民主义之工业化,勿使大企业大利润仍落于少数特殊阶层之手!经济组织改变之后,社会意识自能随之改变。在此过程中,一方仰赖领袖主持于上,一方则恃青年战士奋勉于下,同时尤盼社会各方有识之士,认清病根,一致奋斗,终不信吾国社会即可任其长此混沌。吾人相信,社会各方人士与吾人抱同感者,其数甚多。尤以舆论方面,在此胜利接近行将展开政治改造之当口,必能发挥清议之权威,蔚成革新之主流,促进理想之实现。恶浊之社会条件,足以销毁个人,清明之社会条件,亦足以成全个人。所谓新税人之长成,有赖于社会蔚成之力量者,意实在此。号角已彻于长空,大队已列于征途,一致奋进,此其时也!

税务管理刍言*

（一九四三年十一月十五日）

现行国税机构，中央于各省设置税务管理局。除关、盐、田三税外，所有各项国税，俱归省税务局管理。所管税务，在直接税体系，则有所得税、利得税、遗产税、营业税、印花税五种；在货物税体系，则有统税、矿税、烟酒税、新统税四种，所管税务，至为纷繁，从事省局工作之人员，对于全局，应有综括之了解，乃能各守岗位分工执业，以趋事功。余以为省局业务纵极纷繁，综括观察，可大别为六：

一、人；

二、文；

三、钱；

四、物；

五、法；

六、数。

古人有言，执简驭繁，又曰：守其本，万事理，能从大处着眼，乃能从小处下手，兹分述如次：

一、关于人之管理

省局业务，第一为人事管理，所有省局本身以及所属分局、处、所工作人员之任用、考核、迁调、黜陟，均须由省局负责。一方须遵守国家之人事制度，同时须供应各地办税之需要。而在此非常时期变态社会之环境中，对于人事管理，更感觉其纷纭错综，困难迭出。但吾人于执行管理之际，有一最高之理想必须遵守曰"公"。其条目有二：一曰"取之公开"，二曰"处之公平"。其始来

---

* 此文发表于《财政学报》杂志第二卷第一期。——编者注

也，导之以公开，其既来也，持之以公平，倘能守此勿渝，而悉合实际，无论人事如何纷纭，必可日臻上理，而其心理之基础，则在"无私"。所谓公开，即指用人之际，一矫过去援引位置之陋习，采用公开考训之制度，根据业务之需要，配合学用之关系，只要合于合理之客观标准，可以内不避亲，外不避仇，远近亲疏，惟才是举。古人所谓"用贤无方"，完全是公开之意，此以任用言之也。任用之后，所有考核、黜陟之工作，更须以公平为标准。诸葛武侯有言："我心如秤，不能为人作轻重"，当时以蕞尔之西蜀，而能抗吴、魏之强敌，卒能集合才力，以成鼎足之业者，主要得力于"用心平而劝戒明"。故吾以为公之第一条件为公开，第二条件为公平，果能神而明之，则于人事管理之道，思过半矣。

二、关于文之管理

凡属行政机关，即不免与公文发生关系。虽说"簿书期会"，昔贤所羞，等因奉此，新人所厌，舞文弄墨，且为公论所不容。但是行政机关，总不能离开公文，大车无　，小车无　，言而不文，何以行远？故于文之管理，仍属行政机关之重要工作。而况省局地位，在税务机构中，为执行政令、指挥监督之机关，承上启下，随时与公文发生关系。盖公文之为用，不仅传达意思，且恃为信守。故于派遣专员亲赴各地之际，仍须以公事为三方信守之资，文之不可缺也如是。但关于文之管理，亦颇琐屑难能，而为公务人员所不可轻忽者。此中亦有最高之理想曰"敏"，其条目有二：一曰"敏于处理"，二曰"敏于执行"。吾人对于今日行政机关处理公文之普遍感觉曰慢。造成慢之原因，亦有多端，一为中国之文字本身即不简单，二为公事呈转之层次过多，三为中国文字概恃缮录所费时间太大，四为语体文流行后受有现代教育之青年多不长于公用文。此外如泄沓成性，蓄意延宕，遇事模棱，故意兜圈，则又非公文本身之过。但无论其原因为何，结果总不免是一个慢，而有碍于行政效率，对症下药，自须以"敏"为处公文之目标。求敏之道，或将公文化简，或将程序化简，尤恃经办人员之敏于从事。古人云：案无留牍，武侯之称李严，亦曰："处分如流，趋舍罔滞"，此固源于天才，亦有待于磨练。古之贤吏，处理公牍，恒至夜分。韩魏公为相，"事无大小必亲理之，诸般文卷，虽甚暑热，汗流浃背，必亲阅之，不肯一刻偷闲，使诸事废弛，以遗朝廷之忧"，实足为后人楷模。此以敏于处理言之也。然而未足也。处理能事，限于篇章，处理之后，束之高阁，对于政治，仍不能发生实际作用,故又须"敏于执行"。然后机关办事,始不致徒托空言,令出必行,说出一个字,便能作到一个字,故对于文之管理,第二个条件要敏于执行!

三、关于钱之管理

办理庶政,非财莫举,任何行政部门,均与金钱发生关系。尤以税务机关,除本身经费之会计工作外,其执行业务,即系以钱为对象。人民出钱,国库收钱,税务机关介于其间,执行稽征工作,无时无刻不与金钱发生联系。对于钱的管理,吾人亦有一最高之理想曰"清"。其条目亦有二:一曰"清清楚楚",二曰"清清白白",前者着眼于钱的本身,处理之道,最需清楚。后者着眼于人与钱之关系,处理之道,最需清白。钱之一字为从来读书人所最讨厌所最讳言之物。《论语》称"子罕言利",陈平为相,不问钱谷,荆公变法,注重理财,当时士大夫,乃群起而攻之。此种传统,深种于人心,自古迄今,未之或改,遂使一般读书之士,视管钱为麻烦之工作,视办税为污浊之聚点,好人不肯为,只有任坏人为之,士人不会管,只有靠胥吏管之,于是在手续上,则日趋紊乱而不会清清楚楚,在作用上,则日趋污浊而不会清清白白,健全财政,既不可期,清明政治,自不可能,故吾人以为今日以新税人办理新税政,只要守住一字标准——"清",其事已尽。

四、关于物之管理

庶政非财莫举,但是实际所需,并非钱之本体,而是购买力所能买到的物。是以行政机关,只能做到管理钱,犹未足也,须能进一步而管理物。尤以今日抗战时期,物力艰难,得之不易,物之重要性,远过于钱。所有关于物之采买、保管、分发、使用,均须特别留意,而不可掉以轻心。甚至一草一木之微,均须运用"经理"之功夫,不使有丝毫之浪费与暴殄。其应守之最高标准曰"约"。约有二义:一为"量的节约",消极之功夫也;二为"质的集约",积极之功夫也。前者注意于量的少费,后者注意于质的发挥,双方并进,始能尽"物的管理"之能事。此种工作在从前物价低廉之时代,尚不感觉其如何迫切,但在今日,一张复写纸,一只钢笔头,价值之高,较前什百,供应日短,有款难求,身为公务人员，对于公物，更应如何珍惜？必使浪费之弊，根本清除，使用时限，尽量延展，一物供两物之用，废件成有用之资，始能对得起国家，对得起抗战。余尝谓战时后方文人之一笔一砚，有如前方士兵之一枪一弹。士兵对于枪弹，是如何之宝重，然则后方公务人员对于办公所需之文具而可以任意浪费损失乎？昔者陶侃为荆州刺史，名位已高，任务已重，当时物力复不似今日之艰难，而犹注意于"竹头木屑"之节约与储藏，务使各得其用。缅怀前贤，抚今追昔，吾人身为公务员者，真觉悔恨万分矣！

五、关于法之管理

实行法治之国家，一切行政，均须以法律为依据。至于税务，法的条件，尤属重要。亚当·斯密所提示之租税四原则，第二即为"确定"。国家与人民之间，有一确定不移共同遵守之标准，而不容上下其手，随人意变更之。所有纳税之数额、时间、地点、手续均须预为确定，俾众周知，上下共守。故税法为税务行政之出发点，而守法则为税务人员之基本信条，于此亦有一最高理想曰"严"。其条目有二：一曰"严以律己"，二曰"严以治人"。古代政治家如郑之子产，蜀之孔明，对于行法，均主尚严，此盖因时代之需要，非徒以苛刻为能也。吾国今日需要法治，尽人皆知，行法须严，亦有同感。但是严之为用，要有层次，第一要严以律己。所谓"法之不行，自上犯之"，不能严以待己者，必不能严以治人。是以街亭之失，丞相自贬，引咎责躬，民忘其败。吾国史乘，颇多先例，不必让法治国专美。顷者战事行将结束，更应努力于推行法治，其最有效之办法，即在负行政之责者，均肯以此作则，严以律己，必能风行草偃，速于置邮。办理税务，更应如是。其次便须严以治人。盖逃税之风，各国皆有，值此非常时期，行险侥幸之心理，弥漫于社会各阶层之间，因顾小己而害及国家，因图私利而破坏国典，此风不戢，滔滔者将群趋于违法犯纪自私自利之途，则社会改造之理想，将愈去愈远，试观英美各国，犹有"对逃税作战"之口号，况在吾国法治精神尚未确立之社会乎？现代合理之税政，不仅为国家增收入，尤在以税负之公允，实现"社会之正义"，民生主义之赋税政策，实应以此为中心，并不只宽严之辨而已也。

六、关于数之管理

现代政治，有两个不可缺的条件，一个是"法"，一个是"数"。法之必要，前已言之，数之必要，亦不俟烦言而解。而况税务机关，每日工作以数字为生命。关于数的管理，无疑地为税务机关最扼要的部分。于此亦有一最高之理想曰"明"。其条目亦有二：一曰"条理分明"，二曰"指示分明"。昔者曾湘乡治军治政，常主张"大条理，小条理，始条理，终条理"；其用人标准亦曰"有操守，而无官气，多条理，而少大言"，条理之重要如是。而况税务管理之"理"字，即系以条理为理想之目标，其主要工具，即藉重于数字的条件。至于施行项目所以复分为二者，实寓有受动能动之别。无论税收、经费、人事、物品以及内外工作之静态动态，均须有详审精密之数字记载与统计，就已有之事实与现象，加以整理，使之"条理分明"，此诚税务行政所不可缺。但就其性质言之，仍属受动范围，不能认为已足，而应更进一步，从事于能动的数字管理。试以税收为例，每年拟定税收预算之际，应以过去税收之经验为基础，参酌现状，预测将来，藉以拟定下年度可收之税收数字。此等数字，须尽可能令与实际相合，既不可失之高，亦不可失之低。实施预算之结果，短收固不好，超收亦非合理之现象。其不能吻合实际，虽过犹不及也。但欲税收预算之吻合实际，必须以健全之统计为基础，而后能"指示分明"，争取主动。进步国家之统计，有所谓"经济晴雨计"（economic barometer）者即系"经济预测"（economic forecasting）之意。虽说经济之变态，有过于大气之流动，但对于数的管理，果能行之有素，处之有方，求之有道，亦不难如大气预测，使阴晴风雨，可以前知。统计会计之能事，不仅以条理分明为已足，而应做到指示分明，始足为修明税政之助。尤有进者，今日税务行政之最大困难，为假账之多，仅依据会计之技能，执行查账之工作，已不足发现纳税人之真实所得与应课之合理税负，于此即应于会计技术之外，藉助于统计之资料。所有经济调查、货运登记、产销价格、运送成本、黑市情形均须由严密周匝之统计，多方印证，以钩稽其真正之税负。税务行政有赖于数字之指示分明者，尤属当前切要之要求。

税务管理，千端万绪，综括观察，不外上述六大端。每一方面，俱可以一字标示最高之理想，而每一理想，均可分析为两条目。驭繁以简，切忌支离，汇众于精，期免罣漏。以今日之社会环境与人事条件，纵有理想，实现为难。然而"高山仰止,景行行止,虽不能至,心向往之"。果能确定目标,锲而不舍,坚毅以赴,岂患无卒底于成之一日。古圣教人以六艺,上述六端,无妨称之为"税政六艺"。圣学六艺为礼、乐、射、御、书、数,余所主张之税政六艺,则为"人、文、钱、物、法、数"。人以主之,文以行之,钱为工作之对象,物为经理之主题,法为税收之依据,数为管理之利器。税务行政,果能明此六艺,大明则大成,小明则小成,未有悬格不高而能大收成效者。兹更列表以明之如次:

税务管理

人	公	(一)取之公开	(二)处之公平
文	敏	(一)敏于处理	(二)敏于执行
钱	清	(一)清清楚楚	(二)清清白白
物	约	(一)量的节约	(二)质的集约
法	严	(一)严以律己	(二)严以治人
数	明	(一)条理分明	(二)指示分明

税政六艺,各有其一字之理想,亦犹论语"言思忠,事思敬"之义。综合观察,则为"公、敏、清、约、严、明",亦颇浅出深入,耐人寻思。昔人曾谓:"言之不出,耻躬之不逮也";又曰:"先行其言,而后从之",自省学行不逮,对此多年理想,未能充分发挥,惧贻徒托空言之诮。尤以今日之社会条件与人事状况,助长同流之风,消沮特立之行,满怀壮志而卒归于心灰意冷者,比比皆是。而况行政单位乃一复合之有机体,一小部分之不健全,一小齿轮之不紧张,均足影响全盘机件之运行。加以人事之流转,教育之低落,纵使苦心训练,亦多等于虚掷。苍茫四顾,徒唤奈何,与其心血徒抛,何如遂我初服!然而中国社会,总要革新,剥复之机,当前不远,贞下启元,正当效伏波之穷且益坚,岂可沮于流俗而不思自奋乎?改革大业,非一手一足之劳,非一朝一夕之功,德不孤,必有邻,用敢献其芹曝,以就正于当世焉。

民国三十二年九月三十日于渝州

论直接税*

（一九四三年十二月二十八日）

直接税业务会议连日正在陪都举行。我们愿就此问题，贡献一点意见。

按直接税与间接税为现代税制之两大范畴，直接税远较间接税为公平与合理，早已成为世界之定论。按各国税制进化的历史，无不由间接税进而为直接税。虽直至今天为止，间接税在各国收入中仍占相当重要的地位，但在资本主义的先进国家，直接税的比重无不一天比一天增加，而且这种倾向，世界各国（除苏联因其社会制度不同外），几无一国为例外，这是租税发展史一致的趋势。

但直接税不仅是一个名称，它是有一定具体内容的东西。直接税何以比间接税为合理与公平呢？原因就是直接税是直接根据一个人的负税能力而课税的，间接税是用转嫁的方法间接地根据一个人的负税能力而课税的，税负之能否转嫁，这就是一种税制之为直接税或间接税的分际。一般地说，凡能转嫁者为间接税，不能转嫁者为直接税。直接税因其不易于转嫁，故纳税者与负税者为同于一人，我们可以依据纳税人之经济能力，以使税负达到公平。间接税因其是转嫁的，纳税者与税负者非同于一人（如卷烟假定每包本售十元，因缴纳烟税二元之故，加价至十二元售出，纳税者虽为卷烟商，负税者实为消费人），所以我们很难依据各人之纳税能力而分别课征，直接税之所以适合能力主义的原则与间接税之为世人所诟病，理由即在此。间接税之主体为消费税（关税、盐税、统税皆属之），即课税于消费物品之上，由其增加价格以转嫁于一般之消费者。直接税之主体为所得税与遗产税，在战时则有非常时期利得税或战时利得税。但不论是所得、遗产或过分利得税，在欧美各国，这都是一种对人税，即课税之对象应为个人，而不是团体或组织。一个人所得多的便应该多纳，少得少纳，无所得者不纳。不论他的所得来自银行存款、公司股票、房屋租赁、薪给报酬，综合其所得而征课之，故亦称"综合所得税"。这种所得税虽然并不见

---

* 此文系作者为重庆《大公报》撰写的社评。——编者注

得会使资本主义变质而为社会主义,但我们不能不承认:在资本主义经济制度下,这是均平贫富或防止社会阶级两极化之最重要的手段。在戴维斯的《出使莫斯科记》一书上,记载有一段戴维斯和斯大林的谈话,戴氏告诉斯大林说:他太太(按戴夫人为美国富豪之女)的财产有百分之八十将归入联邦和州政府,而不到五分之一留给她的子女。他自己的财产,百分之五十以上归国家所有而不到一半归他的子女。戴氏的薪金要以百分之六十缴纳所得税,而他太太要付百分之七十多。因此戴维斯认为美国的制度比苏联的社会主义制度还要好得多。关于制度问题,见仁见智,可勿具论,但直接税在社会政策上的重要意义,于此可见一斑。各国实行所得税最早者为英国,制度之完善亦首推英国。自大战后,英国将所得税率一再提高,现在最高额已达每英镑征十九先令六便士,即税率达百分之九十七点五。但英国的人民从来没有听说为所得税太重而叫苦,因为他们是真正的"有钱出钱",大富豪负担特重;小所得者负担仍轻。我们看英、美的战费有如天文数字的增加,但他们物价平稳,民生安定,他们大家都过的是战时生活,贫富之悬殊虽依然如故,然而却没有士兵及公务员食不果腹,达官富商一食千金、一衣万金的畸形现象,这固然要归功于英美财政政策之正确与理财家之目光之远大,而推求其原因,则直接税制度之健全与合理,又是应居首功的。

我国之有直接税,始自民国二十五年,惟以事属草创,规模未具,故当时所得税法不称"法"而称"暂行条例"。抗战以来,积极推行,直接税之体系业已确立,税收尤有可观,乃于今年二月间将"所得税暂行条例"改为"所得税法",课税范围亦略行扩大。惟我国之直接税与欧美之直接税制度,与其视为大同小异,毋宁认为貌合神离。一以我国之直接税中除所得、遗产、利得税外,尚包括营业、印花税在内,营业税乃收益税,印花税为流通税,其与直接税风马牛不相及。但此或因税务行政上之方便,未可厚非。最相异者,则为我国之所得税乃以工商组织而不以个人所得为对象,各国之所得税多为对人税,我国则非对人税,故我国所得税法及过分利得税法之第一类均规定以"公司、商号、行栈、工厂"为征课之对象。至于个人,则月入百数十元之公务人员及教职员均不能幸免所得税之课征(以其可于发薪时照扣也)。独对于月入千百万元之富商大贾、名优及暴发户以其收入无可稽查,反无分文之负担。但受直接税之影响至深且巨者则为工业,以现行之直接税法对工商业之税率一视同仁,同等待遇，其结果一方面适足为商业资本"为渊驱鱼"，另方面由于"虚盈实税"之结果，已使若干厂家呻吟于重税之下而卖厂关门。凡此社会有识者已迭为呼吁，本年六月在陪都召集之生产会议中复有改善税制之正式决议，兹不具论。故在各国以豪富阶级为对象之直接税，至我国乃一变而为以工业组织为对象，宜乎去年迁川工厂联合会、西南实业协会等三团体曾慨乎言之："所得税及过分利得税，原须以个人所得及利得为课征之对象，始能达均平财富之目的，若以产业组织为对象，则损害产业之发展者多，而影响个人之财富者微"。斯语实足发人深省。

我国的直接税方在草创之中，希望当局求其不断改进，成为名实相符的良税。

一九四四年

实施民生主义的设计*

（一九四四年三月十日）

三民主义里面的民族、民权、民生，是彼此联系、相互配合，可以说是具有平行的关系。但是它们实现的次序，事实上分明有些先后。我们七年来的空前抗战，为的是要维持国际正义，奠立世界和平，同时也是要争取中华民族的生存与独立。所以抗战胜利，就是民族主义的成功，并且有了民族，才谈得上民权与民生，否则"皮之不存，毛将焉附"。就此点而言，民族确是民权与民生的基础。

关于民权主义与民生主义的实现，则两者应双管齐下，携手并进。扼要的说，民权侧重方法，民生侧重内容。民权是关于政治自由的确立，关于选举、罢免、创制、复决四权的行使。依照西方民主国家以往的经验，往往人民具有了政治自由，不论男女，成年的人，享有了一人一票，但是一般民众的经济生活，仍没有解决。换句话说，只有民权而不讲民生，社会问题还是存在。反过来说，倘使专求人民经济生活的解决，而抹杀其政治自由，那也并不是合理的办法。我们可以得到这一个结论：具有了民权，必须同时解决民生，否则民权就落了空；民生如能解决，亦须同时发达民权，那才有真正的彻底的经济自由。

其实，民生的重要，目前已得到了世界普遍的承认。一切有关社会福利的立法，都是改善民生。大西洋宪章第五条规定，力求各国最大量的经济合作，俾劳工得改善，社会得安定。第六条规定，力谋一切民族国家得生活自由，衣食无虞而安居乐业。这分明是要国际互助合作以健全各国的民生。罗斯福总统四大自由之中，即有一项不虞匮乏的自由，此亦可以说是合乎民生主义。

战后国际的趋向，尚且如此。我们要实现国父三民主义，对于民生一项，自然更要负责努力。实现民生主义，从国民本身的立场说，就是要普遍的、充裕的改善衣食住行。当然，民生不止是衣食住行，可是衣食住行，最可概括重要

---

* 此文系作者为重庆《时事新报》撰写的社评。——编者注

的民生。战后受兵祸的区域，固须救济，就是大后方各省，也要多方善后。我们善后救济要与整个"重建"衔接配合起来。第一步要使我们全国人民，在衣食住行方面，达到一个相当的平均水准。有的是需要采用一时权宜的办法，有的是必须施行长期根本的政策。

  从政府的立场说，我们实现民生主义，当然就是实施国父节制资本、平均地权各项遗教。民权主义固然不能旦夕间实现，而必须循序渐进，此则事实俱在，不庸申述。关于民生主义固然也要渐次发展，但是根据一般学者的研究与观察，似乎民权的发达，比较的要自下而上，而民生的改善，比较的能自上而下。因此，战后民生主义的发展，至少应当可与民权主义携手并进的。关于战后逐步实现民生主义，事关民族国家百年大计，端赖及早切实研究，准备具体方案，此则为今日设计当务之急。这种设计，决不是闭户造车，向壁虚造所能有成就，必须研究他国的经验，根据我国过去的历史，调查现下的实况，才能针对需要，提拟妥善的方案。

献金与节约*

（一九四四年三月二十一日）

此次中央冯玉祥委员前赴川省各地，宣传节约献金，业已获得民众之热烈响应。各地官绅商民均能踊跃捐献，以尽国民天职。最近冯委员前往川东江津宣传，收效尤宏。仅白沙一镇，即有六百万元之收获，江津全县至少可有数千万元之献金。最使我们深为感动者，乃此次献金运动，确能普及民间，故其效果有非金钱数字所能表达者。例如江津国立九中师生、工友、校警，无不踊跃参加献金运动，虽无钱可献之战区学生，亦绝食一日将膳费献出，余如富有学生之个人捐款竟有达三、四万元者。这种现象充分表现国民之爱国热情，并证明任何民众运动，如能善为倡导，亦不难获得圆满的效果。

由此次献金运动的成功，使我们发现中国民众潜在的力量，实在非常丰富。假使全国民众均能履践节约，并将节约所得贡献国家，则我们绝对相信，我国在经济上一切困难均可迎刃而解。譬如，全国民众，如果于每一月中均能捐献一日的消费及劳力，则对于抗战建国必可能发生难以想像的效果。固然，现在一般平民，生活确极艰苦，但是每月捐献一日所得，亦不致有如何严重困难。至于少数富有者苟能稍为节制其奢侈习惯，量力捐献国家，更不至使其生活发生任何影响。现在生活最苦的莫若无依无靠的战区学生，但是他们竟能绝食一日以膳费捐献，则全国同胞实无任何理由，可以避不参加献金运动！

战时物力、财力的缺乏乃不可避免之现象，故战时人民节约，亦为事实所必然。但是节约所得，如未能贡献国家作战争之用，则节约不过具有消极的意义，对于国家并无多大好处。况且如果人民节约之财力，转变为扰乱市场物价之游资，则对于国家，不仅无益，反足有害。英美各国政府，战时控制物资极为彻底，而其国民又向有储蓄习惯，故人民能够节约一份力量，即等于国家增加一分作战力量。中国是农业国家，组织散漫，动员困难，故国人虽有节约美

---

* 此文系作者为重庆《时事新报》撰写的社评。——编者注

德，对于作战并无如何重大贡献。其症结完全在国民节约与战时需要脱节。中央所发动之储蓄运动及献金运动，其最大目的即在使国民节约能够适应战时需要。换言之，即要求国人除生活所必须者外。应将其所剩余之人力、物力、财力尽量贡献国家，以作抗战建国之用。所谓"有力出力，有钱出钱"，意义完全在此。献金只是实现此种目的之一种方式而已。

今年是胜利决定年。国人应该明了，胜利来临之前尚须经历一个最后反攻的艰苦阶段。故今后用于前线作战之人力、物力、财力必将倍蓗于往日。这一笔沉重的负担必然地会落在全国同胞的肩上。无疑地，未来的若干月日必将是一个最艰苦的时期。国人亦唯有咬紧牙关，加紧节约，并热烈参加献金或储蓄运动，庶可克服一切艰危，而使最后胜利早日来临！

我们不仅敬佩冯委员不辞劳瘁为此努力之伟大成就，并希望如火如荼的献金运动，能够迅速展开，普及全国。

直接税税歌歌词[*]

（一九四四年三月二十九日）

（一）

新税兮新税，要待新人解，新人新精神，史页重更换。
负担期合理，征课重民权，公平与普遍，有钱者出钱。
创办未经年，展开全民战，艰难困苦中，税基已稳奠。

（二）

后方真广大，民力尤强化，工商具兴荣，不畏狂滥炸。
卜式肯纾国，子文能毁家，税收日开展，泼剌如火花。
久战恃财充，输将不俟驾，众擎斯易举，税史留佳话。

（三）

办税重操守，廉洁最为先，热不息恶萌，渴不饮贪泉。
有守复有为，干济追前贤，能力倘不足，益之以勤勉。
任重而道远，坚毅为之殿，廉能与勤毅，税人生命线。

（四）

创造新风气，税人重四风，精神如在校，以学勤事功。
志同如手足，和乐似家庭，儿戏灞上军，森严细柳营。
笃信而善进，遥闻教寺钟，转移在方寸，安危视蒢躬。

（五）

军营树税声，考税重严明，新军多老将，诗兴在罗星。
细语小茅屋，长谈大草棚，康宁路中遇，海棠溪上逢。
陋室共三用，高楼会四风，人才能蔚起，歌咏祝成功。

---

[*] 此文发表于《税人》杂志一九四四年第二期。——编者注

守真歌并序*

（一九四四年三月二十九日）

本年二月十六日星期日，晨八时赴沙坪坝重庆大学讲学，道中忽念："真"之一字，分读应为"直人"。亦如惪（德）之一字，分读应为"直心"。直心为惪，直人为真，非真无以为直接税之税人！文义事趋之巧合，诚有不期然而然者。矣因作守真歌，藉以自勖，兼勖同人。

心问口，口问心，心口曾否不失真。
守真可以俟天地，失真一生枉做人。
圣人告我言忠信，言若不忠谁汝近？
花言巧语炫一时，一诺千金有余韵。
心若真时语自诚，当阳一喝退操雄，
魏征数语回天怒，范式一言结死生。
修辞立诚圣之路，言为心声古已著，
今人论口不论心，巧言令色迷当路。
所以舜好察迩言，要使言行常相顾，
行伪纵能饰语真，赤暾一出群魔伏。
作人惟有一字真，心口如一只是真，
内外以真相贯彻，人我以真相追寻。
惺惺只为惺惺惜，真心唤得真心起，
同心之言臭如兰，肝胆相照自期许。
一点真心本天成，有源之水必自生，
守真勿失无他术，惟有存诚彻始终！

---

* 此文发表于《税人》杂志一九四四年第二期。——编者注

建立标准计税制*

（即改进估计课税标准）

（一九四四年三月二十九日）

所利营业各税均须查账严实计征。对于逾限或隐匿不报，或未具备账册、证件不全，或伪造账册，或饬提供账册证件而不能提出之各营利事业，依法得为径行决定。年来各征收机关办理此项手续，均苦无适当标准，以为估计之准则，不特滞纳延宕，影响库收，抑且呈控涉讼，丛滋纷扰。上届业务会议，确定估计标准，寝成主要议题。惟该项议案，虽于资本进销、存货暨费用各端分别规定，其估计之项目，并用正面暨侧面调查，以为采撷翔实材料之依据，然均为补充救济之筹，不能视为最主要之计税方法。刻以逃税之技术与日俱增，亟须建立一标准计税制以资防止，此其一。过去各分局虽年有营利事业统计报告之编制，并未引用课税年度之材料，而其统计之编成，更未将具有特殊情形之营利事业剔出，致减低其真确性。倘能因为征课所利得税时之参考，以现时物价变动之速，商情表现之伪，逃税技术之巧妙，欲求切合实际，必须引用历年及当年之正常材料,此其二。改进估计标准,既须引用历年及当年之正常材料,则各征收机关必须随时注意、调查、登记，以资应用，此其三。估计标准之应用，在求所利得税之公平课征，依法先应将各课税营利事业纯益，依据销货减成本、营业费用，或收益减营业费用等，于纯益之计算公式，则有关材料之统计与毛利及费用与销货之比率，或收益及营业费用与资本之比率，当利用最新与历存材料，作成分业估计标准，即分业标准计税制，以为查账及计算当年所得税之依据，此其四。估计课税标准，在物价商情逃税极度变动交互影响之今日，势须针对实情加以改管，即充分应用统计会计经济与数学原理建立标准计税制，以为课征之准则，兹特分项说明如次：

---

* 此文系作者在全国第六届直接税业务会议上与包超时联合署名的提案，刊载于《税人》杂志一九四四年第二期。——编者注

一、营利事业大别为三种性质，一为一般商业包括一切专以贩卖农产品或工业制造品之各种营业；二为工矿业，包括一切制造物品及开采矿产之工业及矿业；三为金融业及其他各业包括金融业及其他一切不自营货品买卖而以收取手续费性质之报酬为目的之营业。前两种有货品买卖，可以计算毛利率，后一种则可以收益与资本之比率代替毛利率，以求得所得，其分业表另订之。

上述各种比率及其他用以参比之比率，如欲用为年度必须第一为"标准比率"（standard rates），第二必须依营业之性质求分业之标准比率，第三必须为当年当地之标准比率。为符合第一条件所有材料必须择正常之营业，其有特殊情形者，应予剔除；为适应第二条件，应依上项营利事业之三种性质，详为分类，分业愈细愈好，必须获利厚薄情形十分相近之营业，始可归并比较；为达到第三个条件，必须利用营业税逐月调查办法，获得当年当地之材料，由各分局、所自行编制。

二、构成所得之因素甚多，其可以预求而足据以推算者，在一般商业及工矿业，为毛利与销货之比率（即毛利率），在金融业及其他各业，则为收益与资本之比率，有辅助作用者则为营业费用与销货之比率，成为营业费用与资本之比率。盖毛利或收益减营业费用即为纯利，而课税之所得亦因以求得矣。

所谓毛利与销货之比率，即以销货净额所得之百分比；收益与资本之比率，即以资本总额除收益额所得之百分比；营业费用与销货或资本之比率，即以销货净额或资本总额除营业费用所得之百分比，其计算公式为：

1. 毛利率 $=\dfrac{\text{毛利额}}{\text{销货净额}}$ ……一般商业及工矿业

2. 收益率 $=\dfrac{\text{收益额}}{\text{资本总额}}$ ……金融业及其他各业

3. 损耗率 $=\dfrac{\text{费用总额}}{\text{销货总额}}$ ……一般商业及工矿业

4. 损耗率 $=\dfrac{\text{营业费用}}{\text{资本总额}}$ ……金融业及其他各业

三、计算各种比率应用之材料必须随时调查登记以资应用编制，惟各种比率应行调查之项目不同，兹就实际需要者分述于后：

1.计算毛利率，一般商业及工矿业应于查征营业税时，调查下列各项：

甲、资本额（包括公债准备各项）——按月调查并随时调查其增资开业与歇业、减资开业与歇业。

乙、进货额（包括进货缴用）——按月调查。

丙、销售额——按月调查。

丁、存货额——一般商业之茊售商应设另号簿（即货源）按月调查，零售商于查征十二月份营业税时一次调查，工矿业之设有成本会计者应按月填报存货报告（格式另订），其未设置成本会计者应按年填报，即于每年十二月底填报，门市部分规定于十二月底调查一次，上述各项存货之调查，应辅以随时抽查，并于年底一次清查，均以实地盘存为原则。其表报数页过多者以抽查行之，至期初存货即以查征上年所得税一时查定额充之，不必另行调查以省繁复。

上列各种材料为增加其真确性起见应同时调查下列各项：

甲、货品来源——按月调查分户记载，有交互复核进货之作用。

乙、银行往来——按月调查。因营业之进程，不外资金之进出与周转，此可以获悉各种营业之真相。

丙、存款——按月调查。盖收受存款有增加资力之作用，此可测度营业之盛衰。

2.计算收益率，金融业及其他各业应检调查营业税时，调算下列各项：

甲、金融业

a.资本额（包括公积准备各项）——按季调查一次并随时调查其增资减资及开业歇业。

b.收益额（包括各种利息手续费及其他收入）——以按季调查为原则，不能按季调查者，于六月底及十二月底，各调查一次。

乙、其他各业

a.资本额（包括公积准备各项）——按月调查，并随时调查其增资减资及开业歇业。

b.收益额（在营业税用以计算营业总收入额者）——按月调查。

3.计算损耗率，应于检查征营业税时调查下列各项：

甲、推销费用——如广告费、货物运送费、推销员役薪旅回扣各费、销货部之各项开支及已发生坏账损失等项，以按月调查为原则。

乙、管理费用——如职工、薪工、伙食、房租、水电费、文具及用品修缮费、保险费、会计律师费等项，以按月调查为原则。

丙、生产设备——生产设备之添制，不特有关业务，其随之而生之折旧损废，在工矿业占相当重要地位，亦应按月调查，以资推算。

以上各项调查统计材料均应随时分业整理，分别登记，于次年一月初，调查上年十二月份营业税后，即分业编制毛利、收益、损耗各标准比率，以为查征各业所利得税核计所利得额之准则。盖毛利或收益之比率，大者所得利得亦厚，比率小者则薄；反之营业费用之比率高者，所得利得小，比率低者，所得利得则大。抑毛利之比率减营业费用之比率，即为纯益与销货之比率，或收益之比率减营业费用之比率，即为纯益与资本之比率，而各业所得之比率，则可据以推求也。

四、此外一般商业之趸售商与零售商，以分别编制为原则，良以批发与零售之经营情形不同，利益厚薄各别，为求绝对接近真确性，最好分别编制。复次各征收机构，如遇构成所得之材料不全时，仍应依照上届业务会议确定估计标准决议案各项规定，以理由行分别估计，然后依法推算，各种比率应尽于每年一月底以前编制就绪，呈报省局核定后施行，以资一致。

五、以上系经常之办法，其在本年内查征营业税时，未能准备上项应需材料之属所，明年查征所利税时之计税标准，自应依据实有材料，变通办理。

1. 一般商业与工矿业，根据下列材料计算毛利率：

甲、销货额——逐月营业总收入额之总和。

乙、进货额（包括进货缴用）——a. 以货运登记之进口材料分业整理，即民国三十二年度各业之进货额；b. 以民国三十一年度进货缴用与进货之比率乘上项民国三十二年度进货额即得二年度各业进货缴用。

丙、存货额——a. 初期存货根据查征民国三十一年度所利税时之核定额；b. 期末存货于查征十二月份营业税时分别调整。

其营业费用与销货净额之比率，应根据查征民国三十一年度所利税时，核定费用额乘物价指数与民国三十二年度逐月营业总收入额总和比较求之。

2. 其他各业其收益与资本之比率，根据下列材料计算之：

甲、资本额——办理住商登记时核定之资本实额。

乙、收益额——逐月查征营业税时核定之营业总收入额。

其营业费用与资本额之比率应根据查征民国三十一年度所利税时核定之费用额乘物价指数与民国三十二年度核定资本额比较求之。

3. 金融业暂依重庆市调查材料所编制之比率，参酌运用。

普遍展开募债运动[*]

（一九四四年四月十六日）

中央为推动民国三十二年同盟胜利公债，于本月十日至十六日举行扩大宣传周。今日是宣传周之最后一日。一周以来，募债运动业已普遍展开，而陪都民众尤能热烈响应，为全国倡。由此可卜三十亿元之胜利公债，必可提早募足。抗战已入最艰苦阶段之今日，国民所表示踊跃争购公债之爱国精神，正是我抗战必胜建国必成之最有力的保证。爰赘数言，以勉国人。

世界各国之战时财政，开源之道不外增发通货、开辟税源及筹募公债三种。增发通货，流弊甚多，且易召致通货膨胀之危险。故各国苟非万不得已，决不愿多发通货，因此其战费之筹措，大部分依赖于租税及公债。但是开辟税源或增加租税，手续繁难，人力耗费亦甚大，且有时缓不济急，于是战时各国几无不以筹募公债为筹措战费之主要来源。我国政府对国民所课之税率，无论在战前或在战时，固较任何国家远为轻微，而战时政府所发公债，每一国民之平均负担尚不足三十元，为数更是有限，不仅未能与英、美国民所负担者相比，即较之日寇每人平均负担三百日元以上之公债，亦相差甚远。由此亦可证明我国财政之困难实由于国民之平均负担太轻。所谓平均负担，只是指每一国民之平均负担数而言，并非各人所负担者完全相等。事实上，此种负担之比重，应视国民各人之财力而定。故认购公债，应该是富有者一种不可逃避的义务。我国战时财政之困难，也可以说就是富有的同胞并未能对国家尽其应尽之义务。这是我国目前劝募公债必须注意之一点。

此次政府发行民国三十二年同盟胜利公债，所定办法，确能顾及此点，极堪称道。依照规定，此次募债兼采派募劝募方式。派募之对象为商人、房屋管理人、自由职业之收入丰富者及土地管业人等；劝募对象亦以各界人士及公私团体之收入丰富者为限。故此次募债办法，系将购债义务交由富有者承受，而

---

[*] 此文系作者为重庆《时事新报》撰写的社评。——编者注

不及一般生活已极艰苦之平民及公教人员，深符"有钱出钱"之原则，实极公允。就一星期来本市募债运动之进展情形言，市民自动认购者极为踊跃，甚至清苦之公教人员亦纷向渝市募债分会索取募债通知书，而各职业工会会员原不在派募之列，尤多热烈响应，争先认购。故我们相信，全市工商团体及收入丰富者，捐献输将，向不后人，此次自亦必能深明大义，踊跃认购，而使本市分摊之四亿元债额，迅速募足，以作其他各省市之示范。

目前抗战已入最艰苦之阶段，亦唯全国同胞克尽其"有钱出钱，有力出力"之义务，庶可克服艰危，以实现最后胜利。现在前线数百万将士，在最艰苦的环境下，浴血抗战，不独已尽其"有力出力"之义务，并不惜牺牲生命，报效国家。故我后方同胞，尤其收入丰富者，亟应激发天良，本"有钱出钱"之旨，争先输将购债，以尽国民天职，而期毋负于国家民族及忠勇将士。陪都首善之区，为全国政治经济文化中心，各界人士，尤应率先倡导踊跃认购，以为全国同胞之表率。我们相信此次募债运动，必可普遍展开，获得全国同胞之热烈响应！

法币的前途*

（一九四四年八月十三日）

已经是三年前的记忆了。笔者曾在本报写过一些关于法币的论评，如《法币在华北》《法币在江南》《法币在孤岛》《法币的韧性》《以财政加强法币》等题目。数载以还，物价问题波起云诡，目迷五色，耳乱鸭鹅，世人久已失其理性的批判，对于法币，不免说长道短。但是到了抗战将近八年的今天，仍觉昔时臆论，不尽反乎真理，亦不太离乎事实。法币仍然是法币，仍然是日近胜利的中国所应用的惟一通货。随着胜利的日近，币值一天一天地看稳，宛如百战宿将，出生入死，遍体创伤，而历尽险夷，提刀四顾，仍复屹然无恙。这——决不是偶然的事！

吾国的长期抗战，得力于两大条件，一个是"双十二事变"后的军的统一，另一个便是法币实施后的钱的统一。有识皆知，无待絮解。几年来的通货，诚然不免于膨胀，几年来的币值，诚然不免于跌落。但是发行的特权，始终操之于惟一的政府之手，而不是政出多门；膨胀的形式，也只是法币一种，而不是乱出花样。而且膨胀之后，总算把事情办了，以中国之历史传统与社会条件，支应战费的大宗款项，不靠着多发行一些，又该怎样？这不是闪在一旁说些风凉话所能济事的。再说币值，三两年来虽不免于跌落，但不能说是法币之咎，是谁把货物拼命的囤积？是谁阻塞了货畅其流的通路？战时物资本来就缺，这么一来，岂不是短而又短？反映在法币的交换价值上，自不免彼高此低，相去愈远，这又岂能归罪于法币？大家不信，看一看近来的粮价，因为各地丰收，普遍下跌，从前争着领平价米而不愿领代金者，近乃一转而愿领代金不愿领米。"昔以为通，今以为介，是世人之无常，而徐公之有常也"。吾人于法币，亦有此感。

而且法币的跌值，还有两个重要的因素。第一，在政府的许多部门，仍然未曾做到战时节约的理想。在用钱方面，仍然是浪费的地方很多。积水成渊，而

---

* 此文发表于重庆《时事新报》。——编者注

泛滥兴焉，拼命地要，拼命地花，满不理会总裁所昭示的"经理"之道，法币焉得不挤到大量增发的局面？可是花的时节，却又诅咒法币不值钱。第二，社会各方面的消费习惯，离着战时紧缩的理想，更是相去太远。尤以发国难财的人们，钱来的太容易了，于是尽情地消费，一点也不在乎。物价本不至于那样跳着长，但是经过社会上这些人以竞买竞销的方式加以策励，于是"一行白鹭上青天"，物价随着风儿长，币值也就顺着坡儿跌。根据"边际效用说"的理论，就是在平时，消费者手里的货币，随着保有数量的增多，而递减其效值，战时自更加甚，这又岂是法币本身之咎。

至于友邦人士对于法币的批评，完全是友谊责善之道，我们很竭诚的接受。但是我们特有的困难和历史的条件，也希望批评者加以注意，而不能迳以先进国家现在的标准，作表面的批评。我们在政治上、军事上做到统一，才有几年？我们开始现代的工业化，才有几年？我们自"七七"事变以来，在国土之内，又打了几年的苦仗？从前美国因统一而进行南北战争的时代，不是也有过"绿背纸币"的苦经验？我们对于控制发行诚然也有尽力不到之处，"子路闻过则喜"，友谊的批评，我们很欣然的接受。

经过这些浅显的解释，我们也就可以窥测出法币的前途。国人于此，要认清以下三点：第一，法币代表整个的国家信用，相信我们的国家，自然相信我们的法币。如果缺乏国家观念，或是对于国家的前途认识不清，自然要对法币有所疑虑。我们要知道，此后的货币制度，更要是"管理的货币"。银本位看不到银子，金本位又岂能看到金子？还不是一样的靠着信用？建设货币信用，不仅要看政府，还要看国民，此应注意者一。第二，我们对于紧缩政策，真还要用些功夫，政府和国民都要下点决心去实行。我们所想到的紧缩，并不是该办的也不办，一以少花为主，二是对于稍涉浪费的花销，一文也不许支出，就是该花的，也要根据一定的国策，分出一些缓急先后，使要做的事与要花的钱，很合理地配合起来，而不可漫无限制。至于消费节约，以吾国人民之散漫成性，推行更觉困难。但是社会风气，是可以由朝野领袖来提倡转移的。胡林翼先生曾讲过："是真虎，必有风"，是真领袖，必能收风气转移之效。公私各方，倘肯如此去做，则筹码的需要必减，而收缩膨胀必可生效。同时再能严格执行累进的能力课税，从积极方面，增加国家的收入，则预算平衡的理想，亦不难于达到，此应注意者二。第三，货币有对内对外两重价值，对内价值的稳定系乎国家预算的平衡；对外价值的稳定，则系乎国际收支的平衡。货币政策不能仅恃其本身而决定，而要视生产政策、贸易政策以及利用外资政策是否健全以为衡。国际收支不怕有逆差，而要看逆差的内涵，是否涵育着此后生产的储备力？同时尽可能地增加出口，减少入口，则法币的对外价值亦不难于稳定，此应注意者三。凡此三端，极关扼要，胜利日近，不可再事淹迟。愿政府与国民急起图之。

论所利得税简化稽征[*]

（一九四四年八月十五日）

在民国十九年之际，财政顾问甘末尔博士于《税收改革意见书》中，曾谓吾国尚未具备实施现代所得税的条件。关于商账制度，即所称条件之一。意见书中所述各点，确属扼要，对于吾国政治、经济、社会各方面，认识相当清楚而深刻，吾人固无以难之。不过改革大业，亦不能静俟条件具备而后实行，迫于抗战的需要，中国之所得税，终于民国二十五年十月一日开征，继此而起的，复有过分利得税与遗产税，逐次兼办的又有印花税与营业税。数年以来，税收孟晋，骎骎乎形成国税之主要来源，此后发展，正未有艾。尝考吾国之直接税所以收到初步的成功，并非所需条件于短短七年之中业已具备，而是政府主持得宜，民众热诚拥护所致。至于甘末尔所称之各项条件仍多欠缺，尤以商账为甚。吾人皆知，随着变态经济的发展，假账风气，弥漫于社会各方面，造假账者不仅奸商，在正当商人中，亦所不免。这种现象多少受战时心理的支配。"兵不厌诈"是对敌人讲，但是气机即动，滋蔓难图，竟尔用之于对内，假账问题，不过其中之一端。所以前年冬底，重庆市会计师公会曾有"扫除假账运动"的提议，假账确需扫除，可见遍地皆是。所得、利得两税都是以纯收益为征课对象，所依赖之技术厥为查账。但是商人的账簿，什九皆假，根本不适于查的条件。所以稽征机关根据税法，不得不出于"径行决定"，亦即一般所称之估计。执行估计之人员为慎重起见，惟恐商人亏蚀国课，难免失重，而不敢失轻。于是商人、社会又啧有烦言，动辄加以任意估计、故意苛扰等罪状。

同时在稽征人员方面，多属出校未久之大学生，数量之供给本来不多，稽征之经费又复紧缩，各地之配备自难充分。以较少之查账人员，身当此泛如洪水之假账，而运用估计，又怎能泛应曲当，使人人惬意。且估计工作，不比查账之呆板可寻，而需要多方面之常识与切合实际之判断。大学生初出茅庐，认

---

[*] 此文系作者为重庆《时事新报》撰写的社评。——编者注

识未广，执行估计，自难期其周洽。加以今日世风太坏，诱迫多方，容或有意志未坚之青年，亦或有习性不端之害马，利用估计以达其私利之图，亦属未能避免之事。与其救敝而滋敝，何如改弦而更张，仍然根据税法之精神，在政策方面稍加修正，而为针对时敝之举。此简化稽征所由来，亦属抗战走入最后阶段之切急需要。

简化稽征所用之标准计税制，其主要精义可以两语括之，即系以公开求公平，变个案之估计而为集体的评定。完全为的是纳税人的便利。至于稽征机关，并不因简化而省事，无宁说更要详谙准备，谨慎将事。一方须以会计查账之依据为出发，同时须以统计调查之工作为补助。假账既是如是之多，仅恃会计的知识技能已感不足，而须进一步严密统计工作。账簿可由商人自造，而统计则由多方取得。钩稽，印证，参照，核检，如赵广汉之治郡，如周忱之临民，自可烛照隐微，豁露真象。孔子不云乎，"居敬而行简，以临其民，不亦可乎。居简而行简，毋乃太简乎"，很可为今日执行简化的稽征机关说法。而且简化办法中尤注意于公开评议，集众思而广众益，税务人员的智慧而外，复益以大众社会的智慧，必能求得可能的公平，所谓"以公开求公平"，意即在此。

此种办法，所谓简化，是为纳税人求简，而不是为稽征人员求简。纳税人得到简便，则稽征机关自然也可以省去过去估计所引起的许多麻烦，匀出有用的时间与精力，致力于更根本的工作。所谓改良商帐、经济调查、物价指数的求精、广大税源的搜索，使中国的直接税更走入健全之途，由"裕课便民"更步入"善政健民"的阶段。

重庆为全国首善之区，具有示范之资格与责任。各地简化工作，业有多处顺利进行，且闻已有库缴者。此皆国民真诚之表现，为神圣抗战完成此"为山九仞"之功。渝市以商场太大，单位过多，内情繁复，自不许急切欲速，以免草率失平。但亦须争取时间，为天下倡，工商各界之领袖巨子，当已早鉴及此。以其悠久之声望、丰富之知识、正确之判断，助成政府简化工作之成功，众擎易举，实所厚望！

如何推动遗产税[*]

（一九四四年八月二十九日）

最近重庆曾召集遗产税评价委员会，经评议解决者凡三十件，应纳税款几达两千万元。其中经稽征机关查定即行缴库或部分缴库者，已有多起。其尚未缴库者，一经评价委员会评定，自当如期照缴，不成问题，此种现象，殊值得吾人重视。

考遗产税在中国，自民国二十九年七月一日创办，迄今仅有四年历史。在国民观念中，尚属生疏；在稽征技术上，亦属幼稚，自不能与先进各国相提并论。但是经过八载抗战的薰陶与稽征机关之不断的努力，对此新兴租税之缴纳与征课，居然有些眉目，表示国民程度之日渐提高与稽征技术之渐趋详密，不能不认为可喜的现象。

无论如何，中国总要步入现代的国家之林，总要完成现代的直接税。直接税有两大支柱，一个是所得税，另一个便是遗产税。若夫过分利得税不过所得税的附属，印花、营业两税也只是直接税的兼办，中国直接税前途的发展，毕竟要靠所得税与遗产税。所得税经过七年的努力，大致有些基础，税收亦相当可观。惟遗产税则以创办的历史较短，所需要的征课技术亦较为复杂，势难一蹴而几。从前甘末尔博士所以称中国尚缺实施遗产税的条件者，意即在此。但是任何建设事业，不能坐待客观条件具备，才去着手。一面着手创设，一面促成条件，所得税如是，遗产税亦应如是。

但是遗产税的征课技术与推行条件，较之所得税，则更加困难。其主要问题有三：第一为人的问题，第二为财产的问题，第三为估价的问题。以言乎人，则在人口登记与调查未曾切实施行以前，在我们社会里，究竟每年生多少死多少，简直莫名其妙。孔子不云乎："未知生，焉知死"，现在是，既不知生，又不知死，仅凭着直接税稽征机关自己调查，自然是力有不逮。第二，谈到财产，中

---

* 此文系作者为重庆《时事新报》撰写的社评。——编者注

国人对于财产的观念，上焉者是士耻言利，下焉者是讳莫如深。而政府对于财产之调查与国富之统计，又复星星点点，残阙不全，挂一漏万，不确不实，恃此以为征课遗产税之根据，岂非缘木求鱼，望空捕影。第三，谈到估价。关于财产的数量，尚复残阙不全，对于财产的价值，更是捉摸不易。所有不动产的取得价值与现在价值，房产之建造价值与购置价值，装修则须增益，折旧则须剔减，交通位置又须伸缩于其间。此外对于债权权利专利商誉以及其他无形资产，其估价之问题，更属头绪多端，异常繁复。此等条件，事前均无所依据，现在因为征课遗产税，才由稽征机关，一一问到，试问该是如何的困难？人也，财产也，估价也，只就此三个问题，已足证明实施遗产税之不易。然则遗产税在吾国之进展，所以牛步迟迟者，盖非无故。我们一定等到人口总调查、财产总调查、估价总标准都完成之日，再去推动遗产税，当然也不叫话。于此，则希望国民、稽征机关与社会有关方面，就着现在可能努力的范围，大家一齐奋起，自然也可以求得进步而渐几于完成。第一，在国民方面，要知道遗产税是最公平最合理而且最合乎国父遗教的租税。当此抗战进行与战后建设需款最急之日，根据有钱出钱有产贡产的原则，很忠实的报缴遗产税，不仅增益国课，而且助成个人的独立与成功。疏广不云乎："贤而多财，则损其志，愚而多财，则益其过"。公叔文子不云乎："生于乱世，富而能贫，可以后亡"。这都是中国先贤往哲最聪明的见解，可惜许多不肖的儿孙们，瞪着眼睛看不懂！报缴遗产税，岂只助成个人的自立，而且可以免祸！此有待于国民之奋起者一。其次，在稽征机关，勿以技术繁复，遂尔畏阻，不思多方搜讨以克服困难。听说此次渝市遗产税评价开会时，重庆分局所提出的估价标准，尤其关于房产所搜集之资料，相当丰富而合理。同时又能集思广益，聘请久著声誉之工程专家关颂声、陶桂林两氏为估价顾问，此皆聪明应有之举。只要如此去做，而精益求精，必有进步可观，此有待于稽征机关之多方探讨者二。复次，在有关机关之协助方面，最重要者，当为遗产评价委员会。其次，则各种研究调查机关凡与人口、财产以及估价有关涉者，在稽征机关，均应取得协助，而各机关亦应尽量供给。又如限制姓名使用权，所以实现一户一名以确定财产所有者，更应由司法机关、经济部、社会局、地政机关、存款机关与税务机关，通力合作，始克有成，此种工作，对于整个行政，均有裨益，不仅推进遗产税而已也。

税训与税风*

（一九四四年九月一日）

从前办税，光讲税术，只要有聚敛的技术就行，税术而外，没听说有什么税训、税风。十七世纪，法国一位政治家科尔伯（Colbert）曾讲过这样的话："办税是一种技术，要能够拔最多的鹅毛，听最少的鹅叫"。这就是说，把老百姓看成鹅，课税就是拔鹅毛，拔的很多，叫的很少，会这一套，便算尽了办税的能事。但是，现在的时代和以前可不同了，办税不仅是打算盘，而是执行国家的政策，办税的人不仅要长于技术，在操守上要有应守的税训，在行动上要有理想的税风。

什么是税训？因为办税是国家最需要同时也是最容易出毛病的工作。所以管理税务应该和管理军队一样，要讲究纪律。从前岳武穆治军，纪律最严，他说过"为将之道，仁信智勇严，缺一不可"！仁信智勇严这五个字，可以称为军训，就是军队的信条，提出这五个字作为治军的中心理想。同样的，办税也要有税训，选出几个字来作为办税的信条共同遵守，才能达到共同的理想。今日办税，所需要的信条至少要有四个字：第一个是廉，第二个是能，第三个是勤，第四个是毅，现在分别说明于次。

办理税务，天天和金钱相接触，无非是人民的血汗，国课的源泉。经办的人，必须公忠体国，清白乃心，涓滴归公，丝毫不染，乃能完成征课的使命，所以税训的第一个信条，便是廉。必能有所不为，而后能有所为，这是基本起码的条件。其次办理税务，头绪多端，技术复杂，仅能消极自守，仍然不够，所以税训的第二个信条，便是能。在学术上，必有相当的造诣，在技术上，必有相当的熟练，各尽所长，尽量发展，才能担任创办新税、改革旧税各方面的工作。其次，人的个性不同，才干互有长短，不见得都是全才，而且忠实分子，自

---

* 此文系作者于一九四四年五月二十三日在财政学会主办的"财政常识"讲座上的讲演，刊载于《税人》杂志一九四四年第三期。——编者注

觉有余，进取不足，能的条件或有欠缺，但是不要紧，古人云："勤能补拙"，果能惜分惜寸，勤勉以赴，人一己百，人十己千，积以时日，一样可以表现成绩，树立勋劳。况且有能的人，如果不肯用其能，悠忽过日，怠于职务，恐怕还赶不上才能稍差而肯于勤勉的人，所以税训第三个信条，就是勤。最后，办税的事，可以说是费力不讨好，张手和人家要钱，是不会受人民欢迎的。所以办税的人，又须有宗教家传道的精神，苦口婆心，善为宣导，减少人民的反感；又须意志坚贞，百折不挠，克服艰难，才能打开税务的新环境。在税训中，要提出毅字，作为第四个信条。这四个指标，是今日办税最低限度的要求，无论环境如何困难，主持税务者，必须牢守税训，纵令不见得个个都能作到，总比漫无中心思想的好得多。

税训是内涵应守的轨范，税风是外延应赴的指标。税务人员于牢守税训而外，还要能够转移风气，创造税风，一洗过去的恶习和惰性，今日办税所要提倡的新风气，亦可分四点来讲：第一是学校之风，第二是家庭之风，第三是军队之风，第四是宗教之风。分述如次。

学校之风有二义：第一要学用一致，卖什么，要吆喝什么；干什么，要学过什么。没有读过财政学、赋税论、会计学、统计学等学科，来干现代的税务，好比拿鸭子上架，如果违反了这个原则，引用钱谷师爷或是税吏老手，他们的技巧尽管很高，但是吾敢断言，不会走到现代化、学术化的路上去，所以本税高级税务员非用大学毕业的不可，税务助理员非用高中毕业的不可，就是税务生也得初中毕业，刘晏改革财政，重用士人，千载以前，可谓独具炯眼！

事业是越来越复杂，学术是越来越进步，这些新税人，虽说学过一点，一来不够用，二来要跟着时代跑，跟不上就落伍，三来要足以应付当前应办的事情，事情有许多新问题，还拿几年前的老套，当然不够，所以大家来到本税之后，更不能不提倡读书，增添学校的风气，助理员要研究大学的功课，税务员要作研究院的工作，成绩的考核，光靠着上班下班、办公事、查账记账还不够，还要看你研究的成绩。

我们的理想，要把学校里所学的用到实际上，同时，要把实际上所不容易解决的，拿到研究的桌上和解剖的台前，打开学术的明灯给他照一照，我们这里不是一个衙门，而是一个学校，所谓"学校之风"，此其一。

我们来到这里，彼此之间，不是长官与僚属，而是同学与同学，岁数大些的是老同学，小些的是小同学，所以在感情上，如同家人兄弟姊妹，一洗过去衙门中冷冰冰光讲公事，赤裸裸单为糊口的官僚习气，古人云："四海之内，皆兄弟也"。而况同在一个战场，同属一条战线，朝夕聚首，患难与共，真情流露，亲爱精诚，要把一个机关，造成一个家庭的风气，一切的事，都感觉着有人味儿了。

关于全体同人的起居、饮食、清洁等等，凡是时间、精力、财力所许可的，我们都要尽心尽力地去做，造成一个家庭化的新事业，所谓"家庭之风"，此其二。

家庭之风，以情感为主，虽说"家有家法"，毕竟是"家礼不可常叙"，情盛则礼驰，不免也有毛病，所以要继之以军队之风，要讲纪律，而且要严格地讲纪律，如同军队一般，但是我们之讲纪律，又和一般有些不同，第一要立法期其可行，在事实上、在人情上、在行动上都叫他切实可行，除非下愚不移或是顽梗不化，只要定出纪律，没有不容易做到的！否则好高骛远，强人所难，纵可以威力强迫于一时，而不能维持于永久，所以第一个标准，要立法期其可行。

其次，所谓法，所谓纪律，是要彻上彻下，大家来遵守的。《论语》上子路问政，子曰："先之劳之"，就是说你要是叫别人做，你先做；你要是叫别人吃苦，你先吃苦，先之劳之四个字，真是千古不磨的真理。小时读他，莫明奇妙，现在负点责任，体验出这句话的真义了。但是子路还觉着有点不足，还要"请益"，老夫子答应的更简单，只是"无倦"，譬如准时早起一次两次是很容易办，一夜不睡都可以，但是要永久的、毫无倦怠的、毫不间断地去做，就要看一些毅力了。为政之道，纪律之事真是难办的么，"盖亦返其本矣"，所谓"军队之风"，此其三。

最后，无论创办新税，或是改革旧税，都是很麻烦的事体，古人云："非常之原，黎民惧焉"，财政学者也说过："旧税即是良税"，意思是说，大家习惯了，就是有些不好，渐渐地也觉不出来，如果对于旧税加以改革，对于新税加以推动，在推进之初，就不免遭遇到若干困难了，第一是立法尚新，一般未能了解，于此需要很耐烦地去解释，一次不明，继以两次，两次不明，继以三次，人民善良者多，蓄意捣乱者少，解释的功夫，最为必要。其次，办税的手续不见得一下就能合理，在未取得人民信仰之前，是要经办之人小心翼翼，耐劳耐烦，以期取得人民的信赖，使之心平气和，为国输将，这可不是一天半天的功夫，这些功夫，都要拿出传教士的精神来做，而有赖于宗教之风。

我们看西洋的传教士，初到一个新地方，大家有对他反对的，有对他怀疑的，义和团之变，且以传教士为屠杀的对象。但是，具有信仰的传教士，是不因此而沮丧的，不因此而退缩的，还是本着他个人的信仰，再接再厉，一直到取得他人的信仰为止，甚至蛮烟瘴雨，深山沙漠，文化落后，野性发露的地方，都要有传教士的踪迹，都要见传教士的事功，这是何等的毅力！我们办税，也要拿出传教士的精神，以仁爱为怀，以坚忍为骨，以提携为手段，以说法为舌锋，充分发挥廉能勤毅和坚苦卓绝的信条，假以时日，自能取得人民的信仰，自能看到新税的推行，所谓"宗教之风"，此其四。

学校之风重研究，家庭之风重亲爱，军队之风重纪律，宗教之风重信仰，揭此四义，用期共勉，四风既会，税政以宏，甚望社会各方，持此以相督责，持此以相策励，不仅税务之幸，亦国家之麻也！

当前财政问题[*]

（一九四四年九月十日）

支持抗战最主要的条件是财政，着手建设最主要的条件也是财政。中国有句老话，说是"凡百庶政，非财莫举"，办事就得要钱，财力不充，办事也就没劲。我们打了七年多的苦仗，得力于财政的地方自己不小，因为我们是穷国，从前财政又没基础，整理改进，只是近十几年间的事，整理才有些眉目，抗战即随之而起，国家财政一方须支付日用，同时又须供应抗战，撑持八年，自然还有许多未能令人满意的地方，无庸讳言。现在眼看着胜利日近，战时财政不久就要告一段落，走入另一个新阶段——建国财政。

战时财政不容易办，建国财政更是不容易办。因为战时财政的主要条件，是争取时间供应迅速；建国财政的主要条件，则是规模弘远，规划周详。在时间的条件上，建国较之作战，固然可以从容些，然而方面广泛，经纬万端，较之战时，更不容易进行。兹将建国财政所包括的主要方面，约述如次：

第一，怎样收拾战时财政所酿致的局部恶果。这里，我们只举一个例，便是通货膨胀。我们以穷国作久战，而财政的基础又极薄弱，战事需要，急于星火，通货膨胀殆属天然。但是因为通货膨胀所引起的流弊，总要设法矫正，才能使经济走入常轨。这种工作，在战时固不大易。因为军事高于一切，军需急于星火，一切都为了打仗。不过，战事一旦结束，急于星火的条件不复存在，从此时起，便要下一个大决心，非收缩通货的发行不可。另行采用租税政策、公债政策、输入外资政策，以应开支的需要。并且要靠着政府和人民，同心同德，拿出整个的力量去执行。这是建国财政的基本条件。

第二，怎样供应战后复员以及善后救济所需用的物资和款项。战事一定，对于业经破坏的，不能不恢复；对于曾受伤害的，不能不救济。但是所谓恢复，并不是依然恢复到战前的老样子。所谓救济，也不是单纯的舍衣舍食。其中运用，要

---

[*] 此文系作者为重庆《时事新报》撰写的社评。——编者注

以建设为目标，和建设的本身工作好好配合起来。那么，这笔款项，将怎样筹划呢？当然要政府在财政上多想办法，将打仗所用的钱，转而用之于善后救济各方面。在数量上，应该比作战要花的少，同时国际善后救济总署也必能提供大量的供应。我们不仅为自己打仗，而且为世界人类打，自然有权要求，友邦也必能尽量协助。

第三，怎样筹措建国所需的庞大经费。谈到建设，千端万绪，而以经济建设为中心。我们苦战八载，得以列入四强，但在经济的条件上，还远不够强国的资格，所以在战后五年、十年、以至十五年的阶段上，必须以经济建设为中心，使我们中国，于得天独厚的农业基础上，更能完成工业化的工作。至于建设所需的巨额资金，要从两方面去着眼。第一，当然要我们自己先能想办法。我们要能实行高度累进的直接税，将国民所得尽量从个人消费的范畴转入经济建设的方面。第二，要举办资本捐（capital levy），此处所称资本是广义的，包括一切财产。先进各国所主张的资本捐，主要目的为的是消偿战债，我们的战债，不算沉重，但是可以采用资本捐的方式，发挥有产出产的精神，来作经济建设的资本。第三，则欢迎外资，拿来助成我们的经济建设。我们为民族自立，固须经济建设，为维护国际安定，更须经济建设。必使中国工业化，成为高度发达的工业国家，始能增强远东的安定力。所以中国的经济建设，不仅为的是自己，也为的是世界。友邦如英、美雄于资力的国家，必须以资金或物资，以至技术，助成中国的经济发展。不过万事都要求其在我，不可专靠朋友。第一，我们要有很完密很切合实际的经济建设计划，分出缓急轻重，先后程序，步骤不可紊乱。尤不可好高骛远，大而无当。第二，我们要有很健实的财政计划，妥筹善用，务使与经济计划相配合，然后战后建设始能得到合理的解决。

如何转移风气？*

（一九四四年九月十四日）

日来国民参政会开会，许多参政员对于转移风气一事，咸表关切，佥以今日中国，纲纪败坏，道德堕落，世俗丕变，人心不古，影响所至，国家日弱，民族日替，苟非挽回颓风，振作民气，则胜利尽管逼人，而沉沦实已在望，故皆大声疾呼，必须"转移风气"。我们如果正视现实，对于参政员此种呼吁，实不能视之为杞忧，而无宁同情与拥护，所要补充的，就是"转移什么风气"和"如何转移风气"。

首先，我们认为在目前，有两种风气，必须赶紧挽回，即贪污和奢侈。溯自物质高涨，薪俸阶级不能维持其生活而群趋舞弊受贿之时，贪污之风，方在萌芽，但社会上不但没有正当的制裁和救济，反而造成一种同情的空气，对贪污者表示可怜。于是潜滋暗长，寝假错节盘根，"有官皆贪，无吏不污"之谣，遂弥漫于全国而不以为奇。不知生活艰苦，应该想法救济，舞弊受贿，是违犯法律应受处罚，两者截然不同。假如贪污值得同情，则强盗窃盗，曷尝都是人的本性。所以我们如果推源溯本，直可谓贪污之盛，是年来社会所养成。若不及早挽回，则习非成是，社会上将以贪污者为干才，而斥廉洁者为笨货，试问还成什么国家，还成什么民族？至于奢侈，虽不尽是战时的产物，至少应承认是战时所培植。因为国难财易发，赚钱太不困难，而贪污又有人同情，苞苴贿赂之门既开，关金法币乃源源而来，于是悖入悖出，任意挥霍，一掷千金，一食万钱，都视为无足轻重。一人得道，鸡犬飞升，影响所届，由个人而家庭，由家庭而社会，风靡全国。若有人揭发指责，则为之辩护者，便说这是个人的私生活，意即叫你无庸多管。享乐是本分，食苦是自取，是非黑白，混淆如斯，若不亟图匡正，试问今后将如何抗战，又将如何建国？

当然，颓风之必须匡救，固不仅于上述两端，但此两者，实为最根本之病

---

* 此文系作者为重庆《时事新报》撰写的社评。——编者注

源所在，设能尚清廉，斥贪污，黜奢侈，崇朴实，则一切强梁、诈伪、浮华、躁进之徒，自将无所施其技。

说道如何转移风气一层，有人主张，这事必须自上而下，躬行实践，则上行下效，风行草偃，极易收功。又有人主张必须从社会发动，由耆龄硕德之士绅，树之风声，播之文物，则登高一呼，全国景从。我们对此两种方法，都无条件的赞成，并且认为必须纵横两面，双管齐下，而事实上也已经在做。国内若干耆旧之成仁取义，不惜以头颅性命卫护正气者亦正大有人在，然而尚未有大效者，并不是方法错误，而是需要补充。若问如何补充，则唯一的便是发动舆论，负起宣扬或揭发的责任，用社会力量来褒奖激励，来谴责制裁。过去对于宣扬既嫌不够，对于揭发，更可说仅有绝无，这样不但起不了积极的转移的作用，还消极的助长了贪污奢侈的颓风。这一次参政员的若干询问案，虽不见得立有效用，但至少可使这些人惊心敛迹，这便是民主力量的表现。若果更进一步，使全国舆论界负起这个使命，好的尽量宣扬，坏的也尽量揭发，俾秦镜照奸，禹鼎象物，善与恶均无所逃隐，相信其力量必较严刑峻法高过十倍。有人说贪污，诚宜揭发，奢侈涉及隐私，揭发者有罪。我们对此，实不敢苟同。须知战时节约，是最高国策，私人省一文金钱，国家即多增一分力量，决不能因私生活而影响到国策，这是天经地义，只要揭发的是事实不是虚构，是公益不是私利，政府便有支持它的必要。

战后中国财政问题[*]

（一九四四年九月十五日）

一、战前的重要财政措施

抗战和财政的关系，是彼此交织着，互为条件，互为影响；影响之中，许多是好的，但是也有坏的；好的发生了预计的和出乎预计的善果，坏的也发生了难免的和可以避免的恶象。整个的抗战，就是有基础而缺罅尚多，有希望而困难重重，虽说瑕不掩瑜，毕竟百端待理，财政亦复如是。

回溯抗战以前，国家财政有几桩重要的措施，奠定了抗战的基础，在钱的条件上，使长期抗战得到有力的凭藉。如果缺了这些条件，也许打不成，就是打，恐怕也钉不住。第一桩措施，要数首次全国财政会议所决议的国地收支系统的划分。这一着虽说没有十分作到成功，但是财权的集中，配合上军权的集中，才能蔚成民族抗战的国策，这是有史识的人所不容轻易看过的。多少年来，中国传统的政治形态，始终未曾脱离封建的窠臼。就说封建，其中也有割据的封建和集权的封建之分。以前军阀时代，封疆政首，得专兵马财赋之大权，中央不得过问。即至国民革命以后，而此种传统，仍复残存，割裂财权，尾大不掉；此种形态不打破，微论与现代政治相距万里，即开明封建亦必渺不可见。是以第一次全国财政会议严揭划分国地收支之旨，明白指出什么费用应该归地方负担，什么费用应该归中央负担。收入亦然，什么应该属于地方收入，什么应该属于中央收入。而于收支之间，复规定拨补分担的办法，这不仅在财政政策上，就是在整个国策上，都是顶对的。嗣后第二、第三两次全国财政会议，对此复加以补充与修正。至于实施的功效，离着预期的理想，当然还是很远，但是大方向不错，加以领袖的主持，在抗战以前已经做了相当的基础。军权统一之外，加

---

[*] 此文发表于《四川经济季刊》杂志第一卷第四期"战后中国经济问题特辑"。——编者注

以财权的统一，本立而道生，才有七载的抗战，以迄今日。这是财政对于抗战的影响，属于好的方面的，当为国人所共见。

第二桩措施，便是白银国有和推行法币政策。这比第一桩还要重要。尤其是对于抗战，简直可以说缺他不可，耿爱德氏（Edward Kann）所称"法币乃抗战之脊骨"，并非过言。取譬不远，就拿从前军阀时代的内战作例，双方军事还没看出高低，金融币制已经紊乱的不成样子，强梁如张作霖，富厚如东三省，而奉票的流毒，又该是何等的惨重？币制不确立，发行不集中，信用操之私家，银币任意兑换，一遇战事，摇动人心，首先受其影响的，厥为社会的金融体制。西儒有言："银行为经济体之心脏，货币为经济体之血液"，一旦外缘突击，张脉愤兴，心血逆流，主脑失驭，则颠蹶立见，破败随之，不待交绥，而胜负已判矣。以此条件，短期作战，且有不可，遑论长期？假使抗战以前，未曾实施法币政策，则战事开始后，社会金融当作何状，不难想像而得。吾人须知，过去之吾国发行制度，不仅私家分享，而且外行越俎，在内形成币制的割据，对外形成币制的侵略，货币主权久成太阿倒持之势。比及实行法币，私家银行的发行权，既已逐渐收回，而外籍银行的发行额，亦因而收缩。法币既与美金、英镑发生密切之联系，即在友邦，亦不必再靠海外银行之发行，则花旗、汇丰之纸币，自须退位。是以法币政策之集中性，实具有对内对外之两重作用。中国与英、美共同对日作战，其基础早奠定于抗战前之币制改革，此真历史的异数，而非当时所能充分预计者也。即在抗战开始后，主要各区相继撤守，而"法币在华北"，"法币在江南"，仍能于军事撤退之后，以"货币战"之雄姿，驰骋奋击于沦陷区，至于数年之久。即在后方，若干论者以为物价之腾贵，主要由于法币之增发，如果再加检讨，设无法币制度，则抗战七年后之物价，又将如何？金融乃财政的血脉，把握此财政体之大动脉，才有今日相当之收获。就好的方面看，法币政策之有裨于抗战，当亦为国人所共见。

第三桩措施便是二届财政会议所决议的废除地方苛杂，准备推行新税。旧时代的财政，关于筹款的方法，那里靠着像样的税？不是滥发军用票，便是向银行借款，再不然便是举办丧权辱国的外债。就是征税，也无非避难就易豢养税棍，敲诈剥削穷苦无告的老百姓！国民政府有鉴及此，特于二届全国财政会议中，高揭废除苛捐杂税，限制田赋附加之旨，从消极方面，解除民众痛苦，挽救农村崩溃，收拾人心，培养民力，以共趋于民族抗战之途。同时在积极方面，又复筹办各种新税，使国家收入，建筑在健全基础之上。回溯抗战以前之中央税制，经过几次改革，较前已进步许多。但是检核内容，仍以间接之关、盐、统税为主干，以之裨补收入则有余，以之辅助经济则不足。战前的关税，自举办名义的关税自主而后，年有增加，蔚为巨额，但其性质，仍属于收入关税的范畴，收入愈增，愈足以反映外货之泛滥与国产之披靡，此种税收之增加，无宁为殷忧之所寄。盐、统二税之对象，更为人生食用所资。收入愈多，民负愈重，分配偏在，徒苦编氓，投鼠忌器，外厂独优，为渊驱鱼，识者所痛。政府有鉴及此，乃锐意于税制之政革，非徒自税制本身着想，更须为抗战筹划。预计抗战开始后，沿江沿海繁华富裕之区所以为关、盐、统之税源者，必且蹂躏无遗，间接税之丰富税收，必将大受打击，倘不急起直追，从直接税方面下功夫，国税势且无着。于是民国二十三年二届财会决议后，即于民国二十五年七月，开办直接税。自清季以迄当时，三十年间，屡议屡辍。纸上谈兵之所得税，在此备战之氛围中，卒能脱颖而出，为此后之直接税体系植其基，战前财政之有裨于抗战，此亦有目共睹之事。

以上三端，仅其荦荦大者，笔者不拟列举，仅提纲要，而战前财政对于抗战之影响，已可充分认识。假使不因抗战，财政上未必有如许之革新；然而财政上倘无相当之准备，抗战亦未必能如是之持久。所谓彼此交织，所谓互为条件，事实昭然，未可否认。

二、抗战对于财政改进的助益

抗战对于财政之好的影响，有可得而言之者。第一，集权后的财政，倘无抗战的大旗，占领财政的使命，又无成熟的民主，弼成财政的监督，则其后果之为良为窳，仍在不可知之数。自从"七七事变"以后，国民的一切一切，为了抗战；财政的一切一切，为了抗战。抗战以外，不容有歪曲的企图，不容有题外的运用。刚刚把财政的集权，作出一些眉目，跟着抗战揭幕，将这一段的财政改革，立刻应用到最神圣最伟大的抗战使命之上，这是中国财政的幸运。同是一个打仗，较之北洋军阀时代，以财政供应内战者，意义之相去，何啻天渊。好比一把利刃，用以杀人越货则为盗，用以拯危济难则为侠，侠盗之间，相去何止万里？这真是财政集权的幸运。虽说七载运用，尚有许多亟待改进之处，而大体厘然，莫之或逆，仍将以此利器，支持抗战到底。更要本此意念，于抗战结束以后，进入一个更新的阶段——财政的一切一切，为了建国，除了建国而外，不容有歪曲的企图，不容有题外的运用。为了建国，使中国财政更负起一个崭新的使命。

第二，新税之创制，倘无抗战的督促，未必能实施得这样快，未必能推行的这样顺利，也未必能收获到今日这样虽然不甚满意的成果。我们都晓得：间接税是容易转嫁的，纳了税可以转嫁他人，负担虽重，过过手仍可转到别人的肩上。直接税适与之反，大体是不容易转嫁的。轻就是轻，重就是重，都要自己的肩膊来承担。所以间接税的反抗小，而直接税的反抗大，不仅在中国，就是在先进的外国，直接税的推施，总是较晚于间接税，而且容易遭遇有钱有权者的反对，结果不是难产，就是夭折，很难顺利地推行。但是直接税有一个催生的产婆和一个养育的保姆，便是抗战。抗战的最大口号，是有力出力，有钱出钱，一到抗战开始，就是怎样缺乏国家思想的人，他也不好意思悭囊独涩。至于一般民众，激于爱国的热忱，更能一致拥护，踊跃输将。所以直接税中如所得税、利得税、遗产税等，从前甘末尔顾问认为在中国无条件者，均经次第实施于中国，而且获得相当的成绩。"殷忧启圣，艰难玉汝"，塞利格曼所称"所得税因战事而发生，因战事而成长"，证之吾国，当益信而有征。直接税依恃抗战，既已粗具规模，抗战结束后，就要紧紧把握，不可丝毫放松，以直接税作建国之主要支柱。吾人之意，非徒为收入而已也。从将来之经济体制着想，应以直接税为平衡分配之契机，从将来之社会问题着想，应以直接税为安定社会之杠杆。即从国家收入着想，中国一时尚未能步入"无税国家"之境地，则此后之租税政策，必不可仍返依赖间接税之旧形态，而应从直接税中想办法。此后抗战结束，收京入沪，吾人决不应再存高踞江海关日进亿万之幻想，这是次殖民地的意识形态，要把它洗刷净尽。我们在收入上，要置重直接税，战后的企业欣荣，亦可为直接税造成丰富的税源。

第三，因为抗战，将以前财政金融上的桎梏打断了，将污秽洗涤了，消极的作用之中，隐育着新生的机能。我们且不必一一列举，顺手拈述二三事。就说烟专卖吧，大家对于烟专卖，很有些不满，那是办理方法的问题。说到政策，如果在南京时代，外厂纷立的时节，我们要办烟专卖，碍于友邦的牵掣，办得通么？还不是因为抗战，敌人把友邦的烟厂都毁了，我们来到大后方，才能够提出这专卖的政策。施行的好坏，另是一件事，但在整个财政上，有此崭新的设施，不能不说是得力于抗战。再说金融市场，从前在上海的时节，有那样远东数一数二的大市场，无论是商民或是政府，公私财政都因此而觉着很活动。但是像上海那样的金融市场，是一个独立经济的民族所应该有的么？他不仅腐蚀了我们的国民道德，腐蚀了我们的国家财政，而且支配了我们民族的命运。终于藉着八一三的烽火，以"螯蛇在手壮士断腕"的姿态，将上海这块腐烂的氛围舍弃了。曾涤生所谓："赤地新立，尽丧所有，始能别有一番新境"，我们真感谢抗战，把那样污浊的"乐园"，给我们割掉了。我们来到后方，虽然没有上海那样一个通融资金、活动企业、买空卖空、投机赌博的金融市场，足资公私活动，但是对于财政金融的净化作用，确具有无上之价值！此后收京入沪，我们是依然回复以前那样的金融市场呢？还是根据建国的"财政计划"创设一个崭新的金融市场呢？这恐怕是战后财政一件伟大而艰巨的工作吧。最后还有一件事要指出：从前军阀内战的时候，大抵滥借外债，不惜饮鸩止渴，借刀杀人。现在对外抗战，盟邦有助，然而举办的外债，反而有限。这不是友邦不帮助我们，乃是抗战以后，海道梗塞，外援所能得到的物资，无法大量运入，被动地减少了对外的依赖。这在物质条件上，虽对我们不利，但在精神条件上，却加强了国民自主自立的精神。我们虽因此而膨胀了通货，加重了人民的牺牲，总之仰赖于自己者多，仰赖于外债者少。凭我们自己的力量，打穷仗、打苦仗，再凭这样苦斗的精神，赢得友邦的切实而充分的协助。不仅战时如此，便是战后的外债政策，也应该牢守勿失。我们当然是欢迎外资，但是拿到的外资，是要用之于经济的建设，而不是用之于政费的消耗；用之于经济，而不是用之于财政，这一点要继承抗战的遗产，务使抗战所造成的良好条件，反失之于战后！

抗战有造于整个民族，当然有造于财政，去腐生新，正有赖于洪炉之陶冶与大力的震荡。抗战七年，不为不久，但以之转移数千载的惰习与颓风，吾人尤嫌其不足，不仅有感于财政也。

三、当前财政设施的困难

吾国财政，在抗战开始前，虽有若干建树，毕竟植根不深，规模未备，突遇抗战之震撼，虽能勉强支应，迭渡难关，但在设施方面，毕竟以支应当前军事需求为首要，适应战时环境为权衡，对于健全财政的根本大计，一时无从着手。此中原因，可析为三：一为政策本身的条件，二为变态社会的条件，三为人事素质的关系。以政策言之，政策首要正确，次要贯彻；次要持久，而不可轻于措置，更不可轻易更张。但在战时，需要迫切，每不待于审虑，遂有失于正确；机构重叠，因迂曲而变质，遂有失于贯彻；事态万变，觉今是而昨非，遂有失于持久。政策之于国家，有若舟楫之有舵，尤以在惊风骇浪中，更要对得准，运得到，把得牢，乃能凌越波险，卒登彼岸；此以政策条件言之也。再以社会条件言之，战争可使社会升华，亦可使社会恶化。人性如果不能渗透了战争，战争便要汩没了人性，吾人对于中国社会，即颇有后者之感。战争之恶果，为残酷的生存斗争，为无厌的尔诈我虞，可以施之于敌人者，浸假而施之于同族，施之于社会行动者，浸假而施之于国家，有钱出钱之正义感，早已随日月而消磨，而惟逃避国课蚀公便己之是务，任何佳良之财政政策，一与此社会条件相接触，必致意义全非，难期善果，此以社会条件言之也。再以人事条件言之，进步的财务行政，乃一微妙的技术，非有专门学识与特殊才干之士，不克运用裕如。但在战时教育，植才如此其难；战时生活，养才如此其苦；战时风习，戕才如此其烈，于是办税务者，则多以贪墨闻；理会计者，则多以紊乱称；办专卖者，则每以发财著。而国家于训才养士之道，迫于战时环境，又不克为根本之图。同时恶浊的社会风习，又复欣羡迫诱，戕贼人才，而不以为非。而所谓人才者，复不能特立独行，苦撑迈往，以贯彻所负之使命。人之不存，政于何有，此以人事条件言之也。以上政策、社会、人事三条件，各有其应负之责任，不仅财政如此，即其他政治各部门，亦莫不皆然。此乃当前政治之根本症结，失此不图，则条文之研讨，枝节之追求，皆辞费也！

四、战后的财政问题

战后之财政问题，真是千端万绪，宛如一部二十四史，不知从何处说起。因为财政的本身，已经是相当的复杂，同时财政所反映的政治相与社会相，又复包罗广泛。在岁出方面，反映政治军事的各部门；在岁入方面，反映经济社会的各部门。解决财政问题，仅从财政本身着手是不够的，还要知其他联系部门，相关照、相呼应、相配合，从各种不同的角度，窥测财政所应采取的途径。

先说战后财政政策应有的范畴来看，约可分为三方面：第一、应如何收拾战时财政所演生的恶果；第二、应如何支应战后复员与救济的急需；第三、应如何准备立国必需的经济建设。战后财政的使命，扼要言之，不外上述三点。

第一，应如何收拾战时财政所演生的恶果？笔者不拟一一列举，只提出两件事来，一件是决心停止通货膨胀，另一件便是严厉紧缩公私消费。中华民族如果能作到这两件事，已经是了不起；如果说了是一件事，作不作又是一件事，那么说多了，也是没用。

决心停止通货膨胀，从现在就应该作起。虽然不能立刻停止，也要尽量的减少。因为法币政策，在中国财政史上，总算树立了划时代的功绩。我们要维持到底！这不是代表海外的黄金，而是代表国家的信用。我们的法币，不是从前德国的马克和俄国的卢布，从前的马克和卢布，就是到了战后，还是滥发，任着他千丈万丈地往下落。实在无可再落，索兴便把它废止，另来一套。我们的法币则与之不同，这是"管理货币"的初试，要在法币上证明我们政府的最大努力。所以从现在起，就应该尽量减少其发行。管制物资和管理通货，是相互配合的，管制物资多作一分，则减少发行便容易一分；同时，紧缩消费多作一分，则减少发行更可以容易一分，这不是不可以作到的。然而在作战的时节军需孔急，减少发行自亦有许多困难。但在战后，则我们非下决心停止膨胀不可！战时是争生死存亡的时候，仗不能不打，钱不能不花，不能因为怕花钱而亡了国！至于战后，应该没有那样紧迫了吧！为什么不可以停止通货膨胀？大家千万不要存心，战事一停，就可以过舒服的日子了，仍然回复住租界玩上海的生活形态，那是最要不得的。我们于达成抗战目的而后，还要节衣缩食，创业兴邦，假使我们再受苦多少年，而能为我们子孙，树立坚强不拔的国力，屹立于盟邦之间，我们真是死亦瞑目。何况一再受些苦，能以决心停止通货膨胀是必须要作的，而且不是不可以作到的呢！

严厉紧缩公私消费，与前者互为表里，从现在起也该决心去实行。战事一停，更应该大规模的发动。如果缺了这一着，人心一旦开了闸，纷纷寻享乐、找舒服，中国的前途真可是没法子办了！公指政府，私指个人，各级政府的经费，各色人等的开支，如果永远像现在的样子，一天一天地膨胀下去，前途等着我们的，只有崩溃和毁灭！英国在第一次欧战之后，紧缩政府经费，执行得最严厉。一九二一年国会特别成立一个政费紧缩委员会，以革迭斯为之首，督促政府，大刀阔斧地去实行，于是有"革迭斯的斧头"之称。削减的结果，英国的财政很快地回复了常态，这种办法，很值得我们借镜。至于紧缩私人消费，较为有效的办法，第一，是严厉执行累进的直接税，吸取大额所得和利得。第二，开办资本捐，换言之，即是捐大户，这是肯不肯做的问题，而不是能不能做的问题。如果大户不好好的捐出来，等着吧，战后的社会问题多着呢！春秋时，卫国的公叔文子曾说过这样顶聪明的话："生于乱世，富而能贫，可以后亡"，这在战后的社会，尤为适用。第三，便是厉行强迫储蓄。总而言之，便是把私人可以消费的，设法把它吸出来，转移到另一个方向，自然可以紧缩私人消费了。然后再由政治领袖和社会领袖提倡俭德，树之风声，更可收风行草偃之效。在昔三国时代，曹魏铨选，由崔琰、毛玠主持，贵公清之士，当时士大夫，至变易车服，以求名高。史例尽多，不待枚举，历史告诉我们，没有不可改易的风俗！

　　第二，应如何支应战后复员与救济的急需？对于此点，大家要知道，中国的抗战不仅为中国而战，实为世界而战。关于战后救济，自能取得救济总署的协助，予中国以应得之份。中国经过这样大规模的破坏，仅靠着自己的力量去恢复，当非财力之所许，势不能不取得盟国的协助！同时吾国人民自力更生的能力，亦颇为可惊。即如重庆市，经过民国二十八九年那样无情的轰炸，不到一两年，而土木蔚起，市容一新，并没有仰赖政府怎样的救济。所以对于这一项的需要，虽然为数甚巨，但是于尽量取得救济总署的协济而外，在国家财政上，不致增加多大的负担，因而也不致怎样增加战后财政的困难。

　　第三，应如何准备建国必需的经济建设？笔者以为对于此项需要，应该分两种方式来供给：第一要利用外资，可以得到的外资，专用之于经济建设上，而不许供一般政费之用。至于如何利用，条目繁多，须有整个的经济计划和财政计划相配合，而不可枝枝节节的去解决。第二，于利用外资外，总要从自己的财政中，供给一部分经济建设的经费，而不可专赖外资。最低限度，也要以货易货，以农产品易机器，充分发挥自力更生的能力。至于如何发动民间资金，使趋于生产之途，则有待于健全的金融市场的建立。此后金融市场的流通使命，应为生产而存在，不应为投机而存在，这就要看此后经济新体制之如何构成，与此后财政新政策之如何策动，其问题之重要，不在利用外资之下也。

　　以上所论，仅在示例，不遑例举，旨在提纲，不在释目。惟大前提若不确立，仅斤斤于枝节之间，亦不免舍本逐末之嫌。且吾国年来行政方面，虽锐意求治，而不免失之繁琐，条目太纷，更张太速，转使糜耗加多，而效率不举。似不如删繁就简，去华务实，扼其大纲，而宽其枝节，所责不多，而效绩必呈。吾人自有其历史的传统，自有其社会的条件，未可专意效颦蹰等而几也。战后财政的整理，亦当持此为先决条件！

新税人的培养*

（一九四四年九月二十四日）

十四天的参政会，把"贪污"的病痛，抉发得淋漓尽致，人心为之大快。仿佛一个人得了多年的痼疾，起初还是讳疾忌医，自己闷着头难过。一旦遇到名医，很不客气的给他揭穿，而且说得源源本本，搔着痛痒，不用等着吃药，已经痛快许多。以后的问题，就是怎样下刀，怎样用药，怎样培养元气，怎样恢复健康。

贪污本是社会的现象，说来话长。我们仅从税务方面立论。虽然税务不见得都有贪污，贪污不必即限于税务，但是在一般人的观念上，总觉得这二位，老是联在一起，这当然是需要矫正的一个错觉。但是今日的税务，在国家财政上，确是占了一个重要的部门。当此社会贪污洪水横流之际，如果发现了这种现象，我们将怎样惩罚以治标，怎样清源以治本，当然是建国工作中的大问题。抉发了病痛之后，第一要对症下药，第二要正本清源，才是合理的办法。今天提出这"新税人的培养"问题，也就是这个意思。

第一，要改正从来社会的观念，要求好人办税！好人不办税，和"好人不当兵，好铁不打钉"的观念，一样的错误。你当好人不办税，他当好人不办税，那么谁来办税呢？只有委之于坏人了。假若办税的之中，还有几个好人，你又要讲，办税的没好人，于是好人也只好望望然去之，那么剩下的，除了坏人，还有什么？于是坏人永远不走，好人永远不来，你就是天天惩治贪污，还是白费。这种错觉，硬是要不得，非痛加改正不可。

第二，要政府严格树立起考训登庸的健全人事制度。英国财政管理所以办的好，最主要的原因，就是"文官服务制度"，先从财政方面作起。自从诺斯科德诸人提倡引用以来，至今仍是健全的英国财政之骨干。挽近逝世最有名的财政理论家与实行家斯丹浦，就是从这种财务人员出身。我们古代如刘晏的重用

---

* 此文系作者为重庆《时事新报》撰写的社评。——编者注

士人，亦颇与此意相合，可惜当时并没有成为制度。我们不仅要治法，还要治人，更进一步，还要"治法化的治人"。有了这种制度，然后税务人员始有一正式公开的进身之阶。而凭私藉势夤缘奔走以办税为发财者，始得杜倖进之门。同时保障待遇各种合理的办法，亦有所附丽。

第三，要有权有位的身居大小领袖的肯于以身作则，为天下倡。一人之心向义，天下与之赴义，一人之心向利，天下与之赴利，风气纵坏，没有不可以转移的。胡林翼先生曾讲过："是真虎，必有风"。大家尝过轰炸的味道没有？真是有分量有速度的炸弹，远远地掠洞而过，深居洞里的人们，便觉到一阵怪风。飞沙走尘，扑人欲窒。其实在自然天空中，并没有风的存在。所以胡先生又讲："然则虎之不啸，非风之不从也"。当虎的，你不啸么，怎能造出风气来？所以作则倡导之功，实不可缓。

第四，要社会各方从自己本身上奖廉而恶贪，勿以个人的便利，引人于贪污的路上去。这一点说来话长。从前苏秦当穷光蛋的时节，"妻不下织，嫂不为炊，父母不与言"，谁又叫你无钱无势？不由得这位苏季子喟然而叹曰："是皆秦之罪也"。等到后来作了官，发了财，再过里门，嫂乃匍伏道左，不敢仰视，还把心事话说出来："以季子位尊而多金"。不管你的钱，是怎么来的，反正你发了财，就要崇拜你。"贫穷则父母不子，富贵则亲戚畏惧"。嗟乎，何今日秦嫂之遍天下？

第五，最后就要归责到税务人员自己的操守和修养了！"办税重操守，廉洁最为先，热不息恶荫，渴不饮贪泉"。身遭板荡之世，真要自己有个劲头，能够在颓流中挺得住。我们希望有而且实际上也不是没有许多特立独行之士，不为流俗所染。他把自己的人格，看得比铜臭不知要高出多少倍。他把生活的艰苦，认为是与众共之心安理得求仁得仁的本分，而毫无所怨。他只知道要给抗战尽点微劳，为人类作些工作。他不管惩治贪污的条文，因为他并不是怕惩治而不敢去做。他把自己的脚跟站得牢牢的，元气葆得旺旺的，能够抵得住毒菌的侵蚀。"古人云此水，一饮怀千金，倘试夷齐饮，终当不易心"。这种人尽管是少数，但是有一个是一个，比没有总要强。多一个是一个，多了，就要发生伟大的力量！

直接税的人事制度*

（一九四四年十月三日、四日）

一

"徒善不足以为政，徒法不足以自行。"——孟子

抗战财源的重心靠着税务，办理税务的重心靠着人事。《大学》上曾讲过，"有人此有土，有土此有财"，没有健全的人事，不会有健全的财政。今日的税务是和每一个民众都要发生关系的；今日的税务人员，是和每一个民众都要发生接触的。我们关心税务，就要注意到税务机关的人事问题，所以今天我们要谈一谈直接税的人事制度。

税务人员向来称为"税吏"，自有历史，无论中国、外国，在人民心理上，都是保有着痛恨嫌厌的坏感。孔子过泰山，曾留下"苛政猛于虎"的格言，孟献子也曾正言厉色地指摘过"与其有聚敛之臣，宁有盗臣"，这是说聚敛之害，有甚于强盗。大贤如冉求，帮着鲁国的季孙，加重赋粟的征敛，孔子一怒，就要鸣鼓而攻之。古代的希伯来，也曾留下这样的寓言："有一个税吏踏着冰渡过一条河，走到半路忽然陷到冰的下面去了。许多人赶着跑来救他，老半天，这位税吏还未露面。以后来了一位老年多知农夫，很消停地说道，救这位陷冰的人，不必用许多的方法，只要拿一颗金钱在冰口上一敲，这位税官自然就出来了"。这个讽刺是多么深刻而冷隽。税吏二字，在从来人民的心理上，简直是个坏东西，而在国家政策上，亦以横征暴敛为亡国之由，以轻徭薄赋为兴国之征，稍知自爱之士，不仅不肯参加税务，就是有关理财的学问，也不肯于去讲。

---

* 此文发表于重庆《时事新报》。——编者注

二

现在的时代，自然和古代不同，其理由有三：其一，现在的政府是国民革命后人民的政府。政府给人民办事，自然要向人民要钱，这是天经地义莫可否认的事。即如七载以来的抗战，完全站在民族解放的立场，和以前军阀内战争夺自己地盘以民为牺牲还要和人民要钱者不同，此其一。现行的税制经过多少次的改革，根据人民的纳税能力，配合经济的情形发展，适应战时的庞大需要，名目稍多，税率稍重，所谓"多取之而不为虐"，关于税制的内容，自然还有许多地方不合我们的理想，但是格于抗战的需要和社会的条件，我们也着不得急，只好循序渐进，未可一蹴而几，此其二。关于办理的人说来惭愧得很，国家改革财政十余年，尚未把财政方面的人事制度作到理想，随时随地仍然残存着税吏的遗传。善良商民，依然遭受着税吏的剥削。上蚀国课，下虐民众，这是我们时常引为痛心的事。但是今日的时代，毕竟和以前不同，政府对于税务人员，是下了很大的决心加以整饬的。政治的隆污，是有比较性的，现代如果比从前好一些，业已不易，而况今日的政府总还是努力上进的政府，是下了决心来改革吏治的，而不是蓄意包庇贪官污吏的，根据这一点，自然也不能和从前的时代相提并论，此其三。

三

直接税是吾国新兴的税制，民国二十五年创办以来，到现在只有七年多的历史。自从创办开始之日，负责人就看到新税要有新精神，而且要有新人来办。当时提出的口号是"新人新税新精神"，根据这种方针，即决定用人公开之旨，采用考试训练的新制度。同时想到新办各税如所得税、遗产税、利得税之类都是一些新东西，总要根据一些学理，参考一些先进国家的成规，因地制宜地来一番创作。这种责任如果靠着从来的税吏，是绝对来不及的。所以又提出"学术第一"的口号，办理新税要以学术为基础，于是将直接税人员的重心寄托在考试制度之上。征取大学专科毕业者为高级税务员，征取高中毕业者为税务助理员，办税的技能置重于学校所造就出来的学识，不复依赖于社会所熏染出来的世故。这可以说是税务相关人事制度的一种革命工作，当所得税创办之始，即于民国二十五年七月组设考试委员会,由财政部聘请部处之专家学者为考试委员,第一次考试时,系公推立法院委员陈长蘅氏为主席委员,所有资历规定及试务手续,一如今日考试院所令行者。当时报名学员计五百余人,录取六十八人,委托主持全国学生军训之教导总队长桂永清为训育主任,假南京孝陵卫总队部实施训练,订名为"中央直接税税务人员训练班"。动作休息,均依军事部勒,极为严格。两月期满,分派各省筹办所得税,此为税务员考训第一期。古人有言:"履端于始",一种事业开始的时候,先要把步法走正,先要把握中心,直接税在七年以前已经把握住这一着,可以说是认识正确。认得清还要把得牢,不可昙花一现,不可有始无终,直接税在这一点,倒能始终坚持至今不变。这在中国财政史上又是值得纪念的一件事!今天直接税的人事制度虽然还没有做到理想,社会各方面也尽多忠告指摘之处,但是在七年前创办以来,如果不采取这一着,依然沿用旧日的税吏习惯,恐怕直接税早就办糟了!假设比较一下,大家心里自然瞭亮。

四

直接税人员的考训制度办了七年,迄民国三十二年七月为止,高级税务员先后计有十二期,经考训者二千八百六十人,现在职者二千六百九十四人。税务助理员先后考训计有十一期,共经录用三千三百九十四人,现在职者共有三千二百零一人。此外接管各省营业税人员及各省分别考用之初极税务人员,与规定学资相符,而尚未经甄审汇报者,尚不在少。

再就高级税务员之学历分析,在二千六百九十四人中,经济系占一千八百九十一人,商学系占三百八十一人,会计银行系占二百一十五人,法律系占一百八十七人,其他科系占二十人。即就大学生取材,而对于系别之选择仍属严格,俾符"学用一致"之旨。

再就高级税务员年龄统计分析,在二千六百九十四人中,以二十四岁占四百一十七人为最多;以二十五、二十六、二十七岁各占三百人以上者为次多;三十一岁以后,只有三十二岁者占七十七人为较多。此种表示,直接税现有人员多属青年,多属少壮,富于朝气,富于进取,质地比较单纯,世故习染未深,就是学坏,也没有从前税吏那样现成。

再就直接税税务人员籍贯统计,就地取材自以四川籍者高初合计占一千二百四十七人者为最多。但是全国各省区远如西康、宁夏、绥远、东三省均有参加考训者。此种事实，表示"用贤无方"，一视同仁，毫无畛域，一改过去援引乡里任用私人的恶习。

五

总括地讲，处现在的时代，物价高涨生活压迫，社会道德本已难言。即在学有素养品有素修之教授经师，亦多兼营商业，改易操行，怎能独对从事税务之青年多所苛责。但是在直接税，对于人事制度决不马虎、决不放松、决不替自己原谅。尽其力之所至，一方澄其来源，一方严其管理，一方重其惩治。同时又复从事于养廉的基本功夫，为国家爱惜人才，为社会保持正气。在直接税的本身，力量有限，还期待着社会各方多加爱护，多加指示，必要时多为检举，奖廉所以澄风，惩贪所以厉俗。国家的事，总要以全国人民的力量来促成，是所厚望！

军事与财政*

（一九四四年十月八日）

　　财政与军事的关系，最为密切。财政的起源，为的是军事，到今天，财政存在的最大理由，还是为军事。古代对于"金"的解释，一方指军事，同时指财政。宋司城子罕曾谓："天生五材，民并用之，废一不可，谁能去兵"？所谓五材之一，指的就是金。以金属制造兵器，同时即以金属裕国用，此外又有"赋"，也是军事与财政的通用语。古者以田赋出兵，故谓兵为赋。《春秋传》所谓"悉索敝赋"，《论语》所谓"可使治其赋也"，都是指军事而言。班固《汉志》《司马法》曾载："地方一里为井，四井为邑，四邑为丘，四丘为甸，甸六十四井，有戎马四匹，车一乘，牛十二头，甲士三人，卒七十二人"，因井田而制军赋，可见军事与财政在古代几乎联在一起。人所以需要政府，主要为争取生存，国家所以需要财政，主要为供应军事。集体支出之最初方式，除了祭祀，便是军事，所谓"国之大事，在祀与戎"是也。

　　中国如是，外国亦然，远者且不讲，约在一百五十年前，孟德斯鸠于其所著《法意》中，曾谓"一种新的疾病，在欧洲传播，我们这些统治者，都被传染，努力保持着庞大的军队，不断的扩张，不断的传播，彼此争先，惟恐落后，结果得到些什么呢？只有一般的毁灭"。较孟氏后二十年，德国学者攸士蒂（Von Justi）曾谓欧洲各国的政府收入半数都花在军事方面。其受军事威胁较重者，费到三分之二，普鲁士费到四分之三。嗣后在一八三零年，英国一位财政家帕奈尔（Parnel）于其名著《财政改革论》一书中，曾谓"除了对内维持治安对外抵御侵略的必需费用而外，虽分文的支出，都是浪费，都是对于民众不正当而压迫的诛求"。这些议论，一方说明军事与财政关系之密切，同时亦反映当时对于经费论的见解还是如何的狭隘。

　　现代国家所要作的事，比从前可多了。从前只是"警察国家"，尽了看门守

---

* 此文系作者为重庆《时事新报》撰写的社评。——编者注

户的责任，于事已足。现代国家则不然，对于人民"从摇篮起，到坟墓止"，都要以集体支出的方式，由国家来管，军事费在国家支出中，只占一小部分。此次大战前的英国，便以全帝国的军事支出只占总岁出的百分之十二自诩。这在平时财政当然是很合理的事。如果还墨守帕奈尔的理论，以衡论现代国家，当然是时代错误。如果再看战前的苏联，因为经济建设支出的数字太大了，军事费支出的百分比，更显得不成样子。

就在这一点，许多财政理论家，被苏联财政的外形瞒过了。你看它军事支出那么小，经建支出那么大，但是经建支出的真实内容，却都是军事的准备！烛照机先，避名取实，惨淡经营，兼程以赴，这才经得住纳粹突然的袭击。苏联财政的内蕴，经过这次大战，大家总该看得很分明了。

理论的应用，是要针对现实。处在今日的时代，我们倒觉得帕奈尔的理论，颇有注意的必要，尤以吾国为然，我们以穷国打苦仗，打了七八年，依然是百废俱举。这个也要办，那个也要办，这里也要钱，那里也要钱，把仅少的财力，都分散了，用之于军事的反而有限。我们并没有把握住"军事高于一切"、"一切为了前线"的精义。要钱花的事业，是不是与抗战有直接的关系？就算有，关系的程度又怎样？同时有关系，其分量的对比又怎样？名义上花到军事的钱，是否达到了前线的一兵一卒，而不在中途转了弯？所以当前迫切的大问题，便是怎样把财政的力量真用到军事的目的上！

积极方面，自然要广辟来源，提高士兵的生活。消极方面，则行政机关的简化，行政人员的精化，与行政经费的紧缩，乃成为刻不容缓之图。帕奈尔的说法，虽觉偏激，但以中国今日的政象而论，实属对症下药。即将省出来的财力与物力，尽数用之于前线。更进一步，还要节制社会消费。国家危急到这般田地，还许那些人那样的浪费？不要再客气，径行征用！把公私各方可有的财力，都用到军事上，不信军事无办法。国家到了今天，真是一发千钧的时刻了，"若药不瞑眩，厥疾弗瘳"！

释客观[*]
——认取历史上之科学精神

（一九四四年十月二十二日）

客观精神是科学的基础，同时也是宪政的基础。科学要认识宇宙的现实，宪政要容忍客体的存在，这些道理，都是近代的，而不是古代的，但是在古代的思想和行动上也不能忽视客观精神的存在。

两千年前的孔子，便能很客观。"子绝四，毋意，毋必，毋固，毋我"。不要自己以为怎样，不要固执个人的私见，这不仅尊重客观，而且能扬弃主观，牺牲我见。"无适也，无莫也，义之与比"，义便是客观标准，而不是主观成见。"执两用中"，孔子的中道，便是客观应用的极致。祁奚内举不避亲，外举不避仇，便是守住客观标准，而不为感情所左右。祁大夫还有一段关于客观的故事。贤臣叔向，因累获罪，将置诸法。当时祁奚已老，乘驿往救。叔向既免，不见而归，叔向亦不告免焉而朝。在祁奚心里，以为我救叔向，为的是公，不是为他私人，何必见他，以示私惠。同时在叔向心里，以为祁奚救我，为的是公，并非为我，自己何必往谢，反伤他谋国之诚。好祁奚，好叔向，真是客观的好榜样。诸葛武侯治蜀，很能应用客观。心尝谓"我心如秤，不能为人作轻重"。秤便是客观标准。半斤八两，不要凭你主观，也不要凭我主观，我们看看秤！尺度也，衡量也，绳墨也，礼数也，法制也，都是用来作客观的标准，使成为共治之公而不致流为独裁之私。古之良将，寒不衣裘，谓众军皆无裘；雨不张盖，谓众军皆无盖。不以主观一己之利害为利害，而以客观大众的利害为利害。以此治军，焉有不治之理？"禹思天下有溺者，犹己溺之也；稷思天下有饥者，犹己饥之也"。这是以客观的认取，加重主观的责任，更可见客观的伟大。

有了客观的政治哲学，很容易蔚成舆论的健全。孟子谓"禹闻善言则拜"，又谓"禹恶旨酒，而好善言"，这是如何的尊重舆论。大舜之"通四门，达四聪"，又

---

[*] 此文系作者为重庆《时事新报》撰写的社评。——编者注

是如何的开放舆论。"为川者，决之使导，为民者，宜之使言"，这又是如何的认识舆论。郑之然明，劝子产毁乡校，以免横议执政之臧否，子产毅然执之，以为"是吾师也，若之何毁之"？这是何等的襟怀，何等的识解，对于舆论，又是何等的维护。

能够尊重舆论，也必能尊重诤臣。"天子有诤臣七人，虽无道不失其天下"，下至一介之士，亦必有诤友，友直友谅，披肝沥胆，重谔谔而不重唯唯，而后可进于德而免于恶。于此又发现政治哲学中和与同的殊料。晏子有言："君所谓可，臣有否焉，臣献其否，以成其可，君所谓否，臣有可焉，臣献其可，以去其否，是以政平"。进而论到"同"的害处："君所谓可，臣亦曰可，君所谓否，臣亦曰否，若以水济水，谁能尝之？若琴瑟之专一，谁能听之？同之不可也如是"，这见解真透彻。黑格尔的辩证法，也不外这个道理。所以古来聪哲之君，无不重骨鲠之臣。汉武重汲黯，以成盛业；太宗重魏徵，以宏远猷，古代且然，而况盛倡民主之今日！

有了客观的哲学，也就发现民主的思想。孟子曾讲过："民为贵，社稷次之，君为轻"。把多数的民和少数的君，分别得多么清楚！所谓君，要能实现全民众的利益，一旦与民众的利益脱节，便成了独夫，诛之亦不为过。晏子又讲道："君民者，岂以陵民，社稷是主。臣君者，岂为其口实，社稷是养。故君为社稷死，则死之；为社稷亡，则亡之。若为己死，而为己亡，非其私昵，谁敢任之"！这段话，将客观的政治哲理，发挥得最透彻。

儒家所主张的客观标准是礼治，法家所主张的客观标准是法治，依客观的准确性来比较，则法治似较礼治为胜。商鞅之治秦，诸葛之治蜀，张江陵之治明，皆以法治成一时之功，而礼治则殊难收效。客观不仅有助于政治的进步，且能有助于科学的发展。科学精神，也就是客观态度，客观的功夫愈广大，愈精微，则科学的进展，亦将愈无止限。客观重理智，而主观重情意，若干来年的陋儒，重情而忽理。同时师心自用的统治者，更不愿以客观的法度，自加检束，于是客观精神在中国，殊难有若何发展，坐令吾国颓弱至今。

身值危疑震撼之秋，凡我国民，一方要虚心撷取他人之长，同时要有自信的力量，认取国史上之良好精神，而发扬光大之，以期克服艰难迈登坦路。以后将如何推进宪政，实现民主，健全舆论，促进科学，最根本的办法，即是——认识、培养、发挥普遍"客观"的精神。

当前的物价问题[*]

（一九四四年十一月七日）

数月以来，物价并无波动现象，在此抗战入于最艰苦阶段之今日，对于安定战时经济，具有非常重大之意义。推究近来物价之所以比较稳定，似不外以下几个原因：

一、今年丰收是帮助稳定物价一个主要的因素。数年以来，物价之波动虽非完全决定于粮价之涨落，但是每当粮价暴涨的时候，一般物价的波动亦必至为遽烈，则是必然的现象。粮价足以影响每一个人的生活，故粮食涨价必将刺激一般物价之上涨，亦是自然之理。今年自秋收以迄今日，粮量不仅未见上涨，并已普遍降落，实是安定人心、稳制物价一个最重要的原因。此其一。

二、全面战局之好转是另一原因。自从六月六日盟军在西欧登陆以后，欧战即迈入于最后之决定阶段。同时在太平洋上，在缅甸战场，盟军继续不断地获到辉煌的胜利，以迄美军在菲岛登陆成功及菲律宾海战胜利为止，种种迹象证明此次战争胜败之局，业已大定。至于日寇在中国大陆之流窜蠢动，至多只是表演一幕插曲，对于整个战局绝无决定作用，稍有常识者类能言之。因此善于观望风色之囤积居奇者不能不内心发慌，有所顾忌。只要有钱的人不专门在物资身上打主意，物价是不至于有太不合理的飞涨的。此其二。

三、近来物价之比较稳定，我们不能不归功于政府管制之适当。例如政府之黄金政策，尽管办法方面，尚欠周密，有待改进之处甚多，但是我们不能不承认一点：数月以来，政府把游资的动向吸引到黄金方面，因而使其所能作祟的力量不致深切影响到一般物价，则是不可否认的事实。读者应不难想像，假使这一向游资不以黄金为对象，而仍在物资身上打主意，物价是绝对不能如现在比较稳定的状态的。它如政府对公用事业之贴补政策自亦具有稳定物价之作用。此其三。

---

[*] 此文系作者为重庆《时事新报》撰写的社评。——编者注

大致目前物价所以能够比较的稳定下来，不外上述三种原因。我们所谓"比较稳定"，是说物价并无遽烈波动，实际上，除粮食外，其他物价在最近数月内仍在不断的逐渐上涨。这种现象，在战时中国，物资缺乏到现在的地步，是绝对不可避免的。我们不应该奢望物价绝对不再上涨，这是战时任何国家所不可能者，何况中国！但是，使此后的物价，能够保持如目前之比较的稳定状态，以平安度过胜利前夕之最艰苦的时期，则是一个合理的希望。

　　由于最后胜利之日益接近，由于中印公路之行将畅通，我们相信，此后的物价，只要政府审慎决策，严密管制，是不致再有不合理的遽烈波动。在目前情势之下，我们希望政府注意两点：第一、须要维持粮价的稳定。现在粮食市场，风平浪静，是一个最好的现象。政府应予以密切注视，务使不再发生波澜。第二、黄金政策，虽已收效，执行方面，尤其在金价及期货期限方面，似亟应有所调整。目前很多人丧心病狂，以黄金走私资敌，必须予以制止。我们以为，如果金价不必提得过高，而将期货的期限延长至一年或两年，也许可以减少流弊亦不致深切影响到购买者的利润。在目前游资彷徨无所的时候，苟非业已绝望，它是不会离开黄金的圈子的。至于补贴政策，既已获有效益，我们希望政府能够坚持到底，万不可中途停止，否则尚不如让各种价格徐徐上涨，较为妥当。像最近公共汽车的票价，突然涨到一倍以上，对于一般物价反倒有恶性的刺激作用，是绝对应该避免的。以上是我们对于目前物价问题的意见，提供主管当局的参考。

外销物资管制政策[*]

（一九四四年十一月十日）

最近国家总动员会议，为加强动员业务，增厚抗战力量起见，召开检讨会议，历时三日。检讨结果，虽尚未公开发表，关于管理进出口贸易一项，应已在会议中作缜密之检讨，具见政府求治心切，不厌周详。兹就外销物资管制政策方面，略贡数言，以供采择。

政府管制外销农产品动机，起于对外易货偿债，如桐油、猪鬃、茶叶皆为最先受统制之物资，继而因供应盟邦作战需要，增入生丝一项，复因国内军公民生需用羊毛，于是亦经政府指定为统购统销之物品。凡此皆足以见政府管制之目的，乃直接由于抗战而来，应无可置议之处。

但自实行各项外销农产品统购统销办法以来，政府与商人的合作，似尚未臻于完善的地步。例如商人恒谓政府收价太低，统制太严，呼吁之声，时有所闻。此种现象，苟稍加检讨，似亦不足怪异。

盖凡统购统销之物品，商人的营业对象，唯有政府买卖交易，谈盘说价，自必有争执计较之事，则所谓商人呼吁，亦必为当然之事。反而言之，外销农产仍为原料出品，几乎无所谓加工制造，猪鬃不过梳洗，生丝不过缫制，皆不得谓为成品，商人不过中间经手，所被剥削者仍为一般实地生产之农户。如农民不得实惠，则农村经济依然不得调整。问题之中心似尚在此。

但就商言商，除发国难财商之外，一般正常商业，受物价工资波动之影响，经营业务，日益艰苦，自不待言。尤以经营外销农产商人，苦心孤诣，坚守旧业，志诚可嘉，其牺牲精神，亦称足贵。政府对此辈商人固应从优待遇，给价收购之时，应多方调查其成本实际所需，并予以相当之利润，俾能维持营业。在平时则严厉考核其经营方法，开支是否不涉浮滥，督导其生产是否尽其最大之本能，遇有资金短绌、运输困难等情事，亦应尽力予以协助，传闻政府对于生丝

---

[*] 此文系作者为重庆《时事新报》撰写的社评。——编者注

有评价之组织，深盼能由评价扩充至于考核督导，从生丝评价组织扩充到一切外销物资。

我们以为，在抗战时期，经营外销物资商人依赖政府者之处甚多，固是事实，但政府亦应尽其在我，对过去颁行之统购统销办法是否悉合时宜予以一番检讨，凡有不当之束缚，自须随环境之变迁而有所调整。桐油已自统购统销改为调节管理，而商民之争议尚多，生丝为统购统销中之最轻松宽纵者，而川、浙人士反以为生产减少之口实。此中原委何在，我贤明当局于执行法令之际，当有明敏之判断。

近者政府对于贸易提出促进民营之原则，瞻顾战后大局，不失为前进之举动。培植战后民营基础则可，求其战时实现则不可。战后民营配合国营则可，战时则非国营无以打通销路。事实彰明，不可否认，如政府与商人共明乎此，则目前政府的管制政策，则亦未可因噎而废食。

中国战时经济之特征*

（一九四四年十一月十八日）

　　战时由于大量物资消耗于作战，民间所需物资较平时为缺乏，供求关系不能保持平衡，因而促成物价步步上涨。这是战时一个不可避免的普遍现象。假使平时人民生活水准较高，而物产又较丰富的工业化国家，则战时物价管制较易，故其上涨亦较缓。例如美国资源丰富，工业发达，世界各大战场到处均有美国的物资，但是美国国内人民生活所必需的物资还是可以自给，故美国战时物价，始终无波动现象。英国本土，物资向感缺乏，战时幸赖海上航运之畅通无阻，及其人民之守法节约，故其物价上涨，亦甚平稳。假使一个正在工业化过程中之国家，平时物资已感不足，而其人民之生活水准又极低下，到了战时，管制如欠周密，物价必将飞腾而上，不可遏止，中国四、五年来，就是这个现象。这是我们对于物价问题一种最基本的认识。

　　物价高涨，薪资自必随之增加，国家为了适应环境需要，只有采用赋税、公债及增发通货几种办法。前两种办法，在英、美民力充裕，统计精确，可以行之有效，行之于中国，则困难甚多，而收效亦微，缘由多端，不胜缕述。故我国弥补战时预算的赤字，大部分是要依赖增发通货。市面上通货的数量，是决定物价因素之一，故通货愈多，物价亦必愈涨，而物价愈涨，通货必将更多。此种恶性循环，是造成数年以来物价不断飞跃上涨之主要原因。

　　如上所述，均是常识，人人可得而言之。但在我国，还有一个特殊现象，值得注意。现在物价虽然高到如此可怕的地步，一般人民，除薪水阶级外，却并未深切影响其生活水准。例如，现在的农民并不比战前更苦，工商各界也不比战前更为艰难，甚至卖苦力的也未见得较战前更过不去。至于不劳而获的大地主及囤积居奇的暴发户，反藉战争而大发其财，更不必说了。这种情形，说明两点：一方面，国民元气未伤，社会经济，基础稳定；另一方面，政府超支日

---

* 此文系作者为重庆《时事新报》撰写的社评。——编者注

多，艰苦日甚。故也可以说，一般国民对于战争的负担，有欠均衡，而大多数人并未完全尽到战时的义务。

那么，战时我国每年这一笔庞大的开支，究竟是那一种人担负最重？最合理的答案是，以现在与战前相较，现在生活受影响最深的，担负也最重。概括的说，薪水阶级的生活最受影响，故其对战争的担负也最重。例如，战前一个月薪二百元的公务员，依照五百倍的物价指数，现在应该每月收入十万元，而其实际收入现在不过六七千元。此一人对国家的担负每月就有九万余元之多。假定以全国三十万公教人员计，该是一个何等庞大的数字！所以有人说，战时国家的全部支出几乎是公教人员捐献出来的。这个数字至少可以证明，薪水阶级的人，确已履践其战时应尽之义务。而这一班人的生活状况，究竟艰苦到如何程度，亦不难从上述假定的数字中，获得一个明白的解答。

由上所述，可知我国战时经济的症结所在，不仅是生产不足，最重要的一点还是分配不均。我国战时赋税，在数字上虽较战前增加若干倍，但以现在的物价指数计，亦并不较平时为高。若与英、美各国相较，中国人民对赋税的负担，乃是比较最轻的。英、美人民，收入愈多，纳税亦愈重，亦即对战争的贡献亦愈大，而我国情形则正与此相反。少数公教人员业已贡献其十分之九以上的收入于国家，大多数国民则未能尽到"有钱出钱"的义务。这种负担不均的现象，造成国家财政的艰窘，造成公教人员生活的惨象，影响所至，足以妨碍抗战建国的进展，自不待言。这是中国战时经济一个特殊的现象。际此战争入于最艰苦阶段之今日，我们愿意特别指陈此点以促政府及国民之注意。

论财政指导原则[*]

（一九四四年十一月十九日）

抗战已过八年，我们不要说什么原则了，当务之急，赶快拿出办法就是！但是我们要追问一句，眼前许多事情，为什么不满人意？总是对于根本方针，还未曾认识清楚，以致头痛医头，脚痛医脚，顾了这头，顾不了那头，或是都想顾，结果却都作不好。当前的财政，便是一个例。

一千八百五十年代，英国一位著名的财政家威尔逊（James Wilson）曾讲过："财政不仅是打算盘，财政是国家的大政"。财政既是国家的大政，就应该有个指导原则，以为行政之指针。这个指导原则因时代因国度而不同。譬如说一千八百六十年代英国的财政指导原则，是"废除谷物条例"，藉着关税政策的革新，奖助新兴工业的发展。至于普法战后的德国关税政策，适与英国相反，为保护幼稚工业以与先进的工商业国相抗衡，乃有"保护关税政策"的揭橥。可见财政的指导原则，在实际运用上并不是一成不变的。

现代应用的财政指导原则，很可以拿英国进步的财政学者达尔顿（Hugh Dalton）所主张的为代表。达氏在一九三六年新版的《财政学原理》中曾揭橥此义，特标为"最高社会福利原则"。这原则当然受英国哲学家边沁诸人的影响，注重在最大多数的最大幸福。但在达尔顿的主张里，却有一点和从前英国个人主义的功利论很不相同。他是以社会主义者的观点，提出这适应新时代的财政指导原则。

所谓社会福利的重要标准，达尔顿氏提出下列三点：第一，对于内部扰乱和外来侵略，维护社会的安宁；第二，增进社会生产；第三，改进社会分配。这三个标准，看来很简单，却具有深意。可以适用于英国，亦可适用于吾国，也可以适用于别的现代国家。试以苏联而论，如果他没有充分的武力，抵抗纳粹德国的袭击，什么十月革命、经济变革以及三个五年计划，岂不都成了泡影？再

---

[*] 此文系作者为重庆《新蜀报·星期专论》撰写的文章。——编者注

说英国，当张伯伦掌政时代，误于当时的裁兵主张和绥靖政策，把兵备忽略了，结果敦刻尔克的退却，几乎吃了希特勒的亏。从此猛醒决意，急起直追，费了一两年功夫，才在军备上站住了脚。至于第二个标准，所谓"增进社会生产"，更是现代国家的要政。苏联的财政计划，便是和他的经济计划相配合的伟绩。至于第三个标准所谓"改进社会分配"，这无论是在英国、在苏联或是在吾国，经济体制虽各有不同，但是对于这个财政指导原则，却都是一样需要的。

这个指导原则，对于当前的吾国财政，尤属需要而迫切。纲领不可太纷，纷则失驭；方针不可太乱，乱则多歧。我们所想像的财政指导原则，至少要有这三个标准，至多也就是这三个标准！我们的财政，八年以来都是战时财政，在"军事高于一切"的口号之下，我们要"一切为了前线"。前线如果顶不住，后方的一切都无从说起。但是我们对于这个原则，并未曾很坚牢地把握住，仍然是什么事都想作，什么钱都想花，并没有把仅有的财力，优先而且集中地用到军事上。这是我们过去的错误，此后非极力矫正不可！这一着不抓紧了，我们这惊风骇浪中的扁舟还是稳不住。第二，关于增进生产，毫无疑问的，应该以抗战当前所最需要的为标准。财力决不可分散，以致贪多务广，劳而无功，鹜名粉饰，不切实际。第三，关于改善社会分配，更属当前的大问题。孔子有言："不患寡而患不均"。我们以穷国打苦仗，吃苦是当然的。但是社会的分配，如果太悬隔了，我们的国建不起，我们的仗也打不下。这里边就要运用一些财政政策了，用重税的方式将畸形分配的国民所得，从挤满的荷包里拿出来，而归之国家；再由国家之手，遵着社会福利的标准，花到社会里边去。我们能够这样作，大家就是穷着点，苦着点，也没有什么。这真是当前的财政指导原则，要我们政府认清了，把住了，赶快去实行！

黄金与美钞*

（一九四四年十二月四日）

数月以来，市场上表现一种畸形的动态。一般物价虽无遽烈波动，但站在商人的立场，也可以说，最近市面上颇不景气。触目皆是的减价广告，便是一个很好的证明。而另一方面，黄金与美钞，买卖却异常兴隆，价格变动亦最大，恰好是一个强烈的对照。

黄金交易，因为有政府的期货关系，利润稳妥，始终不衰。一、二月来，黑市价格最高达到每两四万上下，较之原来的一万九千五百，涨约一倍。美钞是现货买卖，行情亦最俏，最高价曾达到每元美钞可易法币七百元之高峰。过去一、二星期，价值虽略疲，亦有五百与一之比。最近数日，前方战事吃紧，黄金与美钞之黑市价格似乎又有扶摇直上之势。就商业意义言，少数货品价格的变动，纵然是畸形的变动，只能算是商场上一种普通的动态，不值得予以特别注意。（美钞在中国市场上已无异为一种货品）。可是目前黄金与美钞的交易，其意义已超过普通商业的范畴，而在社会上造成一种非常严重的现象。我们站在宣达舆论的立场，有予以揭发指责的必要。

先说黄金交易，因为官价低，期货稳，显然有利可图，所以有钱的人趋之若鹜，原无足异。政府开放金禁，官价买卖含有调剂金融、藏富于民的深长意义，自堪称道。可是最近数月，政府不断售出黄金而市面反倒黄金绝迹。银楼里虽照常张挂了当天金价的皇皇牌告，却只收不卖。在市民惶惑之中，秘密亦已逐渐揭开。原来全国各地金价并不一律，外埠高于渝市，故黄金离开国库，大部分立即被人运往外埠，重价售出。甚至有一般人专做沦陷区的买卖，把我们最宝贵的库藏送给敌人，换回我们冻结在沦陷区的法币。丧心病狂之事，孰有逾于此者！

我们再进一步看，纵然黄金并未资敌，现在一般有钱的人拜金若狂，也是

---

* 此文系作者为重庆《时事新报》撰写的社评。——编者注

一种要不得的心理。这种心理不只是唯利是图，并含有利用战局以牟利的恶毒观念。这一种人，无国家观念，缺胜利信心，自私自利，无恶不作。所以，在每次战局演变之中，造谣惑众者就是他们。黄金是携带最便利的货品，所以谣言愈多，人心愈慌，而黄金黑市价格亦必愈高。于是做黄金交易者，转手之间，便可获得重利。

至于美钞价格，亦基于同一原因而日益飞涨。并且美钞更是轻便之物，且购买便利，故争购者益多，而其价格上涨亦最速。由美钞交易之旺，使我们发生另一感想。国人表示对友邦亲善的观感，珍视友邦通货，不惜以重价购藏，原属无可非议。但是为了对友邦表示亲善，而在无意中贬视我们自己的法币价值，却未免牺牲过巨，得不偿失。如果还有人怀有美钞信用高于法币的媚外观念，则更是一种亡国的心理，实在可耻、可鄙！这种人实在不配做中华民国的国民！

国家艰危到今日的地步，正需要全国同胞，有力出力，有钱出钱，一心一德，加倍努力，以争取最后胜利，而大后方竟还有上述这种自私自利的丑恶现象，确为一件最可痛心之事，亦是我们这一页最光辉的历史上一个最大的污点！我们要大声疾呼，唤起全国朝野对于此事之注意。我们希望，至少在舆论方面，应该充分发挥力量，务使此少数自私自利的败类，丑态毕露，无法逃避最严厉的道德制裁！

黄金问题之检讨

（一九四四年十二月二十七日）

战局好转，人心安定，黄金市场，亦渐趋平静，恢复常态。故黄金似已不成为一引人注意之问题。但是黑市依然存在，前途未可乐观。现在黄金官价虽为每两二万四千元，（牌价为二万元，因每两搭销乡镇公益储卷二成，故实际上为二万四千元），黑市金价则为三万四五千元，相差约有万元。并且，当前时局紧张之时，金价一度高涨到四万以上。照目前市场上百业疲敝，游资充塞的情形，随时仍有使金价再度波动之可能。故政府亟应对于管制方法，随时检讨，力求改进，以除流弊，而宏效果。爰述所见，以供主管当局之参考。

第一，牌价问题。自去年九月，中国农民银行开始出售黄金时起，牌价虽迭经调整，但变动仍小。例如自本年二月起，黄金牌价受物价波动影响，几乎逐日调整，最高曾达二万一千元。其后于四月二十四日，抑低为每两一万八千五百元，七月十七日再抑低至一万七千五百元，至十一月十三日始提高到二万元，连搭销二成储卷在内，亦不过二万四千元，与一般物价指数相较，相差过巨。牌价规定太低，至少产生下列不良结果：一，政府贱价售出黄金，无异牺牲收入，以减低收缩通货之效能。二，购买黄金者日益增多，因而造成供不应求之现象，而使黑市价格飞涨，反足以扰乱市场，刺激一般物价。三，争购者多，易生流弊，而使控制愈益困难。故黄金牌价必须随时予以调整，如能运用得宜，则虽提高金价，仍可刺激市场对黄金之需要，而使投机取巧者无操纵之余地。

第二，关于"黄金存款"及"法币折合黄金存款办法"亦不无改进之余地。"黄金存款"对于收缩通货，不能发生效果，徒然耗费利息，实属毫无意义。并且，利息甚小，此类存款亦难期有所发展。故"黄金存款"，应即停止举办。至于"法币折合黄金存款"，利息虽薄，但到期时，本金可以改领黄金。此种办法，用意

---

* 此文系作者为重庆《时事新报》撰写的社评。——编者注

甚善，而免除人民对法币贬值的恐惧，可以鼓励储蓄，一面政府不必立即拿出黄金，自亦可减少许多流弊。苟能将存款单位降低，以吸引小额存户，收效当可益宏。

总之，政府目前所施行的黄金政策，理论上绝对正确，无可非议。此后苟能对运用方式再求改进，至少可以控制游资动向，而收安定金融之效。我们希望上述建议能够获得主管当局之注意。